河北师范大学历史文化学院双一流文库

孟繁清 著

史苑爬梳录

孟繁清元史论集

中国社会科学出版社

图书在版编目（CIP）数据

史苑爬梳录：孟繁清元史论集／孟繁清著．—北京：中国社会科学出版社，2024.6
ISBN 978-7-5227-3559-7

Ⅰ.①史… Ⅱ.①孟… Ⅲ.①中国历史—元代—文集
Ⅳ.①K247.07-53

中国国家版本馆 CIP 数据核字（2024）第 100019 号

出 版 人	赵剑英
责任编辑	安　芳
责任校对	张爱华
责任印制	李寡寡

出　　版	中国社会科学出版社
社　　址	北京鼓楼西大街甲 158 号
邮　　编	100720
网　　址	http://www.csspw.cn
发 行 部	010-84083685
门 市 部	010-84029450
经　　销	新华书店及其他书店
印　　刷	北京明恒达印务有限公司
装　　订	廊坊市广阳区广增装订厂
版　　次	2024 年 6 月第 1 版
印　　次	2024 年 6 月第 1 次印刷
开　　本	710×1000　1/16
印　　张	26.75
插　　页	2
字　　数	412 千字
定　　价	156.00 元

凡购买中国社会科学出版社图书，如有质量问题请与本社营销中心联系调换
电话：010-84083683
版权所有　侵权必究

《河北师范大学历史文化学院双一流文库》编辑委员会

主　任　贾丽英　李志军
副主任　宋　坤　陈瑞青　申艳广　贺军妙
委　员（以姓氏笔画为序）
　　　　　王向鹏　牛东伟　邢　铁　汤惠生　李　君
　　　　　陈灿平　张怀通　张翠莲　吴宝晓　武吉庆
　　　　　郭　华　徐建平　倪世光　康金莉　董文武

目　　录

元代的学田 …………………………………………………（1）
元代江南地区的普通官田 ……………………………………（15）
关于元代赐田的性质 …………………………………………（27）
论封建时代的重本抑末 ………………………………………（32）
唆鲁禾帖尼中原汉地食邑考述 ………………………………（46）
试论忽必烈与阿里不哥之争 …………………………………（67）
评元顺帝至正初年的奉使宣抚 ………………………………（78）
漫议元中都的兴衰 ……………………………………………（83）
元大都廉园主人考述 …………………………………………（92）
关于铁木迭儿的几个问题 ……………………………………（103）
许衡与经典通俗化 ……………………………………………（126）
元代的契本 ……………………………………………………（140）
从黑城出土的《孝经直解》残页说
　到元代各民族孝悌思想的传播 ……………………………（151）
元大都名臣张九思史事考述 …………………………………（165）
韦轩李公考 ……………………………………………………（182）
内丘扁鹊庙的元代碑刻 ………………………………………（191）
元上都留守颜伯祥及其家人史事考 …………………………（213）
读《胜公和尚道行碑铭》 ……………………………………（218）
读史札记二则 …………………………………………………（229）
元代海运与河运研究综述 ……………………………………（232）

从草原到海洋
　　——元代海运概况 …………………………………………（247）
忽必烈、桑哥与世祖朝的海运 ……………………………（265）
"至大新政"与元武宗时期的海运 …………………………（281）
元顺帝前期的海运 …………………………………………（294）
元朝末年的海运与筹粮 ……………………………………（306）
方国珍与元末海运
　　——兼析天一阁《移建海道都漕运万户府记》碑 ……（322）
元代平江路的人口发展
　　——元代海运基地系列研究之一 ………………………（336）
平江路税粮考述
　　——元代海运基地系列研究之二 ………………………（350）
元代的海船户 ………………………………………………（370）
《方国璋神道碑》史事辨析 …………………………………（390）

附录

改革，一个人类社会永恒的课题
　　——读《中国改革史》 ……………………………………（404）
于求实中创新
　　——读《元史研究论稿》 …………………………………（408）
大家写"小书"应该提倡
　　——读蔡美彪著《中华史纲》 ……………………………（414）
我心中的杨讷老师 …………………………………………（420）

元代的学田

元代的学田属于官田，为国家兴办的学校所占有。其租入钱粮主要用于学校"春秋二丁、朔望祭祀及师生廩膳。贫寒病老之士为众所尊敬者，月支米粮，优恤赡养。庙宇损坏，随即修完"①。由于学田是学校赖以存在的主要物质条件，学田的兴废直接关系着学校的命运，因此，对学田的研究，将有助于我们了解元代的教育状况以及元朝统治者对知识分子的态度和政策。再则，由于学田是官田的一种，对学田的研究，还将有助于我们了解元代官田的经营状况，有助于我们从一个侧面了解元代的土地制度。

本文试就元代学田的设置、学田的租佃与赋役以及寺院与地主豪强对学田的侵夺等问题，作一些粗略的分析和说明。

一　学田的设置

学田之设，始于北宋。宋仁宗乾兴元年（1022）十一月，"判国子监孙奭言：'知兖州日，于文宣王庙建立学舍，以延生徒。自后，从学者不减数百人。臣虽以俸钱赡之，然常不给。自臣去郡，恐渐废散，请以杨光辅为兖州讲书，仍给田十项以为学粮。'从之。诸州给学田始此"②。其后，"诸旁郡多愿立学者，诏悉可之，稍增赐之田如兖州"③。由于有学田作为学校的物质保证，宋代的郡县儒学迅速发展起来。

---

① 《元典章》卷31《学校·儒学·崇奉儒教事理》，中华书局、天津古籍出版社2011年版，第1088页。
② 陈均：《皇朝编年备要》卷8，中华书局2006年版，第177页。
③ 马端临：《文献通考》卷46《学校七》，中华书局2011年版，第1340页。

关于学田的数量，宋神宗熙宁四年（1071）曾规定："州给田十顷为学粮，元有学田不及者益之，多者听如故。"① 到宋徽宗大观三年（1109），全国已有学田十万五千九百九十顷。② 南宋时期，学田数量不断扩大，很多州县学田达数千亩之多。

金朝对赡学田土也有明确规定。金章宗泰和元年（1201）九月，定赡学养士法，"生员，给民佃官田人六十亩，岁支粟三十石"③。学田数量也相当可观。

元朝建立之后，元世祖忽必烈"讲前代之定制"④，主张推行"汉法"。他认识到崇立学校、"征用儒雅"是争取和笼络汉族地主阶级的一个重要的、必不可少的手段，于是"崇学校为育才之地，议科举为取士之方"⑤。元代的学校在原来的基础上又得到了新的发展，宋代开始的学田制度也受到元朝统治者的保护得以沿袭。

元代的学校种类多，数量也大。朝廷有（汉文）国子学，蒙古国子学、回回国子学；路、府、州、县则有儒学、蒙古字学、医学、阴阳学等。此外，还有为数很多的书院。这些学校遍及全国各地，一些少数民族聚居的边疆地区，如云南，也立庙建学。⑥ 不仅地方官府立学，亲军诸卫有的也设立了儒学。⑦ 此外，民间还有很多社学。⑧

不同的学校，学田的设置情况不同。民办的社学无学田之设。朝廷的国子学也均无学田，但生员廪食由国家供给。路、府、州、县所办的学校则大都有学田的设置。其设置情况大体如下：

---

① 李焘：《续资治通鉴长编》卷221，中华书局2004年版，第5372页。
② 葛胜仲：《丹阳集》卷1《乞以学书上御府并藏辟雍札子》，《景印文渊阁四库全书》第1127册，台湾商务印书馆1986年版，第400页上。
③ 《金史》卷11《章宗三》，中华书局1975年版，第257页。
④ 《元史》卷4《世祖本纪一》，第65页。
⑤ 《元史》卷81《选举志一》，第2018页。
⑥ 《元史》卷125《赛典赤瞻思丁传》，第3065页。
⑦ 虞集：《道园学古录》卷23《武卫新建先圣庙学碑》，《四部丛刊》本。
⑧ 《通制条格》卷16《田令》载："今后每社设立学校一所，择通晓经书者为师，于农隙时月，各令子弟入学。"

（一）地方儒学

元灭南宋之初，江南学田曾一度成为普通官田而为各级官府所掌握。至元二十三年（1286），元世祖诏令"复给本学，以便教养"①，学田制度便正式恢复。

元代地方儒学，即路学、府学、州学、县学，往往有大学、小学之分。但无论大学、小学，一般都设有学田。"学之制，小大不同，学士之版，众寡不同，然莫不有学田以充储廥焉。"②

各地儒学学田的数量多少不等，少则一二百亩，多则数千亩，甚至数万亩。《延祐四明志》《至正金陵新志》《至顺镇江志》保存了元代庆元、集庆、镇江三路及其所属州县儒学田产与租入钱粮的详细数字，现列表如下（见表1、表2、表3），从中可以看出元代各地儒学，特别是江南地区儒学学田设置的大体情况。

当然，并不是所有的儒学自始至终都有学田，如"蕲春之学……素无恒产"③。"上海由镇为县之三年，县始有学；又十年，学始有田。"④

各地儒学学田的来源是多方面的：

第一，沿袭前代旧有学田。至元二十三年二月，元世祖"诏江南学校旧有学田，复给之以养士"⑤。所谓"旧有学田"，显然是指南宋时的学田。

第二，拨官田给学校。元政府曾规定："其无学田去处，量拨荒闲田土给赡生徒。"⑥ 这方面的记载很多，如平阳州"拨在官之田若干亩，归诸学"⑦。长治州"四围官壕地尽付于学"⑧。

---

① 《元史》卷14《世祖本纪十一》，第287页。
② 《至元嘉禾志》卷16《复学田记》，上海古籍出版社2010年版，第157页。
③ 《湖北金石志》卷14《蕲州蕲春县兴学颂》，《石刻史料新编》第1辑第16册，新文丰出版公司1985年版，第12232页下。
④ 黄溍：《黄金华文集》卷8《上海县学田记》，《四部丛刊》本。
⑤ 《元史》卷81《选举志一》，第2032页。
⑥ 《江苏金石志》卷19《学校拨田地书碑》，《石刻史料新编》第1辑第16册，新文丰出版公司1985年版，第9917页上。
⑦ 陈高：《不系舟渔集》卷12《平阳州儒学增田记》，浙江古籍出版社2013年版，第164页。
⑧ 《山右石刻丛编》卷30《长治重建文庙记》，《石刻史料新编》第1辑第21册，新文丰出版公司1985年版，第15633页下。

表1 庆元路及其所属州县儒学田产、租入统计表

	庆元路儒学	鄞县儒学	奉化州儒学	昌国州儒学	慈溪县儒学	定海县儒学	象山县儒学
学校田产	田 13066 亩，地 601 亩，山 12200 亩，河涂 617 亩，砂岸 19 处 续置田土：上岸田 61 亩	原管：田 718 亩，地 20 亩，鱼荡 15 亩所，基地 10 亩 续收：田 10 亩	田 1023 亩，地 161 亩，山 4656 亩	原管：水田 593 亩，园地、山地、柴山 1132 亩，砂岸 3 处，屋 2 座，坊基 4 处 续涨：田地园山旧志无亩步，系郎孝祥没官业	田 406 亩，地 46 亩，山 59 亩，海涂田地 599 亩，鱼池 124 口，基地 10 亩	田 2145 亩，地 168 亩，山 571 亩	田 603 亩，地 117 亩，山 369 亩
学校租入	钞 248 定 29 两（中统钞），米 2010 石，谷 1470 石，鱼秧 300 斤 续置田租：米 24 石，谷 80 石	原收：米 154 石，钞 19 两（中统钞），增收：米 32 石	中统钞 19 定 40 两，丝 135 两，小麦 7 石，米 34 石，乌豆 0.5 石，谷 1432 石	旧收：米 221 石，谷 4 石，钱 912 贯（十八界） 现征：米 159 石（省斛），谷 27 石（省斛），小麦 39 石（省斛），豆 16 石（省斛）	中统钞 3 定 17 两，谷 55 石，米 215 石，小麦 22 石	米 718 石，地租 36 两（中统钞），山租 39 两（中统钞）	谷 532 石，钞 32 两（中统钞），小麦 18 石，乌豆 5 石

注：①统计时间：延祐年间。②史料来源：《延祐四明志》卷13《学校考上》、《延祐四明志》卷14《学校考下》。

元代的学田   5

表 2　集庆路及其所属州县学田产、租入统计表

学校	集庆路学	江宁县儒学	上元县儒学	句容县儒学	溧水州儒学	溧阳州儒学
学校田产	田土总计 20859 亩	田土总计 1275 亩有奇	学田、山地、水潭通计 □132 亩	□19 亩，田 1618 亩，地 162 亩，山 557 亩，塘 5 亩	旧额田土：田 3462 亩，地 194 亩，山 95 亩，河渡一所，房屋 14 间随屋地基 新增田土：田 85 亩，地 56 亩，山 27 亩，坝地 11 亩，芦墩 2 亩。房屋三间半零一厦，随屋地基及带屋□巷一条	
学校租入	粮 5235 石，至元钞 8 定 29 两			夏租：小麦 81 石，大麦 14 石，中统钞 5 定 34 两。秋租：米 226 石，中统钞 5 定 34 两	糙粳米 275 石，小麦 21 石，黄豆 0.2 石，丝 6 钱，中统钞 11 定 8 钱	白米 2 □23 石，贡士庄 455 石，赡学 1957 石，租钞 19 定

注：①统计时间：至正年间。②史料来源：《至正金陵新志》卷 9《学校志》。

表 3　镇江路及其所属州县学田产、租入统计表

学校	镇江路学	丹徒县儒学	丹阳县儒学	金坛县儒学
学校田产	田 19725 亩，地 4360 亩，山 1016 亩，池塘 96 亩，荡 4593 亩	田 108 亩，地 52 亩	田 2577 亩，地 296 亩，山 99 亩	田 1502 亩，地 4100 亩，山 10 亩
学校租入	粮 6436 石，钞 4678 贯（中统钞），丝 10 两	粮 16 石	粮 525 石，钞 86 贯（中统钞）	粮 634 石，钞 4156 贯（中统钞）

注：①统计时间：延祐二年经理，泰定四年稽考。②史料来源：《至顺镇江志》卷 11《学校》。原志所载田地的亩后尾数，钞的两与贯后尾数，粮的石后尾数均从略。下表同。

第三，私人捐献。有不少地主知识分子捐田办学。如赵良弼将故有土地三千亩"六与怀州，四与孟州，皆永隶庙学，以赡生徒"①。东祁王先生子昭捐田二十七顷余归于学。②

第四，购置民田。学校续置田土，往往购置民田。如元统元年新昌县学购置砒塘田一十八亩③，便是一例。

此外，有时也没收豪强地主霸占的土地以赡学，学校之间有时也互相调剂学田。

总的看来，儒学学田来自官、私两个方面，而主要是来自官。

（二）书院、蒙古字学、医学、阴阳学

各地书院也大都拥有田土，有的为数还相当多。如镇江的淮海书院有田一百三十五顷七十亩二分六厘，地五十五顷四十九亩一厘三毫，山九十二亩四分一毫，水池一亩。④ 书院田土开始多由私人捐助，"有力而好事之家，往往构广厦以崇祀事，辍良田以丰廪食。其为书院者，遂与州县学参立而布满于四方"⑤。另外，朝廷也往往拨官田给书院。

至元六年（1269）七月，元朝开始设置诸路蒙古字学。朝廷规定："蒙古学校既与儒学一体教育生徒，拟合钦依诏书事意，令合属官司于无违碍荒闲地土内约量拨赡相应。"⑥ 在有的地志中，我们也可以看到官府拨田以兴蒙古字学的记载。⑦ 不过，从现有的史料看，很多地方的蒙古字学实际上并没有建立起来。

医学，亦称三皇庙学。元代名义上"天下郡县建医学，置官吏，与儒

---

① 《元史》卷159《赵良弼传》，第3746页。
② 《江苏金石志》卷23《东祁王先生归田兴学记》，《石刻史料新编》第1辑第21册，新文丰出版公司1985年版，第10028页上。
③ 《越中金石记》卷9《新昌县学续置田记》，《石刻史料新编》第2辑第10册，新文丰出版公司1985年版，第7351页上。
④ 俞希鲁编纂：《至顺镇江志》卷11《学校》，江苏古籍出版社1999年版，第463页。
⑤ 黄溍：《黄金华文集》卷10《文学书院田记》，《四部丛刊》本。
⑥ 《元典章》卷31《礼部四·学校一·蒙古学·蒙古生员学粮》，中华书局、天津古籍出版社2011年版，第1084—1085页。
⑦ 《（康熙）平阳县志》卷3《平阳州学田记》，国家图书馆藏清康熙三十三年刊本。

学等"①,并且"庙祭祀、教养率依仿儒学"②,但实际上"岁以春秋之季修祀事,有司取具而已,或至聚诸医者,师弟子之廪稍,无所从出"③。可见医学学田是没有得到保证的。为此,有些医学学吏只好自己设法置田。有的,以所受赏赐买田入学④;有的则募诸私人,购置田土⑤;有的医学则根本不置学田,"俾医师领其祠事,有司以春秋之季发公帑,具祭料,而折俎升觞焉"⑥。

诸路阴阳学的设置始于至元二十八年(1291)。其学田的设置情况,由于史料的缺乏,尚不甚明了。

二 学田的租佃与赋役

元代学田种类很多,有围田、湖田、上岸田、碛田、泉田、天田、坑塘田⑦、沙田、海涂田⑧、渰田⑨、山地、桑地、熟地、荒闲地、草塌地、沙岸、芦荡、菱荡、水池、渔场、渡口等。所有这些,学校都以租佃的方式来经营。学田租大都是定额地租。大凡种植粮食作物的田土,都收实物地租,如稻米、谷、豆、小麦、大麦等,租额多少不等。如丹徒县共有学田地一顷六十一亩九厘,收租一十六石六斗六升三勺⑩,平均每亩收租仅一斗,租额很低,而庆元路鄮山书院有水田一百亩二角九步,租早黄谷二百六

---

① 程钜夫:《雪楼集》卷13《永新州医学祭天记》,台北"中央"图书馆1970年版,第508页。
② 虞集:《道园学古录》卷36《吉安路三皇庙田记》,《四部丛刊》本。
③ 虞集:《道园学古录》卷36《吉安路三皇庙田记》,《四部丛刊》本。
④ 程钜夫:《雪楼集》卷13《永新州医学祭天记》,台北"中央"图书馆1970年版,第509页。
⑤ 黄溍:《黄金华文集》卷10《海宁州三皇庙祭田记》,《四部丛刊》本。
⑥ 黄溍:《黄金华文集》卷10《浦江县三皇庙记》,《四部丛刊》本。
⑦ 据《越中金石记》卷9《新昌县学续里田记》载:"按万历县志新昌田土则例,有天田、泉田、坑塘田、碛田之别。碛田为上,泉田次之,坑塘田次之,天田为下。"参见《万历新昌县志》卷6《民赋志》。
⑧ 《大德昌国州图志》卷3《田粮》载:"涂田者,乃海滨涂讯之地。有力之家累(垒)土石为堤以捍潮水,月日滋久,涂泥遂干,始得为田。"
⑨ 渰田,即湿地。
⑩ 俞希鲁编纂:《至顺镇江志》卷11《学校》,江苏古籍出版社1999年版,第452—453页。

十七石一斗五升①，平均每亩租谷二石六斗多，租额则很高。

除实物地租外，还有相当数量的货币地租。如镇江路儒学所收学田租中，就有芦租钱、菜麦钱、荡田钱、山租钱、桑租钱、芋租钱、塘租钱、随田租钱、房地租钱等。② 一般说来，不种粮食作物而有其他经济收益的学田，都收取货币地租。

元代学田除采用定额地租外，个别的还有非定额的所谓"貌租"。如镇江淮海书院有田一百三十五顷七十亩二分六厘，其中"定租"有一百一十五顷四十五亩七厘六毫，"貌租"有二十顷二十五亩一分五厘。③ "貌租"者，顾名思义，可能是视作物长势或年景丰歉而临时确定地租的多少。限于史料，还不能对此作出确切的说明。但"貌租"不是定额地租，应该是毫无疑义的。

在宋代学田的租佃关系中，已经出现了转佃学田的"二地主"④。元代，这种现象很多。如《两浙金石志》卷14《嘉兴路儒学归复田租记》载：

华亭仙山管田三百五十亩，有杨副使者□五十余石包佃归己，多催少纳，积逋尤夥。遂勉种夫亲行运纳，其旧佃张万七等欣然，增数倍之无靳色。⑤

程端礼《畏斋集》卷5《铅山州修学记》载：

（李侯荣祖、王侯元纲）革豪户之扑佃者，令亲种小民以租之入彼者纳此，至有复增三、四倍者。⑥

---

① 袁桷编纂：《延祐四明志》卷14《学校考下》，《宋元方志丛刊》第6册，中华书局1990年版，第6334页上。
② 俞希鲁编纂：《至顺镇江志》卷11《学校》，江苏古籍出版社1999年版，第442页。
③ 俞希鲁编纂：《至顺镇江志》卷11《学校》，江苏古籍出版社1999年版，第463页。
④ 漆侠：《宋代学田制中封建租佃关系的发展》，《社会科学战线》1979年第3期。
⑤ 《两浙金石志》卷14《嘉兴路儒学归复田租记》，《石刻史料新编》第1辑第14册，新文丰出版公司1985年版，第10541页下。
⑥ 程端礼：《畏斋集》卷5《铅山州修学记》，《景印文渊阁四库全书》第1199册，台湾商务印书馆1986年版，第684页下。

《江苏金石志》卷22《府学附地经界碑》载：

> 至顺二年六月，据严应新、金道玉、僧悦豫告，置到张僧录等房屋在下基地，元契系路学地段，每年地钱系李提控包纳。本人包占一百余丈，岁作李友兴名，止纳钞一百二两，有人户一十余家在上，每屋一年纳米三斗，轻租重赁。应新等情愿每丈增纳钞二两，庶有益学校。①

以上材料中提到的"杨副使者"，"豪户之扑佃者"以及"李提控"等，都充当了"二地主"的角色。他们的剥削量是很大的。租额"增数倍之"而旧佃张万七等仍欣然无靳色；"令亲种小民以租之入彼者纳此，至有复增三、四倍者"；"应新等情愿每丈增纳钞二两"。所有这些，都明显地反映了"二地主"剥削之重。

在学田的租佃关系中，学校是以地主的面目出现的，它和学田佃户的关系，完全是地主与佃户之间的封建的剥削关系。在这一点上，学田和地主的私田是没有区别的。

上述是学田的租佃情况，下面谈谈学田的赋税与差役。元代官田一般是免税的。官田的佃户只向国家交纳地租，而不再纳税。一些史料中讲的官田的地税，实际上是指地租。② 学田属于官田，自然也应免纳官赋。至元二十三年（1286）二月，元世祖诏江南学校旧有学田，复给之以养士，实际上是免除了这些学田的赋税。"世祖皇帝平定江南，诸色财富皆归有司，惟养士田粮仍赐于学"③，正说明了这一点。至元二十五年（1288）八月，

---

① 《江苏金石志》卷22《府学附地经界碑》，《石刻史料新编》第1辑第13册，新文丰出版公司1985年版，第9996页。

② 陈高华：《元代税粮制度初探》，《文史》第6辑，中华书局1979年版。

③ 《两浙金石志》卷15《嘉兴路重修庙学碑》，《石刻史料新编》第1辑第14册，新文丰出版公司1985年版，第10565页上。

中书省与江西行省依据世祖皇帝圣旨，明确批复蠲免江州学田的赋税①，也是一个很好的例证。

但是，随着学田的不断发展，学田中又出现了输官赋与免官赋的区别。《至顺镇江志》明确记载了镇江路及其属县儒学与书院田土输官赋与免官赋的情况，现列表如下。

表4　镇江路及其属县儒学与书院田土输官赋与免官赋的情况

学校	学田类别	学田数量	输官赋亩数	免官赋亩数
镇江路学	田	19725 亩	2047 亩	17678 亩
	地	4360 亩	1580 亩	2779 亩
	山	1016 亩		1016 亩
	池塘	96 亩		96 亩
	荡	4593 亩		4593 亩
丹徒县儒学	田	108 亩	36 亩	72 亩
	地	52 亩	7 亩	45 亩
淮海书院	田	13570 亩		13570 亩
	地	5549 亩		5549 亩
	山	92 亩		92 亩
	水池	1 亩		1 亩
濂溪书院	田	837 亩		837 亩
	地	140 亩		140 亩
	山	174 亩		174 亩
茅山书院	田	637 亩	514 亩	123 亩
	地	11 亩	11 亩	

注：丹阳县儒学与金坛县儒学学田输官赋与免官赋的情况，原志缺载，故从略。

表中所列镇江路及其属县儒学、书院学田的来源，除濂溪书院外，均不清楚。据《至顺镇江志》记载，濂溪书院有宋咸淳八年（1272）三月镇江府印押砧基簿，计田一千三百六亩，地三百七十七亩，松山一百二亩，

---

① 方龄贵校注：《通制条格校注》卷17《赋役·学田地税》，中华书局2001年版，第492页。

山八十五亩。入元后为花山寺僧夺占田地七百二十亩。由此可见,濂溪书院田土完全是宋代沿袭而来的。该书院学田俱免官赋,说明前代沿袭而来的旧有学田是免纳官赋的。另外,表中所列学田中的山、水池、荡、池塘,都是免官赋的,这显然也是由于山、水池、荡、池塘等,一般说来都是隶官的缘故。

又据《越中金石记》卷9《新昌县学续置田记》载,新昌县学续置碓塘田一十八亩,除"新附号一丘二角"外,其余各丘都有税粮记载。这表明,学校购置的原来纳税的私田,依然要承担赋税。

总之,学田中出现输官赋与免官赋的区别,主要是由于学田的来源不同而造成的。前代沿袭而来的旧有学田,政府陆续拨归学校的荒闲田土及其他隶官田土,似应免纳官赋;学校本身陆续购置的民田,以及其他个人捐献给学校的私田,这些土地原来都是输官赋的,在变为学田之后,似应仍输官赋。

元代普通农户的杂泛差役,特别是里正、主首、祗候、公使人等差役,往往是以税田多少为依据来摊派。"视其税之所入,稽税田之多寡,知其富贫,以为赋役之差。"① 据此,承担赋税的学田,似应承担杂泛差役免纳官赋的学田,似不承担杂泛差役。由于材料的缺乏,尚难作出确切的说明。有的学田是由不承担杂泛差役的儒户、医户等捐纳或转卖而来,这些土地虽然承担赋税,但并不承担杂泛差役。如《黄金华文集》卷10《文学书院田记》载,文学书院的创办者曹君两次捐田四千二百余亩给书院,"其田有苗税而无力役",便是一例。

当然,许多学田佃户虽本身并无土地,但并不能完全免除杂泛差役。这一方面是由于元代的杂泛差役并非完全以税田多少为依据来摊派;另一方面也由于地主豪强往往与地方官吏相勾结,诡名析产,规避杂泛差役,而将其转嫁到贫苦农民身上。这些问题,已与学田本身无关,故不过多论述。

---

① 王祎:《王祎集》卷9《婺州路均役纪》,浙江古籍出版社2016年版,上册第282页。

三 寺院与地主豪强对学田的侵夺

元政府曾明确规定："属学校的田地、水土、贡士庄，不拣是谁，休争占侵犯者。"① 但是，这些规定并没有得到有效的贯彻执行。有元一代寺院侵夺学田的现象很严重。大量的学田记、学田碑记载了这一情况。如常州路学有学田二十六顷，"久为僧舍豪家所夺，求直有司，十年不能决"②。明正书院学田"夺于浮屠老氏者什七八，有司漫弗加省也"③。灵岩寺僧数夺石鼓书院田，"事既闻，有司恒受僧赂，易置曲直。前后数十年，田三复书院，而三夺之"④。各地儒学、书院对寺僧侵夺学田虽极不满，但"僧犷而儒柔"，学校往往无可奈何。

元代寺院的横行与蒙古统治者的支持、纵容是分不开的。蒙古统治者崇信佛教，元朝皇帝经常大做佛事，把大量的钱财、土地赏赐给寺院。⑤ 寺院不仅在政治上很有地位，在经济上也很有力量，而"儒多寒酸，学官满三年率去，力莫能竞"⑥。

地主豪强捐田办学的例子很多，但同时，地主豪强侵夺学田的现象也很普遍。如奉元学田为豪民所侵者达五十余项。⑦ 江山县学田"为豪民据者十之二"⑧。兴国路学旧有鱼湖之利，"久为豪佃所据"⑨。有些地主豪强不

---

① 《元典章》卷31《礼部四·学校一·儒学·整治学校》，中华书局、天津古籍出版社2011年版，第1094页。
② 《（康熙）常州府志》卷36《重修常州路儒学碑记》，《中国地方志集成》，江苏古籍出版社1991年版，第795页下。
③ 黄溍：《黄金华文集》卷8《明正书院田记》，《四部丛刊》本。
④ 傅若金：《傅若金集》卷5《衡府判于公复学田序》，吉林文史出版社2010年版，第253页。
⑤ 赵翼：《陔余丛考》卷18《元时崇奉释教之滥》，中华书局1963年版，第351页。
⑥ 欧阳玄：《欧阳玄集》卷6《分宜县学复田记》，吉林文史出版社2009年版，第60页。
⑦ 虞集：《道园学古录》卷35《奉元路重修先圣庙学记》，《四部丛刊》本。
⑧ 鲁贞：《桐山老农集》卷1《江山修学复田记》，《景印文渊阁四库全书》第1219册，台湾商务印书馆1986年版，第125页上。
⑨ 《湖北金石志》卷13《兴国路学校教授厅记碑》，《石刻史料新编》第1辑第16册，新文丰出版公司1985年版，第12190页上。

仅侵夺学田，而且光天化日之下公然谤辱儒士、抢收学田禾稼，气焰非常嚣张。①

寺院与地主豪强肆意侵吞学田，给学校造成了严重后果。扬州路学原有学田九万余亩，由于"比岁政弛，或为豪民冒种，或妄言沦入江水，或以硗瘠易其膏腴。岁入不足，士始失所养焉"②。余姚州儒学也由于学田"历年既久，欺弊日滋，以故廪入不足，春秋释奠，取给临时，稍食弗充，教养失实"③。不少学校由于学田被侵等原因，"众散而去，弦歌之音不闻久矣"④。

元代学田往往被侵吞而湮没者，原因何在？有的认为，"盖今校官无刑罚可施，则人不知所惧；无图籍可考，则吏易以为奸"⑤。这种看法是不完全正确的。学校自然无刑罚可施，但学为官学、理应受官方保护。各级官府都是有刑罚可施的，为何不能制止？说学田"无图籍可考"，也并非完全符合实际。多数学田是有籍可考的，"其疆理步亩，载之户曹之版，明且悉也"⑥。

应该说，学田的被侵吞是与各级官吏有直接关系的。"田之芜治，租之有无，祭祀廪膳之充欠，则系于长吏之善与不善，用意与不用意。"⑦ "学校之所以隳，由教养之缺而弗周也；教养之缺而弗周，以守令之弗能尽心厥职也。"⑧ "士大夫治官如治家，则何事不可办？官府学校之间大率视如传舍，苟且以俟代去，孰有视如家事者哉。"⑨ 不少官吏甚至同寺院、地主豪

---

① 《江苏金石志》卷20《镇江路儒学复田记》，《石刻史料新编》第1辑第13册，新文丰出版公司1985年版，第9958页下。
② 苏天爵：《滋溪文稿》卷2《扬州路学田记》，中华书局1997年版，第22页。
③ 《越中金石记》卷10《余姚州儒学核田记》，《石刻史料新编》第2辑第10册，新文丰出版公司1985年版，第7369页下。
④ 陆文圭：《墙东类稿》卷7《吴县学田记》，《景印文渊阁四库全书》第1194册，台湾商务印书馆1986年版，第613页下。
⑤ 苏天爵：《滋溪文稿》卷4《新城县学田记》，中华书局1997年版，第52页。
⑥ 柳贯：《柳贯诗文集》卷15《处州路学归田记》，浙江古籍出版社2004年版，第323页。
⑦ 虞集：《道园学古录》卷8《滕州学田记》，《四部丛刊》本。
⑧ 《越中金石记》卷10《余姚州儒学核田记》，《石刻史料新编》第2辑第10册，新文丰出版公司1985年版，第7369页下。
⑨ 吴澄：《吴文正公集》卷28《题进贤县学增租碑阴》，《元人文集珍本丛刊》第3册，新文丰出版公司1985年版，第488页下。

强相勾结，对学田被侵吞的现象，或"漫加弗省"，或"甘于货饵"，"易置曲直"。加之各地学官有不少是"猥以资格授，强加之诸生之上，而名之曰师尔，有司弗信之，生徒弗信之"①。因此，学田的湮没，学校的衰隳，自然是不可避免的。

当然，学田的被侵占，从根本上说来，是地主阶级土地兼并的结果。元朝统治者竭力保护封建的土地制度，不仅蒙古贵族广占田地，汉族地主兼并之风也与日俱增。有的地方，地主占田达六分之五之多。② 随着土地兼并的日趋激烈，不仅农民的私田是地主阶级鲸吞的目标，官田也成为地主阶级兼并的对象。地主豪强"谓学田无适主，吾可以冒没而攫取之"，"或钻石藏土中，或述赂窜乡籍"③，无所不用其极。大量的官田不断变成地主阶级的私田，这是地主阶级土地所有制发展的一种必然趋势。

（原载《北京大学学报》1981年第6期）

---

① 《元史》卷181《虞集传》，第4175页。
② 虞集：《道园学古录》卷41《建宁路崇安县尹邹君去思之碑》，《四部丛刊》本。
③ 柳贯：《柳贯诗文集》卷15《处州路学归田记》，浙江古籍出版社2004年版，第323页。

元代江南地区的普通官田

元代的普通官田是由元朝地方政府直接掌握的一部分官田，主要分布在江南地区，尤以两浙为多。这部分土地不同于屯田、赐田、职田、学田等专用官田，是由地方政府直接管理，其收入由国家统一调拨和支配。另外，绝大部分荒田也应属于普通官田，但因荒田往往处于变化之中，其归属很不稳定，所以，这里谈的主要是江南地区已垦的普通官田。

一 普通官田的由来与发展

（一）官田的来源

元代江南地区的官田者，"盖仍宋公田之旧"①。这种说法虽不够准确，但其主要是由南宋时期的官田沿袭而来，应该说是没有疑问的。

南宋灭亡前到底有多少官田，因没有确切的统计材料，无法作出肯定的回答。有人估计从南宋绍兴元年（1131）到淳熙元年（1174）的四十年间，营田、垦田、圩田、湖田以及沙田等项官田，总计有二十万顷左右，约占南宋垦田面积的十五分之一。②南宋景定二年（1261），贾似道等行公田法，企图以回买官田一千万亩，达到岁增租赋六七百万斛之目的。到景定四年（1263）六月，平江、江阴等六郡"已买公田三百五十余万亩"③。公田法"夺民田以失人心"，引起了社会各阶层的普遍反对。至贾似道去国，察院季可"乞罢公田之籍，以收农心"，但未及实行，南宋即告灭亡。

---

① 吴师道：《吴正传先生文》卷19《国学策问四十道》，台北"中央"图书馆1970年版，第602页。

② 参见程溯洛《南宋的官田和农民》，《历史教学》1953年第8期；张邦炜《论宋代的官田》，《甘肃师范大学学报》（人文科学版）1962年第4期。

③ 《宋史》卷45《理宗本纪五》，第885页。

这些公田自然转移到了元朝统治者之手,"乃为大元饷军之利"①。

元代江南地区的普通官田,除了南宋官田外,还包括:第一,元统治者陆续增加的一些没官田。如大德年间没入的朱清、张瑄田土②,至元时没入的朱国珍、管明田土等③;第二,逃亡人户的田土④;第三,一些宗族大姓的义田⑤;第四,政府从民间购买来的田土。《元史·世祖纪》曾提到至元二十二年(1285)"用卢世荣言,回买江南民土田",但没有记载这次回买民田的具体情况。朱德润诗写道:"官买田,买田忆从延祐年",并且说"要买膏腴最上阡"。⑥ 这种购买,显然带有强买的性质。

(二)元朝对官田的清查

元灭南宋之后,朝廷与地主豪强之间围绕着江南地区普通官田的所有权问题,展开了激烈的争夺。元初,地主豪强利用当时社会的混乱之机,把许多南宋官田吞没为自己的私田。至元二十一年(1284)十二月,中书省官员鉴于"江南官田为权豪寺观欺隐者多"的情况,提出"宜免其积年收入,限以日期,听人首实。逾限为人所告者,征以其半给告者"⑦,以期夺回地主豪强以及寺观吞没的官田。这一建议为忽必烈所采纳。至元二十三年(1286)七月,中书省官员再次提出,"立营田总管府,其所据田仍履亩计"⑧。由于地主豪强的作梗,元廷对江南官田的清查进行得并不顺利。所以,到至元二十六年(1289),行大司农司不得不再次清查亡宋系官田土,并规定了惩治隐匿官田者的刑罚。《元典章》卷19《田宅》载:

---

① 周密:《齐东野语》卷17《景定行公田》,中华书局1983年版,第316页。
② 陶宗仪:《南村辍耕录》卷5《朱张》,中华书局1959年版,第64页。
③ 顾炎武:《日知录》卷10《苏松二府田赋之重》,《顾炎武全集》第18册,上海古籍出版社2011年版,第434页。
④ 《元典章》卷19《户部五·田宅·荒田·荒闲田土无主的做屯田》,中华书局、天津古籍出版社2011年版,第677页。
⑤ 刘须溪:《刘须溪先生记钞》卷5《吉水义惠社仓记》,《四库全书存目丛书》集部第20册,齐鲁书社1997年版,第454页。
⑥ 朱德润:《存复斋文集》卷10《官买田》,《四部丛刊》本。
⑦ 《元史》卷13《世祖本纪十》,第271页。
⑧ 《元史》卷14《世祖本纪十一》,第290页。

"亡宋各项系官田土，每岁各有额定子粒、折收物色。归附以来，多被权豪势要之家影占以为己业佃种，或卖与他人作主。立限一百日，若限内自行赴行大司农司并劝农营田司出首，与免本罪，其地还官，止令出首人种佃，依例纳租。据在前应收子粒，并行免征。若限外不首，有人告发到官，自影占耕作年份至今应收子粒，尽数追征。职官解见任，退闲官、军民诸色人等，验影占地亩多寡，就便约量断罪。仍于征到子粒内一半，付告人充赏。"钦此。行大司农司议得：犯人十亩以下，杖五十七下。一百亩以下，杖六十七下。三百亩以下，杖七十七下。五百亩以下，杖八十七下。一千亩以下，杖九十七下。已上田亩虽多，罪止一百七下。①

刑罚虽然严厉，但侵吞与欺隐官田的现象还是不断发生，这就严重地影响着政府的租赋收入。至元三十年（1293），元廷应大司农燕公楠之请，立江南行司农司，"专以追寻豪右之家隐藏田地"②。结果，"得乾没公私田为顷六万九千八百六十二，岁出粟为斛十五万一千一百有奇，楮币为贯二千六百，帛为匹千五百，麻丝为斤二千七百"③。

值得注意的是，江南行大司农司虽然清查出了隐匿田土六万九千八百六十二顷，但仍被认为"虽寻出些小田地，也无多济"④。至元贞元年（1295），行大司农司即被撤销。这也从侧面反映了地主、豪强侵吞、隐匿官田的严重程度。以后，个别地区的清查虽也进行过，但收效不大。

（三）官田的数量

元代江南地区普通官田的数量时有变化：一方面是时而增加一些没官

---

① 《元典章》卷19《户部五·田宅·官田·影占系官田土》，中华书局、天津古籍出版社2011年版，第671—672页。
② 《大元官制杂记·初立行大司农司条画》，广文书局1972年版，第59页。
③ 程钜夫：《雪楼集》卷21《资德大夫、湖广等处行中书省右丞燕公神道碑》，台北"中央"图书馆1970年版，第792—793页。
④ 《大元官制杂记·初立行大司农司条画》，广文书局1972年版，第61页。

田土；另一方面元朝统治者又不断地将一些江南地区的普通官田赏赐给贵族、官僚、寺院，把一部分普通官田转化成了专用官田。

由于材料的缺乏，对元代江南普通官田的数量做出比较准确的估计是很困难的。现据《至正金陵新志》《延祐四明志》《至顺镇江志》所载，将集庆、庆元、镇江三路官田顷亩与所占总田土的比例列表如下：

表1　　　　　　集庆、庆元、镇江路官田数量统计表

地点	田土总计（亩）	官田数量（亩）	官田所占比例（%）
集庆路			
录事司	7612	7612①	100
江宁县	995821	182039	18
上元县	1997085	177730	9
句容县	1282753	44535	3
溧水州	1698596	107549	6
溧阳州	1770962		
庆元路	2116930②	270004	13
鄞县	437381	52661	12
奉化州	494831	63017	13
昌国州	150119	31308	21
慈溪县	461644	19644	4
定海县	383901	41462	11
象山县	189052	61896	33
镇江路	3661127	939959③	26
录事司	4221	3326	79
丹徒县	1202446	407064	34
丹阳县	1294457	242394	19
金坛县	1160001	287174	25

注：原志所载亩后尾数从略（下同）。

① 该录事司官田包括了系官地2554亩，财赋地5357亩。
② 此数系皇庆元年（1312）计拨数。据原志所载，除各州县所辖官民田土外，尚有灶户田83982亩，僧道田132861亩，马驿户田46197亩，水驿户田8292亩，职田9939亩。
③ 在镇江路官田中包括了江淮财赋府所管410418亩，浙江财赋府1212亩。

从上表可以看出，各路官田所占总田土的比例并不平衡。浙西地区镇江路的官田所占比例较大，为26%，其中丹徒县的官田所占比例最大，为34%。

邓文原在撰《故太中大夫刑部尚书高公行状》时，谈到了元代浙西公田的数量：

> 都省以浙西公田多隐漏失实，命公检括。公言：成岁输粮为石者四百万，内公田余七十五万一千顷，粮为石者一百三十九号，浙右居诸路三之二，公租视民所输且二十倍。①

这段文字比较费解，我们试作如下分析：

（1）"成岁输粮为石者四百万"，当指江浙行省每年的税粮数。

（2）"浙右居诸路三之二"，应指浙右税粮占江浙全省的三分之二，实际可能超过。

（3）其中公田岁粮"为石者一百三十九号"，"号"字当为"万"字之误。

（4）浙西的公田数是文中的关键。邓文中的"七十五万一千顷"应有误。因为江浙全省官民荒熟田总数不足百万顷②，浙西公田绝不会有七十五万一千顷之多。另外，如按七十五万一千顷计算，租粮一百三十九万石，则每亩租粮不足二升，这也不符合当时公田的一般租额，而且"公租视民所输且二十倍"也无法解释。因此，我们怀疑七十五万一千顷是七万五千一百顷之误。七万五千一百顷的公田，收租一百三十九万石，平均每亩租额二斗是可能的。

据有关地志记载，镇江路有官田近万顷③，平江路官田当在万顷以上④。

---

① 邓文原：《邓文原集》，浙江人民美术出版社2016年版，第118页。
② 据元文宗天历元年统计，江浙官民荒熟田995081顷（见《元史·食货志一》）。
③ 俞希鲁编纂：《至顺镇江志》卷5《田土》，江苏古籍出版社1999年版，第192页。
④ 《正德姑苏志》卷15《田赋·田地》载，明洪武初年，姑苏（平江）有官田29900顷有奇，除明初抄没田16638顷外，元末平江官田当在13000顷左右。

其他如杭州、湖州、嘉兴、常州、松江、江阴的官田数已无史料可考。但各路的官田数，估计不会超过平江路。照此推算，包括部分赐田在内，浙西公田大概不会超过七万五千一百顷这一数字。邓文中提到"田有虚额，而官无蠲征"，也证明这一点。再据《大元官制杂记》载，元廷曾清查出浙西富民隐匿亡宋田土四万顷①，可知浙西公田总额应在四万至七万五千顷之间。

浙西是元代普通官田比较集中的地区。至于其他地区的普通官田，因其数量较少，加之史料大多缺失，所以，我们也就无法再进一步对其总数作出推断了。

二 普通官田的管理与经营

（一）承佃、退佃与转佃

元代的普通官田是由地方政府直接管理并通过租佃方式来经营的。地方政府设立了有关官田的专门簿籍，用来记载官田的种类、亩积、承佃人姓名以及应纳租额等。

哪些人可以承佃普通官田，朝廷似无明确规定。但据有关材料看，朝廷的官僚贵族，地方的一般官吏与地主豪强，以及有地或无地的普通农民，都可以承佃官田。

官田佃户能否自由退佃，我们虽然还看不到关于这个问题的法律规定，但从一些史料看，许多农民被强制佃种官田，实际上并没有退佃的自由。如镇江路金坛县由于原南宋卖田户消乏逃亡，官府将官田撒佃给一万五千余户农田细民，他们"初非见其有利，情愿请佃开耕。官司因租粮无所归著，挨究得此人，或见（现）种其田，或元（原）种其田，或曾受其田，或典卖其田，勾追到官，置局监禁，日夜拷打，逼勒承认。亩纳五斗以

---

① 见《大元官制杂记·初立都水庸田使司条画》，广文书局1972年版，第65页。

上……"① 官府以日夜拷打的残酷手段硬逼农民承佃官田，这显然不是普通的租佃关系，而是一种超经济强制。不少官田地薄租重，有些佃户往往还要以私田的收益来贴补官田的租额。程端礼《畏斋集》卷5《著存庵田记》载：

> 桐汭子有王君谓程端礼曰："……余承先祖父之遗户（产），有民田若干亩，官之二税田、营田若干亩。惟是官田硗瘠，易旱易涝，所入绝少，而输赋重甚。每岁必以民田之入助输官田之赋，仅免门户鹾突捶楚之害。念异日子孙贫富之不常，民田易售而官田难除，害将无穷。乘今日之苟完，预以某处民田若干亩拨入著存庵为户（产），俾子孙贫不得卖，永为官田输赋之助。"②

转佃官田的现象是存在的，有两种不同的情况：一种是普通官田佃户的转佃。官府原则上同意这种转佃，但转佃者必须"具兑佃情由，赴本处官司陈告、勘当，别无违碍，开写是何名色、官田顷亩、合纳官租，明白附簿，许立私约兑佃，随即过割，承佃人依数纳租"③，当然，也有"私下受钱，书立私约，吐退转佃"④ 的现象。另一种是一些贵族、官僚与地主豪强大量包佃官田，然后再将这些官田转佃给普通农民，从中进行剥削。我们通常把这些官田的转佃者称为"二地主"。在元代普通官田的租佃中，"二地主"是普遍存在着的。

南宋末年，贾似道强买公田，并迫使公田原来的所有者变成了公田的承佃者，每年向官府"抱佃输纳"地租。在这些公田的承佃者中，有相当

---

① 俞希鲁编纂：《至顺镇江志》卷6《赋税·秋租》，江苏古籍出版社1999年版，第248页。
② 程端礼：《畏斋集》卷5《著存庵田记》，《景印文渊阁四库全书》第1199册，第689页下。
③ 《元典章》卷19《户部·田宅·官田·转佃官田》，中华书局、天津古籍出版社2011年版，第673页；《通制条格》卷16《田令·佃种官田》，中华书局2001年版，第475—476页。
④ 《元典章》卷19《户部·田宅·官田·转佃官田》，中华书局、天津古籍出版社2011年版，第672页。

一部分是官僚、地主。他们并不是土地的直接的耕种者,直接的耕种者是这些官僚地主的原来的佃户。这样一来,这部分土地的租佃关系便发生了变化:在土地的所有者——国家与土地的耕种者——农民之间,又增加了土地的承佃者,即"二地主"这样一层关系。入元以后,普通官田租佃中的这种"二地主"依然存在。当然,元代"二地主"并非都是南宋时的卖田户。不少"二地主"是新的官田的承佃者,其中包括元朝的贵族、官僚以及地主豪强等。如,曾为两浙运使的松江下砂场瞿霆发,"有当役民田二千七百顷,并佃官田共及万顷"①,显然是一个以承佃官田为主的"二地主"。又如《元史·文宗本纪》载,至顺三年(1332)三月,"燕铁木儿言:'平江、松江殿山湖圩田方五百顷有奇,当入官粮七千七百石。其总佃者死,颇为人占耕,今臣愿增粮为万石入官,令人佃种,以所得余米赡弟撒敦。'"②平江、松江殿山湖圩田原来的"总佃者"以及燕铁木儿之弟撒敦,无疑也属于承佃官田的"二地主"。

(二)官田地租与官田佃户的境遇

江南地区普通官田的地租一般都是定额的实物地租。官田承佃者每年向国家交纳秋税(即官田地租),不纳夏税。元廷曾规定,"凡官田,夏税皆不科"③。这是官田与民田在租赋方面的一个重要区别。

至元十五年(1278),元廷曾宣布:"浙西公田,可权依旧例,召佃客耕种,合得岁课十分中减免二分。"④但元贞元年(1295),"又将亡宋元(原)放水脚一分半收科,入额比附,岁减二分,止有半分之宽"⑤。大德九年(1305)才又宣布:"江淮以南租税及佃种官田者,均免十分之二。"⑥

由于时间、地区以及土地的种类、肥瘠等不同,江南地区普通官田的

---

① 杨瑀:《山居新语》,中华书局2006年版,第233页。
② 《元史》卷36《文宗本纪五》,第802页。
③ 《元史》卷93《食货志一》,第2359页。
④ 俞希鲁编纂:《至顺镇江志》卷6《赋税·秋租》,江苏古籍出版社1999年版,第247页。
⑤ 俞希鲁编纂:《至顺镇江志》卷6《赋税·秋租》,江苏古籍出版社1999年版,第248页。
⑥ 《元史》卷21《成宗本纪四》,第462页。

租额也多少不一。兹据《延祐四明志》卷12《赋役考》所载，将庆元路所属州县官田税粮数量列表如下：

表2　　　　　　　　　庆元路所属州县官田税粮数量

地点	官田数量（亩）	官田秋税粮（石）	平均每亩税粮（石）
鄞县	52661	35139	0.67
奉化州	63017	1255	0.02
昌州	31308	1492	0.05
慈溪县	19644	7014	0.36
定海县	41462	1888	0.05
象山县	61896	1285	0.02
合计	269988	48073	0.18

当然，很多地方的官田租额事实上超过了上表所列每亩的平均租额。如镇江路金坛县即逼勒佃户亩纳五斗以上①，致使佃户卖子鬻妻以偿官租。

元代文献中，官田租重的记载屡见不鲜。谢应芳云："……民疾苦岂止于斯，如公田之租重宜减……"②虞集云：抚州之属县宜黄、乐安，"常租之外，带耕没官之田，田薄而租重……民甚苦之"③。吴澄云："惟豪民私占田，取其十之五以上，甚矣，其不仁也！而近世公田因之，亦什伍以上。"④孔齐云："溧阳之民有以田土妄献于朱、张二豪者，遂为户计"，及至"朱、张皆构祸，籍其户口财产……而投户计者，隶为佃籍，增租倍赋，倍于常民。"⑤吴师道也指出，元代官田，"输纳之重，民所不堪"⑥。松江地区是

---

① 俞希鲁编纂：《至顺镇江志》卷6《赋税·秋租》，江苏古籍出版社1999年版，第248页。
② 谢应芳：《龟巢稿》卷12《上奉使宣抚书》，《四部丛刊》三编第453册，上海商务印书馆1936年版。
③ 虞集：《道园类稿》卷43《天水郡侯秦公神道碑》，《元人文集珍本丛刊》第6册，新文丰出版公司1985年版，第298页上。
④ 吴澄：《吴文正公集》卷28《题进贤县学增租碑阴》，《元人文集珍本丛刊》第3册，新文丰出版公司1985年版，第488页下。
⑤ 孔齐：《至正直记》卷3《势不可倚》，上海古籍出版社1987年版，第97页。
⑥ 吴师道：《吴正传先生文集》卷19《国学策问四十道》，台北"中央"图书馆1970年版，第602页。

官田集中的地区,"岁输粟三十万石,而宋季公田、曹氏湖田额重租耗,民多闭偿"①。

官田租不仅额高,而且往往要远途输纳,这就进一步增加了农民的负担。《至顺镇江志》在讲到官田佃户交纳地租时也指出,"及至秋成催租勾扰,赴仓送纳,又有船脚加耗仓用,得米一石上下,方可输纳正米五斗"②。更有一些管仓库的官吏与地主豪强狼狈为奸,立限收粮,"初限皆细民,其输粮也,石加五、六斗不能足,豪右至末限什仅纳二三,却用细民多输者足之"③。平常年景,沉重的租赋已使官田佃户无力承担;倘遇自然灾害,官吏更指荒为熟,不加抚恤。如,元置都水庸田使于江南,"民尝以旱告,率拒之不受,而尽征其租入;比又以水告,复逮系告者以为奸治之"④。在这种情况下,官田佃户被迫卖儿鬻女,东乞西讨。史书上把他们的悲惨境遇刻画得淋漓尽致:"佃户终岁勤苦,尽田内所得子粒输官不敷……上催下并,遂将家业变卖,无资产者卖子鬻妻。或弃生就死者有之,抛家失所者有之。水旱之年,又有告灾不免之数,受罪陪纳之苦。言及公田,孰不怨恨?言及公田,谁肯耕作?"⑤

三 普通官田的经营对元朝统治的意义

江南普通官田的经营,对于元朝的统治有着十分重要的意义。

元朝在财政上主要依赖于江南,正如有人所指出的:元代"赋出于天下,江南居十九"⑥。而江南地区的财政收入,主要又是来自江浙地区,尤

---

① 贡师泰:《贡师泰集》卷10《奉训大夫绍兴路余姚州知州刘君墓志铭》,吉林文史出版社2010年版,第386页。
② 俞希鲁编纂:《至顺镇江志》卷6《赋税·秋租》,江苏古籍出版社1999年版,第248页。
③ 郑元祐:《侨吴集》卷11《前平江路总管道童公去思碑》,浙江大学出版社2010年版,第266页。
④ 余阙:《青阳先生文集》卷2《送樊时中赴都水庸田使序》,上海古籍出版社2022年版,第45页。
⑤ 俞希鲁编纂:《至顺镇江志》卷6《赋税·秋租》,江苏古籍出版社1999年版,第249页。
⑥ 王沂:《伊滨集》卷14《送刘伯温序》,《景印文渊阁四库全书》第1208册,第515页。

其是浙西地区的税粮。"浙右之地,若苏、湖、常诸郡,土壤肥沃,民务佃作,岁赋租米数百万石,漕海以供京师"①,这是"地狭民亦贫"② 的浙东七州所无法比拟的。在浙西税粮中,官田税粮占有很大比重。兹据《至元嘉禾志》卷6《赋税》的记载,将嘉兴路及其属县官田税粮比例列表如下:

表3　　　　　　　嘉兴路及其属县官田税粮比例

地区	嘉兴路	松江府③	嘉兴县	崇德县	海盐县
额管税粮（石）	681552	351941	198714	49288	81607
官田税粮④（石）	396330	229610	103310	26380	37005
官田税粮所占比例（%）	58	65	52	53.5	45

上表反映的只是南宋末年至元初的情况。元朝后期,这一地区官田税粮所占比例就更大了。

浙东地区的官田税粮比例虽低于浙西,但为数也不算少。兹据《延祐四明志》卷12《赋役考》将庆元路所属州县官田税粮比例列表如下:

表4　　　　　　　庆元路所属州县官田税粮比例

庆元路所属州县	额管税粮（石）	官田税粮（石）	官田税粮所占比例（%）
奉化州	13518	1255	9
昌国州	4676	1492	32
鄞县	65485	35139	54
慈溪县	25091	7014	28

---

① 苏天爵:《滋溪文稿》卷3《常州路新修庙学记》,中华书局1997年版,第41页。
② 李士瞻:《经济文集》卷6《将发楚门》,湖北人民出版社2019年版,第100页。
③ 松江府的税粮以后不断增加。据《(嘉靖)上海县志》卷2《户役》载,至正十五年(1355),仅上海一县即夏税麦57619石,秋税粮326001石,而"华亭为松江望邑,贡税财赋当浙之什伍,编户至百万"(杨维桢:《东维子文集》卷2《送冯侯之新昌州尹序二首》。并参见邵亨贞《野处集》卷2《送张令尹序》;卷3《汪公行状》)。
④ 据《至元嘉禾志》卷6《赋税》载,嘉兴路额管税粮681552石,岁减公田二分,米79266石。据此,嘉兴路官田税粮计为:79266石÷20% =396330石。以下松江府、嘉兴县,崇德县、海盐县官田税粮均据此推算。

续表

庆元路所属州县	额管税粮（石）	官田税粮（石）	官田税粮所占比例（%）
定海县	17426	1888	11
象山县	4353	1285	29.5
总计	130552	48075	37

我们从两浙地区官田税粮所占比例可以看出，官田在元政府的财政收入中占有非常重要的地位。江南地区的每年海运粮，估计半数以上是官田的税粮。元末农民起义爆发后，"海运不至，居民亿万口嗷嗷待哺"[1]，"元京饥穷，人相食"[2]。至正十九年（1359）以后，名义上归附元朝的张士诚、方国珍曾一度恢复海运，然每年海运粮仅十余万石。至正二十一年（1361），元政府派官员前往江南，欲征粮百万石以供京师，但并没有达到目的。至正二十二（1362）、三年（1363）的海运粮每年仍不过十三万石。至正二十三年，海运就中止了。江南税粮的海运线在某种意义上可以说是元朝的生命线。海运一断，元朝也就很快结束了。

（原载《中国社会科学院研究生院学报》1984 年第 3 期）

---

[1] 蒋易：《鹤田集》下卷《送韩士敏从尚书部还朝序》，《元史研究资料汇编》第 70 册，中华书局 2014 年版，第 169 页。

[2] 叶子奇：《草木子》卷 3《克谨篇上》，中华书局 1959 年版，第 47 页。

关于元代赐田的性质

元代赐田数量很大。如何看待这些赐田的性质，目前还存在着一些不同意见。

赐田在赏赐之前都属于官田（尽管这些官田可能是由政府通过籍没或强买等手段从私人手中夺来的）。国家只有拥有对这些土地的所有权才能进行赏赐，这是不言而喻的。问题是这些土地在赏赐之后性质是否会发生变化。我们认为，这种变化是存在的。只是由于赏赐对象的不同，其变化也不一致。

在元代，赐田对象基本上可以分为两大类：一类是皇室以及为皇室服务的各大官寺；一类是诸王、驸马、公主、百官臣僚与普通寺院道观。

元代曾把大量的土地赐给皇太后、皇后、太子等皇室位下以及太禧宗禋院所属的南镇国寺、大护国仁王寺、大承华普庆寺、大承天护圣寺等各大官寺。皇太后、皇后以及皇太子通过徽政院、中政院以及詹事院的财赋总管府、财赋提举司等机构来管理赐田，太禧宗禋院则通过各大官寺的总管府来管理赐田。这些土地实际上是掌握在徽政院、中政院、詹事院以及太禧宗禋院所属各大官寺的总管府手中。我们知道，无论是徽政院、中政院、詹事院的财赋总管府、提举司，还是太禧宗禋院所属各大官寺的总管府、提举司，它们虽然并不隶属于中书六部，也不隶属于地方有司，而是自成系统，但它们都属于国家正式的财政管理机构，都是国家政权机构的有机组成部分，其官员也都是国家正式委任的品官。这些机构的性质决定了它们所拥有的田产的性质。朝廷名义上是把土地赐给了皇太后、皇后、皇太子个人以及各大官寺，而实质上是把一部分普通官田变成了为某些特定的国家机构直接支配的专用官田。这些土地的性质和职田很相似。

国家赐给诸王、驸马、公主、百官臣僚以及普通寺院道观的土地，情况有所不同。这些土地在赐出之后，国家已经丧失了对这些土地的部分所有权。受赐者是代表个人或民间寺观而不是代表国家来管理和支配这些土地。其租入钱粮也完全由受赐者自己来支配和利用。马克思指出："地租的占有是土地所有权借以实现的经济形式。"① 既然国家已经不再占有这些土地的地租，因而也就不再具备拥有这些土地的"经济形式"。

当然，"完全的、自由的土地所有权，不仅意味着毫无阻碍和毫无限制地占有土地的可能性，而且也意味着对它出让的可能性"②。所谓"出让"似乎可以理解为出售和转让这样双重的含义。元代诸王、驸马、公主、百官臣僚以及普通寺院道观的赐田是否可以出让呢？确实，我们还没有发现这些受赐者出让赐田的材料。但以此为根据来确定这些赐田的国有性质，似乎还不够稳妥。这是因为：

第一，我们没有发现出让赐田的材料，并不一定就意味着没有出让赐田的事实。

第二，这些受赐者都是大的贵族、官僚和有名的寺院道观。他们都是大土地所有者，他们总是不断地采用各种手段来兼并土地。如果不是政治的和法律的原因，在元朝统治的百年左右的短时间内，他们在经济上破产的可能性是不大的。因此，他们出让土地的可能性确实不大。我们不仅没有发现他们出让赐田的材料，同时也很少见到他们出让私田的材料。

第三，我们没有发现过元代禁止出让赐田的法律规定。

继承权也是体现财产所有权的重要标志。元代的赐田是否可以直接继

---

① 《马克思恩格斯文集》第7卷，人民出版社2009年版，第714页。
② 《马克思恩格斯文集》第4卷，人民出版社2009年版，第186页。

承是个值得注意的问题。可惜这方面的材料太少了。燕铁木儿死后，朝廷曾"以燕铁木儿平江所赐田五百顷，复赐其子唐其势"①。是否可以以此来说明元代的赐田没有继承权呢？恐怕还不能这样做。当时唐其势仍为朝廷权臣，朝廷以"复赐"的名义来肯定唐其势对这五百顷赐田的继承权，这对唐其势自然也可以算是一种恩赐。燕铁木儿曾竭力阻止顺帝即位，顺帝不会心中无数。只是刚刚上台而又年龄幼小的顺帝还没有能力对燕铁木儿、唐其势等人立即采取措施。顺帝没有另拨土地赐唐其势，而是宣布将赐予燕铁木儿的五百顷土地复赐唐其势（这在元代史籍中是很少见的），这里面或许有某种政治上的考虑。此外，刘秉忠死后，桑哥"以刘秉忠无子，收其田土"②，这个例子也间接地证明，赐田的继承权是存在的。刘秉忠的田土被收回是因为无子继承，并不是赐田不能继承。倘若刘秉忠有子，他的田土或许就不会收回了。我们还没有发现其他受赐者死后其赐田被收回的现象。

"改赐"的情况是存在的。至顺二年（1331）三月，中书省提出，"嘉兴、平江、松江、江阴芦荡、簜山、沙涂、沙田等地之籍于官者，尝赐他人，今请改赐燕铁木儿"。元文宗则宣布："燕铁木儿非他臣比，其令所在有司如数给付。"③ 这些土地什么时候、赐给过什么人，我们已无从得知；但这些土地在"改赐"给燕铁木儿时已经被收回，或被籍没，已经成为国家的普通官田，这是可以肯定的。否则，文宗皇帝就不会责令"所在有司如数给付"。这样的"改赐"，和普通赐田并没有什么区别。

元朝统治者往往采取籍没的手段，没收某些人的赐田，然后再改赐他人，④ 这也并不意味着国家对这些土地拥有"最后的所有权"，恰恰相反，

---

① 《元史》卷38《顺帝本纪一》，第819页。
② 《元史》卷16《世祖本纪十三》，第348页。
③ 《元史》卷35《文宗本纪四》，第781页。
④ 《元史》卷35《文宗本纪四》，第781页。

正是由于国家对这些土地已经丧失了部分所有权,所以才不得不采取行政的和司法的手段。而且所籍没者,其实也并不只是土地,还往往包括金银财物甚至妻子、奴婢。我们绝不会因为国家有权将这些金银财物以至妻子奴婢籍没,就认为国家对这些金银财物以至妻子奴婢也有"最后的所有权"。

当然,我们并不认为这一部分赐田已经完全变成了受赐者的私产。它和一般的私田仍有区别。这主要表现在国家在一定的时期内,还有收回赐田的权力。元朝统治者曾几次下令要收回赐田①,就证明了这一点。不过元朝廷所谓追收赐田还官的命令,基本上没有得到贯彻执行。个别官吏将赐田还官的现象是有的,但大多数可能没有这样做。因为直到至正十四年(1354)十一月,顺帝还下诏:"江浙应有诸王、公主、后妃、寺观、官员拨赐田粮,及江淮财赋、稻田、营田各提举司粮,尽数赴仓,听候海运,价钱依本处十月时估给之。"② 如赐田已经还官,顺帝自然不会再下这样的诏令。

总之,我们认为,元代皇室位下以及为皇室服务的太禧宗禋院所属各大官寺的赐田,属于专用官田,这些土地仍保持着国有的性质;而诸王、公主、驸马、百官臣僚以及普通寺观的赐田的性质已经发生变化。国家已经部分地丧失了对这些土地的所有权。这些土地正处于由国有向私有的转化过程中。无论是国家还是受赐田者,对这些土地都只有部分的所有权,而没有完全的所有权。

当然,我们是从元代这一特定的历史时期来分析赐田的性质的。从中

---

① 《元史》卷22《武宗本纪一》载:"(大德十一年九月)塔剌海言,比蒙圣恩,赐臣江南田百顷,今诸王、公主、驸马赐田还官,臣等请还所赐。从之。仍谕诸人赐田,悉令还官。""十一月,时赐田悉夺还官。"《通制条格》卷16《田令》载:"……其余官员诸人每根底与来的田地,都教还官呵。"《元史》卷40《顺帝本纪三》载:"(至正二年)命江浙拨赐僧道田还官征粮,以备军储。"

② 《元史》卷43《顺帝本纪六》,第916页。

国封建社会的整体来看，从历史发展的趋势看，朝廷赐田是国有土地向私有土地转化的一个重要渠道。赐田都或迟或早地转化成了贵族、地主的私产。这是地主阶级土地所有制发展的必然结果，是没有疑义的。

（原载《中国历史大辞典通讯》1983年第2期）

论封建时代的重本抑末

战国以来，重本抑末思想一直是我国封建社会占统治地位的经济思想，历代封建王朝的许多经济政策都以此为出发点。如何看待和评价重本抑末，学术界意见不一。我们认为，从总体上说，重本抑末思想是符合我国封建社会的国情，符合封建社会生产力发展水平的，尤其是在封建社会的初期和中期，对社会经济的稳定发展起到了积极有利的作用。商鞅变法在经济上的成功，为重本抑末思想的最初实践效果作了有力的证明。西汉以后历代封建盛世局面的形成，也都与重本抑末政策的实施有关系。这应该是我们评价重本抑末思想和政策的基本依据。

不同的历史时期，不同的经济思想家对本和末的具体含义以及它们的相互关系有过不同的解释，但在两千多年的封建社会中，重本抑末最基本的含义是重农抑工商。

一　重本抑末思想的形成和发展

"农业是整个古代世界的决定性的生产部门。"① 中华民族基本上属于农业民族，和世界其他古老民族一样，历来重视农业生产。《诗经》《尚书》《左传》等古代文献以及甲骨文、金文中，有许多关于农事的记载，广为流传的关于大禹治水的传说，显然与农业生产有关。商朝观黍、祈年、祭社、求晴雨等与农业生产密切相关的活动，大都由商王亲自主持，足见当时统治者对农事活动的重视，周民族的始祖后稷，传说是帝尧时代掌稼穑的长

---

① 《马克思恩格斯文集》第 4 卷，人民出版社 2009 年版，第 168 页。

官，"稷降播种，农殖嘉谷"①。由于他善于种稷和麦，被后人尊为农神。周灭商后，周天子对农业的重视超过商代，周文王曾亲自参加田间劳动："文王卑服，即康功田功……自朝至日中于昃，不遑暇食。"②天子的籍田之礼，就是从周代开始的。周天子有千亩土地，借民力耕耘种植，以其收获奉祀宗庙，每年立春前九日，周天子要事先斋戒沐浴，届时要亲自到田地上用农具翻土，以祈丰收。周宣王时因"不籍千亩"，虢文公批评说："夫民之大事在农，上帝之粢盛于是乎出，民之蕃庶于是乎生，事之供给于是乎在，和协辑睦于是乎兴，财用蕃殖于是乎始，敦庞纯固于是乎成。……王事唯农是务，无有求利于其官，以干农功……"③虢文公把农业生产看成是最重要的事情，它关系到对上天的祭礼、百姓的繁衍以及器用百物的供给，臣民的和协辑睦，财货的增加，厚实专一的良好民风的形成，都与农业有关。虢文公的这一番议论，是周代重农思想的典型概括。

重农思想虽则自古有之，但是，轻视工商、抑制工商的思想并不是与重农思想同时产生的。战国之前，很少有轻视工商、抑制工商的记载。《周礼·考工记》把许多手工业生产说成是圣人的发明："烁金以为刃，凝土以为器，作车以行陆，作舟以行水，此皆圣人之所作也。"《周礼·天官冢宰》说商业"阜通货贿"，《尚书·周书·酒诰》说："其艺黍稷，奔走事厥考厥长，肇牵车牛远服贾，用孝养厥父母。"从这些记载看，人们对商业活动也是肯定的。一些诸侯国甚至采取一些措施来鼓励工商业的发展，如卫国，"务材训农，通商惠工"④；晋国"轻关易道，通商宽农"⑤；齐国"劝其女工，极技巧，通鱼盐"⑥。著名思想家孔子曾称赞他的学生子贡的经商才能：

---

① 《尚书·周书·吕刑》，《十三经注疏》上册，中华书局1980年版，第248页下。
② 《尚书·周书·无逸》，《十三经注疏》上册，中华书局1980年版，第222页上。
③ 徐元诰撰，王树民、沈长云点校：《国语集解·周语上》，中华书局2002年版，第15—16页。
④ 洪亮吉：《春秋左传诂》卷6《闵公·二年》，中华书局1987年版，第269页。
⑤ 徐元诰撰，王树民、沈长云点校：《国语集解·晋语四》，中华书局2002年版，第349页。
⑥ 《史记》卷129《货殖列传》，中华书局1959年版，第3255页。

"不受命，而货殖焉，亿则屡中。"①

第一个称农业生产为本的思想家是墨子。他在谈到农业生产时说："为者疾，食者寡，则岁无凶；为者缓，食者众，则岁无丰"，并且提出："固本而用财，则财用足。"② 但墨子并没有谈到末，更没有将"固本"与禁末、抑末相联系。和墨子大体同时的魏国政治家李悝，作"尽地力之教"③，主张充分利用土地，发展农业生产，结果，"行之魏国，国以富强"④。李悝在强调发展农业生产的同时还指出："雕文刻镂，害农事者也。锦绣纂组，伤女工者也"，"故上不禁技巧，则国贫民侈"。⑤ 李悝是第一个提出禁止"雕文刻镂""锦绣纂组"等奢侈性生产的，应该说在李悝的思想中已经产生了重本抑末的萌芽。

明确提出重本抑末主张的是商鞅。他说："治国能抟民力而壹民务者强，能事本而禁末者富。"⑥ 事本即致力于农业生产，这在《商君书》中有很多论述。"末"即指"商贾技巧"之人。《商君书·内外篇》说："苟能令商贾技巧之人无繁，则欲国之无富，不可得也。"⑦ 显然，"禁末"就是减少"商贾技巧"之人。应该指出的是，技巧之人并非单指李悝所说的专门从事"雕文刻镂""锦绣纂组"等奢侈性生产的人，而是泛指一般的手工业者。⑧ 商鞅之后，荀子、韩非也都是重本抑末的提倡者。荀子认为："知务本禁末之为多材（财）也"⑨，指出："工商众则国贫"⑩，主张"省工贾，众

---

① 程树德撰：《论语集释》卷23《先进下》，中华书局1990年版，第779页。
② 《墨子校注》卷1《七患第五》，中华书局2006年版，第36页。
③ 《汉书》卷24《食货志上》，中华书局1962年版，第1124页。
④ 《汉书》卷24《食货志上》，中华书局1962年版，第1125页。
⑤ 《说苑校证》卷20《反质》，中华书局1987年版，第518页。
⑥ 蒋礼鸿：《商君书锥指》卷3《壹言第八》，中华书局1986年版，第60页。
⑦ 蒋礼鸿：《商君书锥指》卷5《外内第二十二》，中华书局1986年版，第128—129页。
⑧ 参见刘嘉《论战国时期的重农抑工商思想和政策》，《中国经济思想史论》，人民出版社1985年版。
⑨ 王先谦撰：《荀子集解》卷8《君道》，中华书局1988年版，第245页。
⑩ 王先谦撰：《荀子集解》卷6《富国》，中华书局1988年版，第194页。

农夫"①。从李悝的"禁技巧",到商鞅的"令商贾技巧之人无繁",再到荀子的"省工贾",抑制工商的思想越来越明确了。韩非的主张则更加激烈,他把商工之民列为"五蠹"之一,提出"明王治国之政,使其商工游食之民少而名卑,以寡趣本务而趋末作"②。

到西汉时,以农为本作为一项基本国策已确定下来,并为以后历代封建统治者所提倡。西汉文帝说:"农,天下之本,务莫大焉"③,并亲耕籍田以劝农。景帝时,"朕亲耕,后亲桑,以奉宗庙粢盛祭服,为天下先"④。之后,重农、劝农的诏令、奏议史不绝书,不必备举。但是,如何看待工商的作用,如何处理农工商之间的关系,在这些问题上,一些进步的思想家和理财家,却不断提出一些新的见解。司马迁在《史记·货殖列传》中讲农、虞、工、商的关系时说:"……故待农而食之,虞而出之,工而成之,商而通之。"他引用《尚书·周书》的话说:"农不出则乏其食,工不出则乏其事,商不出则三宝绝,虞不出则财匮少,财匮少而山泽不辟矣。"因而主张"人各任其能,竭其力,以得所欲"。"各劝其业,乐其事。"⑤ 在农、虞、工、商相互关系问题上,司马迁实际上是持自由放任的态度。桑弘羊等人在盐铁会议上阐述农、工、商的关系时,也仍然以《尚书·周书》的提法为依据,强调"工不出,则农用乏;商不出,则宝货绝;农用乏,则谷不殖,宝货绝,则财用匮"⑥。东汉时的思想家王符对本和末作了新的解释:"夫富民者,以农桑为本,以游业为末;百工者,以致用为本,以巧饰为末;商贾者,以通货为本,以鬻奇为末。三者守本离末则民富,离本守末则民贫。"⑦王符认为富民、百工、商贾各有其本,各有其末,并不笼统

---

① 王先谦撰:《荀子集解》卷8《君道》,中华书局1988年版,第237页。
② 王先谦撰:《韩非子集解》卷19《五蠹》,中华书局1998年版,第455页。
③ 司马迁:《史记》卷10《孝文帝本纪》,中华书局1982年版,第428页。
④ 司马迁:《汉书》卷5《孝景本纪》,中华书局1982年版,第125页。
⑤ 司马迁:《史记》卷129《货殖列传》,中华书局1982年版,第3254页。
⑥ 桓宽:《盐铁论校注》卷1《本议》,中华书局1992年版,第3页。
⑦ 王符撰,汪继培笺:《潜夫论笺校正》卷6《务本》,中华书局1985年版,第15—16页。

地轻视工商。魏晋之际的傅玄在讲到商贾时说:"夫商贾者,所以冲盈虚而获天地之利,通有无而一四海之财,其人可甚贱,而其业不可废。"① 傅玄也认为士、农、工、商各有所本,"古者言非典义,学士不以乐心;事非田桑,农夫不以乱业;器非时用,工人不以措手;物非世资,商贾不以过市"②。这就是说,学士要以典义为本,农夫以田桑为本,工人以时用之器为本,商贾以资世之物为本。这和王符的观点大体上是一致的。北宋的王安石认为商业的发展要适度,指出:"盖制商贾者恶其盛,盛则人去本者众;恶其衰,衰则货不通。"③ 明代的改革家张居正进一步阐述了农商之间相互依赖的关系:"古之为国者,使商通有无,农力本穑。商不得通有无以利农,则农病,农不得力本输以资商,则商病。故农商之势,常若权衡,然至于病,无以济也。"④

当然,司马迁、桑弘羊、王符、傅玄、王安石、张居正等人,并不是农本思想的反对者,而且原则上也并不反对重农抑商。但是他们都认为工商作为国民经济的一个部门是不可缺少的,农与工商之间互相影响,互相补充,重本是必要的,但不能简单地一味地抑末。在中国封建社会里,简单的商品生产与商品流通,和自然经济既是矛盾的、对立的,又是统一的、不可分割的。⑤ 因而封建政府的抑末也必然是相对的,有条件的,而不会是绝对的,无限制的。

二 重本抑末思想形成的原因

重本抑末思想的形成,首先是我国古代相对低下的生产力发展水平决

---

① 《傅子·检商篇》,《景印文渊阁四库全书》第 696 册,台湾商务印书馆 1986 年版,第 512 页下—513 页上。
② 《傅子·检商篇》,《景印文渊阁四库全书》第 696 册,台湾商务印书馆 1986 年版,第 513 页下。
③ 王安石:《临川先生文集》卷 72《答韩求仁书》,中华书局 1959 年版,第 764 页。
④ 张居正:《新刻张太岳先生诗文集》卷 8《赠水部周汉浦榷竣还朝序》,《四库全书存目丛书·集部》第 113 册,齐鲁书社 1997 年版,第 422 页下。
⑤ 参见阎守诚《重农抑商试析》,《历史研究》1988 年第 4 期。

定的。"超越于劳动者个人需要的农业劳动自产率是一切社会的基础。"① 从事手工业、商业等非农业生产的人口在社会总人口中所占的比例，完全是由农业发展水平决定的。正如马克思所说："能够用在工业等等上面，可以完全从农业解放出来的劳动者的人数——或如斯杜亚所说，'自由的手'的数目——要由农业劳动者在他们本人的消费额以上能够生产的农产品的总量决定。"② 在长期的封建社会中，社会生产力虽然有过这样那样的提高和进步，但是并没有发生任何革命性的变革，农产品总量的增加，主要是依靠农业劳动力投入的增多。在这种情况下，人们在思考和处理农业与手工业、商业的关系时，在思考和处理农业人口和非农业人口的比例时，始终把农业放在头等重要的地位，并且，为了保证足够的农业劳动的投入，而采取一定的限制工商业过分发展的措施，即所谓"抑末"措施，是很自然的。

我国古代的思想家，很早就注意到了一个农业劳动力所能负担的人口数量，并明确指出了国家强弱兴衰与从事农业人口的比例大小有着直接的关系。李悝作"尽地力之教"，认为"今一夫挟五口，治田百亩，岁收亩一石半"，纳什一之税后，其剩余收入不足以维持全家正常的生活。③ 在这种情况下，能够投入市场的商品粮数量，当然是很有限的。《管子》在谈到当时生产力发展水平时说："上农挟五，中农挟四，下农挟三。上女衣五，中女衣四，下女衣三。"④ 一个上等的男劳力，只能生产五个人的口粮，一个上等的妇女劳力，只能生产五个人的衣服，而一个中下等的男、女劳力，则不足以养活五口之家。这个说法和李悝的推算大体上是一致的。商鞅是重本抑末思想最坚定的提倡者和实践者，他在分析农业人口所占比例与国家强弱的关系时明确说："百人农一人居者王，十人农一人居者强，半农半

---

① 马克思：《资本论》第 3 卷，人民出版社 1975 年版，第 885 页。
② 马克思：《剩余价值学说史》第 1 卷，人民出版社 1975 年版，第 16 页。
③ 班固：《汉书》卷 24 上《食货志上》，中华书局 1962 年版，第 1125 页。
④ 黎翔凤撰，梁运华整理：《管子校注》卷 23《揆度》，中华书局 1988 年版，第 1387 页。

居者危。"① 应该说，商鞅的这种分析，是符合当时生产力发展水平的。

从战国时代直到明清，我国非农业人口的增长速度，从总体上说是非常缓慢的。有人估计，在9—18世纪中，中国人力有20%从事农业以外的活动。② 当然，城居人口比例，远远低于这一数字。有的学者推算，19世纪末，中国城居人口在6%左右。在华北和江南地区，清代的城居人口比例甚至低于宋代。③ 限制非农业人口以及城居人口增加的因素固然很多，但最主要的无疑是生产力发展水平，而不是封建政府的某项政策。从历史发展的整体来看，是经济基础决定上层建筑，而绝不会相反。重本抑末思想所以能在两千多年的封建社会中一直居于支配地位而不可动摇，这绝不是某些政治家和思想家的个人意志，而是由于这一思想大体上适应了中国封建社会生产力发展的水平。

在历史发展的过程中，农业与非农业人口的比例自然不会始终固定在一个水平线上。这一方面是生产力的提高以及与之相应的非农业人口的增加，毕竟是历史发展的总趋势；另一方面，相对农业来说，手工业和商业，尤其是商业利润的获得，总是比较容易和迅速。在发家致富方面，手工业和商业具有更大的诱惑力。因此，在某些特定的历史情况下，某些地区非农业人口的急剧增加，也是常有的事情。春秋战国以后，随着奴隶制的崩溃，农业劳动者所受的人身束缚相对减弱了，"离制弃本"的现象曾十分严重，以致"稼穑之民少，商旅之民多，谷不足而货有余"④。商鞅在分析原因时说："农之用力最苦，而赢利少，不如商贾技巧之人。"⑤ "夫民之不可用也，见言谈游士事君之可以尊身也，商贾之可以富家，技艺之足以糊口也。民见此三者之便且利，则必避农。"⑥《管子》在分析民舍本而逐末的原

---

① 蒋礼鸿撰：《商君书锥指》卷1《农战第三》，中华书局1986年版，第24页。
② 参见费维恺《宋代以来的中国政府与中国经济》，《中国史研究》1981年第4期。
③ 参见费维恺《宋代以来的中国政府与中国经济》，《中国史研究》1981年第4期。
④ 班固：《汉书》卷91《货殖传》，中华书局1962年版，第3681页。
⑤ 蒋礼鸿撰：《商君书》卷5《外内第二十二》，中华书局1986年版，第128页。
⑥ 蒋礼鸿撰：《商君书锥指》卷1《农战第三》，中华书局1986年版，第25页。

因时也说："今为末作奇巧者，一日作而五日食。农夫终岁之作，不足以自食也。"① 西汉初年曾积极提倡重本抑末，尊农贱商，但"今法律贱商人，商人已富贵矣；尊农夫，农夫已贫贱矣！"② 其原因依然是"用贫求富，农不如工，工不如商，刺绣文不如倚市门"③。晁错在其著名的《论贵粟疏》中对当时农夫与富商不同的生活境况作了十分精彩的描述和分析，成为重农抑商的千古名句，文中说：

> 今农夫之家，其服役者不下二人，其能耕者不过百亩，百亩之收不过百石，春耕夏耘，秋获冬藏，伐薪樵，治官府，给徭役，春不得避风尘，夏不得避暑热，秋不得避阴雨，冬不得避寒冻，四时之间，亡日休息；又私自送往迎来，吊死问疾，养孤长幼在其中。勤苦如此，尚复被水旱之灾，急政暴赋，赋敛不时，朝令而暮改。当具有者半贾而卖，亡者取倍称之息，于是有卖田宅、鬻子孙以偿责者矣！而商贾大者积贮倍息，小者坐列贩卖，操其奇赢，日游都市，乘上之急，所卖必倍。故其男不耕耘，女不蚕织，衣必文采，食必粱肉；亡农夫之苦，有仟伯之得。因其富厚，交通王侯，力过吏势，以利相倾；千里游敖，冠盖相望，食坚策肥，履丝曳缟。此商人所以兼并农人，农人所以流亡者也。④

晁错所述"衣必文采，食必粱肉"的商贾，无疑都是富商大贾，而并非中小商人。但在中国封建社会里，商贾盘剥兼并农夫，农商之间生活悬殊，却带有一定的普遍性。所以社会上总是存在着一股弃农经商的势头，有时甚至会发展得很严重。东汉思想家王符在《潜夫论》中叙述的情况就

---

① 黎翔凤撰，梁运华整理：《管子校注》卷15《治国》，中华书局1988年版，第924—925页。
② 班固：《汉书》卷24上《食货志上》，中华书局1962年版，第1133页。
③ 司马迁：《史记》卷129《货殖列传》，中华书局1962年版，第3274页。
④ 班固：《汉书》卷24上《食货志上》，中华书局1962年版，第1132页。

是一个很好的证明。他说：

> 今举世舍农桑，趋商贾，牛马车舆，填塞道路，游手为巧，弃盈都邑，治本者少，浮食者众。商邑翼翼，四方是极。今察洛阳，浮末者什于农夫，虚伪游手者什于浮末。是则一夫耕，百人食之，一妇织，百人衣之，以一奉百，孰能供之？天下百郡千县，市邑万数，类皆如此，本末何足相供？则民安得不饥寒？饥寒并至，则安能不为非？为非则奸宄，奸宄繁多，则吏安能无严酷？严酷数加，则下安能无愁怨？愁怨者多，则咎征并臻，下民无聊，而上天降灾，则国危矣！①

王符所述自然多有夸张，但由于弃本事末者日渐增多而造成的对封建统治的威胁却是实在的，而不是虚构的。为了保证农业生产的正常进行，为了封建王朝的长治久安，重本抑末显然是古代政治家和思想家们一种合乎逻辑的选择。

封建统治者所以提倡重本抑末，还因为他们把重本抑末看作增强经济军事实力的根本性措施，是富国强兵的必由之路。在一个人口众多的农业大国，对于国计民生来说，粮食无疑是头等重要的。粮食生产及其储备的多少，是国家富强与否的最重要的标志。"谷者，人之司命也。"② 没有饭吃，其他一切都无从谈起。所以，有头脑的封建统治者都把粮食看作"王者之本事，人主之大务"③。要想富国强兵，就要有足够的粮食，要想有足够的粮食，就必须重本抑末。这一道理，很早就为封建的政治家所认识。商鞅指出："国之所以兴者，农战也。"④ "去无用，止浮学事淫之民壹之农，然后国家可富而民力可抟也。"⑤ "国不农，则与诸侯争权，不能自持也，则

---

① 王符撰，汪继培笺：《潜夫论笺校正》卷3《浮侈篇》，中华书局1985年版，第120页。
② 杜佑：《通典》卷1《食货一·田制上》，中华书局1988年版，第3页。
③ 黎翔凤撰，梁运华整理：《管子校注》卷15《治国》，中华书局2004年版，第927页。
④ 蒋礼鸿撰：《商君书锥指》卷1《农战第三》，中华书局1986年版，第20页。
⑤ 蒋礼鸿撰：《商君书锥指》卷1《农战第三》，中华书局1986年版，第25页。

众力不足也。"① 韩非也说："富国以农"②，"农夫惰于田者，则国贫也"③。《管子》把重本抑末与富国强兵的关系讲得更加具体和明确："凡为国之急者，必先禁末作文巧。末作文巧禁，则民无所游食。民无所游食，则必农。民事农则田垦，田垦则粟多，粟多则国富，国富者兵强，兵强者战胜，战胜者地广。"④ 在诸侯列国称雄争霸的年代，通过重本抑末而富国强兵，进而取得兼并战争的胜利，建立强大统一的地主阶级政权，显得尤为重要。西汉以后许多封建的理财家往往从流通领域想办法以求富国，企图通过尽量多地剥夺农民和分割地主贵族富商大贾的地租、利润来增加国库收入，这些措施或许能奏效于一时，但是，如果离开了发展生产这一根本途径，要想达到真正的富国是不可能的。

许多封建的政治家认为，重本抑末之所以能强兵，不仅是因为农业生产的发展可以为军队提供必要的物质保证，而且还因为纯朴的农民是封建国家最好的兵源。商鞅说："归心于农，则民朴而可正也，纷纷则易使也，信可以守战也。……夫民之亲上死制也，以其旦暮从事于农。"⑤《吕氏春秋》也说："民农非徒为地利也，贵其志也。民农则朴，朴则易用，易用则边境安，主位尊。"⑥ 和纯朴的农民相反，在封建统治者的心目中，长于智谋的商贾以及流移不定的技艺之民，是靠不住的。"民舍本而事末则不令，不令则不可以守，不可以战。民舍本而事末则其产约，其产约则轻迁徙，轻迁徙则国家有患，皆有远志，无有居心。"⑦ 民众"事商贾，为技艺，皆以避农战，民以此为教，则粟焉得不少，而兵焉得无弱也"⑧。"国有事……

---

① 蒋礼鸿撰：《商君书锥指》卷1《农战第三》，中华书局1986年版，第24页。
② 王先慎撰：《韩非子校注》卷19《五蠹》，中华书局1998年版，第450页。
③ 王先慎撰：《韩非子集解》卷11《外储说左上》，中华书局1998年版，第281页。
④ 黎翔凤撰，梁运华整理：《管子校注》卷15《治国》，中华书局2004年版，第924页。
⑤ 蒋礼鸿撰：《商君书锥指》卷1《农战第三》，中华书局1986年版，第25页。
⑥ 吕不韦编，许维遹集释：《吕氏春秋集释》卷26《上农》，中华书局2009年版，第682页。
⑦ 吕不韦编，许维遹集释：《吕氏春秋集释》卷26《上农》，中华书局2009年版，第683页。
⑧ 蒋礼鸿撰：《商君书锥指》卷1《农战第三》，中华书局1986年版，第22页。

商民善化,技艺之民不用,故其国易破。"① 因此,为了强兵,必须重本抑末。

在一定条件下,农民会成为封建军队的优质兵源,这是毫无疑问的。然而,农民阶级与地主阶级的矛盾是封建社会的主要矛盾,农民受剥削、受压迫的阶级地位决定了他们必然是反封建专制统治的主力军,是封建统治的掘墓人。只是在封建社会诞生的初期,农民阶级与地主阶级的矛盾冲突还不十分明显,农民阶级反封建的革命性还没有充分表现出来。所以,一些封建的政治家认为农民不仅"易用",而且"易治"。"属于农则朴,朴则畏令。"②"民农则重,重则少私义,少私义则公法立。"③ 纯朴的农民忠厚持重,对封建的制度法令很少发表不同意见,只要民众归心于农,封建的制度法令就能顺利推行。封建社会的农民一般没有文化,而"民不贵学则愚"④,民"愚则易治也"⑤。总之,"民不贱农,则国安不殆"⑥。上述观点,大体上代表了秦统一前封建政治家对农民的认识。秦王朝在农民起义的烈火中灭亡了。封建统治者开始认识到农民力量的强大,开始感到衣食无着的贫苦农民是一种不安定的因素。但是,他们不能找到民贫的真正根源,而只是简单地归结为"贫生于不足,不足生于不农"⑦。农民一旦不农,必四处流亡,这样,封建政府就很难实行有效的统治。正如晁错所说:"不农则不地著,不地著则离乡轻家,民如鸟兽,虽有高城深池,严法重刑,犹不能禁也。"⑧ 所以,巩固封建统治的关键,还是在于把民众牢牢地固着在土地上,让他们一心务农。所谓"理民之道,地著为本"⑨,就是基于这

---

① 蒋礼鸿撰:《商君书锥指》卷1《农战第三》,中华书局1986年版,第23页。
② 蒋礼鸿撰:《商君书锥指》卷2《算地第六》,中华书局1986年版,第44页。
③ 吕不韦编,许维遹集释:《吕氏春秋集释》卷26《上农》,中华书局2009年版,第682页。
④ 蒋礼鸿撰:《商君书锥指》卷2《垦令第二》,中华书局1986年版,第7页。
⑤ 蒋礼鸿撰:《商君书锥指》卷5《定分第二十六》,中华书局1986年版,第144页。
⑥ 蒋礼鸿撰:《商君书锥指》卷2《垦令第二》,中华书局1986年版,第7页。
⑦ 班固:《汉书》卷24上《食货志上》,中华书局1962年版,第1131页。
⑧ 班固:《汉书》卷24上《食货志上》,中华书局1962年版,第1131页。
⑨ 班固:《汉书》卷24上《食货志上》,中华书局1962年版,第1119页。

样一种认识。

某些封建的政治家往往把商贾技艺之民看成是封建制度的异己力量，因为商贾技艺之民常有自己的是非标准，而置国家制度法令于不顾。"民舍本而事末则好智，好智则多诈，多诈则巧法令，以是为非，以非为是。"①支持和纵容这些人，"不论而在爵禄"②，必然导致"上令轻，法制毁"③，后果是非常严重的。至于游说之士、处士、勇士等，也常常被看作是封建专制制度的腐蚀剂。"事诗书谈说之士，则民游而轻其君；事处士，则民远而非其上；事勇士，则民竞而轻其禁。"④ 总之，所有事末之人，都会危害封建统治。

商贾之民特别是富商大贾拥有较多的财富。在封建的理财家看来，商贾财富越多，国家直接掌握的财富就越少；商贾势力越大，对封建王朝的威胁就越大。商贾之民，"挟重资，归偏家（即权贵之家），尧、舜之所难也"⑤。西汉开始的许多理财家都曾采取过限制和打击富商大贾的政策措施，包括汉武帝时采取的算缗告缗那样很极端的措施，都与这样的经济思想有关。

总之，把民众牢固地固着在土地上，把财富尽量多地集中在国家手中，以巩固和加强封建统治，是封建的政治家和思想家倡导重本抑末的最重要的出发点。

三 重本抑末的历史作用

重本抑末是一个问题的两个方面，其本质是封建国家对社会分工与产业分工的干预和调节。社会分工的变化固然受着生产力发展水平的制约，

---

① 吕不韦编，许维遹集释：《吕氏春秋集释》卷26《上农》，中华书局2009年版，第683—684页。
② 黎翔凤撰，梁运华整理：《管子校注》卷5《八观》，中华书局2004年版，第269页。
③ 黎翔凤撰，梁运华整理：《管子校注》卷5《八观》，中华书局2004年版，第269页。
④ 蒋礼鸿撰：《商君书锥指》卷2《算地第六》，中华书局1986年版，第47页。
⑤ 蒋礼鸿撰：《商君书锥指》卷2《算地第六》，中华书局1986年版，第47页。

但同时也受到其他因素的影响。地理位置、自然资源、气候特点以及社会政治状况、国际环境等，都会对社会分工产生一定程度的影响。而这些影响的后果，对不同地区的不同居民来说，是不一致的。对部分地区、部分居民来说是有利的，对整个国家、对全体居民来说则未必是有利的。因此，国家政府从国家的整体利益出发，对社会分工进行一定的干预和调节，是完全必要的。而消极的任其自然发展的态度和做法，则未必是可取的。

重本抑末是互相联系不可分割的思想整体，其思想核心是重本，即首先保证农业生产的正常发展。抑末并非禁末，而是对手工业、商业，尤其是对各种奢侈品的生产和流通进行一定的限制。抑末的经济目的主要是为了重本。近年来，不少同志在评价重本抑末思想时，往往把重本和抑末割裂开来，只讲抑末的消极影响，对重本的积极作用则很少提及，而离开了重本抑末，显然是没有抓住问题的要害。本和末是互相联系又互相矛盾的统一体，那种只承认重本而否定抑末的观点，是自相矛盾的。正是基于这样一种认识，所以我们从总体上给重本抑末思想以积极的评价，肯定它在封建经济发展中所发挥的促进作用。正如本文开头所表述的，重本抑末思想基本上是符合我国封建社会的国情，符合封建社会生产力发展水平的。但是，与此同时，我们也应该指出这一思想的历史局限性及其所产生的消极影响。

首先，重本抑末论者往往用形而上学的观点来看待本和末的关系，过多地强调了本与末相互矛盾的方面，忽视了二者相互联系与相互促进的方面。事实上，农业发展了，必然会促进手工业和商业的发展，而手工业和商业的发展，也会反过来促进农业的发展。把本末完全对立起来，把二者的关系简单地归结为此消彼长的关系，是片面的，错误的。

另外，农业的发展需要具有一定的条件，手工业、商业的发展，同样需要有一定的条件。所谓抑末，只能从总体上控制末的规模，让它和本保持适当的比例，而不能对末一味地压制和限制。手工业和商业并非都是自然发展的，也需要有利的环境和适当的条件。重本抑末论者，往往只重视发展农业的政策和措施，很少甚至根本不考虑发展工商业的政策和措施。其结果，不仅限制和压抑了工商业的发展，同时也影响了农业的发展。

  本和末的关系又是不断发展变化的，二者在国民经济中的地位和比重，不可能总是停留在一个水平上。封建的经济思想家往往看不到这些变化，对重本和抑末并没有一个明确的量的概念。重要重到什么程度，抑要抑到什么地步，并没有一个政策界限。一切都是盲目的而并非自觉的，一切重大的政策措施都没有科学的分析和论证，而只是决定于最高统治者的个人意志。正因为如此，重本抑末所产生的消极作用就越来越明显。如果说，封建社会的初期和中期，重本抑末对经济发展的积极作用是主要的，那么，到了封建社会后期，特别是资本主义萌芽产生以后，这种不加分析的重本抑末，就严重地阻碍了社会经济的发展，其消极作用就成为它的主要方面了。

            （原载《河北师院学报（社会科学版）》1995年第4期）

唆鲁禾帖尼中原汉地食邑考述

学术界关于蒙元时期投下分封问题的研究已十分深入，并已取得许多重要成果。① 本文拟在前人研究的基础上，对唆鲁禾帖尼中原汉地食邑即所谓太后投下作一些个案研究②，以求进一步揭示投下主对投下封地的影响。

一

关于唆鲁禾帖尼中原汉地食邑，《元史·太宗纪》记载说，太宗八年（1236）七月，"诏以真定民户奉太后汤沐"③。唆鲁禾帖尼于宪宗二年（1252）去世。之后，其中原食邑则由幼子阿里不哥继承，故《元史·食货志三·岁赐》记太祖第四子睿宗子阿里不哥大王位："五户丝，丙申年（1236），分拨真定路八万户。"④ 金元之际的行政区划屡有变化，真定路（治今河北正定）所辖范围直到世祖时期才最后确定下来。因此，所谓"真定路八万户"的具体分布，尚需进一步探讨。

李治安先生曾正确指出："窝阔台丙申分封中原食邑，是以金末府州为封授范围。"⑤ 这次分封涉及的地区，除真定外，尚有太原府（治今山西太

---

① 周良霄：《元代投下分封制度初探》，《元史论丛》第 2 辑，中华书局 1983 年版；李治安：《元代分封制度研究》，天津古籍出版社 1992 年版；陈高华、史卫民：《中国政治制度通史》（第八卷·元代），人民出版社 1996 年版；张金铣：《元代地方行政制度研究》，安徽大学出版社 2001 年版。
② 元朝对诸王、后妃、公主、驸马、勋臣的岁赐，除五户丝外，尚有江南的户钞等。本文讨论的范围仅限于中原五户丝户，其他从略。
③ 宋濂等：《元史》卷2《太宗纪》，中华书局 1976 年版，第 35 页。
④ 宋濂等：《元史》卷 95《食货志三·岁赐》，中华书局 1976 年版，第 2414 页。
⑤ 李治安：《元代分封制度研究》，天津古籍出版社 1992 年版，第 91 页。

原)、大名府（治今河北大名县南）、邢州（治今河北邢台）、河间府（治今河北河间）、广宁府（治今辽宁北镇）、益都府（治今山东青州）、济南府（治今山东济南）、滨州（治今山东滨州市西北旧滨县）、棣州（治今山东惠民）、平州（治今河北卢龙）、滦州（治今河北滦县）、东平府（治今山东东平）等。上述行政区划，显然都是沿用金朝的称谓。"真定"虽未标出"府"字，但从全文看，当指真定府无疑。

据《元史·地理志一》，真定路"元置总管府，领中山府，赵、邢、洺、磁、滑、相、浚、卫、祁、威、完十一州"①。但磁（治今河北磁县）、威（治今河北井陉东北威州镇）、浚（治今河南浚县东）、滑（治今河南滑县东旧滑县）、祁（治今河北安国）、完（治今河北顺平）、邢（治今河北邢台）、洺（治今河北永年）、相（治今河南安阳）、卫（治今河南汲县）诸州在之后的行政区划调整中，先后改属他路。显然，上述诸州不大可能存在唆鲁禾帖尼的五户丝封户，因为当时行政区划调整的目的之一就是要"尽可能使拥有较多封户的诸王贵族独占一路一州，或在该路占主导地位"②，在目前所见到的材料中，也未发现上述诸州曾为唆鲁禾帖尼食邑的记载。然而，先后划属真定路的冀（治今河北冀州）、深（治今河北深州）、晋（治今河北晋州）、蠡（治今河北蠡县）四州是否存在唆鲁禾帖尼封户呢？文宗至顺三年（1332）春，时为集贤直学士、国子祭酒的孛术鲁翀所写《真定路宣圣庙碑》，对此曾有明确说明。碑文说："初镇州置真定路，以中山、冀、晋、赵、深、蠡府一州五土地人民奉我睿宗仁圣景襄皇帝显懿庄圣皇后汤沐。"③孛术鲁翀的说法和《太宗纪》的记载显然不尽一致。冀、深、晋、蠡四州丙申分封时尚未归属真定路，因此，上述四州存在唆鲁禾帖尼五户丝封户的可能性是不大的。孛术鲁翀所说很可能是以当时的行政区划附会太宗时的分封，因此很难作为唆鲁禾帖尼封户分布范围的依

---

① 宋濂等：《元史》卷58《地理志一》，中华书局1976年版，第1356页。
② 李治安：《元代分封制度研究》，天津古籍出版社1992年版，第93页。
③ 孛术鲁翀：《真定路宣圣庙碑》，《元文类》卷19，商务印书馆1958年版，第246页。

据。尤其是蠡州，至元十七年（1280）还曾一度直隶省部，直到至元二十一年（1284）才又划属真定。① 如果蠡州有唆鲁禾帖尼封户，是不大可能脱离真定而直隶省部的。

还有一个现象值得注意。丙申（1236）分封时，太祖长子术赤大王（实为术赤之子拔都）曾分得平阳（治今山西临汾）41302户，茶合觯（即察合台）大王曾分得太原47330户，两年后的戊戌年（1238），术赤位下又增拨真定晋州1万户，茶合觯大王位下又增拨真定深州1万户。睿宗庶子拨绰大王位下，于丁巳年（1257）分拨真定蠡州3347户。② 这几次民户分封，都明确标出了"晋州""深州""蠡州"字样，如此数额较大而又相对地域集中的分封，或许可以间接说明，这三个州内，原来并没有唆鲁禾帖尼的封户。

总之，唆鲁禾帖尼的中原汉地食邑八万户，大体上是分布在金真定府所属各县，亦即元真定路直接所领各县范围内的。③

如果我们的分析大体不错，那么在金元之际北方人口大量减少的情况下，真定当是人口减少相对较少的地区。④ 金代的真定府人口为137137户，⑤ 元太宗八年（1236）将真定8万户封作太后投下，说明真定府人口至少应8万户，这就是说，真定府户口至少应为金代户口的58%。这样一个比例，在当时的北方是很少见的。金亡之后，不少汴梁（今河南开封）、郑州民众迁居真定⑥，这或许也是真定人口相对较多的一个原因。

---

① 宋濂等：《元史》卷58《地理志一》，中华书局1976年版，第1358页。
② 宋濂等：《元史》卷95《食货志三·岁赐》，中华书局1976年版，第2414、2418页。
③ 金真定府辖真定、藁城、栾城、平山、获鹿（今河北鹿泉）、行唐、阜平、灵寿、元氏等9县。元真定路仍直接统领9县，只是划出了行唐，划入涉县而已。
④ 据《元史·太宗纪》，太宗八年（1236）六月，"复括中州户口，得续户一百一十余万"，约为金末户数的九分之一。参见梁方仲《中国历代户口、土地、田赋统计》，甲表41《金代户口数、每户平均口数及户口数的升降百分比》，上海人民出版社1980年版，第165页。
⑤ 脱脱等：《金史》卷25《地理志中》，中华书局1975年版，第603页。
⑥ 见迺贤《河朔访古录》卷上《常山郡部》，《景印文渊阁四库全书》第593册，台湾商务印书馆1986年版，第24页上。

二

唆鲁禾帖尼及其幼子阿里不哥对投下封地的掠夺是众所周知的事实。畏吾人孟速思曾"视显懿庄圣皇后分邑岁赋"①，为其搜刮分地财富效力。岁赋之外，唆鲁禾帖尼还曾于真定设规运库，委派属下放高利贷，以谋取子息。② 太后还曾命将真定府存金银悉数运走，用以赏赐皇位更迭时的拥戴者。世祖即位后，以金银为本，推行钞法，"本至乃降新钞。时庄圣太后已命取真定金银，由是真定无本，钞不可得。"③ 真定安抚使布鲁海牙不得不派幕僚邢泽前往平章政事王文统处交涉："昔奉太后旨，金银悉送至上京，真定南北要冲之地，居民商贾甚多，今旧钞既罢，新钞不降，何以为政。且以金银为本，岂若以民为本。又太后之取金帛，以赏推戴之功也，其为本不亦大乎！"④ 布鲁海牙及其幕僚显然是打着太后旗号，强词夺理，以势压人，此时，太后早已去世数年，但投下分地的性质未变，身为平章政事的王文统竟也无可奈何，只好屈从了事。

然而，这仅仅是问题的一个方面。从现有资料看，作为投下主的唆鲁禾帖尼及其子阿里不哥，对封地内的宗教、文化、教育等，也表现得极为关注。由于阿里不哥等蒙古皇室贵族的支持，宪宗五年（1255）、八年（1258），佛教在与全真道进行的两次辩论中均获胜利。⑤ 参与佛道辩论的国师那摩，曾于宪宗三年（1253）奉诏南下，驻于燕京（今北京），见佛寺"每有残毁去处，必使楷其坏，补其缺，皆致完备，大惬都民之望"⑥。第二

---

① 宋濂等：《元史》卷124《孟速思传》，中华书局1976年版，第3059页。
② 姚燧著，查洪德点校：《姚燧集》卷23《有元故少中大夫淮安路总管兼管内劝农事高公神道碑》："庄圣太后主是分邑（指真定投下封地），置规运库，林（高俊民之子高林）为之使，其岁上供，子息蕃多，而家亦殷昌。"人民文学出版社2011年版，第362页。
③ 宋濂等：《元史》卷125《布鲁海牙传》，中华书局1976年版，第3071页。
④ 宋濂等：《元史》卷125《布鲁海牙传》，中华书局1976年版，第3071页。
⑤ 祥迈：《至元辩伪录》，大正藏本。详见郭旃《金元之际的全真道》，《元史论丛》第3辑，中华书局1986年版，第215页。
⑥ 赵从证：《大朝国师南无大士重修真定府大龙兴寺功德记》碑，《石刻史料新编》第1辑第18册，《常山贞石志》卷15，新文丰出版公司1979年版，第13425页下。

年（1254），那摩即前往太后投下真定，任龙兴寺住持。龙兴寺为我国北方著名佛教寺院之一，始建于隋开皇六年（586），初名龙藏寺，唐更名龙兴寺。因寺内大悲阁有一尊宋开宝四年（971）铜铸大佛，故又俗称大佛寺。国师那摩住持该寺，出资金饰佛像，补修藏经。在那摩感召下，"富者助缘，贫者洒扫，壮者效劳，技者献巧，前后廊庑堂阁迭起，不日而就。檐楹榱栋，光彩相映，灵址磅礴，涌出庭面，灿然为之一新尔"①。阿里不哥命使臣扎古儿歹、八赤海赍持令旨，悉除寺门贡赋，并赐白金，大作佛事三昼夜。宪宗六年（1256）秋，再命赐白金，重修观音大殿，金敷其像。宪宗七年（1257），又命赐白金，印藏经。这年六月二十日，阿里不哥命使秃思吉歹令丞相阔阔歹赐白金，看转大藏经一会。宪宗九年（1259）二月十三日，命塔住赐白金，用庆新经，并广集僧众，作药师大道场三昼夜。②由于阿里不哥的大力资助和国师那摩的苦心经营，真定龙兴寺的面貌焕然一新，做到了有佛藏，有经堂，有僧众，佛、法、僧三事皆备，从而赢得当地士庶广泛赞誉，都说："昔焉而土壤，今焉而金碧；昔焉而蛰闭，今焉而飞动、雄壮巨丽，不下向来矣。"③

　　蒙元时期，龙兴寺大的修缮共有两次，除上述那摩任住持期间这次修缮外，成宗大德年间还曾重修寺内大觉六师殿。该殿始建于宋元丰年间，后虽有补修，但"岁月既深，不无摧圮"④。大德年间，金刚法宝上士摩诃胆巴舍白金千两以资营建，由僧录整公、僧判安公董其事，于是，"智者运其谋，富者输其泉，长幼竭力，左右惟命，量财计用，揆日兴为"；"废者

---

① 赵从证：《大朝国师南无大士重修大龙兴寺功德记》，《石刻史料新编》第1辑第18册，《常山贞石志》卷15，新文丰出版公司1979年版，第13426页上。
② 赵从证：《大朝国师南无大士重修大龙兴寺功德记》，《石刻史料新编》第1辑第18册，《常山贞石志》卷15，新文丰出版公司1979年版，第13426页上。
③ 赵从证：《大朝国师南无大士重修大龙兴寺功德记》，《石刻史料新编》第1辑第18册，《常山贞石志》卷15，新文丰出版公司1979年版，第13426页下。
④ 永住：《龙兴寺重修大觉六师殿记》，《石刻史料新编》第1辑第18册，《常山贞石志》卷17，新文丰出版公司1979年版，第13455页。

兴之，欹者正之，故者新之，缺者补之"①。所费"不啻万金"，皆出于众人布施。

值得注意的是，在"重修大殿外护功德主"署名中，有荣禄大夫甘肃行省平章政事阿散并娘子撒的斤。阿散又作哈散、哈珊，畏兀人，其祖父小云石脱忽怜曾为睿宗拖雷侍臣，后为唆鲁禾帖尼分地真定路断事官。父八丹，为世祖宝儿赤②、鹰房万户，亦曾受命守真定。叔父哈剌哈孙，官至行省右丞，也曾作为真定路栾城县善众寺的都功德主支持重修善众寺。③ 阿散从至元二十四年（1287）起为真定路总管府达鲁花赤兼管内诸军奥鲁劝农事，在任期间，曾组织民夫治理滹沱河水患，并取得一定成效。成宗即位后，调任甘肃行省平章政事，卒于大德八年（1304），死后归葬真定栾城台头寺左茔④。娘子撒的斤，又作别的斤，文宗至顺二年（1331）卒，与阿散合葬。阿散的儿子班祝是著名学者赡思的学生。赡思亦家真定。阿散神道碑即系赡思应班祝之请而作。由碑文及《元史·小云石脱忽怜传》可知，这个畏兀人官宦世家，已连续三代为太后分地官员，他们已视真定为家乡故土，所以龙兴寺、善众寺的修缮，他们也要贡献一份力量。

功德主署名中，还有驸马位下都总管八都鲁并娘子冉氏，据《元史·食货志三·岁赐》，塔出驸马位下有"五户丝，壬子年，元查真定等处畸零二百七十户。延祐六年，实有二百三十二户，计丝九十五斤"⑤。作为功德主的八都鲁，大概就是塔出驸马后人在投下封地的都总管。阿散与八都鲁所以参与龙兴寺的修建，在一定意义上也反映投下主与投下的密切关系。

---

① 永住：《龙兴寺重修大觉六帅殿记》，《石刻史料新编》第1辑第18册，《常山贞石志》卷17，新文丰出版公司1979年版，第13455页。
② 宝儿赤，又作博儿赤、卜儿赤、保儿赤，蒙古语，意为厨师。
③ 王之纲：《栾城县重修善众寺碑》，《石刻史料新编》第1辑第18册，《常山贞石志》卷18，新文丰出版公司1979年版，第13474页。
④ 赡思：《有元甘肃等处行中书省平章政事哈珊公神道碑铭并序》，《常山贞石志》卷21，《石刻史料新编》第1辑第18册，新文丰出版公司1979年版，第13529页。台头寺即善众寺，据该碑跋，阿散墓在栾城城东二里善众寺附近。
⑤ 宋濂等：《元史》卷95《食货志三·岁赐》，中华书局1976年版，第2426页。

龙兴寺再次大的修缮是仁宗即位之后。据《真定龙兴寺重修大悲阁碑》记载，当时大悲阁"历岁既久，虽尚完固，而栏槛腐朽，绮绘黯然。盖瓦级缚，或破缺疏漏，大士之像，金彩黑昧"①。仁宗于是赐黄金二百五十余两，钞九千七百锭②，命殊祥院使阿剌卜花与住持崇琛等募工修治，并命燕南道肃政廉访司率真定总管府官属监督工程进行。结果，不满一年，工程即告完工，"碧瓦朱栏，金碧流绚"③，龙兴寺又焕然一新。这次大悲阁的修缮和大德年间大觉六师殿的修缮不同，是仁宗皇帝亲自提议，由朝廷出资进行的。大德九年（1305）十月，仁宗与太后出居怀州（治今河南沁阳），母子途经真定时，曾登游龙兴寺，仁宗"登阁而望，徙倚久之"④，心情之凄苦可想而知。武宗即位后，仁宗即以太子名义赐获鹿之田五千亩为龙兴恒业，即位后又重修大悲阁，显然是感激佛祖对他们母子的保佑了。

从现有文献及实物资料看，元代真定及其路属各县，佛教寺院的数量远远多于道教宫观，⑤ 这显然与元朝皇室及投下主对佛教的大力支持密切相关。但在佛道论辩中遭到惨败的全真道依然可以得到元朝统治者的认可和保护。在太后投下，依然可以看到他们的活动。孙志觉因创建真定路栾城县太极观，"真定道司美其能，因命监栾城等处诸观事"⑥。记述孙志觉事迹的《栾城县太极观记》，写于至元己巳即至元六年（1269），可见世祖即位之后，在太后投下，全真道仍有一定发展。在立于中统四年（1263）的《晋州五岳观碑》署名中，有当地"宣授千户""奥鲁千户""宣差节度使"

---

① 法洪：《皇元真定府龙兴寺重修大悲阁碑》，《常山贞石志》卷22，《石刻史料新编》第1辑第18册，新文丰出版公司1979年版，第13547页。
② 碑文原作"钞币为钱计者九千七百"。据文义推断，当为九千七百锭。
③ 法洪：《皇元真定府龙兴寺重修大悲阁碑》，《常山贞石志》卷22《石刻史料新编》第1辑第18册，《常山贞石志》卷22，新文丰出版公司1979年版，第13547页。
④ 法洪：《皇元真定府龙兴寺重修大悲阁碑》，《常山贞石志》卷22《石刻史料新编》第1辑第18册，《常山贞石志》卷22，新文丰出版公司1979年版，第13549页。
⑤ 见《常山贞石志》卷15至卷24；《（光绪）畿辅通志》卷181《古迹二八·寺观四》；河北省正定县地方志编纂委员会编《正定县志》第57章"文物·古迹"，中国城市出版社1992年版。
⑥ 郗居敬：《栾城县太极观记》，《常山贞石志》卷16《石刻史料新编》第1辑第18册，新文丰出版公司1979年版，第13436页。

"宣差次三官""节度判官""宣差达鲁花赤""宣差节度同兼提举学校"等官员,① 表明蒙汉官员在对待全真道的态度上是一致的。

三

唆鲁禾帖尼及其幼子阿里不哥与包括真定在内的汉地文化人的直接接触很少,这也成为阿里不哥在日后与忽必烈的帝位争夺中败北的一个重要原因。② 客观地说,这也与他们母子长期活动在漠北,对汉地文化了解较少有很大关系,而并非一定是唆鲁禾帖尼母子对汉地文化人十分轻视。

唆鲁禾帖尼晚年直接接触的汉地文化人主要是许国祯、窦默等汉地名医。许国祯字进之,原籍绛州曲沃(今属山西)。他出身于一个医生世家,母亲韩氏以能医侍庄圣太后,"又善调和食味","凡四方所献珍膳旨酒,皆命掌之,太后闵其劳,赐以真定宅一区,岁给衣廪终身,国祯由是家焉"③。许国祯因此也可以算作太后分地中人。他博通经史,尤精医术。"庄圣太后有疾,国祯治之,刻期而愈。"④ 窦默字子声,广平肥乡(今属河北)人,长于针灸。后来,他被尊为理学家,其实,他在理学方面的贡献并不多。金元之际,他声名鹊起,首先还是他的医术。⑤ 据王磐《大学士窦公神道碑》记载:"壬子冬,上(即忽必烈)命公往诣齐诺河拜见太后,赐以貂帽、貂裘、靴袜称是。既至,太后问汝为何等人,公以孔门弟子为对,乃命之坐,赐之酒食,顾遇之礼甚厚。"⑥ "壬子冬",当是 1252 年冬天。据《元史·太宗纪》,太后是壬子春正月去世的,《窦公神道碑》或《太宗纪》

---

① 任毅:《晋州五岳观碑》,《石刻史料新编》第 1 辑第 18 册,《常山贞石志》卷 15,新文丰出版公司 1979 年版,第 13429 页。
② 见拙文《试论忽必烈与阿里不哥之争》,《元史论丛》第 2 辑,中华书局 1983 年版,第 172 页。
③ 宋濂等:《元史》卷 168《许国祯传》,中华书局 1976 年版,第 3964 页。
④ 宋濂等:《元史》卷 168《许国祯传》,中华书局 1976 年版,第 3962 页。
⑤ 见陈高华《论窦默》,《中国史研究》1995 年第 2 期。
⑥ 王磐:《大学士窦公神道碑》,《景印文渊阁四库全书》本《畿辅通志》卷 107,李修生《全元文》卷 62,第 2 册第 272 页,江苏古籍出版社 1998 年版。

的时间记载或许有误。应该指出的是，忽必烈派窦默前往的目的，大概不会是向太后推荐一名"孔门弟子"，合理的解释应该是推荐窦默为太后医病。可惜，《窦公神道碑》对此略而不谈。

金元之际的真定，是名医荟萃之地，号称"金元四大家"之一的李杲，即是真定人。他和他的传人罗天益共同创立了北方医学的真定学派。① 罗天益，真定藁城人。壬子岁孟春，他赴六盘山见忽必烈，同年冬，又与窦默等同住瓜（爪）忽都地面。② 同行的还有曲阳③名医刘禅师、太医大使颜飞卿等。数名汉地名医相聚于瓜（爪）忽都之地，估计与太后病重及随即去世有些关系。

和阿里不哥有些关系的汉地文化人主要是张础和李槃。1256年，廉希宪将张础推荐给了忽必烈，阿里不哥知道后很不高兴，派人对忽必烈说："张础，我分地中人，当以归我。"忽必烈派使者回复说："兄弟至亲，宁有彼此之间，且我方有事于宋，如础者，实所倚任，待天下平定，当遣还也。"④ 一个像张础这样与阿里不哥未必会过面的投下文化人，竟能引起阿里不哥的如此关注，这或许从一个侧面反映了阿里不哥对汉地文化人的重视。当然，他的生活环境和政治倾向决定了他不可能像忽必烈那样去主动地争取汉地文化人。

李槃被誉为真定名士，曾奉太后命为阿里不哥讲读，应该是阿里不哥的老师⑤，但现存史料中尚未发现二者相互关系的具体记载，因此还无法断定李槃是否对阿里不哥施加过汉地文化的影响。宪宗去世后，阿里不哥欲夺取帝位，遣脱忽思发兵河朔，"脱忽思怒槃不附己，械之"⑥。脱忽思大概

---

① 见陈高华《罗天益与〈卫生宝鉴〉》，《陈高华文集》，上海辞书出版社2005年版，第271页。
② 见罗天益《卫生宝鉴》卷12《疮肿门》、卷2《灸之不发》、卷20《杂方门》，人民卫生出版社1983年版，第167、13、329页。
③ 曲阳，金隶中山府，元初改置恒州，后隶保定路。
④ 宋濂等：《元史》卷167《张础传》，中华书局1976年版，第3929页。
⑤ 宋濂等：《元史》卷126《廉希宪传》，中华书局1976年版，第3086页。
⑥ 宋濂等：《元史》卷126《廉希宪传》，中华书局1976年版，第3086页。

是由于李槃是阿里不哥分地中人，又曾为其讲读，理应归顺阿里不哥，所以见其"不附己"，便将其关入监狱，结果被忽必烈的亲信廉希宪察知而获得释放。

上述推荐张础给忽必烈，又救出李槃的廉希宪，其实和太后投下有着一些特殊因缘。他出身于畏兀人官宦世家，父亲布鲁海牙归附成吉思汗后曾参与西征。成吉思汗去世后，"庄圣太后闻其廉谨，以名求之于太宗，凡中宫军民匠户之在燕京、中山者，悉命统之，又赐以中山店舍园田、民户二十，授真定路达鲁花赤。"① 布鲁海牙当属太后家臣，并为太后管理私属人户。1231年后，布鲁海牙拜燕南诸路廉访使，不久又兼断事官。估计，太宗封真定八万户给太后，应该多少与此有些联系。廉希宪生于1231年，本传说他"又尝侍母居中山"②，大概，他的幼年是在中山（治今河北定州）度过的，他"笃好经史"③，对真定一带文化人当有所了解，甚至有些联系。由于这样一个文化背景，忽必烈受命负责治理漠南汉地后，廉希宪推荐张础给忽必烈，又出面救出李槃，当是很自然的事。

北方文化教育在蒙金战争中备受摧残，学校大都沦为废墟。至13世纪40年代，真定及其属县的学校教育才开始恢复。孛术鲁翀在《真定路宣圣庙碑》中所说，真定作为太后投下"首务立学养士"④，显系溢美之词。但真定的学校教育恢复较早，当是事实。1247年真定总府参佐张德辉北上觐见忽必烈。忽必烈问及真定庙学兴废情况，张德辉回答："庙学废于兵久矣。"⑤ 忽必烈于是责成张德辉与真定路工匠总管赵振玉合力兴办，"所不足者，具以状闻"⑥。张德辉南返后，在史天泽等支持下，于1249年八月将真

---

① 宋濂等：《元史》卷125《布鲁海牙》，中华书局1976年版，第3070页。
② 宋濂等：《元史》卷126《廉希宪传》，中华书局1976年版，第3085页。
③ 宋濂等：《元史》卷126《廉希宪传》，中华书局1976年版，第3085页。
④ 孛术鲁翀：《真定路宣圣庙碑》，《元文类》卷19，商务印书馆1958年版，第246页。
⑤ 元好问著，狄宝心点校：《元好问文编年校注》卷6《令旨重修真定庙学记》，中华书局2012年版，第1052页。
⑥ 元好问著，狄宝心点校：《元好问文编年校注》卷6《令旨重修真定庙学记》，中华书局2012年版，第1052页。

定庙学整修一新："庙则为礼殿，为贤庑，为经籍、祭器之库，为斋居之所，为牲荐之厨，而先圣、先师、七十子、二十四大儒像设在焉。学则为师资讲授之堂，为诸生结课之室，为藏厩庖湢者次焉。"① 常用晦曾任真定府学教授，"在职数年，士论归之"②。入元之后，真定儒学于至元八年（1271）、延祐四年（1317）、至顺二年（1331）多次维修，③ 为学校教育的正常进行提供了条件。在封建时代，民间最好的建筑是寺院宫观，真定龙兴寺的多次维修即可证明。但是，如果将真定庙学和当时的真定公署相比，公署还不如学校。太常礼仪院太祝郭士文在《真定新建府署记》中说，真定公署自中统壬戌（1262）营建后，六十四年内没有维修，以致"堂宇罅漏，户牖欹倾"④，之所以如此，郭士文认为："前后历数十政，非无贤者，乃因陋习陋，漫不加省，日入于坏。"⑤ 看来，官府公署建筑，还不如庙学为社会所重视。

四

史天泽曾长期驻守真定。1229 年太宗即位后，史天泽官拜真定、河间、大名、东平、济南五路万户，成为北方颇有实力的汉人世侯。丙申分封后，史天泽遂成为太后投下的守土之臣。元初名臣王磐称赞史天泽"视富贵功名，敛然避退"；"国初之制，州府司县，各置监临官谓之达鲁花赤，官府

---

① 元好问著，狄宝心点校：《元好问文编年校注》卷 6《令旨重修真定庙学记》，中华书局 2012 年版，第 1052 页。
② 元好问著，狄宝心点校：《元好问文编年校注》卷 6《真定府学教授常君墓铭》，中华书局 2012 年版，第 1169 页。
③ 王思廉：《真定府增修庙学记》，《常山贞石志》卷 19，《石刻史料新编》第 1 辑第 18 册，新文丰出版公司 1979 年版，第 13495 页；宇术鲁翀《真定路宣圣庙碑》，《元文类》卷 19，商务印书馆 1958 年版，第 246 页。
④ 郭士文：《真定新建府署记》，《常山贞石志》卷 20，《石刻史料新编》第 1 辑第 18 册，新文丰出版公司 1979 年版，第 13513 页。
⑤ 郭士文：《真定新建府署记》，《常山贞石志》卷 20，《石刻史料新编》第 1 辑第 18 册，新文丰出版公司 1979 年版，第 13513 页。

往往不能相下，公独一切莫与之较，由是唯真定一路，事不乖戾，而民以宁"①。这或许可以反映史天泽的性格特点，即在蒙古权贵面前，比较恭顺、谦让。真定平山人王守道任史天泽属下行军参谋兼检察使，他作为史天泽幕僚，向太后"频岁致觐"，因"敷对称旨，得赐金符、锦衣、金钱"②。王守道实际上是代表史天泽按时拜见太后，而太后对王守道的赏赐，当是太后对投下守土之臣的笼络。

当然，汉地世侯与蒙古贵族之间，也有矛盾的一面。为了壮大个人势力，汉地世侯必须尽可能为辖区内的百姓创造一个相对安定的环境，对百姓的榨取也必须限定在一个适当的范围内，否则，他们的个人利益也会受到影响。史天泽在真定正是这样做的。例如，由于西域商人的高利贷盘剥，"民至卖田业，鬻妻子，有不能给者"。"中外骚屑，殆不聊生。"史天泽遂奏告朝廷："民债官为代偿，一本息而止；军则中户充籍，其征赋差贫富为定额。上皆从之，布告诸路，永为定制。"③ 1238—1239 年，因遭旱蝗，官府代民众向"贾胡"借银达一万三千余锭，民众无力偿还，史天泽并其族属、官吏等则代民偿付。包银制的实行应与此有些联系。④ 不忽木指出："始包银出于河朔未平，真定守臣以公需数敛烦民，会其岁费征之，以纾急一时，其后天下例之。至宪庙定制，户率赋银四两。"⑤ 史天泽把蒙古贵族的"数敛烦民"，改为包银制度，实质上是力求将蒙古贵族的任意掠夺逐渐纳入定时定额征派的相对规范化轨道，应该说是一种有进步意义的做法。

金元之际，蒙古军队及随军家属进入中原后，散处州郡，"营帐所在，大致驿骚，伐桑蹂稼，生意悴然"⑥，给百姓造成极大灾难。史天泽遂"腾

---

① 王磐：《中书右丞相史公神道碑》，《元文类》卷 58，商务印书馆 1958 年版，第 842 页。
② 《元史》卷 153《王守道传》，中华书局 1976 年版，第 3614 页。
③ 王恽：《秋涧先生大全集》卷 48《开府仪同三司中书左丞相忠武史公家传》，《元人文集珍本丛刊》第 2 册，新文丰出版公司 1985 年版，第 85 页上。
④ 见陈高华、史卫民《中国经济通史·元代经济卷》，经济日报出版社 2000 年版，第 587 页。
⑤ 苏天爵：《元朝名臣事略》卷 4《平章鲁国文贞公》，姚景安点校，中华书局 1985 年版，第 65 页。
⑥ 王恽：《秋涧先生大全集》卷 48《开府仪同三司中书左丞相忠武史公家传》，《元人文集珍本丛刊》第 2 册，新文丰出版公司 1985 年版，第 85 页下。

奏太后",将其全部迁居岭北,境内百姓生活遂得以安定。王恽以为,"迄今真定兵甲民数胜于他郡,由公牧养其根本故也"①,这个评论是大体允当的。真定教授吴时起在《史丞相遗爱碑》中说:"初公之治真定也,披荆棘,驱狐狸,开城郭,立官府,以招人民,成天下之剧郡,四方之都会。""壬辰(1232年)招降老幼十万余口,将护北渡,使其自便处所,或使归乡里,一无所问,其德可胜言哉!"②应该说,史天泽在真定的恢复和发展中,功不可没。

史氏家族中,史天倪的儿子史楫也曾多年在真定为官。自1242年起,他任真定路兵马都总管,忽必烈即位后,又改任真定路总管,同判本道宣抚司事。李璮之叛平息后,才主动解职。在任期间,他为减轻百姓负担,发展辖区经济,也曾作出一定贡献。例如,宪宗即位后,"朝廷肇议赋额,户率征白金一锾③,名曰包垛银,诸路审其重,莫敢倡言。公毅然上请曰:'兵后生意未苏,民恐不堪,如银与物折,各减二数,庶民力少宽,且无逋负。'允其请,诏为定制,迄今天下赖焉"④。包银由初拟每户六两,后定为四两,史楫是发挥了作用的。在纸币流通方面,史楫也有所贡献。当时,北方世侯在各自辖区内大都发行楮币,但仅限于自己辖区内流通,给商业贸易造成障碍。"公(即史楫)腾奏皇太后,立银钞相权法,度低昂而为重轻,变涩滞而为通便。"⑤由于纸币可以和白银相兑换,真定纸币遂突破了真定一路的局限,流通范围进一步扩大⑥,这为日后统一纸币的发行奠定了

---

① 王恽:《秋涧先生大全集》卷48《开府仪同三司中书左丞相忠武史公家传》,《元人文集珍本丛刊》第2册,新文丰出版公司1985年版,第85页下。
② 洒贤:《河朔访古录》卷上《常山郡部》,《景印文渊阁四库全书》第593册,台湾商务印书馆1986年版,第28页上。
③ 锾,古重量单位,其具体数量说法不一,此处当为六两。
④ 王恽:《秋涧先生大全集》卷54《大元故真定路兵马都总管史公神道碑铭》,《元人文集珍本丛刊》第2册,新文丰出版公司1985年版,第140页下。
⑤ 王恽:《秋涧先生大全集》卷54《大元故真定路兵马都总管史公神道碑铭》,《元人文集珍本丛刊》第2册,新文丰出版公司1985年版,第140页下。
⑥ 据《元朝名臣事略》卷10《尚书刘文献公》,姚景安点校,中华书局1985年版,第198页,"真定行用银钞,奉太后旨,交通燕、赵以及唐、邓之间"。

基础。王恽称赞史楫为官期间"时和岁丰，政平讼理"；所辖真定"连甍接栋，并肆夥繁，河朔兵余，独称万家之盛"①。这或许有谀墓之嫌，但和周围地区相比，真定相对比较繁荣，当属事实。

史氏原籍永清（今属河北），自史天泽击走武仙，夺占真定后，便长期以真定为家，死后亦葬于真定。②元代真定的发展，应和史氏家族有密切关系。

真定藁城的董氏家族也是北方颇有影响的一个家族。1233年，董俊死于攻金战役。1235年后③，董俊长子董文炳曾长期担任藁城令。文献记载，董文炳任藁城令期间多有惠政。如，他在任期间两遇括户，"诸为县者，侥幸增秩，折其户数，务要丁口蕃庶，取媚上官。公曰：'作法如此，民何以堪？'独于所治一无变更，故民力少纾，异于他邑，仍以老幼残疾六百余户报之，上司从之"④。董文炳还曾以自己家的粮食救济百姓，代输赋税，甚至抵当己业，为民代偿高利贷。⑤王磐称颂董文炳"宰邑二十年，家无余蓄，民到于今称之"⑥。董文炳之后，其四弟文直亦曾为藁城令，他"修孔子庙，广黉舍，招名儒，躬行舍菜礼，执经问道，以先诸生"⑦，对家乡的文化教育有不少贡献，《常山贞石志》中保存了较多董氏家族的碑刻，足见其在当地影响之大，董文炳曾于1250年和三弟董文用一起，作为"邑中子

---

① 王恽：《秋涧先生大全集》卷54《大元故真定路兵马都总管史公神道碑铭》，《元人文集珍本丛刊》第2册，新文丰出版公司1985年版，第141页上。

② 见河北省文物研究所《石家庄后太保村史氏家族墓发掘报告》，《河北省考古文集》，东方出版社1998年版。

③ 据王磐《藁城令董文炳遗爱碑》，董文炳"年十七，为藁城长"（嘉靖《藁城县志》卷8，《中国方志丛书》本，成文出版社1968年版，第224页）。董文炳生于1217年，"年十七"应为1233年，本文依《元史·董文炳传》。

④ 王磐：《藁城令董文炳遗爱碑》，嘉靖《藁城县志》卷8，《中国方志丛书》本，成文出版社1968年版，第224—225页。

⑤ 王磐：《赵国忠宪公神道碑》，《康熙藁城县志》卷12，《中国地方志集成·河北府县志辑》第6册，上海书店、巴蜀书社、上海古籍出版社，第129页下。

⑥ 王磐：《藁城令董文炳遗爱碑》，嘉靖《藁城县志》卷8，《中国方志丛书》本，成文出版社1968年版，第224—225页。

⑦ 元明善：《藁城令董府君神道碑》，《元文类》卷65，中华书局1976年版，第23页。

弟"即投下子弟，前往和林拜见太后唆鲁禾帖尼①，后又随忽必烈征大理。在蒙元时期，董氏家族和史氏家族一样，一直受到蒙古皇室的信用。

五

（光绪）《畿辅通志》卷68《舆地略》23《关隘》二引用历代文献记述正定府②：

> 天下根本在河北，河北根本在镇定（宋祁《论镇定形势疏》）。地控燕蓟，路通河洛（《唐书》）。面临滹水，背倚恒山。右抵太行，左接瀛海（《图经》）。表山带河（元《史天倪传》），壤接八郡（《栾城旧志》）。当南北襟喉之冲（明石玠《修阳和楼记》）。有龙泉、井陉之险。西驰秦、晋，南下相、卫，皆近在数驿之内。山川关隘，既足以控守，原陆平衍，复利于屯营（《方舆纪要》）……当燕赵之郊，雄于河朔（明朱中敏《重修府署记》）。③

可见真定地理形势十分优越且十分重要。

真定又是驿路交通的枢纽。由大都经真定向南可达怀孟（治今河南沁阳），经真定向西可达冀宁（治今山西太原）。据《永乐大典》记载，真定路有陆站9处，养马504匹，是驿站运力较强的一个路分。④ 真定学者苏天爵说："真定居燕南孔道，使者旁午"⑤；另一位真定获鹿（治今河北鹿泉）学者王思廉则说："（真定）郡直南北大逵，饯迓往来略无虚日"⑥，足见真

---

① 参见《元史》卷148《董俊附董文用传》，中华书局1976年版，第3495页。
② 清雍正元年（1723）改真定府为正定府。
③ 《光绪畿辅通志》第9册，河北人民出版社1989年版，第101页。
④ 见《永乐大典》卷19422《站·站赤七》，中华书局1986年版，第7242页下。
⑤ 苏天爵：《滋溪文稿》卷18《元故承德郎真定路总管府判官赵公墓碑铭》，陈高华、孟繁清点校，中华书局1997年版，第301页。
⑥ 王思廉：《真定府增修庙学记》，《常山贞石志》卷19，《石刻史料新编》第1辑第18册，新文丰出版公司1979年版，第13495页下栏。

定交通往来之繁忙。真定还是由京师前往安南的必经之地，陈孚、傅若金等使安南，均曾在真定留下诗篇。①

金元时期，在北方各府州中，真定府的人口也是相对繁庶的。据《金史·地理志中》，金代真定府人口为137137户②，在河北西路中，是民户最多的一个府。和中都路以及河北东路各府州相比，也仅次于大兴府（治今北京），而高于其他府州。据《元史·地理志一》所载至元七年（1270）抄籍数，真定路人口为134986户，240670口，在腹里所辖各路、州中，户数仅次于大都③，口数仅少于大都和晋宁（治今山西临汾）④。由此可见，太宗将真定八万户封给太后唆鲁禾帖尼，当是太宗对唆鲁禾帖尼的优遇。

真定的丝织业比较发达，在这里设有众多的官营丝织业管理机构。如工部所属真定路织染提举司及下辖真定路纱罗兼杂造局，南宫、中山织染提举司，中山刘元帅局、中山察鲁局、深州织染局、深州赵良局等。⑤ 隶属于宫相都总管府的织染杂造人匠都总管府，辖有真定局、中山局等。真定局置于中统元年（1260），掌织染造作，至正十六年（1356）改赐东宫。中山局主要招收漏籍不当差人户，教习织造。至元十二年（1275）改以赐东宫。⑥ 真定还曾设有管领诸路打捕纳绵等户总管府，掌人匠一万三千有奇，岁办税粮皮货，采捕野物鹰鹞，以供内府，至元十二年（1275）改赐东宫，总管府也移置大都。⑦ 真定路还有军器制造业，设有真定路军器人匠提举司及下属冀州甲局等。⑧

真定路的酿酒业也十分发达。王恽在向朝廷建议"禁酝酒"中指出：

---

① 见陈孚《真定怀古》，《元诗选》二集上第229页，中华书局1987年版；傅若金：《使至真定赴都计事遇大雹伤谷时逆臣唐其势诛》，《元诗选》二集上，第442页。
② 《金史》卷25《地理志》，中华书局1975年版，第603页。
③ 大都路有147590户，见《元史》卷58《地理志一》，第1347页。
④ 大都路有401350户，晋宁路街270121口，见《元史》卷58《地理志一》，第1347页。
⑤ 《元史》卷85《百官志一》，中华书局1976年版，第2150页。
⑥ 《元史》卷89《百官志五》，中华书局1976年版，第2263页。
⑦ 《元史》卷89《百官志五》，中华书局1976年版，第2264页。
⑧ 《元史》卷89《百官志五》，中华书局1976年版，第2286页。

"真定一路在城每日蒸汤二百余石,一月计该六千余石"①,酒产量相当可观。真定还盛产枣酒、椹子酒等。据《析津志辑佚》记载:"枣酒,京南真定为之,仍用些少曲蘖,烧作哈剌吉,微烟气甚甘,能饱人。"② "椹子酒,微黑色。京南真定等处咸有之。大热有毒,饮之后能令人腹内饱满。若口、齿、唇、舌,久则皆黧。军中皆食之,以作糇粮,乾者可能致远。"③ 枣酒、椹子酒以枣和桑椹为基本原料,真定一带枣与桑的种植当很普遍。

真定的商业十分繁荣④。元人迺贤《河朔访古记》记载说:"真定路之南门曰阳和,其门颇完固,上建楼橹以为真定帑藏之巨盈库也。下作双门,而无枨臬,通过而已。左右挟二瓦市,优肆、娼门、酒垆、茶灶、豪商大贾并集于此。大抵真定极为繁丽者,盖国朝与宋约同灭金,蔡城既破,遂以土地归宋,人民则国朝尽迁于北,故汴梁、郑州之人多居真定,于是有故都之遗风焉"⑤,时人称真定为"燕南赵北之雄藩,东鲁西秦之都会"⑥,确非溢美之词。

各地税务官员的品级,标志着该地商税额的多少,因而也反映了该地商业贸易的发展水平。大都与杭州税课提举司都是从五品,是级别最高的税课官署。元政府规定,商税额在一万锭以上者,税务提领为从六品,五千锭之上者正七品,三千锭之上者从七品,一千锭之上者正八品,五百锭之上者从八品。⑦ 全国商税额万锭以上者,据《元典章》记载,仅有真州

---

① 王恽:《秋涧先生大全集》卷90《禁酝酒》,《元人文集珍本丛刊》第2册,新文丰出版公司1985年版,第466页上。
② 熊梦祥:《析津志辑佚·物产·异土产贡》,北京古籍出版社1983年版,第239页。
③ 熊梦祥:《析津志辑佚·物产·异土产贡》,北京古籍出版社1983年版,第239页。哈剌吉,又作阿剌吉,即烧酒。
④ 详见刘春燕《元代真定路经济研究》,硕士学位论文,河北师范大学,2000年。
⑤ 迺贤:《河朔访古录》卷上《常山郡部》,《景印文渊阁四库全书》593册,台湾商务印书馆1986年版,第23页下—24页上。
⑥ 永住:《龙兴寺重修大觉六师殿记》,《常山贞石志》卷17,《石刻史料新编》第1辑第18册,新文丰出版公司1979年版,第13455页上栏。
⑦ 《元典章》卷7《吏部一·职品·内外文武职品》,第217页。卷9《吏部·场务官·额办课程处所》,陈高华等点校,中华书局、天津古籍出版社2011年版,第336页。

（治今江苏仪征）、江涨（今浙江杭州）、城南（今浙江杭州）、杭州在城四处①；五千锭以上者八处，即平江（治今江苏苏州）、潭州（治今湖南长沙）、太原（今属山西）、晋宁（治今山西临汾）、扬州（今属江苏）、武昌（治今湖北武汉）、真定、安西（治今陕西西安）。②可见，在全国范围内，真定也是商业相当发达的城市。此外，真定所辖的中山府（治今河北定州）、南宫县，商税额在一千锭以上；蠡州（治今河北蠡县）、静安（治今河北深州南）也在五百锭以上。③

真定还是腹里地区文化教育中心之一。这一点，我们从元代的乡试地点的确定也可以得到说明。元政府确定的全国乡试之所共17处，其中行省11处，宣慰司2处，直隶省部路分4处，即真定、东平（今属山东）、大都、上都（今内蒙古正蓝旗东）。④在真定参加乡试的有河间、保定、顺德（治今河北邢台）、大名（治今河北大名南）、广平（治今河北永年县东南永年）、彰德（治今河南安阳）、卫辉（今属河南）、怀孟（治今河南沁阳）及真定共计9路考生。乡试之后，全国选拔300人参加会试，分配给真定考区的名额为21人，包括汉人11人，蒙古人5人，色目人5人，⑤在腹里地区，名额之多，仅次于大都。

金元之际的真定，曾经涌现出不少很有成就的文化人。如真定藁城的文学家王若虚（1174—1243），真定栾城的数学家李冶（1192—1279），原籍隩州（治今山西河曲旧县）而长期流寓真定的元曲四大家之一白朴（1226—约1310年后）⑥，前文已经提到的真定著名医学家李杲（约1180—

---

① 大都商税在万锭以上，但此处漏记。
② 《元典章》卷9《吏部·场务·额办课程处所》，陈高华等点校，中华书局、天津古籍出版社2011年版，第336页。据《元史·食货志二》，真定路（原误作"嘉定路"，见本卷《校勘记》）天历年间商税额为17408锭3两9钱，当是全路各处商税额总和。（见《元史》卷94《食货志二·商税》，中华书局1976年版，第2398页）。
③ 《元典章》卷7《吏部一·职品·内外文武职品》，陈高华等点校，中华书局、天津古籍出版社2011年版，第217页。
④ 《元史》卷81《选举志一》，中华书局1976年版，第2021页。
⑤ 方龄贵校注：《通制条格校注》卷5《学令·科举》，中华书局2001年版，第223—224页。
⑥ 钟嗣成著，王钢校定：《录鬼簿校订》，中华书局2021年版，第152页。

1251）及其弟子真定藁城罗天益。元朝中后期还有真定著名学者赡思（1278—1351）和苏天爵（1294—1352）等，他们都在各自的领域作出了杰出的贡献。

以上，我们对真定地区入元之后的社会经济与文化教育发展状况作了简单地勾勒。入元之后，随着地方行政机构的建立和职能的逐渐完善，投下主对投下的随意性掠夺尽管不能完全消除，但从总体上看，是在逐渐被定额化的贡纳所取代，投下主对投下的影响力在逐渐弱化，这或许是真定社会经济与文化教育得以恢复和发展的一个重要原因。但是，问题的症结也许并非到此为止。在真定社会经济与文化教育在全国的地位日益凸显的背后，是否也存在着投下主某种潜在的积极影响呢？正如任何事物都有其两面性一样，投下制度是否也存在着某种两面性？这确是值得我们深思的。当然，作为真定投下主的唆鲁禾帖尼，有着特殊的身份和地位，这是其他投下主所不具备的。

六

中统二年（1261）七月，忽必烈即位后不久，即命炼师王道妇在唆鲁禾帖尼的食邑真定，修建玉华宫，① 以祭祀故去的母亲——一位在皇室颇受尊崇和爱戴的女性。② 王道妇曾"事显懿庄圣皇太后多历年所……太后嘉其忠爱之至，世皇怀其保抱之勤，爰即真定，创玉华宫……又即玉华宫构孝思殿，以皇太后侑食睿宗皇帝其间"③。玉华宫修好后，至元二十八年（1291）曾因"倾坏"而加以维修；④ 泰定三年（1326）又再次修葺。⑤ 顺

---

① 见《元史》卷4《世祖纪一》，中华书局1976年版，第72页。

② 波斯史家拉施特曾这样描述唆鲁禾帖尼："拖雷汗死后，他的儿子们和〔他们的〕母亲一起，照旧在窝阔台合罕身边。他极其喜爱和尊重他们，并毫不迟延地满足他们的一切请求。""唆儿忽黑塔尼（即唆鲁禾帖尼别吉极为聪明能干，高出于〔举〕世妇女之上。她具有最充分的坚定、谦逊、羞耻心和贞洁。"（《史集》第2卷，商务印书馆1985年版，第207页）

③ 刘岳申：《申斋集》卷7《玉华宫碑》，《元代珍本文集汇刊本》，台北"中央"图书馆1970年版，第314页。

④ 《元史》卷16《世祖志十三》，中华书局1976年版，第351页。

⑤ 见《元史》卷30《泰定帝纪二》，中华书局1976年版，第668页。

帝年间，迺贤遍游河朔，曾记载说："玉华宫在真定城中，衙城之北，潭园之东……外为红绰楔垣墙，四周槐柳森列，重门棨戟，广殿修庑，金碧辉映，宏壮华丽，拟于宫掖，制命羽流，崇奉香镫，置卫士以守门阆。"① 可见，当时的玉华宫是非常壮丽的。

依元代礼制，皇室祖先祭享之礼要在太庙举行，睿宗及庄圣皇后神位设在太庙第六室。② 太庙之外，又有神御殿，所奉祖宗御容，由纹绮局用锦织成。太祖、太宗、睿宗御容，初置翰林院，后又先后改置普庆寺与石佛寺③，按时致祭。在太后投下真定建玉华宫孝思殿，由真定地方官"以忌日享祀太上皇（即拖雷）、皇太后（即唆鲁禾帖尼）御容"④，当属特例，是世祖忽必烈对父母的特殊尊崇。据《元史》记载，朝廷还不时派出专使前往祭祀，如大司徒田忠良、中书平章政事哈八儿秃、集贤侍读学士珠遘、集贤直学士答失蛮、集贤学士只儿哈丹等，均曾奉旨前往致祭。⑤ 祭祀时，朝廷"依岁例给御香酒并牺牲祭物钱中统钞壹百锭"⑥，延祐四年（1317）始用登歌乐，行三献礼。延祐七年（1320），太常博士提出影堂不宜用太常礼乐，⑦ 遂罢之。顺帝元统乙亥（1335）秋，萨都剌曾作为监礼官参加祭祀，他在记述诗中说："百年礼乐行三献，一派箫韶起半空。"⑧ 可见太常三献之礼后来又恢复了。

---

① 迺贤：《河朔访古录》卷上《常山郡部》，《景印文渊阁四库全书》593册，台湾商务印书馆1986年版，第25页下。
② 《元史》卷74《祭祀志三》，中华书局1976年版，第1832页。
③ 《元史》卷75《祭祀志四》，中华书局1976年版，第1877页。
④ 《元史》卷75《祭祀志四》，中华书局1976年版，第1876—1877页。
⑤ 《元史》卷75《祭祀志四》、卷24《仁宗纪一》、卷31《明宗纪》、卷34《文宗纪三》、卷35《文宗纪四》，中华书局1976年版；萨都剌：《雁门集》卷8《元统乙亥秋集贤学士只儿哈丹奉旨代祀真定路玉华宫余备监礼》，上海古籍出版社1982年版，第222页。
⑥ 《元史》卷75《祭祀志四》，中华书局1976年版，第1876页。
⑦ 《元史》卷75《祭祀志四》，中华书局1976年版，第1876页。
⑧ 萨都剌：《雁门集》卷8《元统乙亥秋集贤学士只儿哈丹奉旨代祀真定路玉华宫余备监礼》，上海古籍出版社1982年版，第223页。

玉华宫建在真定，主要是为了纪念太后唆鲁禾帖尼。它在向人们昭示这位蒙古族妇女善良、仁爱、聪明、智慧的同时，也还昭示着她在投下影响力的长期存在——尽管她早已长眠在漠北草原的地下了。

（原载《蒙元时期环渤海地区社会经济发展研究》，天津古籍出版社2003年版）

试论忽必烈与阿里不哥之争

从公元1206年铁木真称汗于斡难河源，到公元1368年元顺帝逃离大都，在这160余年期间，蒙古王室内部曾经爆发过多次激烈的夺权斗争。这些斗争规模大小不等，性质也不尽相同。公元1259年七月宪宗去世之后爆发的忽必烈与其弟阿里不哥之间的斗争，便是其中著名的一次。这次斗争，就其性质而言，一方面是蒙古王室内部传统的汗位之争，是不同宗派的权力之争；另一方面也是在新的形势下蒙古统治集团内部集权与分裂、革新与守旧等不同的政治倾向、不同的统治方针的斗争。这场斗争持续了四年之久，最后以阿里不哥的失败而宣告结束。这一事件对当时的历史发生过重要影响。因此，值得认真地考察和研究。本文试就这场斗争的大体过程以及斗争双方胜负的原因，作一些粗浅的分析。不当之处，请批评指正。

一

我们首先看一下宪宗去世后的形势。

宪宗是在南下伐宋的战争中死于合州城下的。他生前没有像太祖、太宗那样对嗣位问题作出安排，因而在蒙古王室内部，关于汗位的归属问题并没有一个预定的、明确的意见。忽必烈在即位诏书中说："太祖嫡孙之中，先皇母弟之列，以贤以长，止予一人……实可为天下主。"[①] 这自然是一面之词。实际上蒙古历史上并不存在"以贤以长"来决定嗣位者的标准。太宗窝阔台并非太祖长子，而太祖在世之时他便被确定为汗位继承人；定

[①]《元史》卷4《世祖纪一》，中华书局1976年版，第64页。

宗贵由死后，定宗皇后海迷失曾以太宗遗命为借口，企图立太宗皇孙昔列门为汗，但拖雷系的蒙哥却在母后唆鲁禾帖尼和以拔都为首的宗王与大臣的支持下登上了汗位。这些事例足以说明，在蒙古王室内部并没有一个固定的汗位继承制度。宪宗死后，同样的情况又发生在拖雷一系之内。忽必烈固然有资格即位，但阿里不哥以及宪宗诸子也都有资格即位，这就必然引起拖雷系诸王之间争夺汗位的斗争。

宪宗南征时，阿里不哥留守和林，主持大兀鲁思，管理留守军队及诸斡儿朵，在政治上处于很优越的地位。从拖雷守产的先例看，阿里不哥确有夺位的潜力。宪宗死后，皇后忽都台以及宪宗之子阿速歹、玉龙答失、昔里吉等，都拥护阿里不哥，这就更增加了阿里不哥在政治上的声势。

在军事上，阿里不哥虽然不像当年拖雷那样，实际掌握着大蒙古兀鲁思的绝大部分的兵力，但也有相当的力量。他拥有留守和林的军队，随从宪宗南征的军队也有一部分归附了他。浑都海居六盘，拥兵两万，且"士马精强，咸思北归"①。他与东川乞带不花、西川明里火者以及京兆刘太平、霍鲁怀等阴相勾结，以策应阿里不哥。整个秦、蜀、陇地区的形势非常动荡。不仅如此，阿里不哥还派"阿兰答儿发兵于漠北诸部，脱里赤括兵于漠南诸州，而阿兰答儿乘传调兵，去开平仅百余里"②。开平一带是忽必烈经营了多年的根据地，阿里不哥的军事行动，给忽必烈造成很大的威胁。

当时忽必烈正在率师南伐。他在接到宪宗去世的消息时，不愿"无功遽还"，为了进一步扩大自己的势力，提高自己的声望，他继续南下，包围鄂州。大臣们劝说忽必烈班师北还。郝经在《班师议》中向忽必烈指出："宋人方惧大敌，自救之师虽则毕集，未暇谋我。第吾国内空虚，塔察国王与李行省肱髀相依，在于背胁。西域诸胡窥觇关陇，隔绝旭烈大王。病民诸奸各持两端，观望所立，莫不觊觎神器，染指垂涎。一有狡焉，或启戎

---

① 除直接引文外，本文所记诸王之名皆从《元史》卷107《宗室世系表》，中华书局1976年版。
② 《元史》卷4《世祖纪一》，中华书局1976年版，第62页。

心，先人举事，腹背受敌，大事去矣。"① 郝经对形势的分析是很有见地的。对于阿里不哥的军事威胁，忽必烈本人也有充分的估计。所以，忽必烈一接到关于阿里不哥调兵遣将、拘收钱谷、图有异谋的确实消息，便果断地与南宋议和，从鄂州紧急回师。中统元年（1260）三月，忽必烈在开平即位。不久，阿里不哥也在和林自称奉遗诏称汗。② 一场争夺汗位的斗争就这样开始了。

初期，双方争夺的中心区域有二：一是开平至燕京一带；二是秦、蜀、陇地区。阿里不哥派脱里赤在漠南诸州征集军队，横敛财物，企图抢先控制开平至燕京一带，以断绝忽必烈的归路。忽必烈回师燕地，察其包藏祸心，便解散了脱里赤征集的军队，从而解除了阿里不哥对开平的威胁。秦、蜀、陇地区的情况比较复杂。散处秦、蜀的征南诸军，有的支持忽必烈，有的支持阿里不哥，有的则依违于两者之间，取观望态度。在这里，阿里不哥有较强的军事力量，但没有一个明确的军事行动计划。为了夺取这一地区，忽必烈采纳了廉希宪的建议，在鄂州回师的同时，即派赵良弼前往关右了解情况，③ 接着又命廉希宪等为陕西四川等路宣抚使，④ 经略这一地区。廉希宪至京兆，相机行事。他依靠刘黑马、汪惟正、汪惟良、八春等人的军事力量，迅速捕绞刘太平、霍鲁怀，诛杀密里火者与乞带不花，⑤ 同时命汪惟良等率秦、巩诸军进军六盘，防浑都海东来。忽必烈逐步加强了其在秦、蜀、陇地区对付阿里不哥的力量。

中统元年（1260）五、六月间，忽必烈连续调兵遣将，筹集粮草，加紧备战。七月，准备工作大体就绪，忽必烈便"自将讨阿里不哥"⑥。九月，

---

① 《元文类》卷13《班师议》，商务印书馆1958年版，第172页。
② 据拉施特《史集》所载，阿里不哥称汗当在忽必烈之前（见《史集》Ⅱ，1960年俄译本，第160页）。《元史》记阿里不哥称汗在1260年四月，本文暂从《元史》。
③ 《元史》卷126《廉希宪传》，中华书局1976年版，第3086页。
④ 《元史》卷4《世祖纪一》，中华书局1976年版，第63页。
⑤ 《元史》卷159《赵良弼传》，中华书局1976年版，第3043、3044页。
⑥ 《元史》卷4《世祖本纪一》，中华书局1976年版，第67页。

阿兰答儿率军自和林南下，与浑都海的军队会合。在忽必烈方面，"诸王合丹率骑兵与八春、汪良臣兵合，乃分为三道以拒之"①。双方在甘州东面山丹附近之耀碑谷进行了一次激烈的战斗。②"既阵，大风吹沙，良臣令军士下马，以短兵突其左，绕出阵后，溃其右而出，八春直捣其前，合丹勒精骑邀其归路，大战于甘州东，杀阿兰答儿、浑都海。"③忽必烈的军队大获全胜。

是年秋冬，忽必烈亲征和林。阿里不哥因缺乏粮草，自知不敌，于是放弃和林，逃往吉利吉思。他一方面派阿鲁忽去主持察合台汗国事，筹集兵械粮草，一面与忽必烈假意议和，以待时机。忽必烈则派宗王移相哥留守边境，而自返开平。中统二年（1261）秋，阿里不哥伪装率众归降，向移相哥发动突然袭击。移相哥丧失警惕，军队溃败。阿里不哥挥师南下，矛头直指忽必烈的漠南驻地。消息传来，忽必烈连忙率军迎敌。十一月，双方大战于昔木土脑儿。"诸王合丹等斩其将合丹火儿赤及其兵三千人，塔察儿与合必赤等复分兵奋击，大破之，追北五十余里。帝亲率诸军以蹑其后，其部将阿脱等降，阿里不哥北遁。"④这次战役，阿里不哥又遭失败。⑤

粮草与兵械不足，使阿里不哥陷入困境。他先曾寄希望于阿鲁忽。但阿鲁忽在征集了大量的牲畜、兵械、财货之后，却背叛了他，把财富据为己有。阿里不哥在盛怒之下又发动了对阿鲁忽的战争，大肆屠戮阿鲁忽管

---

① 《元史》卷159《商挺传》，中华书局1976年版，第3739页。
② 此次战役的地点史载不一。一曰"西凉府"之"姑臧"（《元史·世祖本纪》），一曰"西凉"（《元史·廉希宪传》），一曰"甘州"（冯承钧译《多桑蒙古史》），一曰"甘州东"（《元史·商挺传》），一曰"删丹"（《元史·按竺迩传》），一曰"山丹"附近之"耀碑谷"（《元史·李忽兰吉传》），一曰"拔沙河纳火石"（《元史·赵阿哥潘传》），一曰"昔门秃"（《元史·阿剌罕传》）。据《元史》各纪、传分析，交战地点当在甘州东焉支山之耀碑谷外。参见邵循正《剌失德丁集史忽必烈汗纪译释（上）》，《清华学报》1947年第14卷第1期。
③ 《元史》卷159《商挺传》，中华书局1976年版，第3739页。
④ 《元史》卷4《世祖纪一》，中华书局1976年版，第76页。
⑤ 据拉施特《史集》所载，这次战役阿里不哥初战败逃。十天之后，阿速歹率阿里不哥后卫军队赶到，双方再战。忽必烈只打败了阿里不哥的右翼，其左翼则坚持到天黑（未分胜负）。于是，双方各自返回宿营地。（见《史集》Ⅱ，1960年俄译本，第163页）本文从《元史》。

下的无辜兵民，这使他的许多将领为之寒心而纷纷叛去。诸王昔里吉、玉龙答失等也相继与之脱离关系。当地人民对他的暴行更为切齿。阿里不哥在众叛亲离的情况下不得已于至元元年（1264）七月归降了忽必烈。

二

忽必烈所以能够战胜阿里不哥，并非偶然，这有多方面的原因。

在蒙古诸王中，忽必烈获得了较为广泛的支持。宗王塔察儿、移相哥、末哥、拨绰、合丹等，都积极拥护忽必烈，反对阿里不哥，这是忽必烈获胜的一个重要原因。

塔察儿是成吉思汗之弟铁木哥斡赤斤的嫡孙、诸王只不干之子，在左手诸王中是比较有力量的一个。1258年，蒙古军三路南下伐宋，蒙哥自率大军由西蜀以入，命张柔从忽必烈征鄂，趋杭州；又"命塔察攻荆山，分宋兵力"①。在当时的伐宋战争中，塔察儿的军队是一支重要的力量。由于塔察儿与李璮的亲属关系，② 郝经曾担心他们会联合起来，形成对忽必烈的威胁。但塔察儿并没有那样做，而是坚决站在忽必烈一边。忽必烈即位之前，廉希宪、塔察儿就曾为之谋划。《元史》卷126《廉希宪传》云："世祖命希宪赐膳于宗王塔察儿，希宪即以己意白王，宜首建翊戴之谋，王然之，许以身任其事。"塔察儿不仅拥戴有功，而且率领军队直接参加了反对阿里不哥的战争。

移相哥是成吉思汗之弟搠只哈撒儿之子，在左手诸王中，也是比较有力量的。中统元年（1260）忽必烈亲征和林，移相哥身为先锋官，与诸王合丹一起，大败阿里不哥的部下出木哈儿与哈剌察儿。③ 忽必烈自和林东还，移相哥奉命留守边境，后因轻信阿里不哥的谎言而遭失败，未能完成

---

① 《元史》卷3《宪宗本纪》，中华书局1976年版，第51页。
② 据祝允明《前闻记·李璮》，《纪录汇编》卷202，塔察儿之妹嫁与李璮。关于塔察儿与李璮的关系，参见周良霄《李璮之乱与元初政治》，《元史及北方民族史研究集刊》1980年第4期。
③ 关于此次战役情况，参见拉施特《史集》Ⅱ，1960年俄译本，第161页。

防守任务。

末哥是睿宗拖雷第九子，1258年蒙哥率军四万，号称十万大军，分三路入川。"帝由陇州入散关，诸王莫哥由洋州入米仓关，孛里叉万户由渔关入沔州"。① 莫哥即末哥，是这次入川伐宋的重要将领。蒙哥死后，他也积极拥戴忽必烈即位。郝经在《复与宋国丞相论本朝兵乱书》中说："摩歌大王，主上庶弟也，在诸王中英贤亚于主上，尝处大事不动声色。先帝临终，畀以后事，先归推戴。"② 蒙哥死时是否向末哥"畀以后事"虽不可考，但蒙哥死后不久，末哥即"自合州钓鱼山遣使以宪宗凶问来告，且请北归以系天下之望"，③ 却是事实。

拨绰，睿宗拖雷第八子。合丹，太宗窝阔台第六子。在忽必烈与阿里不哥的战争中，他们也发挥了很重要的作用。在山丹战役与昔木土脑儿战役中，他们为忽必烈冲锋陷阵，效命疆场，立下了汗马之功。其他，如右手诸王阿只吉，左手诸王忽列虎儿、爪都等，也都是忽必烈的积极支持者。

忽必烈很重视笼络诸王。中统元年（1260）十二月，忽必烈刚从和林返回，即对诸王、后妃大加赏赐，文绮、银两数以千计，并规定"自是岁以为常"。④ 值得注意的是，在这次受赏名单中，不仅有积极为忽必烈效力的塔察儿、末哥等人，而且还有并不支持忽必烈的海都。这显然是忽必烈争取诸王、分化瓦解阿里不哥力量的一个策略手段。忽必烈的支持者多系左手诸王，这是有原因的。左手诸王在经济上、军事上大都受着忽必烈的控制或影响。他们经常活动在汉人以及汉化程度较深的契丹、女真人居住的地区，受到汉族经济、文化的影响。因此，忽必烈的"汉化"政策以及重视和鼓励农业生产的经济政策容易为左手诸王所接受。诸王的支持，扩大了忽必烈的政治影响，增强了他的军事力量，从而巩固了他的统治地位。

---

① 《元史》卷3《宪宗本纪》，中华书局1976年版，第51页。
② 郝经著，张进德、田同旭编年校笺：《郝经集编年校笺》卷38《复与宋国丞相论本朝兵乱书》，人民文学出版社2018年版，第1021页。
③ 《元史》卷4《世祖纪一》，中华书局1976年版，第61页。
④ 《元史》卷4《世祖纪一》，中华书局1976年版，第69页。

应该说阿里不哥也曾有不少支持者，如宪宗之子阿速歹、玉龙答失、昔里吉，旭烈兀之子出木哈儿，术赤后王哈剌察儿，察合台后王阿鲁忽，窝阔台后王海都等。但是，阿里不哥并不能将这些力量牢固地团结在自己周围。他的肆意掠夺与滥杀无辜的做法，引起了许多人的不满。阿鲁忽、玉龙答失、昔里吉等都先后背叛了他，而归顺了忽必烈。这不仅严重地削弱了他的力量，而且使他处于腹背受敌的境地。

在经济方面，忽必烈同样占有优势。宪宗即位之初，曾将"漠南汉地军国庶事"尽属于忽必烈。① 宪宗死时，忽必烈已"奄有中夏、挟辅辽右、白霄、乐浪、玄菟、秽貊、朝鲜，面左燕、云、常、代，控引西夏、秦陇、吐蕃、云南"，"倍半于金源，五倍于契丹"。② 这就使忽必烈在人力与物力方面，远远超过了阿里不哥。不仅如此，忽必烈还很重视恢复和发展他管辖地区的农业生产。他屡次申严军官及兵伍扰民之禁，多次下令禁止以农田为牧地，禁止纵畜牧损残桑稼。当御苑官南家带请修驻跸凉楼，并广牧地时，忽必烈也表示"凉楼俟农隙，牧地分给农之无田者"③。为了鼓励农业生产，忽必烈设"劝农官"，立"劝农司"，④ 并要求各级官吏"劝诱百姓，开垦田土，种植桑枣，不得擅兴不急之役，妨夺农时"⑤。忽必烈重视屯田积粮，早在1252年忽必烈就建议宪宗"立经略司于汴""俾屯田唐、邓等州"。第二年又屯田凤翔，并"募民受盐入粟"，⑥ 以供军粮。在与阿里不哥的战争中，忽必烈多次征调粮食、马匹、羊裘、皮帽、裤、靴等，动辄万计。这自然是通过对劳动人民的残酷榨取来实现的。但是忽必烈毕竟有着一定的物质基础，使他能够做到"经画馈运，相继不绝"⑦。作为他的

---

① 《元史》卷4《世祖本纪一》，中华书局1976年版，第57页。
② 郝经著，张进德、田同旭编年校笺：《郝经集编年校笺》卷38《复与宋国丞相论本朝兵乱书》，人民文学出版社2018年版，第1022页。
③ 《元史》卷5《世祖纪二》，中华书局1976年版，第96、97页。
④ 《元史》卷93《食货一》，中华书局1976年版，第2354页。
⑤ 《元史》卷5《世祖本纪二》，中华书局1976年版，第84页。
⑥ 《元史》卷4《世祖本纪一》，中华书局1976年版，第59页。
⑦ 《元史》卷159《赵璧传》，中华书局1976年版，第3748页。

对手，阿里不哥以吉利吉思为根据地，"地穷荒微，阴寒少水，草薄土瘠，大抵皆沙石也"，① 地理条件极为不利。粮草兵械无从所出。阿里不哥始终没能摆脱经济上的困境。

除了上述原因之外，忽必烈所以能战胜阿里不哥，还因为他推行了一套比较成功的调和蒙汉上层利益的民族政策。

随着蒙古贵族对外征服战争的进行，蒙古贵族与被征服民族之间的矛盾越来越尖锐了。如何处理这一矛盾，是所有蒙古统治者面临的共同问题，忽必烈顺应形势的发展，在即位之后，明确表示要"讲前代之定制"，② 积极推行"汉法"。忽必烈很重视争取汉族以及已经汉化了的契丹、女真、畏兀、回回等的贵族、地主与知识分子的支持，积极吸收他们参加自己的政权。在中统元年（1260）至中统四年（1263）担任过宰相职务的十八人当中，汉族出身的占八人之多;③ 在中统元年（1260）五月任命的十路正副宣抚使官员中，汉族出身的也占了绝大多数。④ 这对于忽必烈政权的巩固显然是有益的。忽必烈重视汉族地主知识分子，四处访求，敬待加礼。在忽必烈周围集中了一批术士、策士，包括一些有名望的知识分子，如刘秉忠、姚枢、许衡、赵璧、窦默、郝经等人。忽必烈在政治、经济、军事、文化诸方面所采取的措施，有不少是出于这些人的谋划。忽必烈还很重视争取汉族地主武装的支持，以壮大自己的力量。在与阿里不哥的战争中，这些汉族地主武装也发挥了重要作用。如张柔的军队，宪宗在位时即是随从忽必烈南征的一支劲旅。后来，"阿里不哥反，世祖北征，诏柔入卫"，"分其兵三千五百卫京师"。⑤

---

① 郝经著，张进德、田同旭编年校笺:《郝经集编年校笺》卷38《复与宋国丞相论本朝兵乱书》，人民文学出版社2018年版，第1022页。
② 《元史》卷4《世祖纪一》，中华书局1976年版，第65页。
③ 《元史》卷112《宰相年表一》，中华书局1976年版，第2794、2795页。
④ 《元史》卷4《世祖纪一》，中华书局1976年版，第65页。
⑤ 《元史》卷147《张柔传》，中华书局1976年版，第3476页。

刘黑马协助廉希宪掩捕刘太平、霍鲁怀，诛杀密里火者，① 对稳定秦、蜀、陇地区的形势起了不小作用。史氏一家的作用则更为显著。早在太宗即位之初，史天泽即为真定、河间、大名、东平、济南五路万户，在灭金、伐宋战争中卓有功勋。忽必烈即位，"首诏天泽，问以治国安民之道"。中统二年（1261）五月，史天泽拜中书右丞相，成为中书省的最高行政长官。同年九月，曾扈从忽必烈亲征阿里不哥。李璮之叛后，"言者或谓李璮之变，由诸侯权太重"，"史氏子侄即日解兵符者十七人"。② 其权势之重，可以想见。

和忽必烈的情况不同，阿里不哥仍坚持草原蒙古贵族那种落后的政治统治方式，他根本意识不到获得汉族地主阶级支持的重要意义。在同忽必烈的斗争中，只有一个汉族将领刘太平为他效劳，汉族知识分子几乎没有人支持他。经济力量的薄弱加之政治上的孤立，使阿里不哥不可能长期维持同忽必烈的战争。

在个人素质方面，忽必烈有着长期的政治斗争与军事斗争的经验，这也是阿里不哥所不具备的。

忽必烈比较善于用人，在他周围集中了一大批不同民族出身的将领。除了前面提到的汉族将领外，其他如蒙古人兀良哈台、霸突鲁，蒙古汪古部汪德臣、汪良臣、汪惟正，畏兀人布鲁海牙、廉希宪父子，回回人赛典赤·赡思丁，契丹人耶律铸等。这些人都程度不同地发挥了自己的作用。忽必烈始终注重争取蒙古诸王的支持，就是在阿里不哥归降之后，忽必烈也还派出使者去征求旭烈兀、别儿哥、阿鲁忽诸王关于处置阿里不哥的意见，并且宽大赦免了阿里不哥。阿里不哥的同党孛鲁欢等虽被处以死刑，但他们的后裔仍受到信用而未被株连。③ 全国尚未统一，忽必烈尽力避免蒙古王室内部的分裂，避免树敌过多，以便顺利地进行他的统一事业。忽必

---

① 《元史》卷126《廉希宪传》，中华书局1976年版，第3087页。
② 《元史》卷155《史天泽传》，中华书局1976年版，第3661页。
③ 参见《元史》卷134《也先不花传》，中华书局1976年版，第3226页。

烈是具有战略眼光的。

忽必烈很有军事指挥才能，在与阿里不哥的战争中，始终采取集中兵力的原则。斗争一开始他就把主要兵力调到燕京至开平一带，只留一小部分兵力防守南宋。尽管李璮"恫疑虚喝，挟敌国以要朝廷"，① 忽必烈却能分辨轻重缓急，不为所动。这就避免了两面作战、同时用兵的局面。

相形之下，阿里不哥既缺乏政治斗争经验，也不善于用兵。他在幽燕地区的军事行动既不迅速，也不果断；在秦、蜀、陇地区也缺乏明确的行动计划，战争的主动权很快地掌握在了忽必烈手中。阿里不哥"以次则幼，以事则逆，以众则寡，以地则偏，兵食不足，素无人望"，② 其失败自然是不可避免的。

三

蒙古贵族在入主中原的过程中，曾长期推行肆意屠杀与掠夺的政策。"两河山东数千里，人民杀戮几尽，金帛子女、牛马羊畜皆席卷而去，房庐焚毁，城郭丘墟矣。"③ 太宗窝阔台时期，在耶律楚材的建议与主持下，虽然初步确立了赋税制度，但并不能得到很好地贯彻执行，蒙古贵族仍在继续任意搜刮。蒙哥即位之初，曾对诸王的权限做过一些限制，但这位"自谓遵祖宗之法，不蹈袭他国所为"④ 的蒙古君主，并不想作出什么重大改革。蒙古贵族落后的剥削方式与中原地区已经相当发展的封建生产力之间形成了尖锐的矛盾。

忽必烈在主持"漠南汉地军国庶事"之后，适应新的形势的要求，以"汉法"治"汉地"，因而能"得中土心"，但却受到以蒙哥为首的一部分人的反对。1257年春天，蒙哥派其亲信阿兰答儿、刘太平会计京兆、河南

---

① 《元史》卷206《叛臣传》，中华书局1976年版，第4593页。
② 郝经著，张进德、田同旭编年校笺：《郝经集编年校笺》卷38《复与宋国丞相论本朝兵乱书》，人民文学出版社2018年版，第1022页。
③ 《两朝纲目备要》卷14《宁宗嘉定七年》，中华书局1995年版，第259页。
④ 《元史》卷3《宪宗本纪》，中华书局1976年版，第54页。

财富，置局关中，大为钩考，企图打击和削弱忽必烈的势力。当时，忽必烈的力量还不足以同蒙哥相抗衡，只好"尽王邸妃主自归朝廷",① 实行暂时的妥协。双方的斗争暂时隐蔽下来。蒙哥一死，忽必烈在蒙古诸王与汉族地主阶级的支持下迅速即位，蒙哥原来的亲信孛鲁欢、阿兰答儿、刘太平以及蒙哥的儿子阿速歹、玉龙答失、昔里吉等，则又在阿里不哥麾下重新集结起来，与忽必烈相对抗，双方的斗争便又围绕着汗位的归属问题而重新展开。

忽必烈对阿里不哥的胜利有着重要的历史意义。由于这一胜利，忽必烈在中原地区的统治得到了巩固，被破坏的封建秩序又重新确立起来，北方的农业生产逐步地得到恢复和发展，这就为忽必烈进一步统一全国奠定了基础。

(原载《元史论丛》第二辑，中华书局1983年版)

---

① 《元史》卷158《姚枢传》，中华书局1976年版，第3713页。

评元顺帝至正初年的奉使宣抚

元至正五年（1345）十月，顺帝妥懽贴睦尔诏命24名政府官员分赴两浙江东、江西福建、江南湖广、河南江北、燕南山东、河东陕西、山北辽东、甘肃永昌、海北海南广东与京畿等十道，及云南、四川两行省，宣抚民众，史称奉使宣抚。这是元顺帝在位期间为挽救统治危机所采取的一项重要的政治措施。奉使大臣如此之多，宣抚地区如此之广，这在元朝历史上是少见的。与以往的检括户籍或经理田粮不同，这是一次全面的综合性的社会治理。元顺帝在诏书中明确宣布了这次奉使宣抚的任务："布朕德意，询民疾苦，疏涤冤滞，蠲除烦苛。体察官吏贤否，明加黜陟……民间一切兴利除害之事，悉听举行。"① 百姓们对奉使大臣的到来寄予很大希望。"传闻奉使之来，皆若大旱之望云霓，赤子之仰慈母。"② "轺轩未出国门，而四方万里至于海隅，苍生寒饥滞屈，鳏寡孤独，皆翘然有惠鲜之望矣。"③ 然而，接踵而来的严酷现实，很快就粉碎了百姓们的幻想。奉使大臣大都借宣抚之名，行敲诈勒索之实，政绩昭著者十不二三，百姓们的苦难不仅没有减轻，反而更加重了。"九重丹诏颁恩至，万两黄金奉使回"，"奉使来时惊天动地，奉使去时乌天黑地，官吏都欢天喜地，百姓却啼天哭地"。④ 这些来自民间的怨谣，为这次奉使宣抚作了恰当的总结。

为什么这样一场重大的政治行动没有收到任何有益的社会效果？为什

---

① 宋濂：《元史》卷92《百官八》，中华书局1976年版，第2342—2343页。
② 陶宗仪：《南村辍耕录》卷19《拦驾上书》，中华书局1959年版，第229页。
③ 赵汸：《东山存稿》卷5《书苏奉使本末后》，《景印文渊阁四库全书》第1221册，台湾商务印书馆1986年版，第292页下。
④ 陶宗仪：《南村辍耕录》卷19《拦驾上书》，中华书局1959年版，第229页。

么朝廷宣抚百姓的诏命竟变成了对百姓的新的浩劫？这是值得认真分析的。

　　这次奉使宣抚，是元顺帝亲自主持的。顺帝年少即位，朝政一度为权臣伯颜等所把持。伯颜倒行逆施，罢科举，禁汉人、南人等不得执持军器，不得习学蒙古、色目文字，甚至请杀张、王、刘、李、赵五姓汉人，搞得民怨沸腾，阶级矛盾与民族矛盾十分尖锐。伯颜专权自恣，根本不把顺帝放在眼里。他自领诸卫精兵，"导从之盛，填溢街衢，而帝侧仪卫反落落如晨星……天下之人惟知有伯颜而已"①。至元六年（1340）二月，顺帝依靠脱脱、世杰班、阿鲁等人，贬黜伯颜，消除了身边一大祸患。之后，马札儿台、脱脱父子相继为中书右丞相，科举制度得以恢复。《农桑辑要》得以颁行，辽、金、宋三史开始编修，风宪吏治受到重视。至正二年（1342），诏"作新风宪"；至正四年（1344），定"守令黜陟之法"。至正五年（1345）开始的全国性的奉使宣抚，显然是顺帝企图进一步整顿吏治、缓和当时社会矛盾的一次尝试。长期以来，学者们都把至正初年元朝中央政策的调整称为脱脱"更化"，把功劳都记在脱脱身上，而对顺帝这个亡国之君却不屑一顾，这是不公允的。至正初年的顺帝还是想有所作为的。伯颜下台时，他已经21岁了。在利用脱脱等人清除伯颜的斗争中，已经显示了他的沉着与机警。他已经不再是权臣手中的一个傀儡，而是一个懂得如何利用自己手中权力的最高统治者了。

　　顺帝虽有意挽救时局，但他身边没有几个得力的支持者。脱脱自然是精明强干的，但至正四年五月已自动辞职。代脱脱而为右丞相的阿鲁图是成吉思汗四大怯薛长之一博尔术的四世孙，"素不读汉人文书"②。他至正四年任相，至正六年（1346）去职。《元史》本传中，这位大根脚出身的蒙古贵族似乎没有什么政绩可言。至正三年（1343）底出任中书左丞相的别儿怯不花，官声似乎不错，但他热衷于官僚间的宗派斗争，先是企图联合阿

---

① 《元史》卷138《伯颜传》，中华书局1976年版，第3338页。
② 《元史》卷139《阿鲁图传》，中华书局1976年版，第3361页。

鲁图挤害脱脱，为阿鲁图所拒绝，接着又怂恿监察御史劾阿鲁图不宜居相位。最后，至正七年（1347），他自己也被劾下台。从至正四年（1344）脱脱辞相到至正九年（1349）脱脱复相的五年中，中书左、右丞相以及御史大夫等高级官职，频频变动人选。顺帝巧妙地利用统治集团内部的矛盾和斗争来不断地更换地位显赫的大臣，以防伯颜专权局面的重演。但这样做的结果，却使顺帝身边始终不能形成一个坚强而又稳定的领导集团，来协助他主持朝政，这就使他一切改变社会现状的措施都不能得到切实有效的贯彻执行。至正五年的奉使宣抚没有收到任何积极的效果，这应该说是一个重要原因。

全国吏治的普遍腐败，也使顺帝挽救时局的企图难以成功。京畿地区的情况是个很好的例子。苏天爵是宣抚京畿道的奉使大臣，《元史》本传称赞他"究民所疾苦，察吏之奸贪，其兴除者七百八十有三事，其纠劾者九百四十有九人，都人有包、韩之誉"①。苏天爵的朋友赵汸对苏氏宣抚京畿的情况记载则更加详细："首询民疾苦，其事二百八十九次，兴废除病五十七，禁革科扰四十九，均平差役二十三，平反冤狱一十六，昭雪改正二十二，追问赃污七十六，责罚稽违七十一，断革凶冤恶三十六，体察纠劾五，审理罪囚九十七，建白时政二十一，勉励学校三，劝课农桑四，而荐举官吏一十四，终焉所历神州赤县三十处，罢斥官吏四百八十六人。"② 以上记述虽旨在称颂苏氏政绩，但另一方面也向人们揭示了京畿地区吏治问题的严重。30个州县里，纠劾者就有949人，平均每个州县10余人。京畿地区乃朝廷所在，吏治尚且如此，其他地区，"天高皇帝远"，吏治之腐败就可想而知。官僚队伍腐败到如此程度，恐怕是罢不胜罢，贬不胜贬，奉使大臣又能如之奈何呢？元顺帝想依靠奉使大臣兴利除弊，但奉使大臣中也难得有几个忠于职守的清廉官吏。苏天爵是奉使大臣中的佼佼者，但宣抚未

---

① 《元史》卷183《苏天爵传》，中华书局1976年版，第4226页。
② 赵汸：《东山存稿》卷5《书苏奉使本末后》，《景印文渊阁四库全书》第1221册，台湾商务印书馆1986年版，第292页下—293页上。

了，他本人就被罢了官。《元史》本传说他是"以忤时相意，竟坐不称职罢归"。实际上，京畿地区官僚贵族盘根错节，上下勾结，任何触犯他们利益的举动都会受到他们各种形式的反抗。苏天爵被罢官是自然的。与苏氏不同，其他奉使大臣多无政绩可言。奉使所到之处，百姓虽"持诉谍，遮马首，呼号者千余百辈"，而奉使们"皆漫不加省，不过即官署，一布德音而去"①。更有甚者，如宣抚江西福建的散散与王七弘，"鹰扬虎噬，雷厉风行。声色以淫吾中，贿赂以缄吾口，上下交征，公私朘剥。赃吏贪婪而不问，良民涂炭而罔知"②。奉使大臣都如此贪赃枉法，他们的巡行宣抚还会有什么好的效果呢？尤其应该指出的是，那些不称职的以及为非作歹的奉使，事后并未受到任何责罚和惩治，其中不少人还加官晋级，受到重用，倒是政绩卓著的苏天爵被一度罢官。这一事实也向人们表明，至正初年吏治的腐败已非常严重，朝廷上下，整个官僚队伍大都腐败不堪。在这种情况下，一两个苏天爵是无济于事的。

当然，至正初奉使宣抚的失败，最主要的原因还在于当时的社会矛盾已异常激化，一般性的巡行安抚已不可能奏效。据《元史》记载，至正改元以来，灾异连年。黄河上下，大江南北，处处饥荒。至正四年（1344）五月，黄河暴溢，平地水深二丈许，白茅堤、金堤先后决口。沿河郡邑，一片汪洋，人民蒙受深重灾难。余阙记载说："至正四年，河南北大饥。明年，又疫，民之死者半。"③元廷虽然对灾民也采取了一些赈济措施，但赈济数量甚少。至正元年（1341）到至正四年（1344）的四年间，腹里、河南、两浙等地，受灾人口至少在500万。但据《元史》记载，这四年内有具体数字可考的赈粮还不足40万石，灾民人均不足1斗；有具体数字可考的赈钞仅50余万锭，人均仅0.1锭左右，折米或不足1斗。对于饥寒交迫

---

① 赵汸：《东山存稿》卷5《书苏奉使本末后》，《景印文渊阁四库全书》第1221册，台湾商务印书馆1986年版，第292页下。
② 陶宗仪：《南村辍耕录》卷19《拦驾上书》，中华书局1959年版，第229页。
③ 余阙：《青阳先生文集》卷6《书合鲁易之作〈颍川老翁歌〉后》，上海古籍出版社2022年版，第100页。

的民众来说，这些许赈济并不能使他们度过多少时日。在这种情况下，农民只有靠武装反抗来谋求生路。至正改元后，道州、庆元、南雄以及河北、山东、辽阳等地，多次爆发农民起义。这些起义，规模虽然不大，但影响不小。如至正元年十二月，"山东、燕南强盗纵横，至三百余处"①。至正四年，"盗起东海，曾不满三百人，横行山东、河北，若蹈无人之境"②。同年秋，"有盗起沂、莒之间，拥旗鼓，入城邑，掠人民，纂囚徒，共益其党"③。在日趋激烈的农民革命斗争面前，奉使大臣的巡行宣抚显然不能发挥多少实际作用。更何况"奉使者类皆脂韦贪浊，多非其人"④，宣抚结果，只能加剧而绝不会缓和当时的社会矛盾。

至正初年的奉使宣抚持续了一年左右的时间就草草收场了，它没有也不可能解决任何实际问题。农民对统治阶级的幻想彻底破灭了。此后，元顺帝再也提不出任何解决社会矛盾的有效措施。元朝的统治更加腐朽。至正十一年（1351），刘福通、韩山童等在颍上揭竿而起，为元朝的彻底灭亡敲响了丧钟。

（原载《历史教学》1988年第9期）

---

① 《元史》卷40《顺帝纪三》，中华书局1976年版，第862页。
② 危素：《危太朴文续集》卷9《书张承基传后》，新文丰出版公司1985年版，第588页下。
③ 苏天爵：《滋溪文稿》卷3《新升徐州路记》，中华书局1997年版，第39页。
④ 权衡著，任崇岳笺证：《庚申外史笺证》卷上，中州古籍出版社1991年版，第48页。

漫议元中都的兴衰

一 兴也匆匆，罢也匆匆

元大德十一年（1307）农历六月二日，刚即位才10天的元武宗海山便毅然宣布，在旺兀察都之地（今河北张北境内）修建宫阙，在大都（今北京）和上都（今内蒙古正蓝旗东）之间建立中都。

这自然是一项十分重要的决定。

为保证工程顺利进行，这年七月十九日，在旺兀察都设立了行工部，作为中央工部的派出机构，具体负责工程的实施。十二月，又任命吏部尚书察乃为平章政事，兼领工部事务，以加强工部权威。第二年正月初三，武宗诏令枢密院签发六卫军人18500名供中都建设之需。于是，中都工程全面铺开。

新上台的武宗皇帝踌躇满志，他要把中都修建得宏伟壮丽。至大二年（1309）四月三十日，他下令修建中都皇城角楼。中书省官员对此有些异议，他们说：现在农活正忙，又值蝗灾严重，百姓吃饭都有困难，希望停止这样的工程。武宗很不高兴，说："皇城不修角楼，怎能显示它的壮观？这件事还是抓紧完成，其余工程可以暂缓。"皇帝态度坚定，大臣们无可奈何。

至大三年（1310）八月二十日，武宗由上都回大都途中，兴致勃勃地到昂兀脑儿（中都附近，又称鸳鸯泺）去打猎。他一定是想利用停留的机会，亲自视察一下工程的进展情况。

为了加快工程进度，这年十一月十五日，武宗又命各部卫士于第二年四月十五日前到中都集中"以牛车运土"帮助修中都城，并规定，逾期不到，该部首领要治罪；自愿以车、牛帮助运输者，给予奖赏。

在中都工程迅速进行的同时，一些新的建置也相继出台：

至大元年（1308）十二月，中都置开宁县，原隆兴府降为源州。隆兴路总管府为上都留守司所代替。至大二年（1309）三月，命从五卫军中抽调50人，隶中都虎贲司。至大三年（1310）六月，设上都、中都等处银冶提举司，秩正四品。同年七月，立中都光禄司。如此等等。

应该说，各方面的进展都算顺利。但天有不测风云。至大四年（1311）正月初八，实际在位还不足4年的武宗皇帝，在京师玉德殿溘然而逝，时年31岁。正月二十日，尚未正式登基的仁宗皇帝便断然宣布停止中都城的兴建。同年四月二十二日，撤销中都留守司，恢复隆兴路总管府建置；第二年十月二日，仁宗又宣布将隆兴路改名为兴和路，也许，他是想彻底抹去武宗在这里留下的影子。

中都的兴建就这样结束了。真是兴也匆匆，罢也匆匆。

二 上都需要支撑点

不能否认武宗海山在中都兴建过程中其个人因素所发挥的关键性作用。当他风尘仆仆从阿尔泰山赶到和林（今蒙古国哈剌和林）又马不停蹄地赶往上都，登上皇帝宝座，并于10天之后匆忙宣布要兴建中都的时候，对这一举措的政治意义与战略意图，也许并没有太多深入细致的考虑。他不满20岁就总兵北疆，在战场上与叛王海都及其子察八儿等多次厮杀，并大获全胜，从而结束了西北地区叛王长期威胁骚扰的局面。登基时他只有27岁，年轻气盛的他当时一定想到过先辈成吉思汗和忽必烈叱咤风云的英雄气概，想到过忽必烈创建两都（即大都和上都）的丰功伟业，他也一定想自己有所作为。《元史·武宗本纪》评论他"慨然欲创治改法而有为"，是比较确切的。在这样的思想背景下，他毅然决定在两都之外再建中都，似乎也是情理之中的事。

武宗在位不足4年，在大兴土木的同时，还采取过不少变更旧制的措施。如滥赏诸王贵族，恢复尚书省，变更币制，发行至大银钞，等等。武宗好大喜功，追求奢侈铺张，一心想在大刀阔斧的变动中获得心理上的满足。从这个意义上说，没有武宗，就没有中都城。

但是，我们还是不能把中都的兴建完全看成是偶然性的个人行为。

首先，辽金时代的多京制，对武宗的决策不会没有影响。辽朝最初建都在潢河北岸的临潢府（今内蒙古自治区巴林左旗东南），称上京。后来，随着势力范围的不断扩大，又先后建立了中京大定府（今内蒙古自治区宁城西）、东京辽阳府（今辽宁辽阳）、南京析津府（今北京）、西京大同府（今山西大同）等。金承辽制，在先后建都上京（今黑龙江阿城）、中都（今北京）、汴梁（今河南开封）的同时，仍有西京、中京、北京、东京等建置。元朝建立后实行两都制以及武宗兴建中都，都可以看作这种多京制的继续。

其次，坝上地区战略地位的重要，也是武宗兴建中都的重要的政治军事背景。

忽必烈自建藩府于金莲川起，对坝上地区的经营就格外关注。宪宗四年（1254）复立抚州（今河北张北）就是一个例证。开平城（即后来的上都）建成后，忽必烈有了一个新的政治、军事中心，但它距金中都燕京以及西京大同都比较远。开平与燕京之间驿路、辇路等交通要道的修筑固然十分重要，但是，在开平以南，在开平所能辐射的区域内，还必须有一些支撑点，从而形成一个运转有效的政治、经济、军事网络。中统年间（1260—1264）与阿里不哥争夺帝位的那场斗争，肯定给了忽必烈以强烈的刺激，坚定了他在开平与燕京之间加强经营的决心，并将这一决心付诸行动。让我们根据《元史》等有关记载，摘要罗列一下忽必烈为此所采取的种种措施。

中统元年（1260）六月，诏燕京、西京（今山西大同）、北京（今内蒙古宁城西）三路宣抚司运米十万石，输开平府及抚州、沙井、净州（治今内蒙古四子王旗）、鱼儿泺，以备军储。诏东平路万户严忠济等发精兵一万五千人赴开平。诏十路宣抚司造战袄、裘、帽，各以万计，输开平。

七月，敕燕京、北京、西京、真定（治今河北正定）、平阳（治今山西临汾）、大名、东平、益都等路宣抚司，造羊裘、皮帽、裤、靴，皆以万计，输开平。

中统二年（1261）六月，敕诸路造人马甲及铁装具万二千输开平。

九月，置和籴所于开平。

中统三年（1262）二月，以兴（治今河北承德西南）、松（治今内蒙古赤峰西南）、云（治今河北赤城北）三州隶开平。

四月，免松州、兴州、望云州（治今河北赤城北）新旧差赋。以望云、松山、兴州课程隶开平府。

十一月，升抚州为隆兴府，领怀安、天成、威宁、高原四县。

十二月，建行宫于隆兴路。

中统四年（1263）五月，诏北京运米五千石赴开平。

五月，升开平府为上都。立上都马、步驿。升上都路望云县为云州，松山县为松州。

八月，升宣德州为宣德府（治今河北张家口），隶上都。

十月，置隆兴路驿。

至元元年（1264）八月，诏改燕京为中都。

在与阿里不哥的斗争中，抚州上升为路级建置，并改名隆兴，是与它在屏卫两都、保证两都间联系畅通方面所占有的重要地位分不开的。与它形成鲜明对比的是宣德府。无论从人口数量，还是从辖区面积看，宣德府都远远超过隆兴府，但隆兴独立建路，宣德府却一直归属上都路而不能升格，完全是与它们的战略地位有关。隆兴是上都一个强劲的支撑点。

武宗以后，中都的兴建虽然停止，隆兴路也改称兴和路，但该地的战略地位并无变化。许多重要决策，如差税的蠲免等，常常是兴和与上都、大都并提，享受同等待遇。皇帝例行的上都巡幸还是照常进行，兴和路依然是皇帝的必经之地，只是很少再有人去关心中都昔日的辉煌。唯一的例外是泰定帝。他在至治三年（1323）即位后不久，曾专门到中都的昆刚殿做过佛事。

还应该提一下的是武宗的两个儿子，即明宗和世㻋与文宗图帖睦尔。为了争夺帝位，文宗竟将哥哥明宗毒死在旺兀察都。武宗选择这里建中都，他的儿子选择这里下毒手，大概都与这个地方的战略地位有关。

三　边城雄丽宜开拓

元顺帝时，有一位监察御史叫周伯琦。至正十二年（1352）四月，他随从顺帝赴上都。七月，在返回途中路过兴和路时，写了一首诗《兴和郡》。诗文如下：

> 属河东宪司按部，西抵太原千余里。
> 我行已旬浃，所历皆朔漠。
> 兴和号上郡，陂陀具城郭。
> 滦阳界东履，汾晋直西略。
> 提封广以遐，编氓半土著。
> 连甍结贾区，层楼瞰寥廓。
> 要会称雄丽，势压诸部落。
> 兴王远垂裕，百载承制作。
> 北巡必西还，远拟东邑洛。
> 供亿须浩繁，抚循在恭恪。
> 四邻慎备虞，三辅严寄托。
> 贤愚不同调，虫沙与猿鹤。
> 常愿四海清，汉仪岁辉烁。①

从艺术的角度看，这也许算不上什么好诗，但对我们了解14世纪中期

---

① 顾嗣立编：《元诗选·初集》下册，中华书局1987年版，第1873页。

兴和路的面貌和它的战略地位，却是十分难得的材料。它向我们说明：

1. 兴和路被列为上路，受到朝廷重视。诗中所说"兴和号上郡"，和《元史·地理志》的记载是一致的。元代兴和路辖4县1州，有8973户，39495人。据至元二十年（1283）的规定，十万户以上的路才算作上路，不足者为下路。地当要冲，虽不及十万户，亦为上路。兴和路不足万户，它显然是由于地理位置的重要而被列为上路的。兴和东临滦河，西接汾晋，地域比较辽阔，对屏卫两京有着极为重要的作用。所以诗人说，"四邻慎备虞，三辅严寄托"。

2. 兴和城依地形而建，城墙虽参差陂陀，但雄伟壮丽且比较完整。城内房屋相连，街市繁华（周伯琦在"后记"中说："城郭周完，阛阓丛夥"），有的甚至是层楼高起，可以居高临下。兴和城附近，即今张北地区，当属半农半牧、以牧为主的地区。这样一座草原城市，对周围各游牧部落来说，显然是有吸引力和威慑力的。

3. 兴和居民，半是土著。周伯琦在诗的"后记"中说，兴和"西抵太原千余里，郡多太原人"，看来，兴和曾是晋中、晋北农牧民的重要迁徙地。

4. 兴和地处要冲，皇帝每年巡幸上都，东去西还，兴和是必经之地，因而供亿浩繁。

周伯琦的诗写在至正十二年（1352），距中都停建已有41年之久。原来中都城的建筑"今多圮毁"，圣驾也久不光临。尽管如此，兴和城却依然保持着雄丽的伟姿。由此可见，武宗当年修中都，也不完全是一时冲动。边城雄丽宜开拓，当年隆兴城的发展规模和发展水平，无疑是为中都城的修建提供了有力的依托。

四　民族融合铸辉煌

在古代，张家口北部的坝上地区长期是民族矛盾尖锐、民族斗争激烈的前沿地带，因而拖慢了它的前进步伐。从历史发展的长河看，金元时期是坝上地区发展最辉煌的一个时期，这与金元时期该地区较早开始了民族融合与民族经济文化交流是分不开的。

让我们把视野放宽，简单地回顾一下张家口地区的发展历程。

考古资料证明，张家口地区的南部，是中华民族的发祥地之一。大约在一百万年以前，在桑干河流域的涿鹿西南的泥河湾以及阳原县，就已经有古人类聚居，他们比北京人生活的年代要早30万年左右。人们熟知的黄帝部落和炎帝部落与蚩尤部落在涿鹿大战的故事，也说明桑干河流域曾是华夏民族的摇篮。但是，在相当长的历史时期，华夏民族由桑干河继续北进的步伐并不快。西汉时期的上谷郡（其辖境与今张家口地区大致相当）辖15县，人口接近12万，但坝上地区并无1个县的建置。东汉时的上谷郡，仅有8城5万余人，较西汉减少了许多。三国至西晋，原上谷郡分为上谷郡和广宁郡，但两郡才辖5县8000多户，人口减少速度十分惊人，这和中原王朝与北方匈奴、乌桓等民族的矛盾、斗争有密切关系。隋唐时期国力强盛，但突厥在北方的威胁曾长期存在，所以在今天的万全、张北、尚义、康保、沽源、赤城、崇礼等地，始终没有县级行政建置。问题的症结就在于中原王朝没有力量彻底解除北方少数民族的威胁，而少数民族的文明发展程度和政治军事力量也不足以在中原王朝的北部边境建立起一套规范化的比较稳定的行政管理体系。

金元时期，情况发生了很大变化。女真人以及后来的蒙古人，都是最先占据了华北北部，然后又逐渐南进。相对来说，华北北部较早实现了民族和解与比较广泛的民族经济文化交流。所以，从纵的角度看，金元时期华北北部社会经济的恢复和发展反而最显著。金代的抚州辖4县11380户，元代的兴和路辖4县1州8973户，是历史上发展最辉煌的时期。因为在中世纪的农业社会里，行政建置与人口的增加，是与社会经济的发展密切相关的。

通过以上分析，我们似乎可以这样说，中都城的兴建也是与坝上地区社会经济的发展分不开的，而金元时期坝上地区社会经济的发展则是民族和解、民族交流的结果。所以,我们说是民族融合铸辉煌。

五 昙花瞬开亦芬芳

武宗上台不久,政府财政即告危机。大德十一年(1307)九月,中书省官员说:"帑藏空竭,常赋岁钞四百万锭,各省备用之外,入京师者二百八十万锭,常年所支止二百七十余万锭。自陛下即位以来,已支四百二十万锭,又应求而未支者一百万锭。臣等虑财用不给,敢以上闻。"①

武宗即位还不到半年,就已用去两年经费,难怪中书省官员忧心忡忡。武宗的回答倒也爽快:你们的意见很对,从现在开始,赏赐暂停,大家自觉不要请赏。

话是这样说,但工程依旧,赏赐依旧,挥霍依旧。至大元年(1308)二月,中书省官员又提议挪用钞本(即纸币本金)以解燃眉之急。他们在报告中说:"陛下登极以来,赐赏诸王,恤军力,赈百姓,及殊恩泛赐,帑藏空竭,豫卖盐引。今和林、甘肃、大同、隆兴、两都军粮,诸所营缮,及一切供亿,合用钞八百二十余万锭。往者或遇匮急,奏支钞本。臣等固知钞法非轻,曷敢辄动,然计无所出。今乞权支钞本七百一十余万锭,以周急用,不急之费姑后之。"②

平常年景,一年开支不过270多万锭,现在突然面临820多万锭的开支,中书省官员也无计可施,只好动用钞本,尽管他们也知道这种做法无异于饮鸩止渴。到至大二年(1309)九月,朝廷先后借支钞本10603100锭,但仍不足用,尚书省仍要求借支至元钞本百万锭,国家财政实际上已经无法正常运转。至大三年(1310)十月,朝廷宣布"内外不急之役,截日停罢"。但中都这样的重点工程自然是不在其内的。

好在武宗执政时间不长。武宗一死,中都工程便戛然而止。仁宗受儒

---

① 《元史》卷22《武宗本纪一》,第488页。
② 《元史》卷22《武宗本纪一》,第495页。

家文化影响较多，他对武宗的肆意挥霍和铺张极为不满，这当然也是中都工程下马的原因之一，但根本原因还是国家面临的无法解决的财政危机。

中都城在历史上存在的时间是短暂的。它的大部分建筑在元朝灭亡之前就已毁坏，以致没有留下关于它的英姿丽容的详细记载。但是，昙花瞬开亦芬芳。劳动群众用血汗筑起的这座草原名城，还是永久地留在了人们的记忆里。

元朝灭亡之后，明朝曾设立北平行都司，负责管辖今河北北部及内蒙古与辽宁的部分地区。张北曾设立过兴和千户所。永乐以后，北平行都司名存实亡，长城以北又是蒙古人的天下，包括张北在内的坝上地区，已经没有中原王朝的行政建置，昔日的辉煌亦不复存在。

(原载《文物春秋》1998 年第 3 期)

元大都廉园主人考述

元大都（今北京）廉园是廉氏家族的一处私家园林，一些文人学士时常在这里游玩聚会，饮酒赋诗。在一些元明文集、笔记及后世方志中，保留有不少赞美廉园的诗文，由此可见当年廉氏与友人亲密交流、其乐融融的景象。近人对廉园已多有考索①，但对廉园主人，尤其是"廉野云"到底指谁，仍没有一致意见。② 本文拟对廉园主人再作考察，希望得到方家指正。

一

廉园的最初创立，当始于廉希宪之父布鲁海牙。据《元朝名臣事略》记载：

> 时营缮东宫，工部官请曰："牡丹名品，惟相公家，乞移植数本，太子知出公家矣。"王曰："若出特命，园虽先业，一无所靳。我叨事圣主，备位宰相，未尝曲丐恩幸，方尔病退，顾以花求媚耶！"请者

---

① 参见杨镰《贯云石评传》，新疆人民出版社 1983 年版，第 43—51 页；王岗《北京通史》第 5 卷，中国书店 1994 年版，第 387 页；王梅堂《元代内迁畏兀儿族世家——廉氏家族考述》，《元史论丛》第 7 辑，江西教育出版社 1999 年版；孙冬虎《元清两代北京万柳堂园林的变迁》，《中国历史地理论丛》2006 年第 2 期。

② 例如，杨镰认为，"贯云石回到大都时，廉园的主人正是他的外祖父廉希闵"（《贯云石评传》第 43 页）；孙冬虎认为，"野云廉公指元代名臣廉希宪"（《元清两代北京万柳堂园林的变迁》）；王梅堂则认为，"廉氏在大都的宅邸命名廉园，是布鲁海牙死后，由廉希宪、廉希闵兄弟扩建成大都文化中心之一，由于这是廉氏的产业，而被称为廉园"（《元代内迁畏吾儿族世家——廉氏家族考述》）。

愧止。①

文中所说"牡丹名品",当指廉园中的牡丹,而廉希宪"园虽先业"一语,恰恰说明廉园是他的父亲布鲁海牙留给他的。布鲁海牙当是廉园的第一代主人。

史载,布鲁海牙幼孤,依舅父家就学,"未几,即善其国书,尤精骑射"②。后归附蒙古,充宿卫。成吉思汗去世后,曾奉命赴燕京总理财币,后又曾奉庄圣太后唆鲁禾帖尼之命统领中宫在燕京及中山的匠户,并为真定路(治今河北正定)达鲁花赤。1231年拜燕南诸路廉访使。元世祖忽必烈即位后,曾与刘肃并为真定路宣抚使。卒于至元二年(1265),享年六十九岁。《元史》本传称:"布鲁海牙性孝友,造大宅于燕京,自畏吾国迎母来居。"③ 廉园营建,很可能是他接母亲定居燕京后,而他母亲可能就住在廉园,或廉园附近。元大都是在金中都的东北部另建的新城,廉园的创建早于大都的修建,所以,它位于大都的郊外是完全可以理解的。

如果说布鲁海牙是廉园的第一代主人,那么,其子廉希宪则是廉园的第二代主人。

廉希宪是元朝初年著名的受儒家文化影响很深的少数民族政治家。1249年,十九岁的廉希宪入侍忽必烈。他在积极从政的同时,也酷爱园林花草,这从上引《元朝名臣事略》的相关资料中已可窥见一斑。1254年,忽必烈"以京兆(治今陕西西安)分地命希宪为宣抚使",他在樊川杜曲(今陕西长安县东南)创建了著名的被后人称为"廉相泉园"的私家别墅,植有许多奇花异卉,是廉氏与好友姚枢、许衡、杨奂、商挺等休闲游乐之处。(雍正)《陕西通志》记载说:

---

① 《元朝名臣事略》卷7《平章廉文正王》,中华书局1996年版,第141页。
② 《元史》卷125《布鲁海牙传》,第3070页。
③ 《元史》卷125《布鲁海牙传》,第3071页。

元至元中,平章廉希宪行省陕右,爱秦中山水,遂于樊川杜曲林泉佳处葺治厅馆亭榭,导泉灌园,移植汉沔东洛奇花异卉,畦分棋布,松桧梅竹,罗列成行。暇日,同姚雪斋、许鲁斋、杨紫阳、商左山,前进士邳大用、来明之、郭周卿、张君美,樽酒论文,弹琴煮茗,雅歌投壶,燕乐于此。①

(雍正)《陕西通志》将樊川廉氏别墅创建的时间记为"元至元中"肯定是个错误。据《元朝名臣事略·平章廉文正王》,"上初以京兆分地置宣抚司,岁甲寅(1254),还自云南,即命公为宣抚使。""少暇,则延访耆宿,如鲁斋许公、雪斋姚公,咸待以师友,荐许公于潜邸,充京兆提学,俾教育人材,为根本计。"② 另据《元史·世祖纪一》,"岁甲寅,夏五月庚子,驻六盘山。六月,以廉希宪为关西道宣抚使,姚枢为劝农使"。又据姚燧《中书左丞姚文献公神道碑》,"上(指忽必烈——引者)驻六盘,公疾求居关中,教使劝农,身至八州诸县,谕上重农之旨。凡今关中桑成列者,皆所训植"③。又据《元朝名臣事略·参政商文定公》,"诏以京兆分世祖,教杨惟中宣抚关中,公为郎中。……明年,惟中罢,教廉希宪来使,登公副之"④。又据欧阳玄《元中书左丞集贤大学士国子祭酒赠正学垂宪佐理功臣太傅开府仪同三司上柱国追封魏国公谥文正许先生神道碑》,"甲寅(1254),世祖受地秦中,闻先生名,遣使者征赴京兆教授。先生避之魏,使者物色偕行。廉希宪宣抚陕右,传教令,授以京兆提学"⑤。另据元好问《故河南路课税所长官兼廉访使杨公神道之碑》,杨奂于"壬子(1252)九

---

① (雍正)《陕西通志》卷73《古迹二》,《景印文渊阁四库全书》第555册,台湾商务印书馆1982年版,第410页上;另见毕沅《关中胜迹图志》卷6《古迹》,《景印文渊阁四库全书》第588册,台湾商务印书馆1982年版,第584页。
② 《元朝名臣事略》卷7《平章廉文正王》,中华书局1996年版,第125页。
③ 苏天爵编,张金铣点校:《元文类》卷60,安徽大学出版社2020年版,第1225页。
④ 《元朝名臣事略》卷11《参政商文定公》,中华书局1996年版,第218页。
⑤ 欧阳玄撰,魏崇武、刘建立校点:《欧阳玄全集》卷9,吉林文史出版社2009年版,第93页。

月,王府驿召入关。寻,被教参议京兆宣抚司事"。杨奂卒于乙卯岁(1255年)九月一日。① 综合上述记载,廉希宪与姚枢、许衡、商挺、杨奂等在樊川"廉相泉园"相聚,只能在1254年至1255年间,而不可能是其他时间。因此,"廉相泉园"即廉氏别墅的创建,也只能是甲寅年,即1254年,而不可能是至元年间。元人李庭著有《廉泉记》一文,称"廉泉者,陕西大行台平章政事廉公樊川别墅所有之泉也。曷为名之,惟公有卓然异绩于民,去已久而民犹思之,遂取公之姓以名其泉,示不忘也"②。李庭这篇文字写于至元八年(1271)正月,所以用廉希宪曾任的最高官职来称呼他,而这时距廉氏当年宣抚京兆已有十几年时间,故李庭说"去已久而民犹思之"。

廉希宪创建樊川别墅即"廉相泉园"时,他父亲布鲁海牙尚健在,廉希宪成为大都廉园的主人,是在至元二年(1265)布鲁海牙去世之后。由于廉希宪和许多汉族知识分子有着密切关系,廉园也很快成为廉氏与汉族知识分子欢聚交游之处。王恽《秋日宴廉园清露堂并序》可以为证,现转引如下:

秋日宴廉园清露堂并序

右相廉公奉诏分陕,七月初一日宴集贤、翰林两院诸君,留别中斋,有诗以记。燕衎,因继严韵作二诗奉平章相公一粲。时坐间闻有后命,故诗中及之。

何处新秋乐事嘉,相君丝竹宴芳华。
风怜柳弱婆娑舞,雨媚莲娇次第花。
照眼东山人未老,举头西日手空遮。
宾筵醉里闻佳语,喜动金柈五色瓜。

---

① 元好问撰,狄宝心校注:《元好问文编年校注》卷6,中华书局2012年版,第1452页。
② 李庭:《寓庵集》卷5《廉泉记》,《元人文集珍本丛刊》第1册,新文丰出版公司1985年版,第32页下。

> 朝野欢娱到靖嘉，五年经制见金华。
> 光声远动秦川树，后命光融紫禁花。
> 归骑不妨沙路晚，留中恐为国人遮。
> 自惭忝列丝纶地，憔悴秋风一系瓜。①

诗前小序所谓"平章相公"，当指廉希宪而言。在廉氏家人中，只有廉希宪及其子廉恂官至中书平章政事，而廉恂任平章政事是在英宗即位之后，那时，王恽早已故去。因此，这次聚会，应该是廉希宪主持的。此时，王恽正"忝列丝纶地"，即任职于翰林院。在至元十七年（1280）廉希宪去世之前，王恽任职翰林院有两次，一次是在中统二年（1261）春，曾任翰林修撰同知制诰，兼国史院编修官；一次是在至元十四年（1277）至至元十五年（1278）间，王恽任翰林待制、奉训大夫。② 中统二年（1261）尚无集贤院的设置，估计此次聚会是在王恽第二次任职翰林院时。从至元十一年（1274）起，廉希宪先后行省北京（今内蒙古宁城县西南大明城）和荆南府（治今湖北江陵），到至元十五年（1278）已有五年之久，故诗中有"五年经制见金华"之语。但至元十五年（1278）后，廉希宪已经患病，"奉诏分陕"一事是否成行，目前尚无其他材料可以证明。从王恽的诗文可以看出，"风怜柳弱婆娑舞，雨媚莲娇次第花"的廉园，当是集贤、翰林两院诸君即文化人出身的官员时常聚会的地方。

二

廉园的第三代主人是廉左丞野云。由于野云淡泊名利，喜与文人交往，且酷爱音乐，听名妓演唱，所以，一些文化名人，尤其是词曲爱好者，便成为这里的常客。元末明初学者陶宗仪以《万柳堂》为题记载说：

---

① 王恽：《秋涧先生大全集》卷22，《元人文集珍本丛刊》第1册，新文丰出版公司1985年版，第362页上。
② 《元史》卷167《王恽传》，第3933页。

京师城外万柳堂，亦一宴游处也。野云廉公一日于中置酒，招疏斋卢公①、松雪赵公②同饮。时歌儿刘氏名解语花者，左手折荷花，右手执杯，歌《小圣乐》云："绿叶阴浓，遍池亭水阁③，偏趁凉多，海榴初绽，朵朵蹙红罗④。乳燕雏莺弄语⑤，对高柳、鸣蝉相和。骤雨过，似琼珠乱撒⑥，打遍新荷。人生百年有几？念良辰美景，休放虚过⑦。富贵前定⑧，何用苦张罗。命友邀宾宴赏⑨，欲芳醑⑩、浅斟低歌。且酩酊，从教二轮⑪，来往如梭。"既而行酒，赵公喜，即席赋诗曰："万柳堂前数亩池，平铺云锦盖涟漪。主人自有沧州趣，游女仍歌白雪词。手把荷花来劝酒，步随芳草去寻诗⑫。谁知咫尺京城外，便有无穷万里思。"此诗，集中无。《小圣乐》，乃《小石调曲》，元遗山先生好问所制，而名姬多歌之，俗以为《骤雨打新荷》者是也。⑬

"万柳堂""清露堂"等，均是廉园中的建筑。明人蒋一葵记述说："野云廉公希宪即钓鱼台为别墅，构堂池上，绕池植柳数百株，因题曰万柳堂。池中多莲，每夏柳荫莲香，风景可爱。一日招卢疏斋挚、赵松雪孟頫游宴。时有歌小圣词侑觞者，孟頫赋诗……"⑭ 蒋一葵所记此事情节，与陶宗仪所

---

① 疏斋卢公，即卢挚，因号疏斋，故称。
② 松雪赵公，即赵孟頫，因号松雪道人，故称。
③ 亭水阁，《全元散曲》作"塘水阁"，中华书局1964年版，第3页。下同。
④ 朵朵蹙红罗，《全元散曲》作"妖艳喷香罗"。
⑤ 乳燕雏莺弄语，《全元散曲》作"老燕携雏弄语"。
⑥ 似琼珠乱撒，《全元散曲》作"珍珠乱糁"。
⑦ 休放虚过，《全元散曲》作"一梦初过"。
⑧ 富贵前定，《全元散曲》作"穷通前定"。
⑨ 宴赏，《全元散曲》作"玩赏"。
⑩ 欲芳醑，《全元散曲》作"对芳樽"。
⑪ 从教二轮，《全元散曲》作"任他两轮日月"。
⑫ 步随芳草去寻诗，蒋一葵《长安客话》作"步随芳草索题诗"，《长安客话》卷3，北京古籍出版社1982年版，第63页。
⑬ 陶宗仪：《南村辍耕录》卷9，中华书局1959年版，第110页。
⑭ 蒋一葵：《长安客话》卷3，北京出版社2018年版，第63页。

记大体相同，也有可能是从陶氏《南村辍耕录》中抄来的。唯称"野云廉公"为"希宪"是个明显的错误。据欧阳玄《赵文敏公神道碑》，"至元二十三年，世祖皇帝遣使求贤江南，得赵宋昌陵十一世孙孟頫。入见，奏对称旨，起家为郎"①。可见，赵孟頫被征用是在至元二十三年（1286）之后②，而此时，廉希宪早已去世，不可能有与卢挚、赵孟頫饮酒听曲之事。后人不察其误，沿袭蒋说，以讹传讹，以致误以为廉希宪号野云③。在廉希宪的原始传记资料中，我们并未发现廉希宪号野云的记载。

许有壬的一首题为《木兰花慢》的词，也证明野云并非廉希宪。词前小序称：

> 至大戊申八月二十五日，同疏仙万户游城南廉园，园甲京师，主人野云左丞未老休致，指清露堂扁，命予二人分赋长短句，予得清字，皆即席成章，喜甚，榜之堂上。疏仙，其甥也，后更号酸斋云。④

"至大戊申"即至大元年（1308）八月二十五日，许有壬与疏斋万户贯云石同游廉园时写下了这首《木兰花慢》。这时，距廉希宪去世已有二十八年之久，野云和廉希宪怎会同为一人呢？姚燧写有一首《满江红·廉野云左揆求赋南园》⑤，这首词也是写给廉野云的，只是"左揆"一词不够确切。"左揆"通常是指左丞相，而野云仅为左丞，并非左丞相。

---

① 欧阳玄撰，魏崇武、刘建立校点：《欧阳玄全集》卷9，吉林文史出版社2009年版，第97页。

② 据《元史·世祖纪十一》，至元二十三年三月己巳，御史台臣建议："近奉旨按察司参用南人，非臣等所知，宜令侍御史、行御史台事程文海与行台官，博采公洁知名之士，具以名闻。"此建议被采纳。另据杨载《大元故翰林学士承旨知制诰兼修国史赵公行状》（《松雪斋文集》卷末），"至元丙戌十一月，行台治书侍御史程公钜夫，奉诏搜访江南遗侠，得廿余人，公（即赵孟頫——引者）居首选"。至元丙戌即至元二十三年。

③ 见王德毅等编《元人传记资料索引》第3册，中华书局1987年版，第1507页。

④ 《全金元词》（下），中华书局1979年版，第958页。

⑤ 姚燧：《牧庵集》卷36，《四部丛刊》本。

袁桷在京师为官时,也是廉园的常客,他在两首七言律诗的小序中分别写道:"廉右丞园号为京城第一,名花几万本。右丞有诗,次韵。""禊日①,与刚中待制至廉园,闭门不纳,驻马久之,复次韵。"②序中"廉右丞"当是"廉左丞"之误③。袁桷入京师任职翰林院始自大德初年④,而刚中即陈孚任翰林待制也在至元三十年(1293)出使安南回来之后,所以这两首七律的写作时间,不会早于成宗大德初年。此时,距廉希宪去世已有十余年,廉园主人只能是廉野云,而不可能是廉希宪。序中说廉园有"名花几万本","号为京城第一",足见此时的廉园较之过去,已有更大发展。袁桷在五言古诗《集廉园》中,具体描绘了廉园美景:

芳菲廉家园,换我尘中春。古树不受采,白云为之宾。
中列万宝枝,夭娜瑶池神。背立饮清露,耿耿猩红新。
幽蜂集佳吹,炯鹭摇精银。层台团松盖,其下疑有人。
奕罢忽仙去,飞花点枰茵。高藤水苍佩,再摘谁为纫。
濯缨及吾足,照映鬤眉真。暝色起孤岛,寒光荡青苹。
信美非故居,整马来城闉。⑤

从上引元人诗词中我们不难看出,廉园的第三代主人廉野云是个热爱园林花草树木,乐于弹琴听曲,喜与朋友交游赋诗,而淡于功名利禄的人。正如许有壬在《木兰花慢》一词中所写:"主人声利一毫轻。爱客见高情。

---

① 禊日,古代民俗,通常在春天三月上巳日临水祓除宿垢与不祥,称禊日。
② 袁桷:《清容居士集》卷10,中华书局2012年版,第496页。
③ 廉希宪虽曾任中书右丞,但后人往往以其所任最高官职平章政事相称,通常不会称"廉右丞"。
④ 苏天爵:《滋溪文稿》卷9《元故翰林侍讲学士知制诰同修国史赠江浙行中书省参知政事袁文清公墓志铭》,中华书局1997年版,第134页;《元史》卷172《袁桷传》,第4025页。
⑤ 袁桷撰,杨亮校注:《袁桷集校注》卷3,中华书局2012年版,第141页。

便荚剥骊珠，莲分冰茧，酒注金瓶。"① 贡奎有一首《集廉园》的五言诗，颇能反映廉野云的思想情趣。诗中写道：

抱疴迸嚻俗，荆扉户常关。新沐散腰髀，纵骑逾通闤。
列袂瀹云茗，叩琴堕瑶环。群树蔼新绿，孤华粲微丹。
拭目咸展趣，旷心自逾闲。东山岂云远，驾言事跻攀。
焉能踵重迹，扰扰走区寰。②

贡奎赴京师任官，也是在成宗大德年间③，而此时，"抱疴迸嚻俗"的廉园主人只能是廉野云而不可能是廉希宪。而且，由此我们也可以看出，野云的辞官，除了他淡于功名的思想外，与他患病也有一定关系。

野云之死，未见文献记载，估计是在仁宗皇庆二年（1313）之前。这年正月，左司畏吾公以"遗音堂"三个大字示程钜夫，并称："吾以此名左丞野云廉公之堂，且为书之，群贤见之歌咏。君其记诸。"程钜夫于是写下了《遗音堂记》，文中说："夫廉公，吾闻其人矣，以勋伐世家致位疑丞，政平恕，行公清，无贪媚，无刻苛，亲贤而下士，方盛而已辞。归而友木石，狎鱼鸟，玩天地之盈虚，阅寒暑之往来，泊然若无与于世，得古人之高，吾敬之。"④ 从《遗音堂记》看，野云此时显然已不在人世。

三

野云的本名不见直接记载，野云乃其号，廉左丞则系其官称。学术界

---

① 许有壬：《木兰花慢》，《全金元词》（下），中华书局1979年版，第958页。
② 贡奎：《贡奎集》卷1，吉林文史出版社2010年版，第21页。
③ 据马祖常《集贤直学士贡公靖公神道碑铭》（《石田文集》卷11），大德六年（1302），中书省奏授贡奎为太常奉礼郎兼检讨，大德九年迁翰林国史院编修官，至大元年（1308），转应奉翰林文字，阶将仕郎，预修成宗实录。
④ 程钜夫：《雪楼集》卷13《遗音堂记》，台北"中央"图书馆1970年版，第506页。

有人认为"廉希闵别号野云"①，有人认为"'野云'之号是希宪不是希闵"②。

首先，野云不可能是廉希宪，已见前述。据元明善《平章政事廉文正王神道碑》，廉希闵官正奉大夫，蕲黄等路宣慰使③，为从二品官员，而"左丞"为正二品。元明善写这篇《神道碑》的时间是在英宗即位之后，如果此前廉希闵曾升任左丞，碑文则不会略而不提。因此，野云也不可能是廉希闵。

从现有材料推测，大德八年（1304）曾任中书左丞一个月④，后又任仪凤司大使⑤、玉宸乐院使的火失海牙，有可能就是野云。理由是：

第一，火失海牙是个畏兀儿人名字。

第二，他仅为中书左丞一个月，后任仪凤司大使、玉宸乐院使的时间也不很长，至大后便失去记载。许有壬与贯云石同游廉园，并作《木兰花慢》的时间是至大元年（1308）八月二十五日。此时，许有壬称野云已"未老休致"，表明野云已辞官，这和《元史》中有关火失海牙的记载也相符合。

第三，大德十一年（1307），玉宸乐院使为从二品官秩，低于左丞的品秩，因此之故，人们以其曾任最高官职相称，这是可以理解的。

第四，仪凤司及其后来的玉宸乐院源于至元八年（1271）设立的玉宸院，其官员最初有乐长、乐副、乐判等。后来，官署名称、品秩及官员设置等虽有变化，但其掌乐工、供奉、祭飨之事的基本职责并无变化。野云淡于功名但却热爱音乐的特点，也很符合火失海牙职务的变化。

---

① 杨镰：《贯云石评传》，新疆人民出版社1983年版，第45页。
② 王梅堂：《元代内迁畏吾儿族世家——廉氏家族考述》，《元史论丛》第7辑，江西教育出版社1999年版。
③ 苏天爵编，张金铣点校：《元文类》卷65，安徽大学出版社2020年版，第1307页。
④ 《元史》卷112《宰相年表》，第2810页。
⑤ 《元史》卷22《武宗纪一》，第484页。

第五，据姚桐寿《乐效私语》，贯云石当是海盐腔的创始人之一。① 贯云石在音乐方面的造诣，与其舅父野云的影响不无关系。曾任玉宸乐院使的火失海牙很符合野云的这一情况。

根据上述记载，我们推测，这个火失海牙，有可能就是野云。

当然，这仅仅是推测，还不能据此作出结论。要证明火失海牙就是野云，还需要找出更为直接的材料。

（原载《元史论丛》第 11 辑，天津古籍出版社 2009 年版）

---

① 姚桐寿：《乐郊私语》，《宋元笔记小说大观》第 6 册，上海古籍出版社 2001 年版，第 6110 页。

关于铁木迭儿的几个问题

铁木迭儿，元宪宗时大将不怜吉带之孙，木儿火赤之子。元成宗大德年间，曾任同知宣徽院事，兼通政院使。元武宗即位后，改任江西行省平章政事、云南行省左丞相。至大四年（1311）正月武宗去世后，以太后答己之命，召为中书右丞相。仁宗皇庆二年（1313）初，以病去职。延祐元年（1314）四月，拜开府仪同三司、录军国重事，监修国史。同年九月，复为中书右丞相。延祐四年（1317）六月，遭御史四十余人弹劾而被罢官。延祐六年（1319）四月，任为太子太师。延祐七年（1320）仁宗去世后，复为中书右丞相。英宗至治二年（1322）八月病逝。次年，再遭御史弹劾，被追夺官爵及封赠制书，毁所立父祖碑，并被籍没家资。明人修《元史》，以为"皇庆、延祐之世，每一政之缪，人必以为铁木迭儿所为；一令之善，必归之于孟（即李孟——引者）焉"①，遂将其列入《奸臣传》。今人对铁木迭儿贪赃枉法、结党营私、打击陷害异己亦多有论列，但对其在国家政治经济生活中的地位和作用，则较少提及，显然有失片面。本文仅就有关铁木迭儿的几个问题，略作补说。

一

铁木迭儿主政中书省期间，为增加政府赋税收入而采取的重要举措，当首推对土地的重新核查与登记，其范围包括江浙、江西与河南三省，史称"延祐经理"。

---

① 《元史》卷175《李孟传》，第4090页。

对江南地区的土地重新检核与登记的建议,仁宗即位之初就有官员提出过。据苏天爵《荣禄大夫枢密副使吴公行状》记载,皇庆元年(1312)吴元珪出任江浙行省左丞后,江淮漕臣即曾建议说:"江南之民豪富殷庶,盖由膏腴之地隐匿者多。朝廷诚能遣官检核,当益得田若干万亩,岁收米若干万石。"这一建议,当即受到江浙行省左丞吴元珪的反对。吴认为:"江南平定几四十年,户有定籍,田有定亩,一有动摇,其害不细。"双方争执月余而不能止,吴元珪只好以病为由离开江浙。① 从上述记载看,吴元珪的意见显然不够确当。众所周知,对全国人口、田产等进行及时核查与登记,是封建政府的基本职责,同时也是国家征收赋税、摊派差役、力役的基本依据。南宋灭亡后近四十年间,并未全面、认真地做过土地核查与登记,② 而土地、人口等年年都在发生变化,地主、豪强等隐匿土地、逃避赋役的现象也必然十分普遍,以所谓"户有定籍,田有定亩"为由来反对对土地进行重新核查与登记,显然是站不住脚的。时任江浙行省平章政事的章闾(又作张驴、张闾——引者),很可能是江淮漕臣意见的支持者,不然,双方的争论不会"争之月余,不能止",并迫使吴元珪借故离职。

　　章闾是一位很有资历且屡受重用的政府官员,元世祖时就曾受到朝廷重视,③ 成宗朝历任行御史台中丞、行宣政院使,在佛门弟子及一些文化人中颇有声誉。④ 仁宗即位之初,召世祖朝谙知政务素有声望的老臣程鹏飞等

---

① 苏天爵著,陈高华、孟繁清点校:《滋溪文稿》卷22《荣禄大夫枢密副使吴公行状》,中华书局1997年版,第370—371页;另见《元史》卷177《吴元珪传》,第4125页。
② 参见陈高华《元朝的土地登记和土地籍册》,《陈高华文集》,上海辞书出版社2005年版,第71—93页。
③ 据《元史》卷205《奸臣传·桑哥》记载:"御史台尝欲以章闾为按察使,世祖曰:'此人桑哥尝言之'。"
④ 邓文原《巴西集》卷上《重建崇宁万寿接待禅寺记》云:"圣元崇信佛乘,设官分理,乃立行宣政院于杭。会中书平章政事张闾公实领院事。锄奸剔蠹,秕政具修。凡招提之颓敝不葺者,悉更其旧。"另据程钜夫《雪楼集》记载,虎林山大明庆寺的重建,亦曾得到章闾的支持(见程钜夫《虎林山大明庆寺重建佛殿记》,《雪楼集》卷13)。章闾还和一些高僧关系密切(见虞集《智觉禅师塔铭》,《道园学古录》卷48;《晦机禅师塔铭》,《道园学古录》卷49;赵孟頫《瑞州路北乾明寺记》,《松雪斋集》卷7),昭文馆大学士雪庵大宗师的诗文结集出版亦曾得到他的支持(见程钜夫《李雪庵诗序》,《雪楼集》卷15)。

十余人同议庶务，其中就包括了少保章闾。①

在江南地区对土地进行全面核查与登记的建议，首先是章闾在中书省正式提出的。据《元史·食货志》记载："仁宗延祐元年，平章章闾言：'经理大事，世祖已尝行之，但其间欺隐尚多，未能尽实。以熟田为荒地者有之，惧差而析户者有之，富民买贫民田而仍其旧名输税者亦有之。由是岁入不增，小民告病。若行经理之法，俾有田之家，及各位下、寺观、学校、财赋等田，一切从实自首，庶几税入无隐，差徭亦均。'"②接着，《食货志》还对此次经理的具体方法措施以及隐瞒不实者的惩处规定等一一作了说明。《元史·奸臣传·铁木迭儿》的记载，与此大致相同：

> （延祐元年）铁木迭儿奏："……江南田粮，往岁虽尝经理，多未核实。可始自江浙，以及江东、西，宜先事严限格、信罪赏，令田主手实顷亩状入官，诸王、驸马、学校、寺观亦令如之；仍禁私匿民田，贵戚势家，毋得阻挠。请敕台臣协力以成，则国用足矣。"仁宗皆从之。③

根据上述记载，我们可以得出如下判断：经理一事，首先是章闾在中书省提出，得到铁木迭儿大力支持。铁木迭儿向仁宗奏报并获批准后，遂得执行。

众所周知，这次经理由于执行官吏与地方豪民富强互相勾结，借机残害民众，导致蔡五九起义，造成严重社会后果，这在元代许多文献中都有记载。但客观地说，这次经理的初衷，其实并无大错，尤其是强调"诸王、驸马、学校、寺观亦令如之"，"贵戚势家，毋得阻挠"，更是颇具针对性，很符合当时的实际情况。这次经理，从政府规定看，时间紧迫，惩处严厉，

---

① 《元史》卷24《仁宗纪一》，第537页。
② 《元史》卷93《食货志一·经理》，第2353页。
③ 《元史》卷205《铁木迭儿传》，第4578页。

部署严密，颇能体现铁木迭儿的行政风格。从执行效果看，各地情况也有不少差别，不可一概而论。例如，刘胤任总管的平江（今江苏苏州），"延祐元年，诏经理田粮，条令严峻，事钜而限迫，莫不骇惧。胤威信素孚，人不敢欺。昔之诡寄者，翕然自实。时江浙会十八郡守臣欲概定田赋，咸视胤言为从违，胤毅然争曰：'地有肥硗，厥赋宜不齐，一旦更改，民病何时瘳乎？'由是得仍旧贯"①。李拱辰任县尹的湖州路归安县，"有旨经理田土，奉行者率务增加以为功。公（即李拱辰——引者）不苟随，听民自占。主者以所增田仅百五十顷，议倍加其赋。公曰：'吾官可弃，民不可病也。'卒从公言，仍其旧"②。吴澄记载茂州同知叶君事迹说："延祐经理，官吏务增民粮以希功赏，君所居寄产户粮多，土著户粮少，外处浮寄之粮敷派其数于本处实有之田，增加不啻三倍。君百计根索旧籍粮额可凭者辨明于官，仍自捐重资赂吏，本土之民免受虚增之粮，君之惠也。"③ 李存记曾子翚事迹说："延祐间，有司经理田粮，子翚适长于乡，勤劳昼夜，介然自守。尝有持金以饷者，子翚曰：'国家重事，宁私耶？'既而又有感其公正而以书币来谢者，子翚曰：'奉公而行，何谢之为？'却不受。同役及胥吏辈皆叹服之。"④ 贡师泰记述周光远事迹说："延祐初，诏遣平章章闾经理江浙田土，令行急趣，使者悉召诸有田家诣庭下，盛气临之，人人骇惧失色，莫敢仰视。君（即周光远——引者）徐进曰：'明公不欺，孰敢欺公？愿少假辞色，使得自尽，则民信，田无不实矣。'使者虽悍暴，亦啧啧称善不已。"⑤ 如此等等。我们之所以要罗列上述事实，并不是要为"延祐经理"

---

① 王鏊：《重修姑苏志序》卷40《宦迹四》，正德《姑苏志》，《天一阁藏明代方志选刊续编》第11册，上海书店1990年版，第17—18页。
② 黄溍：《金华黄先生文集》卷31《奉议大夫御史台都事李公墓志铭》，《四部丛刊》初编本。
③ 吴澄：《吴文正集》卷42《有元同知茂州事叶君墓志铭》，《元人文集珍本丛刊》，新文丰出版公司1985年版，第28页上。
④ 李存：《俟庵集》卷23《曾子翚行状》，《景印文渊阁四库全书》第1213册，台湾商务印书馆1986年版，第754页下。
⑤ 贡师泰：《贡师泰集》卷10《义士周光远墓志铭》，吉林文史出版社2010年版，第389页。

作翻案文章。这次经理的社会效果从总体上讲是很坏的。但各地情况不一，不可一概而论。另外，决策的执行情况与决策者的初衷毕竟还有所区别，将"延祐经理"作为铁木迭儿的一大罪状，是不太合适的。

鉴于"延祐经理"引起的社会动荡，朝廷还采取了一些补救措施。如延祐二年（1315）十一月二十七日，以诏敕名义宣布："河南、江浙、江西三省经理自实出隐漏官民田土，合该租税，自延祐三年（1316）为始，与免三年。河南行省地面经值灾伤，延祐二年（1315）若有未纳之数，亦行免征。"①"江西、福建因值贼人蔡五九、李社长作乱曾被残害百姓，合该夏税、秋粮，自延祐二年（1315）为始，与免二年。若已纳到官，准下年数。"② 延祐二年（1315）以前"民间拖欠差发、税粮"，并行除免。③ 这些政策规定，显然不是在否定"延祐经理"，而是在承认"延祐经理"结果的前提下而采取的缓和社会矛盾的变通措施。这些措施即使不是以铁木迭儿为首的中书省的提议，至少也可以认为是得到铁木迭儿等人赞同的。由此，我们也可以看出铁木迭儿灵活变通的一面。

延祐五年（1318）后，朝廷恢复了对江浙、江西隐漏田亩的征税，河南行省则被允许减半科征，因为根据政府规定，河南行省还要和北方其他地区一样，要征收丁税的。泰定帝即位后，张珪曾建议对两淮、河南田土，"宜如旧制，止征丁税，其括勘重并之粮，及沙碛不可田亩之税，悉除之"④。但这一建议未被采纳。直至顺帝即位之初，苏天爵在奏议中仍提出："爰自延祐以来，奸人窃取相位，欲兴功利，以固权宠，辄以经理为名，惟欲扰害其众。名曰自实田粮，实是强行科敛。朝廷深知其弊，累降诏书免

---

① 陈高华等点校：《元典章》卷3《圣政二·复租税》，中华书局、天津古籍出版社2011年版，第83页。
② 陈高华等点校：《元典章》卷3《圣政二·复租税》，中华书局、天津古籍出版社2011年版，第83页。
③ 陈高华等点校：《元典章》卷3《圣政二·贷通欠》，中华书局、天津古籍出版社2011年版，第95页。
④ 《元史》卷175《张珪传》，第4082页。

除。有司失于奉行，至今令民包纳。……拟合钦依累朝诏旨，其经理虚桩之数，并行革拨。"① 可见，铁木迭儿虽然已被追夺官爵，但"延祐经理"的结果仍被政府承认而沿袭下来。

田亩检括经理之外，铁木迭儿等人还想进一步增加江南地区的税粮额度，以满足国家日益增长的粮食需求。延祐七年（1320）四月，英宗即位之后，铁木迭儿等人又再次提出了增加税粮的要求，并在得到英宗批准后付诸实施。《元典章》中的一件公文对此次增加江南税额的理由、执行办法及注意事项等作了详细说明：

> 腹里汉儿百姓当著军站、喂养马驼、和雇和买一切杂泛差役，更纳着包银、丝线、税粮，差发好生重有。亡宋收附了四十余年也，有田的纳地税，做买卖的纳商税，除这的外别无差发，比汉儿百姓轻有。更田多富户每，一年有收三二十万租子的，占着三二千户佃户，不纳系官差发。他每佃户身上要的租子重，纳的官粮轻，这里取些小呵，中也者。待验田亩上添科呵，田地有高低，纳粮底则例有三二十等，不均匀一般。除福建、两广外，其余两浙、江东、江西、湖南、湖北、两淮、荆湖这几处，验着纳粮民田见科粮数，一斗上添荅二升。这般商量来。奏呵，奉圣旨："依着恁众人商量来的行者。"钦此。都省除已札付御史台，钦依施行外，咨请钦依施行，仍委本省官首领官提调科征，依期送纳。果有不通舟楫去处，照依本处开仓时估折收价钞，将元科添荅粮数开咨。②
>
> 又奏："这勾当行的其间，行省官提调着，休教动扰。御史台监察御史、肃政廉访司添力成就者。若路、府、州、县官吏人等作弊放富

---

① 苏天爵著，陈高华、孟繁清点校：《滋溪文稿》卷26《灾异建白十事》，中华书局1997年版，第441页。

② 《元典章·新集至治条例·户部·赋役·差发·官粮一斗添二升》，中华书局、天津古籍出版社2011年版，第2112页。

差贫,取要钱物,交百姓生受的有呵,要了罪过,罢了他每勾当。交监察、廉访司官体察呵,怎生?"奏呵,奉圣旨:"那般者。"钦此。除已札付御史台钦依施行外,都省咨请钦依施行。仍委本省官、首领官提调科征,每岁五月十五日为始开库收受,八月中纳足起解。①

这次税粮实际增加情况,缺乏具体记载,据《延祐四明志》,该路民田18469.25顷强,秋粮实征82473.52石强,其中元科米68727.93石,添科米13745.58石强。② 上述民田总数为皇庆元年(1312)计拨数,而秋粮则分元科与添科两项,添科米恰为元科米的20%,③ 这是否就是执行上述决定的结果?上述决定是延祐七年(1320)四月作出的,袁桷为《延祐四明志》作的序言写于延祐七年(1320)十一月,从时间上看,这种可能性是存在的。

表1　　　　　　　　　庆元路税粮统计表④

行政区划	实征粮米（石）	官田（石）	民田（石）	民田元科（石）	民田添科（石）	官牛粮米（石）	民田添科占比（%）
奉化州	13518.98	1255.14	12260.83	10217.36	2043.47	3	20
昌国州	4676.46	1492.62	3183.84	2653.23	530.64		20
鄞县	65485.35	35139.99	30345.35	25287.79	5057.56		20
慈溪县	25091.19	7014.39	18076.79	15063.99	3012.8		20
定海县	17426.94	1888.09	15538.85	12949.04	2589.8		20
象山县	4353.24	1285.4	3067.83	2556.53	551.3⑤		21
总计	130552.16	48075.63	82473.49	68727.94	13785.57	3	

---

① 《元典章·新集至治条例·户部·赋役·差发·江南无田地人户包银》,中华书局、天津古籍出版社2011年版,第2111页。
② 袁桷:《延祐四明志》卷12《赋役考》,《宋元方志丛刊》第6册,中华书局1990年版,第6285页下、6289页下。
③ 参见《庆元路税粮统计表》。
④ 本表据《延祐四明志》卷12《赋役考》统计,其中粮米数仅保留至升,即小数后两位,其余从略。
⑤ 象山县民田添科粮米551.3石,疑为511.3石之误。

二

　　均平赋役，尤其是均平各种杂泛差役，也是铁木迭儿主政中书省期间，十分重视的问题之一。至大四年（1311）三月，仁宗在即位诏书中曾宣布："民间和雇和买，一切杂泛差役，除边远军人并大都至上都自备首思站户外，其余各验丁产，先尽富实，次及下户。诸投下，不以是何户计，与民一体均当。应有执把除差圣旨、懿旨、令旨，所在官司就便拘收。"① 此后，皇庆元年（1312）二月，站班②等提议免除大乐忽儿赤③和雇和买及杂泛差役，同年四月，庐州阿速军所属两千余户百姓亦要求免除和雇和买及杂泛差役，延祐元年（1314）三月，中书省在奏文中提出，枢密院、徽政院、中政院、会福院、宣徽院等各衙门官人每，均要求将其所属户计免除和雇和买与杂泛差役，如此等等，所有这些要求，都被中书省在上奏皇帝后一一回绝，④ 表明了中书省执行这一决定的决心。

　　关于海运船户的杂泛差役问题，武宗至大三年（1310）曾准予豁免。⑤ 但据仁宗即位诏书的规定，海运船户仍需承担杂泛差役。对此，江浙行省曾提出不同意见，并列举所辖船户种种遭遇，上报中书户部，公文说：

> ……其平江路合属昆山州将温台千户所副千户刘居仁充本州里正，着落催办差税，将无催人户所欠税粮，勒令刘居仁闭纳过四千一十余石，俱有纳获仓钞存照。似此将船户差充里正主首甚多，俱有赔偿粮斛。若不将船户免役，切恐船户将船出卖，或诡寄他人，不肯运粮，

---

① 陈高华等点校：《元典章》卷3《圣政二·均赋役》，中华书局、天津古籍出版社2011年版，第75页。方龄贵校注：《通制条格校注》卷17《赋役·杂泛差役》，中华书局2001年版，第498页。
② 站班，又作帖班，当以帖班为是，见方龄贵《通制条格校注》，中华书局2001年版，第499—500页。
③ 大乐，即宫廷音乐。元朝中央设大乐署，隶太常礼仪院。忽儿赤即乐工、奏乐者。
④ 方龄贵校注：《通制条格校注》卷17《杂泛差役》，中华书局2001年版，第502页。
⑤ 解缙、姚广孝：《永乐大典》卷15949《运·元漕运》，中华书局1986年版，第6973页上。

所系非轻。谓财赋承佃户计，止是管领佃种财赋粮米，甚为优轻，官司尚且与免里正主首差徭。白云宗僧人，种田不纳税粮，并除里正主首。其海运船户，自备己钱造船，若以创造一千料船一只，工价、油灰、桅柁、钉线、板木等物价钱，少者八百余定。装粮一千石，官给脚价二百定，召雇梢水，往回口粮，短般脚价，除销用外，有不敷，赔钱贴补。起粮所给，不及所费。然后又令亲身下海，运至直沽交卸粮储，经涉海洋数万余里，昼夜风涛，弃生就死。其落后家属，复被有司捉拿，勒令应当里正主首杂泛差役，又将诡户逃亡无征粮斛，监督赔纳。即与财赋佃户并白云宗僧人，实为优劣不同。将来船户避重就轻，海运废弛，深系利害。宜从省府移咨都省闻奏，钦依先降圣旨（即武宗至大三年的圣旨——引者），除免里正主首差役，或照已讲议定验粮免役，庶使船户得以安养气力，专心运粮办事，可为久长便益。①

江浙行省在请示公文中，除了强调运粮船户负担沉重外，实际上提出了两种建议供中书省参考：一是沿用武宗至大三年除免海运船户里正主首差役的规定，二是"验粮免役"，即根据船户运粮多少来确定免役多少。其办法是："船户自备船只装粮一千石为则，令各户依旧输纳官粮止免四十石。苗粮里正主首杂泛差役，运至一万石者，止许免四百石，差役。余粮依验多寡，与民一体均当。"② 但上述两项建议，均被户部否决，运粮船户与其他民户一样，仍需承担里正主首等杂泛差役。

英宗即位后，铁木迭儿仍为中书省右丞相，所以有关杂泛差役的规定，仍沿袭了仁宗时的规定。英宗至治改元诏书宣布说：

---

① 解缙、姚广孝：《永乐大典》卷15949《运·元漕运》，中华书局1986年版，第6972页下—6973页上。

② 解缙、姚广孝：《永乐大典》卷15949《运·元漕运》，中华书局1986年版，第6973页上。

均平赋役,乃民政之要。今后但凡科著和雇和买、里正主首,一切杂泛差役,除边远出征军人及自备首思站赤外,不以是何户计,与民一体均当。诸位下,诸衙门及权豪势要人家,敢有似前影蔽占吝者,以违制论。非州县正官用心综理,验其物力,从公推排,明置文簿,务使高下得宜,民无偏负。廉访分司所至之处,严行照刷,违者究问。在先若有免役圣旨、懿旨,并行革拨。①

考虑到煎盐、炼铁及运粮船户等,较之其他户籍,尤为劳苦,所以也给予一定时间的优待:"户下合该杂泛差役,自至治元年(1321)为始,优免三年。"② 盐课收入是国家最重要的财政收入之一,"天下办纳的钱"一半以上来自盐课;南粮北运,尤其是海运,是保证京师用粮安全的最重要的措施。延祐七年(1320)英宗即位伊始,海运粮起运数达三百二十六万余石,已超出前此历次海运起运数的最高额。而冶铁,无论是民间生产、生活,还是国家军备生产与工程建设等,都是不可缺少的。因此,对这几类户的杂泛差役给予适当减免显然是必要的。

仁宗即位诏书与英宗至治改元诏书关于应当杂泛差役的规定,都强调了两个问题:一是诸投下、位下、衙门及权豪势要人家不得影蔽民户,逃避杂泛差役;二是原先已发除差圣旨、懿旨、令旨等,并行革拨拘收,可见上述问题,自有元建国以来即十分普遍,元朝中期虽力图纠正,但收效甚微。

三

蒙元建国后,投下分封制度作为蒙古旧制一直沿袭保存下来,但在投

---

① 陈高华等点校:《元典章》卷3《圣政二·均赋役》,中华书局、天津古籍出版社2011年版,第76—77页。
② 陈高华等点校:《元典章》卷3《圣政二·息徭役》,中华书局、天津古籍出版社2011年版,第89页。

下官员，尤其是投下达鲁花赤的选举任用方面，投下主与朝廷之间，却时常发生矛盾。在解决这一矛盾的过程中，铁木迭儿力主加强中央集权，限制投下主的权力。

在投下官员的选举任用方面，朝廷的基本原则是："凡诸王分地与所受汤沐邑，得自举其人，以名闻朝廷，而后授其职。"① 但对投下官的任职条件的规定，却又时有变化。如元世祖至元五年（1268）曾规定："凡投下官，必须用蒙古人员。"② 而实际上，各投下官员，尤其是达鲁花赤，除蒙古人员外，其他民族的人员，亦同样存在。于是，第二年，即至元六年（1269）又作出规定："以随路见任并各投下创差达鲁花赤内，多女直、契丹、汉人，除回回、畏吾儿、乃蛮、唐兀同蒙古例许叙用，其余拟合革罢，曾历仕者，于管民官内除用。"③ 世祖的这一规定，被一直沿袭下来。但是，我们从大德八年（1304）、大德十一年（1307）的政府公文中得知，汉人、女真、契丹，以至南人做达鲁花赤的现象，依然存在。④ 铁木迭儿主政中书省后，于皇庆元年（1312）六月，根据御史台官员的提议，针对"有姓汉儿"更改了姓名做达鲁花赤，以及一个官阙投下主却保举三四个人任职的现象，提出："今后诸投下保达鲁花赤呵，有姓汉儿人见任达鲁花赤勾当里行二年之后，保将有体例的色目人来者。若将有姓的汉儿人更改名姓，勾当里委付了呵，追夺了他的宣敕，永不叙用。元保来的各投下的官吏根底，也要罪过呵。"⑤ 这项建议在得到仁宗批准后得颁布执行。接着，中书省又提出，投下诸路达鲁花赤，其兄弟不得再任该路所属州县的达鲁花赤。皇庆元年（1312）十二月二十七日，中书省在向皇帝奏议中提出：

---

① 《元史》卷82《选举志二·铨法上》，第2051页。
② 《元史》卷82《选举志二·铨法上》，第2052页。
③ 《元史》卷82《选举志二·铨法上》，第2052页。
④ 陈高华等点校：《元典章》卷9《吏部三·投下·投下达鲁花赤》《革罢南人达鲁花赤》，中华书局、天津古籍出版社2011年版，第293、294页。
⑤ 陈高华等点校：《元典章》卷9《吏部三·投下·有姓达鲁花赤追夺不叙》，中华书局、天津古籍出版社2011年版，第294—295页。

> 八不沙大王他每投下的般阳路里，教薛儿帖该小名的人做达鲁花赤，与将文书来。台官人每俺根底与文书："那路里所辖的州县里，他的弟兄每做着达鲁花赤有。似这般路分所辖的州县里，弟兄每做达鲁花赤呵，其间相护向呵，勾当里多有窒碍。"么道，俺商量来，他们的言语，是的一般，委付呵，勾当里有窒碍，百姓每被扰。这薛儿帖该，依着八不沙大王保将来的委付，那路里所辖的州县委付来的弟兄每都革罢了，八不沙大王根底说将去，替头里教别委付人。因为这的，其余路分里各投下，似这般委付了革罢了。今后做通例，休教这般委付呵，怎生？①

这一建议，亦得到仁宗批准。及至延祐二年（1315），仁宗进一步宣布："诸王分地仍以流官为达鲁花赤，各位所辟为副达鲁花赤。"② 其目的，显然是进一步限制诸王、公主、驸马等投下主的权力，进一步强化中央集权。这实际上是铁木迭儿的意见。但这一改变，到延祐四年（1317）六月十一日铁木迭儿遭弹劾罢官后不久，即因御史官员的反对而发生改变。据《元典章》记载：

> 延祐四年（1317）六月十七日，本台（即御史台——引者）官奏过事内一件："监察每文书里说：'各投下达鲁花赤，太祖皇帝初起北方时节，哥哥弟兄每商量定，取天下了呵，各分地土，共享富贵。么道。世祖皇帝即位以来，立著法度，诸王分到的城子，交他每各自委付达鲁花赤有。这勾当行了多年也。近间帖木迭儿别了世祖皇帝圣旨，无故将各投下委付来的达鲁花赤罢了，只教委付次二官的上头，失了诸王的心（加重号为引者所加——引者）。么道，台官每题奏来，帖木

---

① 方龄贵校注：《通制条格校注》卷6《选举·投下达鲁花赤》，中华书局2001年版，第299—300页。

② 《元史》卷25《仁宗纪二》，第569页。

迭儿却回奉了有。合依旧交他每委付达鲁花赤。'么道，说有。俺商量来：他每说的是有。依著他每说将来的言语行呵，怎生？"奏呵，"您说是。'这勾当都是帖木迭儿有。是诸王分定的有。秃剌那颜也不爱有。'么道，听的来。您行与省家文书者，各投下达鲁花赤，依著在先体例里，从他每委付者。"么道，圣旨了也。钦此。①

御史台监察御史上书，反对帖木迭儿加强中央集权的措施，而主张维护蒙古诸王的权益，由此可见，在与铁木迭儿的斗争中，御史们也并不总是正义的化身，宗派之争、权力之争的成分始终是存在的。

四

铁木迭儿主政中书省期间，结党营私，贪赃枉法，排斥与打击异己，只是问题的一个方面，其实，他本身对吏治问题亦十分重视。皇庆元年（1312）三月，他曾提议："自今左右司、六部官，有不尽心，初则论决，不悛，则黜而不叙。"② 延祐元年（1314），他又针对僚属及六部官员晚至早退，以致政务废弛的状况，向仁宗皇帝建议说："今后有如此者，视其轻重杖责之。臣或自惰，亦令诸人陈奏。"仁宗对此表示支持，并说："如更不悛，则罢不叙。"③ 延祐七年（1320）五月，英宗即位后，中书省在奏文中又再次提出："'大都省④札鲁花赤、首领官、六部官、必闍赤人等不早聚，怠慢一般有'。么道，大都省官人每说将来。"奏呵，圣旨：'大都的及这里的省部诸衙门里勾当里行的，不早聚晚散，怠慢呵，打了，勾当里交出去者。我根底行的，除入怯薛外，其余无怯薛的，交勾当里早聚晚散者。'"⑤

---

① 陈高华等点校：《元典章》卷9《吏部三・投下・改正达鲁花赤》，中华书局、天津古籍出版社2011年版，第296页。
② 《元史》卷24《仁宗纪一》，第550页。
③ 《元史》卷25《仁宗纪二》，第567页。
④ 大都省，据上下文意看，当指中书省。
⑤ 陈高华等点校：《元典章・新集至治条例・公规・公务・早聚晚散》，中华书局、天津古籍出版社2011年版，第2038页。

奏文内容仍再次强调了中书省官吏人等，必须勤于政务，不得懈怠。

为了整肃地方吏治，延祐二年（1315）正月，仁宗"诏遣宣抚使分十二道问民疾苦，黜陟官吏，并给银印"①。这一举措，实际上也是在铁木迭儿的建议下实行的。②据现有的一些零星记载看，这次奉使宣抚，也还是收到了一些成效。如回会奉命宣抚河东陕西道，"用谘询得平反冤狱百余，决滞讼千二百余，黜臧吏、罢冗员二千余人。使还，河东为最"③。与回会同时"持节河东"的马煦，"举措废置，缓急先后，号为得体"④。江南湖广道奉使温迪罕提议："廉访司公田多取民租，宜复旧制"，为朝廷采纳。⑤但也有的奉使不称职，如江东、西奉使斡来即是，后被杨朵儿只"劾而杖之"而"愧死"。⑥总的说来，有关这次奉使宣抚的实际效果，记载不多，因此我们还很难对此作出全面准确的评价。但无论如何我们都不能否定，由铁木迭儿提议进行的仁宗朝唯一一次大范围的吏治整顿的初衷是积极的。

铁木迭儿、哈散等人当政期间，对"系官钱粮"格外重视，对侵盗、短少系官钱粮者，一律严惩不贷。延祐元年（1314）正月及延祐七年（1320）三月的大赦诏书，均把侵盗、短少系官钱粮，排除在赦免之外。⑦延祐七年（1320）三月，中书省在发给江西行省的一件公文中，又对加强系官钱粮的管理作了详细说明及严格要求。公文说：

> 延祐六年十一月三十日奏准节该："俺管着的勾当，钱粮最重有。

---

① 《元史》卷25《仁宗纪二》，第568页。另据宋褧《奉元路总管致仕牛公神道碑铭》："延祐二年，仁庙遣使者分十道宣抚天下"（《燕石集》卷14），与《元史》所记略有不同。
② 据《元史》卷178《王约传》："延祐二年，丞相帖木迭儿专政，奏遣大臣分道奉使宣抚。"
③ 刘岳申：《申斋刘先生文集》卷8《资善大夫大都路都总管兼大兴府尹回会墓志铭》，《元代珍本文集汇刊》，台北"中央"图书馆1970年版，第364页。
④ 虞集：《道园类稿》卷44《户部尚书马公墓碑》，《元人文集珍本丛刊》第6册，新文丰出版公司1985年版，第318页下。
⑤ 《元史》卷25《仁宗纪二》，第570页。
⑥ 《元史》卷179《杨朵儿只传》，第4152页。
⑦ 陈高华等点校：《元典章》卷3《圣政二·霈恩宥》，中华书局、天津古籍出版社2011年版，第123、125页。

在前，入来的、出去的数目少来。然那般呵，侵盗、失陷、短少的也有来。近年为收支数目多了，侵盗、短少的怎生无的？'但是诸人侵盗、失陷、短少、减驳、拖欠，应合追赔系官钱粮，其在延祐四年正月初十日大赦已前有文案者，尽行免征。'么道，行了诏书来。当该官司因着勘当追会文案，不曾结绝的也有。若不整治呵，诚恐钱粮数目迤渐的差迷了去也。俺商量来：诸人侵盗、失陷、短少、减驳、拖欠应合追赔的，及已支未除钱粮诸物，各部官人每提调着照勘了，钦依诏书体例里，合准除的教准除了，合追征的委官追征。今后委部官司计、司程，依着旧例计点催趱，更合怎生关防的，立法关防。外处有的仓库提调的官人每，也依这般理会呵，怎生？"奏呵，奉圣旨："那般者。"钦此。除钦遵外，检会先钦奉圣旨节该："今后不拣那个大小提调的，别个不拣谁，休借要系官钱粮者。这般道了呵，借要的人每有罪过者。提调钱粮人每年月满呵，算计全交割了呵，与解由文字者。不全交割呵，休与解由文字，勾当里也休委付者。"钦此。

照得近年以来，各处官司不以钱粮为重，因循苟且，多不办集，及有侵欺、短少、失陷之数，已支未除名项。为此，除已札付御史台，钦依添力成就外，都省咨请，钦依累降并见奉圣旨事意施行。今后各处提调钱粮官任满交割完备，方许给由。但有短少不完，依例究问追理，年终务要齐足，毋致仍前废弛。①

与此同时，朝廷还要求各地储粮仓库，严格管理，"好生著紧巡捕盗贼者"②。禁止省官们占使看守仓库的军人。③从延祐五年（1318）中书省所

---

① 陈高华等点校：《元典章·新集至治条例·吏部·给由·提调钱粮官任满交割给由》，中华书局、天津古籍出版社2011年版，第2066—2067页。
② 陈高华等点校：《元典章·新集至治条例·户部·仓库·仓库巡防盗贼火烛》，中华书局、天津古籍出版社2011年版，第2087页。
③ 陈高华等点校：《元典章》卷34《兵部一·占使·看守仓库军》，中华书局、天津古籍出版社2011年版，第1209页。

发一件公文中也可看出，必须凭中书省公文方能关支钱粮。中书省公文除盖有官印外，还有左丞相、中书平章、中书左丞等签字，并标写蒙古字省掾姓名。① 这仅是个案，还是通例，还很难断定，但政府对关支钱粮手续的要求，无疑是很严格的。英宗即位后，铁木迭儿排挤甚至陷害王毅、高昉等人的一个重要手段，即委派他们征理京仓钱粮。据《元史》记载："（英宗）既即位，铁木迭儿即奏委平章王毅、右丞高昉等征理在京仓库所贮粮，亏七十八万石，责偿于仓官及监临出纳者。"② 苏天爵为高昉所撰神道碑，对此事记载尤详。文中说：

……七年春，仁皇不豫，铁木迭儿已在储宫左右，谮言仓廪空虚。传旨命具钱谷大数以闻。公曰："某等备位宰府，辅政兴化，用贤理民，乃其职也。至于钱谷，自有主者。"彼闻之益怒。居无何，仁皇宾天，英庙未立，铁木迭儿遂为丞相，擅政肆虐，盗弄威福，睚眦之怨无不报者。以己曩者得罪宪台，公等坐视弗救，心尤恨之。乃以公及平章王公毅、参议韩公若愚征理钱谷，又屡扬言上前，以为世祖之时，币朽于库，桑葛尝奏诛其执政二人，盖欲以此潜杀公等。赖英庙察其无罪，第罢其所居官，放归田里。③

铁木迭儿以"征理钱谷"为名，企图打击陷害王毅、高昉等人，可另当别论，但作为中书省重要官员的王毅、高昉等人，以"备位宰府，辅政兴化，用贤理民"为由，不关心钱谷重事，显然是不当的。许有壬认为："至若平章王毅、右丞高昉等，备位台辅，而以短少粮数，仓官所职之事，

---

① 陈高华等点校：《元典章·新集至治条例·刑部·诈伪·伪造省印札付诈关官钱》，中华书局、天津古籍出版社2011年版，第2197—2198页。
② 《元史》卷205《奸臣传·铁木迭儿》，第4580页。
③ 苏天爵著，陈高华、孟繁清点校：《滋溪文稿》卷11《元故赠推诚效节秉义佐理功臣光禄大夫河南行省平章政事追封魏国公谥文贞高公神道碑铭有序》，中华书局1997年版，第164页。

追夺所受宣敕，尤公论之不惬者"①，正是反映了当时部分知识分子崇尚空谈，不务实际的空疏学风和政风。铁木迭儿等人十分关注与国计民生息息相关的赋役、钱谷等事，恰恰反映了他比较务实的一个方面，是他的长处所在，今天的学者，不应再沿袭元明儒臣的旧说。

五

铁木迭儿当政，还有几个得力助手，如回回人哈散（又作合散、阿散——引者）、汉人张思明，以及前述"延祐经理"的主谋者之一章闾等人。

哈散是个颇有资历的朝廷官员。据《元史》记载，世祖至元二十九年（1292）时，哈散已为辽阳省臣。成宗元贞元年（1295）曾以辽阳行省左丞兼领肇州屯田万户府；大德九年（1305）又以河南行省平章兼领洪泽、芍陂屯田。次年，升任中书平章政事。武宗即位后，虽曾回辽阳行省任职，但亦多次出任中书平章政事。仁宗即位后，从皇庆元年（1312）起，直到延祐七年（1320）四月，长期担任中书左丞相。其间，延祐元年（1314）二月至九月，延祐四年（1317）六月至九月还曾两度破例出任中书右丞相，并曾获得不少土田赏赐。②哈散受到信用，固然与太后答己有关，但仁宗开始对他的印象也不错，这从《元史·张思明传》的记载中亦可得到印证：

> 会左丞相哈散辞职，帝不允，其请益坚，帝诘之曰："朕任卿未专邪？"曰："非。"曰："近臣有挠政者邪？"曰："无有也。""然则何为而辞"？对曰："臣自揆才薄，恐误陛下国事，若必欲任臣，愿荐一人为助。"帝问："为谁？朕能从汝。"哈散再拜谢曰："臣愿得张思明。"

---

① 许有壬：《至正集》卷76《帖木迭儿门下等事》，《元人文集珍本丛刊》第7册，新文丰出版公司1985年版，第344页。

② 据《元史》卷27《英宗纪一》载："司农卿完者不花言：'先帝以土田颁赐诸臣者，宜悉归之官'。帝问：'所赐为谁？'对曰：'左丞相阿散所得为多。'帝曰：'予常谕卿等，当以公心辅弼。卿于先朝尝请海舶之税，以阿散奏而止。今卿所言，乃复私憾耳，非公议也，岂辅弼之道也。'遂出完者不花为湖南宣慰使。"

即日拜思明中书参知政事。比召至，车驾幸上都，见于道，慰勉之曰："卿向不负朕注委，故朕用哈散言，复起汝。"未几，升左丞。①

哈散是个十分圆滑的官员，很注意讨好太后答己及权臣铁木迭儿。据《元史·奸臣传·铁木迭儿》记载：

延祐改元，丞相哈散奏："臣非世勋族姓，幸逢陛下为宰相，如丞相铁木迭儿，练达政体，且尝监修国史，乞授其印，俾领翰林国史院，军国重务，悉令议之。"仁宗曰："然。卿其启诸皇太后。与之印，大事必使预闻。"遂拜开府仪同三司、监修国史、录军国重事。居数月，复拜中书右丞相，合散为左丞相。②

由于哈散与铁木迭儿关系过于密切，所以，延祐四年（1317）六月铁木迭儿遭御史弹劾而罢相后，仁宗对哈散也表示了强烈不满。《元史·仁宗纪二》记载：

（延祐四年八月庚申）合散奏事毕，帝问曰："卿等日所行者何事？"合散对曰："臣等第奉行诏旨而已。"帝曰："卿等何尝行朕旨，虽祖宗遗训，朝廷法令，皆不遵守。夫法者，所以辨上下，定民志，自古及今，未有法不立而天下治者。使人君制法，宰相能守而勿失，则下民知所畏避，纲纪可正，风俗可厚。其或法弛民慢，怨言并兴，欲求治安，岂不难哉。"③

哈散倒也知趣，六天之后，即主动提出："故事，丞相必用蒙古勋臣；合散

---

① 《元史》卷177《张思明传》，第4121—4122页。
② 《元史》卷205《奸臣传·铁木迭儿》，第4577页。
③ 《元史》卷26《仁宗纪二》，第580页。

回回人，不厌人望"①，恳请辞去相位。于是，宣徽使伯答沙接任右丞相，合散仍改任左丞相。伯答沙乃太祖时的大臣那海之后，"为人清慎宽厚，号称长者。其殁也，贫无以为敛，人皆叹其廉"②，是个清廉但却无为的蒙古勋贵。中书省政务，实际上仍是哈散等人负责。仁宗去世后，延祐七年（1320）五月十一日，哈散被贬至岭北行省为平章政事。五月二十日，他大概还没来得及赴任，即以"谋废立"的罪名被诛杀，同时被诛杀的还有太后答己的几个亲信：中书平章政事黑驴、御史大夫脱忒哈、徽政使失列门、故要束谋妻亦列失八等。哈散等显然成了英宗与太后答己之间矛盾斗争的牺牲品。铁木迭儿虽然是太后一党的领军人物，但当初英宗被立为皇太子，后又顺利登基，铁木迭儿都是积极支持者，所以这次事变，才未受到牵连。

前述受到铁木迭儿与哈散欣赏和举荐的张思明也是一位颇为干练的行政官员。初因受到世祖欣赏而被提拔为湖广行省都事，成宗大德初年升为左司都事。"初立海道运粮万户府于江浙，受除者惮涉险，不行，思明请升等以优之，因著为令。"③后历任吏部郎中、集贤司直、江浙行省左右司郎中。大德十一年（1307）春，两浙大饥，首倡赈济，受到百姓好评。④后又历任参议枢密院事、中书省左司郎中、两浙盐运使。皇庆二年（1313）升任户部尚书，延祐元年（1314）进参议中书省事，延祐四年（1317）拜中书参知政事。不久，又转任他职。后经哈散举荐，再入中书省为左丞。仁宗死后，英宗尚未即位，铁木迭儿奉太后之命为右丞相，"恣行杀戮"，张思明劝谏说："山陵甫毕，新君未立，丞相恣行杀戮，国人皆谓阴有不臣之心。万一诸王驸马疑而不至，将奈之何？不可不熟虑也。"其他大臣都为张思明的言论感到恐惧，没料铁木迭儿却顿然醒悟，说："非左丞言，几误吾

---

① 《元史》卷26《仁宗纪三》，第580页。
② 《元史》卷124《忙哥撒儿附伯答沙传》，第3058页。
③ 《元史》卷177《张思明传》，第4121—4122页。
④ （元）袁桷著，王颋点校：《清容居士集》卷20《张尚书救荒后记》，中华书局2012年版，第1040页。

事。"① 张思明的初衷虽则是为铁木迭儿着想，但他敢于如此进谏，并能为铁木迭儿接受，可见二人关系比较密切。铁木迭儿视张思明为心腹，张思明知恩图报，"思明为尽力，忌拜住方正，每与其党密语，谋中害之"②。至治元年（1321）岁末，"在京仓漕管库之职，岁终例应注代"，但因张思明称病不出，此事竟无法进行。拜住不得已，只好派人"善慰思明"，以完成此事。由此也可看出，练达政务的张思明在中书省的日常政务中发挥着重要作用。直到文宗天历初年，张思明还曾任江浙行省左丞，继又召为中书左丞，后被御史劾罢。张思明的特点，除政治上善于观察形势，见风使舵外，还长于经济事务，"尤明于律，与谢仲和、曹鼎新同称三绝"③。他平生不治产，不蓄财，唯好藏书，曾"收书三万七千余卷"，藏于"共城苏门百泉之上"④。他死于顺帝至元三年（1337），终年七十八岁。

关于章闾与"延祐经理"的情况，已见前述，兹不赘。

总之，铁木迭儿主政期间，还是注意利用了几位颇具行政能力的行政官员做助手，来推行自己的政治主张。张珪在奏议中曾说，铁木迭儿"专政十年"⑤，这大概也是包括了铁木迭儿虽已免官，但其同党哈散等人仍执掌中书省实权的那些时间。

六

在许多汉人知识分子及官僚心目中，铁木迭儿是个独断专行的人物，"威福己出，一令发口，上下股栗，稍不附己，其祸立至，权势日炽，中外寒心"⑥。但事实并非完全如此。前文我们已经述及，"延祐经理"一事，铁

---

① 《元史》卷177《张思明传》，第4123页。
② 《元史》卷136《拜住传》，第3303页。
③ 《元史》卷177《张思明传》，第4124页。
④ 柳贯撰，柳遵杰点校：《柳贯诗文集》卷16《共山书院藏书目录序》，浙江古籍出版社2004年版，第337页。
⑤ 《元史》卷175《张珪传》，第4075页。
⑥ 《元史》卷175《张珪传》，第4075页。

木迭儿实际上是采纳了章闾等人的建议；仁宗去世后，铁木迭儿也采纳了张思明关于不能"恣行杀戮"的建议。此外，我们从《元史》《元典章》等记载中，也可以看出，鉴于当时某些制度性规定，许多重大问题的决策，是经过众多官员"会议"，并非铁木迭儿一个人说了算。例如，关于中书省与御史台矛盾的协调问题，时任荣禄大夫、平章政事、议中书省事的刘正的意见便占了上风。据《元史·刘正传》记载：

> 仁宗初政，风动天下，正与诸老臣陈赞之力居多。累乞致仕不许，拜荣禄大夫、平章政事、议中书省事。时议经理河南、淮、浙、江西民田，增茶盐课额，正极言不可，弗从。岁大旱，野无麦谷，种不入土。台臣言，燮理非其人，奸邪蒙蔽，民多冤滞，感伤和气所致。有旨会议。平章李孟曰："燮理之责，儒臣独孟一人，请避贤路。"平章忽都不丁曰："台臣不能明察奸邪，臧否时政，可还诘之。"正言："台省一家，当同心献替，择善而行，岂容分异耶！"孟摇首，竟如忽都不丁言。右丞相帖木迭儿传旨：廉访司权太重，故按事失实，自今不许专决六品以下官。平章忽都不丁、李孟将议行之，正言："但当择人，法不可易也。"事遂寝。①

尽管削弱廉访司官员权力的意见，符合铁木迭儿的意愿，并经皇帝批准，但由于刘正的反对，仍未能执行。

恢复科举考试，在仁宗一朝最受好评，是仁宗推进汉化政策的具有标志性意义的大事，目前，我们尚未发现有铁木迭儿反对恢复科举的记载。《元史》在讲到落第举人等的待遇问题时，倒是讲到了铁木迭儿等人的积极态度：

---

① 《元史》卷176《刘正传》，第4108页。

若夫会试下第者，自延祐创设之初，丞相帖木迭儿、阿散及平章李孟等奏："下第举人，年七十以上者，与从七品流官致仕；六十以上者，与教授；元有出身者，于应得资品上稍优加之；无出身者，与山长、学正。受省札，后举不为例。今有来迟不及应试者，未曾区用。取旨。"帝曰："依下第例恩之，勿著为格。"①

关于阴阳学的考试问题，铁木迭儿、李孟等，也曾共同奏报仁宗，仁宗表示："如今太医每试了有，后头人每肯学也者。阴阳人不曾试，未便。试呵，他每不知道也者。如今您行与管他的衙门里文书，先教他每知道了，秋间依体例试者。"②

一些重大问题的决定，实际上是许多相关官员共同议定的。例如，延祐元年（1314）十二月二十一日，关于"处断盗贼断例"的讨论，参与者即有阔阔出司徒、阿撒罕太师、帖木迭儿丞相、塔失帖木儿知院、伯忽大夫、哈散丞相、灭怯秃承旨、完泽知院、也先帖木儿知院、朵歹院使、章闾平章、帖木儿脱也同知、阔彻别承旨、买驴同知、床火儿副枢、阔阔出答剌罕、十得同签等十七人，"众官人每商量定，上位奏了"③。延祐七年（1320）四月二十一日，关于增加江南税粮的决定，参与讨论的人，除铁木迭儿外，还有哈散丞相、拜住平章、赵平章（即赵世荣——引者）、木八剌右丞、张左丞（即张思明——引者）、怯烈郎中，以及速古儿赤定住、昔宝赤买驴、怯烈马赤站班、必阇赤也里牙、给事中也灭劫歹等，④在上奏英宗并获批准后，方才贯彻执行。我们罗列上述事实，不是否定铁木迭儿刚愎

---

① 《元史》卷81《选举志一·科目》，第2026—2027页。
② 陈高华等点校：《元典章》卷32《礼部五·阴阳学·试阴阳人》，中华书局、天津古籍出版社2011年版，第1126页。
③ 《元典章》卷49《刑部十一·强窃盗·处断盗贼断例》，中华书局、天津古籍出版社2011年版，第1634页。
④ 《元典章》卷24《户部十·租税·纳税·科添二分税粮》，中华书局、天津古籍出版社2011年版，第950页。

自用、独断专行的一面，而是要说明，根据当时的议事制度，实际上是有许多官员参与了决策过程。当然，每个人在决策过程中所发挥的作用有所不同，作为中书右丞相的铁木迭儿，往往起着关键性的作用，当是毫无疑问的。

总之，我们认为，铁木迭儿尽管有任用亲信，打击陷害异己，以及贪赃枉法等劣迹，但他比较务实，时时关心朝政并勤于政务，且为巩固和稳定仁宗至英宗朝的统治作出了贡献，简单地以"奸臣"斥之，全面否定他的作为是不妥当的。

（原载《中国史研究》2006 年第 4 期）

许衡与经典通俗化

许衡是元代著名理学家,他的历史地位得到了史学界的高度评价。[①] 虽然,他的某些理学观点和宋代的陆九渊也有相似之处,但他始终高举朱学的大旗,以朱学为基础,合会朱陆。他在理学发展史上的贡献大致有二:一是确立了理学在元代的官学地位;二是使儒学—理学经典进一步通俗化。汉唐以来一直为儒学—理学家们研究、注疏、阐释的儒家经典,一下子冲破了"文人圈",开始走向了普通百姓。不仅为文人雅士所熟知,而且逐渐为全社会所接受。至明初,理学终于取得了意识形态领域的统治地位。在这一过程中,许衡的推动作用不容忽视。

一

许衡关于经典通俗化的努力,首先是语言上力求通俗易懂,童蒙皆知。今《鲁斋遗书》中,《小学大义》《大学要略》《小大学或问》《论明明德》

---

① 如唐宇元认为,许衡是元朝"名淹一代的大儒","朱学在元代能成为官学,是与许衡父子有很大关系的"(《元代的朱陆合流与元代理学》,《文史哲》1982 年第 3 期);徐远和认为,许衡所创立的鲁斋学派是"元代北方理学大宗,也是元代赖以立国的精神支柱"(《理学与元代社会》,人民出版社 1992 年版,第 40 页);陈正夫等认为,"许衡是中国十三世纪杰出的政治家、教育家、思想家。他在我国经过连年战乱,民族文化垂危的情况下,传播儒学和程朱理学,并以陆补朱,折衷朱陆,成为从朱熹思想到王阳明思想发展的中间环节"(《许衡评传·内容简介》,南京大学出版社 1995 年版);姚从吾认为,许衡"对于元世祖的建立元朝,崇行孔学,出力最多,影响也最大。可说是一位忽必烈的枢密顾问"(《姚从吾全集》第六集,台湾正中书局 1982 年版,第 425 页);孙克宽认为,"正统的儒学……惟有许鲁斋(衡)出来,才大开庭户,使有元一代,尊崇儒学,程朱义理,定于一尊"(《元代汉文化之活动》,台湾中华书局 1968 年版,第 160 页);王明荪认为,"在推行汉法与儒治中,许衡之功自是极大,由于其僚属门生等,以及其他同志者共同之合作,才使汉文化得以保持不坠"(《元代的士人与政治》,台湾学生书局 1992 年版,第 211 页)。因论著较多,恕不备列。

《大学直解》《中庸直解》等，关于儒学经典的阐释，大都通俗易懂。以《大学直解》为例，许衡在开篇之首这样写道：

> 《大学》是这一部书名。
>
> "大学之道在明明德。""大学之道"是《大学》教人为学的方法。"明"是用工夫明之。"明德"是人心本来元（原）有的光明之德。夫子说：古时大学教人的方法，当先用功夫，明那自己光明之德，不可使昏昧了。
>
> "在亲民。""亲"字本是"新"字。"民"是指天下百姓。说大人为学，既明了自己明德，又当推此心使那百姓每（们）各去其旧染之污，以明其明德也，都一般不昏昧。
>
> "在止于至善。""止"是必到这里，不改移的意思。"至善"是说极好的去处。大人之学，明自己的明德，新百姓的明德，都要到那极好的去处，不可些改移，方是成功。这三句是《大学》一部书的纲领，所以叫做"三纲领"。①

许衡的《大学直解》是以朱熹《大学章句》为底本而作的进一步阐释，有些语句也袭用了朱子之说，如"三纲领"的"纲领"一词即是。② 但和朱熹的《大学章句》相比，显然是更通俗、更清晰了。许衡的《中庸直解》大体上也是这样一种风格和模式。

如果说，《大学直解》《中庸直解》一类，尚有固定的体例和程式，那么，《小学大义》《大学要略》诸篇，则完全是讲述《小学》《大学》的基本内容，形式则更加灵活，语言也更加明白、晓畅。如《小学大义》讲小学与大学的来历及其职能：

---

① 许衡撰，许红霞点校：《许衡集》卷4《大学直解》，中华书局2019年版，第127—128页。
② 朱熹：《四书章句集注·大学章句》，《朱子全书》第6册，上海古籍出版社、安徽教育出版社2002年版，第6页。

> 古者民生八岁，上自王公，下至庶人之子弟，皆令入小学，教之以洒扫、应对、进退之节，礼、乐、御、书、数之文。及其十有五岁，自天子之元子，① 众子，公卿大夫元士之适子，② 与凡民之俊秀者，皆入大学，教之以穷理、正心、修己、治人之道，此小学、大学所以分也。当其幼时，若不先习之于小学，则无以收其放心，养其德性。及其年长，若不进之于大学，则无以察夫义理，措诸事业。先之以小学者，所以立大学之基本；进之于大学者，所以收小学之成功也。③

作者仅用了170个字，就把小学、大学的来历与职能交代得清清楚楚。文中，除古时常用而今已不用或少用的个别字词外，普通人读、听，已无障碍。

从文字上看，《大学直解》《中庸直解》《小学大义》等，都还是文字性著作，而《大学要略》则像是经过整理的讲学的记录稿，其语言可能更能反映许衡的教学实际。如文中讲《大学》一书的来历：

> 《大学》之书，是孔夫子的言语。当时孔子为鲁君不用，就鲁国便去，周流齐、燕、赵（当作晋——引者）、宋、陈、楚、卫七国，那七国之君也不用，孔子却来鲁国教三千徒弟。于内有个徒弟唤做"曾子"，那个记述孔子的言语，做成《大学》阿的是。……后头到夏、商、周三代，这教人的法度渐渐的完备了。朝廷的宫里、大城子里、小城子里，以至村里都立着这学房，上至朝廷的孩儿，下至公卿大夫每的孩儿，百姓每的孩儿，聪明的八岁入小学，十五入大学。④

这完全是讲话的口气，一些生疏的字词都尽量避而不用，没有多少文

---

① 元子，古指天子及诸侯的嫡长子。
② 元士，周代称天子之士为元士。适子，同嫡子。
③ 许衡撰，许红霞点校：《许衡集》卷3《小学大义》，中华书局2019年版，第109页。
④ 许衡撰，许红霞点校：《许衡集》卷3《大学要略》，中华书局2019年版，第112—113页。

化修养的人都可以听明白。

关于人的仁、义、礼、智、信五常,许衡作这样的阐释:

> 天与人的仁、义、礼、智、信,仁是温和慈爱,得天地生万物的道理;义是决断事物,不教过去,不教赶不上,都是合宜的道理;礼是把体面敬重为长的道理;智是分辨是非的道理;信是老实不说谎的道理。……便如蜜蜂儿有个头儿,便自理会得那君臣的道理;大虫、豹子不吃他孩儿,便自省得那父子的道理;雁大的小的,厮随着成行飞呵,便自省得那兄弟的道理;狗认得主人,便自省得那恩义的道理。①

这些阐释,今天看来,或许有不甚准确之处,但他的表述方式及其所作的比喻,却可以让人豁然明白。《四库全书总目》在评介《鲁斋遗书》时说:"其书为后人所裒辑,无所别择,如《大学》《中庸》直解,皆课蒙之书词,求通俗,无所发明。其《编年歌括》,尤不宜列之集内。一概刊行,非衡本意。"② 殊不知,"求通俗"正是许衡的长处和特点,这些文章的保存,正为我们了解许衡对理学发展的贡献提供了宝贵材料。

许衡经典通俗化的第二种表现,是能抓住经典的关键,从而纲举目张。《易》《书》《诗》《周礼》《仪礼》《礼记》《春秋左传》《春秋公羊传》《春秋谷梁传》《论语》《孝经》《尔雅》《孟子》等十三经,到宋代已被视为儒家基本经典。宋代理学的产生,标志着儒学发展新阶段的到来。但程朱理学著作仍十分繁富,让普通人都一一了解是不可能的。许衡"平时颇病文籍之繁,尝曰:'圣人复出必大芟而治之,斯则周衰以来文胜之弊。'"③

---

① 许衡撰,许红霞点校:《许衡集》卷3《大学要略》,中华书局2019年版,第113—114页。
② 许衡:《〈鲁斋遗书〉提要》,《景印文渊阁四库全书》第1198册,台湾商务印书馆1986年版,第274页上。
③ 欧阳玄著,魏崇武、刘建立校点:《欧阳玄集》卷9《元中书左丞集贤大学士国子祭酒赠正学垂宪佐理功臣太傅开府仪同三司上柱国追封魏国公谥文正许先生神道碑》,吉林文史出版社2009年版,第94页。

他抓住了朱熹的《小学》以及《四书章句集注》等进行宣传教育，并以之作为教学的基本内容与立身之本，认为"文公《小学》《四书》次第本末甚备，有王者起，必须取法"①。他在写给儿子许师可的信中说："《小学》《四书》，吾敬信如神明，自汝孩提，便令讲习，望于此有得，他书虽不治，无憾也。……我平生长处，在信此数书。"②元人张养浩也说："许氏之学，其所拳拳者，《小学》《四书》，未尝以博洽称焉，未尝以能文辞称焉，未尝以多才艺称焉。其所守至简，其用力至省。"③许衡传世著作不多。其理学著述，除《读易私言》外，主要是关于《小学》和《四书》的阐释，由此也可以看出他的用心所在。

许衡的这一做法，在学生中间，虽得到认同，但在一些汉人官僚中仍存在不同认识。"中统间，左相安童……又问张耀卿（即张德辉——引者）：'鲁斋教读《小学》，其说如何？'耀卿云：'某自幼时知，童蒙始入小学，便读《孝经》，此时《小学》未行于世，《小学》乃是《礼经》摘出，非全经，不足学。'"左丞张仲谦（即张文谦——引者）则完全拥护许衡的做法，他说："《小学》之书专载童子当为之事。若《孝经》，曾子尚云：'参不敏，何足以知之'，况童子乎？"又云："鲁斋欲兴国学，教国朝胄子，可谓知本。"④

在经典著作的阐释中，许衡往往能抓住关键，进行概括，以便人们记忆、实行。例如，他在《大学要略》中，特别强调"正心"的重要。他说："孔子道：'修身在正心。'心是一身的主宰，心若主得正呵，身里行得不错了。""自古好人，都会自己身上寻思，自己心正，便能修身、齐家、治国、平天下，都做得。""能正心，便能修身；能修身，便能齐家；能齐家，便

---

① 许衡撰，许红霞点校：《许衡集》卷2《语录下》，中华书局2019年版，第85页。
② 许衡撰，许红霞点校：《许衡集》卷9《与子师可》，中华书局2019年版，第321—322页。
③ 张养浩：《归田类稿》卷4《莱芜县三皇庙记》，《景印文渊阁四库全书》第1192册，台湾商务印书馆1986年版，第511页上。
④ 鲜于枢：《困学斋杂录》《中统间左相安童尝问鲁斋》，《景印文渊阁四库全书》第866册，台湾商务印书馆1986年版，第6页上。

能治国；能治国，便能平天下。那诚意、格物、致知，都从这上头做根脚来。""心若正，便有些行不尽的政事，决没一些个歪斜偏向处。大凡为人，件件从那正心上行得来，自然有个主张，不胡乱行事。……天下事不拣什么公事，都从那正心上做将出来，撇不得那正心两个字。心正的勾当，在上的正呵，在下的也正；一家正呵，在下孩儿每都正；一国正呵，天下的人心都正。备细思量，正心是《大学》的好法度。"①

许衡对经典的阐释，还常常用简明的数字来概括，以便于人们记忆。例如他说："自古及今，天下国家，惟有个三纲五常。"②许衡把《大学》开始的三句话，即"大学之道在明明德，在亲民，在止于至善"，称为"三纲领"③，已见前述。他又把朱熹提出的格物、致知、诚意、正心、修身、齐家、治国、平天下这八件事，概称为"八条目"，说"这以上八件，是《大学》教人子仔细用功处"④。他把皇帝要经常做的九件事称作"九经"，即"修身也，尊贤也，亲亲也，敬大臣也，体群臣也，子庶民也，来百工也，柔远人也，怀诸侯也"⑤。如此等等。这种表述方式，既便于记忆，也便于流传，直至今日，人们还经常采用。

在变化不定的人际关系和纷乱复杂的万事万物中，许衡往往能抓住要害，"亦提纲而振领"⑥，予以精辟论述。例如，他说："凡事物之际，有两件。有由自己的，有不由自己的。由自己的有义在，不由自己的有命在，归于义、命而已。"⑦"喜、怒、哀、乐、爱、恶、欲，一动于心则心不平，既不平则发言多失。七者之中，惟怒为难治，又偏招患难，须于盛怒时坚忍不动，候心气平时审而应之，庶几无失。"⑧"上所以教人，人所以为学，

---

① 许衡撰，许红霞点校：《许衡集》卷3《大学要略》，中华书局2019年版，第116—121页。
② 许衡撰，许红霞点校：《许衡集》卷1《语录上》，中华书局2019年版，第56页。
③ 许衡撰，许红霞点校：《许衡集》卷4《大学直解》，中华书局2019年版，第128页。
④ 许衡撰，许红霞点校：《许衡集》卷4《大学直解》，中华书局2019年版，第130页。
⑤ 许衡撰，许红霞点校：《许衡集》卷5《中庸直解》，中华书局2019年版，第204页。
⑥ 苏天爵：《元文类》卷48《鲁斋先生升从祀祭文》，商务印书馆1958年版，第692页。
⑦ 许衡撰，许红霞点校：《许衡集》卷2《语录下》，中华书局2019年版，第92页。
⑧ 许衡撰，许红霞点校：《许衡集》卷1《语录上》，中华书局2019年版，第62页。

皆本于天理民彝，无他教也，无异学也。"① "学则三代共之，皆所以明人伦也。"② "古今立国规摹虽各不相同，然其大要在得天下心。得天下心无他，爱与公而已矣。爱则民心顺，公则民心服。既顺且服，于为治也何有？"③ "大抵人君以知人为贵，以用人为急。用得其人，则无事于防矣。"④ "盖为教不本于道，非教也；为学不本于道，则非学也。道者何？父子也，君臣也，夫妇也，长幼也，朋友也。此天之性也，人之道也。"⑤ "圣人之道，惟仁与义。仁则物我兼该，义则职业有分。"⑥ "《礼记》一书，近千万言，最初一句曰'毋不敬'。天下古今之善，皆从敬字上起"⑦；"先儒谓：'王道之外无坦途，举皆荆棘；仁义之外无功利，举皆祸殃。……'"⑧ "尧舜之治天下，因人情而已，非有所作为也。"⑨ "故其垂世立言，莫非敦本抑末，以谨厚笃实为劝。"⑩ 凡此种种，大都简明精练，成为人们日常行为的格言。理学的广泛传播并逐渐深入人心，当与这些格言的广泛流行不无关系。

许衡经典通俗化的表现之三是强调"知与行，二者当并进"⑪，强调学习与实践相结合，学以致用，而不是仅仅局限于"学"。在这一点上，他是完全继承了朱熹重"行"的思想的。⑫ 他说："圣人教人只是两字，从'学

---

① 许衡撰，许红霞点校：《许衡集》卷2《语录下》，中华书局2019年版，第85页。
② 许衡撰，许红霞点校：《许衡集》卷1《语录上》，中华书局2019年版，第56页。
③ 许衡撰，许红霞点校：《许衡集》卷7《时务五事·立国规摹》，中华书局2019年版，第264页。
④ 许衡撰，许红霞点校：《许衡集》卷7《时务五事·为君难六事》，中华书局2019年版，第273页。
⑤ 许衡撰，许红霞点校：《许衡集》卷3《小学大义》，中华书局2019年版，第110页。
⑥ 许衡撰，许红霞点校：《许衡集》卷9《答叔仲家语亡弓论语予所否者》，中华书局2019年版，第324页。
⑦ 许衡撰，许红霞点校：《许衡集》卷3《论明明德》，中华书局2019年版，第124页。
⑧ 许衡撰，许红霞点校：《许衡集》卷8《子玉请复曹卫论》，中华书局2019年版，第299页。
⑨ 许衡撰，许红霞点校：《许衡集》卷2《语录下》，中华书局2019年版，第78页。
⑩ 许衡撰，许红霞点校：《许衡集》卷8《高凝字说》，中华书局2019年版，第301页。
⑪ 许衡撰，许红霞点校：《许衡集》卷2《语录下》，中华书局2019年版，第98页。
⑫ 朱熹曾说："论先后，知为先；论轻重，行为重"（《朱子语类》卷9，《朱子全书》第34册，上海古籍出版社、安徽教育出版社2002年版，第298页）。

而时习'为始，便只是说'知'与'行'两字。"① 他勉励学生，"凡为学之道，必须一言一句，自求己事，如《六经》《语》《孟》中，我所未能，当勉而行之。或我所行不合于《六经》《语》《孟》中，便须改之，先务躬行，非止诵书、作文而已。"② 他说："则圣人之道，当真知，当践履，当求之于心。章句训诂云乎哉？"③ 他把这一原则始终贯彻在自己的教育实践中，"尝问诸生：'此章书义若推之自身，今日之事有可用否？'大凡欲其践行不贵徒说也"④。

二

通俗化只是一种表达方式，其目的则在于受者的大众化。许衡在接受理学之后，没有仅仅把它当作一门学问去研究。从现有资料看，他在理学方面的研究性、创造性成果不是很多，他把后半生精力，主要放在理学思想的传播上。

1242 年，姚枢隐居苏门（治今河南辉县），传播伊洛之学（即程颢、程颐的理学。因"二程"曾讲学于伊洛之间，故称），许衡即由魏赴苏门，从姚枢处"得伊川《易传》及朱子《论孟集注》《中庸大学章句或问》《小学》等书读之，深有默契于中，遂一一手写以还"。他对自己的学生说："昔者授受，殊孟浪也，今始闻进学之序。若必欲相从，当悉弃前日所学章句之习，从事于小学洒扫应对，以为进德之基。不然，当求他师。"学生们都表示赞同。从此，"使无大小，皆自《小学》入"。许衡自己也"旦夕讲诵不辍，笃志力行，以身先之，虽隆冬盛暑不废也"⑤。此后，他一直宗奉程朱理学，尤其是朱子之学。"嗜朱子学，不啻饥渴。凡指示学者，一以朱

---

① 许衡撰，许红霞点校：《许衡集》卷1《语录上》，中华书局2019年版，第48页。
② 许衡撰，许红霞点校：《许衡集》卷1《语录上》，中华书局2019年版，第45页。
③ 许衡撰，许红霞点校：《许衡集》卷1《语录上》，中华书局2019年版，第54页。
④ 许衡撰，许红霞点校：《许衡集》卷末《附录前·国学事迹》，中华书局2019年版，第482页。
⑤ 许衡撰，许红霞点校：《许衡集》附录《考岁略》，中华书局2019年版，第581—582页。

子为主。"①

　　许衡的弟子们虽未在理学研究方面有多大贡献，但大都是理学的忠实践行者。如弟子耶律有尚，"其学邃于性理，而以诚为本"②。在许衡之后，他长期任职国学，教育生徒，"其立教以义理为本，而省察必真切；以恭敬为先，而践履必端悫。凡文词之小技，缀缉雕刻，足以破裂圣人之大道者，皆屏黜之。是以诸生知趋正学，崇正道，以经术为尊，以躬行为务，悉为成德达材之士。大抵其教法一遵衡（即许衡——引者）之旧，而勤谨有加焉。身为学者师表者数十年，海内宗之，犹如昔之宗衡也"③。"公教国子几三十年，始终如一，学规赖以不隳，作成后进居多。"④ 弟子吕端善，"既从许文正公游，专事践履，居家律身，养生送死，造次弗违于礼"。他晚年与萧㪺等，"讲论道义"，关陕之士，"知自重而不苟进，尚经学而后文艺，皆文正（即许衡——引者）启之，诸公有以成之也"⑤。仁宗即位后，吕端善拜翰林侍读学士。他积极支持恢复科举，以为"经明行修，质而少华，非惟士有实学，国家当得真才，以登治平"⑥。弟子姚燧，更是元代名臣，"燧之学，有得于许衡，由穷理致知，反躬实践，为世名儒"⑦。"……而文章众称一代之宗工者，惟牧庵姚公一人耳。"⑧ "故三十年间，国朝名臣世勋、显行盛德，皆燧所书。"⑨

　　至元七年（1270），世祖忽必烈命侍臣子弟十一人入学，其中年长者四

---

① 许衡撰，许红霞点校：《许衡集》附录《考岁略》，中华书局 2019 年版，第 592 页。
② 冯从吾：《元儒考略》卷 1《耶律有尚》，《景印文渊阁四库全书》第 453 册，第 767 页下。
③ 宋濂等撰：《元史》卷 174《耶律有尚传》，第 4065 页。
④ 苏天爵著，陈高华、孟繁清点校：《滋溪文稿》卷 7《皇元故昭文馆大学士兼国子祭酒赠河南行省右丞耶律文正公神道碑铭》，中华书局 1997 年版，第 105 页。
⑤ 苏天爵著，陈高华、孟繁清点校：《滋溪文稿》卷 7《元故翰林侍读学士赠陕西行省参知政事吕文穆公神道碑铭》，中华书局 1997 年版，第 95 页。
⑥ 《元史》卷 167《吕㪺传》，第 3931 页。
⑦ 《元史》卷 174《姚燧传》，第 4059 页。
⑧ 姚燧著，查洪德编校：《姚燧集》附录二《牧庵集序》，人民文学出版社 2011 年版，第 655 页。
⑨ 《元史》卷 174《姚燧传》，第 4059 页。

人从许衡，年幼者七人从王恂。① 第二年，许衡任集贤大学士、国子祭酒。忽必烈曾"亲为择蒙古弟子俾教之"。许衡对这一任命十分高兴，他说："此吾事也。国人子大朴未散，视听专一，若置之善类中涵养数年，将必为国用。"② 他请求驿召其弟子王梓、刘季伟、韩思永、耶律有尚、吕端善、姚燧、高凝、白栋、苏郁、姚燉、孙安、刘安中十二人为伴读，协助培养国学子弟。

在许衡培养过的少数民族学生中，不忽木非常著名。不忽木，康里部人。父燕真六岁时为太祖成吉思汗所虏，赐庄圣皇后。不忽木幼事真金太子，从太子赞善王恂学。王恂随真金北征，不忽木又师从许衡。他对许衡格外敬重，"其敬以孝，犹子事父，唯恐斯须仁义之言不闻，道德光辉不接也"③。至元十三年（1276），他与同舍生坚童等曾上书忽必烈，建议扩大京师国子学，认为教育应"以义理为主"，"有余力者听令学作文字"④。据史书记载，"其学，先躬行而后文艺。居则简默，及帝前论事，吐辞洪畅，引义正大，以天下之重自任，知无不言"⑤。后官至中书平章政事。许衡教育过的少数民族学生，还有秃忽鲁、坚童、也先铁木儿等，他们也都在元代政治生活中发挥过重要作用。

许衡教过的学生虽然是有限的，但他重视教育的思想，以及教育应以程朱理学为主的主张，却被元朝政府所接受，成为元朝的既定国策。至元二年（1265），许衡在给忽必烈的上疏中就曾提出："自上都（今内蒙古正蓝旗东）、中都（今北京）下及司、县，皆设学校，使皇子以下，至于庶人之子弟，皆从事于学，日明父子、君臣之大伦，自洒扫应对，至于平天下之要道。十年之后，上知所以御下，下知所以事上，上和下睦，又非

---

① 《元史》卷81《选举志一》，第2029页。
② 《元史》卷158《许衡传》，第3727页。
③ 苏天爵辑撰，姚景安点校：《元朝名臣事略》卷4《平章鲁国文贞公》，中华书局1996年版，第61页。
④ 《元史》卷130《不忽木传》，第3166页。
⑤ 《元史》卷130《不忽木传》，第3172—3173页。

今日比矣。"① 由于许衡等人的建议，至元六年（1269）四月，元政府明确要求各地普遍设立学校，并严格检查落实：

> ……政有似缓而实急者，学校是也。盖学校者，风化之本，出治之源也。照得随路虽有设立学官，其所在官司例皆看同泛常，不为用心勉励，以致学校之设，有名无实。由是，吏民往往不循礼法，轻犯宪章，深不副朝廷肃清风俗、宣明教化之意。如遇朔望，自长次以下正官、首领官，率领僚属吏员，俱诣文庙烧香。礼毕，从学官、主善诣讲堂，同诸生并民家子弟愿从学者，讲议经史。更相授受，日就月将，教化可明，人才可冀外，据所在乡村镇店，选择有德望学问，可为师长者，于农隙之时如法训导，使长幼皆闻孝悌忠信廉耻之言。礼让既行，风俗自厚，政清民化，止盗息奸，不为小补。②

至元二十三年（1286）六月，元廷在立社条令中，再次明确提出了乡村各社建立学校的要求：

> 今后每社设立学校一所，择通晓经书者为学师，于农隙时月，各令子弟入学。先读《孝经》《小学》，次及《大学》《论》《孟》、经、史，务要各知孝悌忠信，敦本抑末。依乡原例，出办束脩。如自愿立长学者，听。若积久学问有成者，申覆上司照验。③

元廷提出的各学校的教学内容，与许衡的主张，大体上是一致的。及至仁宗皇庆二年（1313）十一月，朝廷颁布恢复科举的诏书，仍把朱熹等

---

① 许衡撰，许红霞点校：《许衡集》卷7《时务五事·农桑学校》，中华书局2019年版，第280页。
② 方龄贵：《通制条格校注》卷5《学令·庙学》，中华书局2001年版，第208—209页。
③ 方龄贵：《通制条格校注》卷16《田令·立社巷长》，中华书局2001年版，第461页。

所阐释的《大学》《论语》《孟子》《中庸》，以及《诗》《尚书》《周易》《春秋》《礼记》等，作为科考的主要内容。① 这样一来，许衡所宗奉和宣传的程朱理学，便成为学校教育和科举考试的法定基本内容，许衡关于经典教育通俗化、大众化的主张，便得到了广泛体现。

三

对许衡说来，理学不只是一门学问，而且是安身立命的依据，是一切行为的指南。他希望自己，同时也希望一切受过理学教育和影响的人们，成为理学的虔诚的信仰者、践行者。从这个意义上说，经典的通俗化就不单是一种文风，一种治学手段，而是一种思想境界，一种人生态度。

在给忽必烈的奏议中，许衡说："苟从古者《大学》之道，以修身为本，凡一事之来，一言之发，必求其所以然与其所当然，不牵于爱，不蔽于憎，不因于喜，不激于怒，虚心端意，熟思而审处之，虽有不中者，盖鲜矣。"② 这自然也是许衡自己的一种处世态度。他认为："'汲汲焉毋欲速也，循循焉毋敢惰也。'非止学问如此，日用事为之间，皆当如此，乃能有成。"③ 他主张同僚之间以诚相待，"同僚间勿以气类苟同而有彼此，或有扞格，当以至诚感发，无所争矣"④。

许衡生活在一个社会激烈动荡变化的年代。因不满于蒙古贵族的烧杀抢掠和肆意榨取，他上书忽必烈，明确提出："北方奄有中夏，必行汉法可以长久。"⑤ 但他看问题又比较实际，深知"万世国俗，累朝勋贵，一旦驱

---

① 见《元史》卷81《选举志一》，第 2019 页；《通制条格校注》卷5《学令·科举》，第 239—240 页；《元典章》卷31《科举条制》（陈高华等点校，中华书局、天津古籍出版社 2011 年版，第 1096 页）。
② 许衡撰，许红霞点校：《许衡集》卷7《时务五事·为君难六事》，中华书局 2019 年版，第 271 页。
③ 许衡撰，许红霞点校：《许衡集》卷1《语录上》，中华书局 2019 年版，第 67 页。
④ 王恽：《秋涧先生大全集》卷45《政问》，《元人文集珍本丛刊》第 2 册，新文丰出版公司 1985 年版，第 55 页。
⑤ 苏天爵：《元文类》卷13《时务五事》，商务印书馆 1958 年版，第 160 页。

之下从臣仆之谋，改就亡国之俗，其势有甚难者"①。所以，他认为，"苟能渐之摩之，待以岁月，心坚而确，事易而常，未有不可变者。……在陛下尊信而坚守之，不杂小人，不营小利，不责近效，不恤浮言，则天下之心庶几可得，而致治之功，庶几可成也"②。他恳切希望忽必烈修德、用贤、爱民，认为"天之树君，本为下民。故孟子谓'民为重，君为轻'，《书》亦曰：'天视自我民视，天听自我民听。'"③ 但是，忽必烈和蒙古贵族很难完全接受他的政治主张。所以，他多次赴召任职，但因"权臣屡毁汉法"④，又多次辞官回乡。他的思想实际上一直处于痛苦和矛盾中。有人把他这种辞而复就，就而复辞的做法讥为"以术欺世"，"以术自免"，⑤ 是不够公允的。

许衡并不看重自己的荣辱贵贱，在给朋友的信中，他诚恳地说："夫尊贵荣显，固人之所爱，然反足以贾祸而召怨，曾不若安守贫苦之为愈也。"⑥ 他认为自己在朝为官是由于"虚声牵制，以有今日"，以为"今日之势，可忧而不可恃也"，并告诫其子师可，"我虽贵显，适足祸汝，万宜致思"⑦。他对生死也看得很淡。他说："人寄天地间，惟有生死变较大，故以为异。要之亦常事也。一消一息，常理如此。"⑧ "人生天地间，生死常有之理，岂能逃得？却要寻个不死，宁有是理？"⑨ 他嘱咐儿子师可说："我平生虚名所累，竟不能辞官，死后慎勿请谥立碑，必不可也，但书'许某之墓'四字，

---

① 苏天爵：《元文类》卷13《时务五事》，商务印书馆1958年版，第161页。
② 苏天爵：《元文类》卷13《时务五事》，商务印书馆1958年版，第161页。
③ 苏天爵：《元文类》卷13《时务五事》，商务印书馆1958年版，第167页。
④ 《元史》卷158《许衡传》，第3728页。
⑤ 清人全祖望以为，刘因作《退斋记》(《静修文集》卷18，《四部丛刊》本) 是为"讥鲁斋而作也"，"殆指文正自请罢中书执政、就国子而言邪？"(《宋元学案》卷90《鲁斋学案》，中华书局1986年版)
⑥ 许衡撰，许红霞点校：《许衡集》卷9《与子声义之》，中华书局2019年版，第321页。
⑦ 许衡撰，许红霞点校：《许衡集》卷9《与子师可》，中华书局2019年版，第322页。
⑧ 许衡撰，许红霞点校：《许衡集》卷2《语录下》，中华书局2019年版，第93页。
⑨ 许衡撰，许红霞点校：《许衡集》卷2《语录下》，中华书局2019年版，第93页。

使子孙识其处足矣。贤耶、不贤耶，碑于人何有？"① 他生前并不追求个人的荣华富贵，也不图虚名。他宗奉程朱理学，并努力使经典通俗化，受者大众化，为理学的传播、教育和普及贡献了全部力量。时人以为，"许衡天姿雅厚，经学精专。大凡讲论之间，深得圣贤之奥"②。"圣朝道学一脉，乃自先生发之。至今学术正，人心一，不为邪论曲学所胜，先生（许衡——引者）力也。所以继往圣，开来学，功不在文公（即朱熹——引者）下。"③ "若鲁斋许先生，以纯正之学，下接周公、孔子、曾、思、孟轲以来不传之道，而为不世之臣。……所以建皇极、立民命、继绝学、开太平者，万世犹一日也"④，"衡天资宏毅，卓然有守。当艰难穷厄之时，其操益坚。闻一善言，见一善行，不啻饥渴之得饮食，而于荣名世利，畏之若探汤。始终表里，一本于诚敬，故天下信之无异辞"⑤。这些评论虽有溢美之嫌，但也大体反映了许衡在理学发展史上的地位及其社会影响，而其地位的奠定与社会影响的产生，在很大程度上是由于他在经典通俗化方面的不懈努力。

（原载《许衡与许衡文化》，中州古籍出版社2007年版；《纪念许大龄教授诞辰八十五周年学术论文集》，北京大学出版社2007年版）

---

① 许衡撰，许红霞点校：《许衡集》附录《考岁略》，中华书局2019年版，第590页。
② 王恽：《秋涧先生大全集》卷82《中堂事记下》，《元人文集珍本丛刊》第2册，新文丰出版公司1985年版，第386页。
③ 苏天爵辑撰，姚景安点校：《元朝名臣事略》卷8《左丞许文正公》，中华书局1996年版，第179页。
④ 欧阳玄著，魏崇武、刘建立校点：《欧阳玄集》卷9《元中书左丞集贤大学士国子祭酒赠正学垂宪佐理功臣太傅开府仪同三司上柱国追封魏国公谥文正许先生神道碑》，吉林文史出版社，第92页。
⑤ 王祎：《王祎集》卷14《拟元列传二首》，浙江古籍出版社2016年版，中册第412页。

元代的契本

契本作为政府颁发给纳税人的纳税凭证,究竟始于何时,目前尚难定论,① 但至晚在元初已广泛使用。契本的出现反映了国家对商品流通领域中某些重要商品管理的加强,在古代财政史上有着重要意义。

一

元代契本的应用范围,不见政府明文规定。从有关文献看,应主要包括土地、房屋、奴婢、牲畜、舟船等的买卖。《元史》卷7《世祖纪四》载:"(至元七年五月)上都地理遥远,商旅往来不易,特免收税以优之,惟市易庄宅、奴婢、孳畜,例收契本工墨之费。"上都(今内蒙古正蓝旗东北)位于蒙古草原的南缘,地广人稀,农业生产不占主导地位,土地买卖现象还很少见,所以此处未涉及土地买卖,而只是强调"庄宅、奴婢、孳畜"的交易,"例收契本工墨之费"。《元典章》对契本应用范围的记载,相对比较详细。如《元典章》卷22的一件公文说:

先奉湖广等处行省札付内坐到条画内一款:"契钞官给契本,如诸

---

① 陈高华先生在《元代土地典卖的过程和文契》(《中国史研究》1988年第4期)一文中指出:"契本、契尾之名,元世祖时已出现,疑亦应为前代之制,并非元代首创"。戴建国先生《宋代的田宅交易投税凭由和官印田宅契书》(《中国史研究》2001年第3期)一文则认为:"宋代的官印田宅契书,与后世所说的'契本'性质相似,实际上是一种契本。后世的'契本'应是从宋代的官印田宅契书发展演化而成。"但从李逸友先生等编著的《黑城出土文书》(汉文文书卷,科学出版社1991年版)所揭示的元代契本残件以及元代文献关于契本使用范围的记载看,宋代的官印田宅契书与元代的契本尚有较大区别。

人典卖田宅、人口、头疋（匹）、舟船、物业应立契据者，验立契上实值价钱，依例收办正税。外，将本用印关防，每本宝钞一钱。无契本者，便同偷税究治。"①

湖广行省和上都情况不同，除房宅、人口、头疋（匹）外，这里还包括了土地、舟船等。这显然与江南地区土地资源相对紧缺，土地买卖十分普遍，且江河湖泊较多，舟船是十分重要的交通工具这一实际情况有关。

上引湖广行省的这件公文明确指出，"诸人典卖田宅、人口、头疋（匹）、舟船物业应立契据者"，才需购买契本，并依例纳税。"应立契据"是购买契本的基本前提之一，除此之外的其他交易，因不需要订立契书，自然也就不必购买契本。元人胡祗遹在《革昏田弊榜文》中提出："每一社议，令社长集众公议，推保官牙人一名，能书写、知体例、不枉屈写契人一名"，"凡遇本社买卖、租典土田及一切房屋、事产、人口、头匹交易合立文契者，止令官牙人作牙官立定，书写人写契"。② 显然，胡祗遹也是强调土地、房屋、事产、人口、头匹等交易，需要订立契书，根据政府规定，自然也需购买契本。

《析津志辑佚·额办钱粮》列有契本钱51锭31两5钱，③ 每道以中统钞三钱计，当有8605道，如以每道中统钞一两五钱计，当为1721道。每年以360天计，每天用量不足30道（如总数为1721道，则每天不足6道）。大都有近百万人口，日用消费品有很大一部分靠市场购买，如果各种商品的买卖均需使用契本，契本使用量应远远超过这一数字。

又，据《析津志辑佚·额办钱粮》，大都宣课提举司课程为107712锭5

---

① 陈高华等点校：《元典章》卷22《户部八·契本·关防税用契本》，中华书局、天津古籍出版社2011年版，第890页。
② 魏崇武、周思成点校：《胡祗遹集》卷22《革昏田弊榜文》，吉林文史出版社2008年版，第474页。
③ 北京图书馆善本组辑：《析津志辑佚·额办钱粮》，北京古籍出版社1983年9月版，第47页。

两 4 钱,① 契本以 8605 道计,如纳税商品全部使用了契本,平均每道契本的贸易额则高达 10 余锭,这对于日用生活品来说,也是不可能的。

总之,契本的使用范围,当以土地、房屋、人口、头匹、舟船等需要买卖双方订立文契者为限,是不可能包括其他商品的。

元朝政府对土地、房屋、驱口、牲畜、舟船等买卖格外重视,并要求订立契约,购买契本,依例纳税,当与元代户等制度的推行以及民事纠纷的审断密切相关。元朝沿唐宋旧制,仍实行户等制,② 作为征派赋役的依据。元世祖中统五年(1264)八月的一件圣旨条画提出:"今仰中书省,将人户验事产多寡,以叁等玖甲为差,品答高下,类攒鼠尾文簿。"③ 这实际上就是要求将百姓编定户等。但编制户等的依据,即所谓"事产多寡",讲得却很笼统。倒是胡祗遹在《县政要式》中讲得比较具体。文中说:

> 置军、民、站、匠诸色户计各乡保村庄丁口、产业鼠尾簿一扇,各户留空纸一面于后,凡丁口死亡,或成丁,或产业孳畜增添消乏,社长随即报官,于各户下,令掌簿吏人即便标注。凡遇差发、丝银、税粮、夫役、车牛、造作、起发当军,检点簿籍,照各家即目增损气力,分数科摊,不偏枯,不重并,使奸吏不能欺谩。至于土田、婚姻、驱良、头匹、债负,一切词讼,一一凭籍照勘。④

胡祗遹对"丁口产业"所包括的内容虽然也未作很明晰的说明,但既然"土田、婚姻、驱良、头匹、债负,一切词讼,一一凭籍照勘",则鼠尾

---

① 据《元史》卷94《食货志二》,第2398页,大都宣课提举司天历年间的商税额为103006 锭11两4钱,与《析津志辑佚》所记数额接近。

② 参见陈高华先生《元代户等制略论》,《元史研究论稿》,中华书局1991年版,第113—126页。

③ 方龄贵校注:《通制条格校注》卷17《赋役·科差》,中华书局2001年版,第494页。

④ 胡祗遹著,魏崇武、周思成点校:《胡祗遹集》卷23《县政要式》,吉林文史出版社2008年版,第483页。

簿中理应包含上述内容，否则，"凭籍照勘"便无从说起。由此看来，土地、房屋、驱口、牲畜、舟船等买卖过程中，要求订立契约，购买契本，并依例纳税，正是适应了政府推行户等制的具体要求。

二

元朝契本的印制，最初是由户部统一承办。至元二十年（1283）以后，江浙、江西、福建、湖广等江南四省，改由各行省自行印制，所需"契本铜板"及"契本铜印"则由户部统一颁发，而腹里地区及其他北方行省，则仍由户部统一印制。至元二十年十一月，福建行省在一件公文中对这一变化作了详细说明：

> 至元二十年十一月，福建行省准中书省咨：
> 照得各处行省所辖路分周岁合用办课契本，年例户部行下各处，和买纸札印造，发去办课。缘大都相去地远，不惟迟到，恐误使用，抑亦多费脚力。除四川、甘肃、中兴行省、陕西宣慰司所辖去处用度不多，依旧户部印造发遣外，据江南四处行省（即江浙、江西、福建、湖广四行省——引者）所管地面合用契本，合拟就彼和买纸札工墨印造。今将铸造到契本铜板一面、户部契本铜印一颗封面随此发去，咨请照验。据年例合用契本数目，就委彼处见任职官能干相应人员，不妨本职，兼管监视印造，发下合属行用，依例办课。务要多方钤束，毋致中间因而作弊。仍令本省掌司郎中专一用心，常切提调，才候印造了毕，据铜板、印信令掌司郎中封收，如有差故，以次首领官封收。若是板昏，除契板从本省倒铸外，户部契本朱印预为咨来铸造，随即发去倒换。今岁印发讫契本，开坐各路府州司县备细数目，同实用过纸札工墨价钱，随季报课程另行咨来。至年终办到钞数，通行起纳施行，先咨收管回示。①

---

① 陈高华等点校：《元典章》卷22《户部八·契本·就印契本》，中华书局、天津古籍出版社2011年版，第887页。

公文不仅对契本印制的相关问题作了详细说明，而且强调地方官员要严加管理，防止中间作弊。发到路、府、州、司县的契本数目以及工本费用，要按时上报中央。年终税收钱钞，也要如数上交中央财政。

契本费的数额，前后有所变化。至元七年（1270），上都"例收契本工墨之费"①，但数额多少，未作具体说明。据后来的文献看，当是"每本宝钞一钱"②。到至元二十二年（1285），才"又增商税契本，每一道为中统钞三钱"③。此次"增商税契本"，当与卢世荣急欲增加政府收入的财政政策有关。卢世荣虽然很快就倒台了，但每道中统钞三钱的契本费却沿袭下来。到武宗至大三年（1310），"契本一道复增作至元钞三钱"④，相当于中统钞一两五钱，契本费增至原来的五倍。《延祐四明志》记载说："官降契本，发下税务销用，每本收中统钞一两五钱，另项作数解官"⑤，可见这次增加契本费的规定，在地方上是执行了的。这次增收契本费，显然与武宗上台后的经济形势有关。武宗好大喜功，追求奢侈铺张。他上台后，大兴土木，滥赏诸王贵族，国家经济不堪重负。至大元年（1308）二月，中书省官员在报告中说："陛下登极以来，赏赐诸王，恤军力，赈百姓，及殊恩泛赐，帑藏空竭，豫卖盐引。今和林、甘肃、大同、隆兴、两都军粮，诸所营缮，及一切供亿，合用钞八百二十余万锭。……今乞权支钞本七百一十余万锭，以周急用，不急之费姑后之。"⑥ 武宗即位前，常年所支仅二百七十余万锭，⑦ 这时，竟增至八百余万锭，国家已很难支持。契本费的增加，虽然对扭转国家财政困境不会有多大作用，但已见朝廷财政官员在增加国库收入

---

① 宋濂等：《元史》卷7《世祖四》，中华书局1976年版，第129页。
② 陈高华等点校：《元典章》卷22《户部八·契本·关防税用契本》，中华书局、天津古籍出版2011年版，第890页。
③ 宋濂等：《元史》卷94《食货志二》，中华书局1976年版，第2397页。
④ 宋濂等：《元史》卷94《食货志二》，中华书局1976年版，第2398页。
⑤ 马泽修、袁桷：《延祐四明志》卷12《赋役考》，《宋元方志丛刊》第6册，中华书局1990年版，第6292页。
⑥ 宋濂等：《元史》卷22《武宗一》，中华书局1976年版，第495页。
⑦ 宋濂等：《元史》卷22《武宗一》，中华书局1976年版，第488页。

上已是千方百计，挖空心思。武宗去世后，地方官府曾建议"契本价钱，拟合照依旧制，每道改中统钞三钱"，但户部认为，"置买田宅、人口、头匹，即非贫民所作，俱系有力富庶之家。……契本必用纸张颜料之物，改收至元钞三钱，明开另项解纳，不在增酬之数"①。契本费一旦增加，政府就很难再降下来。

元政府曾对田宅、奴婢、孳畜、舟船等交易及契本使用，作出严格规定，但税务官员往往贪赃枉法，并不认真执行。"各务契税，又多不用上司元降契本，只粘务官契尾，更有连数契作一契押事。"②如真定路税务提领八合兀丁，"不使契本，盗税文契，欺隐课程"③，便是一例。还有的"伪造宣慰司印信契本，及商税务青由欺冒商贾"④。胡祗遹在揭露"奸吏"作弊行为时也指出，有人"经税则无契本"⑤。为防止税务官员作弊，税收流失，元政府于至元二十五年（1288）再次作出规定，除要求提点正官"常切用心关防"，"若有商税文契，依例收税，随用省部契本印押讫，分付各主收执"，同时明确宣布："如是依前不用契本，有人首捉、因事发露到官，买主同匿税科断，当该院务官依条追断，提点正官取招定罪黜降。"⑥但"权豪势要牙行栏头巡税之徒"往往伙同作弊，"结揽文契，多收税钱，并不纳官"⑦。仁宗皇庆元年（1312），在中书省转发的户部主事张承直的报告中，再次提出：

---

① 陈高华等点校：《元典章》卷22《户部八·契本、契本每本至元钞三钱》，中华书局、天津古籍出版社2011年版，第891页。
② 陈高华等点校：《元典章》卷22《户部八·契本·税契用契本杂税乡下主首具数纳课》，中华书局、天津古籍出版社2011年版，第888页。
③ 陈高华等点校：《元典章》卷22《户部八·契本·体察不使契本》，中华书局、天津古籍出版社2011年版，第888页。
④ 宋濂等：《元史》卷105《刑法四·诈伪》，中华书局1976年版，第2667页。
⑤ 魏崇武、周思成点校：《胡祗遹集》卷21《又小民词讼奸吏因以作弊》，吉林文史出版社2008年版，第455页。
⑥ 陈高华等点校：《元典章》卷22《户部八·契本·关防税用契本》，中华书局、天津古籍出版社2011年版，第890页。
⑦ 陈高华等点校：《元典章》卷22《户部八·契本·契本税钱》，中华书局、天津古籍出版社2011年版，第892页。

……税课不能尽实到官。盖因官豪势要、庄宅牙行栏头人等，将买卖田宅、人口、头疋（匹）之家说合成交，写讫文契，两相要讫牙钱，又行收取税课。于内价值千有余定者有之，以三十分取税一分，一契约取四五十定。其余田产、宅院、人口、马疋（匹）价值，百十定者有之，五七十定之上者有之，三二十定者有之，至微者牛畜之类不下七八定。二岁计之，收税不少。买置之家畏惧税司刁蹬，多被权豪势要、牙行栏头、巡税之徒结揽文契，多收税钱，并不纳官。若是务官觉察取问，止以价钱未完为由推调。直至年终，务官将与交界，乘此之际，揩除务官，少者强索印契，多者不论价值，或以一契至元钞一钱、二钱纳官，亦有通同作弊，不附赤历，就于契尾用印，因而分使官钱。又有因为务官不从己意，即赍邻境税务往来，互相走税。其别界务官意为有益于己，又临任满，比之前项一二钱纳税者，又行半价收税。纵有用契本者，百无一二。似此弊病，不可尽述。

面对上述情况，张承直建议说：

今后须要各处提调正官钦依累奉圣旨条画，选委见任廉干人员尽心关防，明示买主，随即赴务投税，依例扣算合该契本税钱，划时结附赤历。仍严禁权豪势要、牙行栏头、巡税之徒，毋致似前结揽。如无契本，买主依例追断，结揽牙行栏头人等比匿税例加等追断。务官通同、及税非本境成交文契者，依例断罪黜降。提调正官有失关防，纵令亲戚宅司人等入务，但是乞要钱务者，即同枉法论罪。①

张承直的建议，虽然被采纳，中书省尽管也要求各地税课"务要尽实到

---

① 陈高华等点校：《元典章》卷22《户部八·契本·契本税钱》，中华书局、天津古籍出版社2011年版，第891—892页。

官"，并宣称"违者痛行治罪"①，但契本弃而不用，以及"走透官课"的现象，实际上无法避免。元政府为此而屡颁禁令本身，就说明了这一问题。

由于"权豪势要牙行栏头巡税之徒，结揽文契"，甚至与税务官员"通同作弊"，其结果，不仅使政府税收大量流失，而且使政府不能及时准确地掌握并记载土地、房屋、奴婢、牲畜、车船等事产的流通转移情况，因而户等制的推行也就失去了可靠的依据。元代户等制的混乱，这不能不说是一个重要原因。

三

黑城出土文书中契本残件的发现，为我们了解元代契本提供了实物证据。据李逸友先生介绍，黑城文书中，"契本残屑有十多件，其中有的残存有红色官印残迹，系曾经使用过，而被纳税人撕毁扔弃者。"② 保存较好的一张契本 F1：W94，其上未加盖官印，也未填写纳税人姓名和商税数额，是一张未曾用过的契本……它为我们提供了第一次认识契本的机会"③。现将李先生整理的契本文字转录如下：

皇帝圣旨里中书户部
  钦奉
圣旨条画内一款该匿税者其匿税之物一半
没官于没官物内一半付同告人充赏犯
人仍答五十其回回通事非使官银
买卖人等入门不吊引等同匿税
钦奉如此省部除外今印造到随路

---

① 陈高华等点校：《元典章》卷22《户部八·契本·契本税钱》，中华书局、天津古籍出版社2011年版，第892页。

② 契本相关内容与持有者的户等、赋役等关系密切，因而"被纳税人撕毁扔弃"的可能性似乎不大。

③ 李逸友：《黑城出土文书》，科学出版社1991年版，第75页，文书编号为F1：W94。

契本发下各路行用务课等事

用价

☐到

凭牙保人☐验

条赴务投税用讫今后但☐☐

如无省部契本者便同偷税

据此合行出给者

　年　　☐给①

从契本内容看，主要是申明国家对匿税者的惩罚性规定，对民众起一种警示作用。有的学者根据陶宗仪《辍耕录》中关于奴婢买卖使用"红契"的记载，认为契本是红色纸张印成的，② 已出土的黑城文书，还不能证实这一点。另外，"红纸"上如何加盖官印，也是个问题。因此，我怀疑，陶宗仪所谓"红契"，就是税务机构加盖了官印的文契。

契本中"凭牙保人☐验"等文字表明，土地、房屋、奴婢、牲畜等交易，是必须经过"牙人"的。根据政府规定，牙人"验价取要牙钱，每拾两不过贰钱"③。但这一规定能否严格执行，值得怀疑，因为大都的"羊牙人等，多取牙钱，惊扰羊客"④ 的现象是存在的，其他牙人也很难保证不"多取牙钱"。

为了说明契本的特点，我们不妨以上引契本与政府税粮通知书作一比较。黑城出土文书中有一张总管府发给农户的税粮通知书，编号为F197：W13，文书上刻印有圣旨、交纳日期和年款。户名、土地数、应纳税粮品种和数量等，则需墨书填写。现转引如下：

---

① 李逸友：《黑城出土文书》，科学出版社1991年版，第75、185页；附录图版叁贰。
② 见洪用斌《元代的奴隶买卖》，《内蒙古社会科学》1985年第5期。
③ 方龄贵校注：《通制条格校注》卷18《牙行》，中华书局2001年版，第549页。
④ 方龄贵校注：《通制条格校注》卷18《牙行》，中华书局2001年版，第550页。

元代的契本　　149

　　皇帝圣旨里亦集乃路总管府钦奉
　　圣旨节该蒙古汉儿并人匠不以是何诸色
　　　人等富豪势要之家但种田/者
　　　依例交纳税粮钦此本路照依
　　　上年计□到该税石须要钦依/
　　　宣限送纳开足不致违限如违依例
　　　断罪今将本户税粮开列于后
　　　　初限十月终　未限十二月终
　　　……………………
　　至正十三年　　月　　日给①

以此文书和前引契本相比较，就不难发现一个共同的特点，即都是把相关圣旨写在前面，以表示政府行为的法律依据。从《通制条格》和《元典章》的相关公文看，这一做法可说是元代的通例。

顺便说明的是，黑城出土文书中，还有一件买卖马匹的文书，编号为F20∶W15，编者注：竹纸，残，木版印刷，墨书填写住址、人名、牲畜、粮食名数，200毫米×420毫米。兹将文书转录如下：②

　　□马立契人甘州没齐秃住人
　　卜罗傍才今将自己家生帖青骡□四岁□
　　正当三成凭官牙人□□□□
　　□□□斗小麦壹石五斗情愿立□
　　□□□甘州住人速立牙文
　　□□□当日并马两相交付

---

① 李逸友：《黑城出土文书》，科学出版社1991年版，第76页。
② 李逸友：《黑城出土文书》，科学出版社1991年版，第188页。

```
▢▢买主自见人马▢▢
▢▢同卖人一面承当▢▢
▢▢恐后无凭立此卖契▢▢
  ▢正廿七年    月   日   立契人   卜罗▢▢
                      同立卖契人  官音奴
                      官牙人撒文
                              李才▢
```

这是一件马匹买卖文契。根据元朝的规定:"凡买卖人口,头疋(匹)、房屋一切物货,须要牙保人等,与卖主、买主明白书写籍贯、住坐去处,仍召知识卖主人或正牙保人等保管,画完押字,许令成交,然后赴务投税。"[①]"买卖牛只,合赴牛市立契买卖,经由税务,然后成交"[②];黑城出土的这件马匹买卖文契,为我们了解元代牲畜买卖文契的内容、格式等,提供了实物证据。

亦集乃路总管府向甘肃行省申报的文书残件F116:W488上,记有"▢本壹万贰阡捌伯道"等字,李逸友先生推断,此缺字当系"契"字。[③]据《元史》记载,天历元年(1328)全国所用契本为303800道,其中腹里为68332道,其他各行省总计为235468道。[④]地处偏远,人口稀少,土地、庄宅、驱口、牲畜等交易不会太多的亦集乃路,契本保存竟如此之多,令人费解。这一问题,还有待进一步研究。

(原载《元史论丛》第十辑,中国广播电视出版社2005年版)

---

① 方龄贵校注:《通制条格校注》卷18《关市·牙保欺蔽》,中华书局2001年版,第524页。
② 陈高华等点校:《元典章》卷57《刑部十九·禁宰杀·赏捕私宰牛马》,中华书局、天津古籍出版社2011年版,第1899页。
③ 李逸友:《黑城出土文书》,科学出版社1991年版,第75页。
④ 宋濂等:《元史》卷94《食货志二·额外课》,中华书局1976年版,第2404页。

从黑城出土的《孝经直解》残页说到元代各民族孝悌思想的传播

一

李逸友编著《黑城出土文书（汉文文书卷）》和塔拉、杜建录等主编的《中国藏黑水城汉文文献》都收录了元代贯云石著《孝经直解》（以下简称《直解》）残页一幅①。现将该残页内容转录如下：

地之性人为贵 孔子回说天地内人最贵 人之 行

莫大于孝 人的勾当都无大似孝的事 孝莫大于 严

父 孝的勾当都无大似父亲的 严父莫大于配天 敬父

亲的勾当便似敬天一般 则周公其人也 在先圣人有个周公

的名字曾 这般行来 昔者周公郊祀后稷以配天

宗祀文王于 明堂以配上帝是以四海

之内各以其职 来祭 那 ②

---

① 《黑城出土文书（汉文文书卷）》附录图版肆捌（2）F43：W2，科学出版社1991年版；塔拉、杜建录、高国祥主编《中国藏黑水城汉文文献》第7册，国家图书馆出版社2008年版，第1566页，编号为M1·1259［F197：W2B］。

② 该文书图版见本文附录一。

这是《孝经直解·圣治章第九》中的一段文字。目前《直解》存世的版本仅有北京琉璃厂来薰阁书店1938年刊印的日本林秀一所藏《新刊全相成斋孝经直解》（以下简称"全相本"），为元刊本。但黑城出土的《直解》残页与"全相本"明显不同①。"全相本"各页均配有插图，且每行十三字（双行夹注即"直解"部分亦同），字体大小均匀，字距、行距相同，而《直解》残页无配图，字体大小与字距等亦不如"全相本"整齐划一。方龄贵以为可能是"初刻本"②，有一定道理。

《黑城出土文书（汉文文书卷）》编著者在F43：W2下注称："《孝经》残页，竹纸，207×138毫米，边粗栏，内细栏，残存7行，大字楷体，大小不匀，最大15×14毫米，每栏内双行小字夹注，注文用元代硬译体语言，图版肆捌（2）。"③《中国藏黑水城汉文文献》中编者也将其题为"《孝经》残页"，二者所说"《孝经》残页"，似不确，应为"贯云石著《孝经直解》残页"。

《直解》的所有者已很难确考。据黑城已出土的文书判断，极有可能是亦集乃路儒学或儒学教授的遗物。在黑城出土文书中有不同人书写的《孝经》残页（或残屑）多件，显然属于儒学生员的遗物。同时出土的其他儒学经典著作抄件残页（或残屑）还有《论语》《大学》《孟子》《千字文》等。④ 元廷曾规定，"凡读书必先《孝经》《小学》《论语》《孟子》《大学》《中庸》，次及《诗》《书》《礼记》《周礼》《春秋》《易》"⑤。黑城出土的儒学经典著作残页表明，这里的儒学是按政府规定从事教学活动的。

值得注意的是，元廷并未将贯云石著《直解》列为儒学的必读教材。但在亦集乃路这样的边疆地区，蒙古人、唐兀人的语言文化影响必然较多。

---

① 见本文附录二。
② 方龄贵：《读〈黑城出土文书〉》，《元史丛考》，民族出版社2004年版，第227—229页。
③ 《黑城出土文书（汉文文书卷）》，第201页。
④ 见《黑城出土文书（汉文文书卷）》，科学出版社1991年版，第196—200页；《中国藏黑水城汉文文献》第7册，国家图书馆出版社2008年版，第1423—1449页。
⑤ 《元史》卷81《选举志一》，中华书局1976年版，第2029页。

在这种情况下，儒学选用与蒙古语硬译比较接近的《直解》作为教材，不失为一种明智的选择。

元朝重视儒学教育。忽必烈即位后的中统二年（1261）八月，即颁布圣旨，指出"诸路学校久废，无以作成人材"；要求各地"选博学洽闻之士以教导之"，并要求："凡诸生进修者，仍选高业儒生教授，严加训诲，务要成材，以备他日选擢之用"；"各路官司，常切主领教劝"。[①] 至元六年（1269）又进一步提出："拟合并散府、上中州，依旧例设立教授一员。各路作正八品，散府、上中州作从八品。""若有已设教授，乞行下各路体究，委是德行学问、通晓文字、可以为后进师范之人，拟令委保申省，依旧勾当。如体究得不应，及阙员去处，令各处官司，取问众儒人推举保申，体究相应，许令勾当。若本处委无堪充师范之人，许于别州、府依上踏逐相应之人勾当。"[②] 全国统一后，至元二十八年（1291）又再次宣布："凡师儒之命于朝廷者，曰教授，路府上中州置之。命于礼部及行省及宣慰司者，曰学正、山长、学录、教谕，路州县及书院置之。路设教授、学正、学录各一员，散府上中州设教授一员，下州设学正一员，县设教谕一员，书院设山长一员。"[③] 亦集乃路属于下路，且处于边疆地区，但亦按规定设有路府儒学，且有教授设置。从黑城出土文书看，曾任该路儒学教授的有李某、杨景仁、邢守善、易和敬、李时敏等[④]，可见元朝的规定在亦集乃路是得到贯彻执行的。

亦集乃路人烟稀少，路府儒学的规模不可能太大。令人高兴的是，在黑城出土文书中竟保存有该路儒学"生员已到未到花名"。这样的资料，在其他史书或存世文书中极为罕见，现转录如下：

---

① 《庙学典礼》卷 1《设提举学校官》，浙江古籍出版社 1992 年版，第 12 页。
② 《庙学典礼》卷 1《设提举学校官及教授》，浙江古籍出版社 1992 年版，第 13—14 页。
③ 《元史》卷 81《选举志一》，第 2032—2033 页。
④ 参见《黑城出土文书（汉文文书卷）》，科学出版社 1991 年版，第 48 页。

生员已到未到花名坐开☐

王彦文　赵☐德　陈文义　段仲仁

安世昌　云天德　沈文郁　刘克诚

张伯元　陈守仁　山兰扬①　高天美

梁伯定　闫思中　陈思义　文书奴

王仲祥　陈天祐　徐敏道　黑水☐

（下缺）②

上列二十人，多数应是汉族官员子弟与富家子弟，虽然包括了"未到"生员的花名，但学校规模还是不小的。据《元史·地理志》记载，人口相对稠密的集庆路（治今江苏南京）有 214538 户，1072690 人，"生徒常二百人"③，被认为是规模较大的一处儒学④，但生徒与人口的比例也不足万分之二。嘉兴路（治今浙江嘉兴）有 426656 户，2245742 人，而路学"经生二十四人"，"小学三十余生"，总共不过五六十人⑤，生员占人口的比例不足十万分之三。镇江路（治今江苏镇江）有 103315 户，623644 人，也仅"选官民子弟八十人，朝夕肄业"⑥，路学人数仅为全路人口的万分之一强。集庆路、嘉兴路、镇江路是全国人口密集、文化教育较为发达的地区，路学生员通常仅有几十人，最多不过一二百人。甘肃行省的人口非常稀少，据《元史·地理志》记载，甘州路至元二十七年（1290）仅有 1550 户，23987

---

① 《黑城出土文书（汉文文书卷）》第 195 页有该文书的录文，对照《中国藏黑水城汉文文献》第 7 册，国家图书馆出版社 2008 年版，第 1414 页图版，"山兰伯"当为"山兰扬"。

② 该文书编号为 M1·1136 ［F117：W12］，《中国藏黑水城汉文文献》第 7 册，国家图书馆出版社 2008 年版，第 1414 页。

③ 《至正金陵新志》卷 9《学校·崇学校·路学》，《宋元方志丛刊》第 6 册，中华书局本，5663 页上。

④ 见陈高华《元代的地方官学》，《元史研究新论》，上海社会科学院出版社 2005 年版，第 406 页。

⑤ 金吾：《嘉兴路儒学归复田租记》，《两浙金石志》卷 3，《石刻史料新编》第 1 辑第 14 册，新文丰出版公司 1985 年版，第 10541 页下。

⑥ 苏天爵：《滋溪文稿》卷 3《镇江路新修庙学记》，中华书局 1997 年版，第 43 页。

人；肃州路同年仅有 1262 户，8679 人。亦集乃路的人口数未见记载，但较之甘州、肃州，无疑会更加稀少。在如此情况下，路学生员还有二十人之多，按人口比例计算，在全国当居前列，其规模不能算小。

由于经济条件的限制，学校的设施自然是相当简陋的。据《黑城出土文书（汉文文书卷）》，亦集乃路府学仅有"万岁牌一面、大小奠牌壹拾伍面、香桌儿陆个、大小破损香炉伍个、高桌儿叁个、长床肆个、破单肆片、破铁小锅壹口。文庙壹所门窗俱全，明经堂小斋堂门窗"①。在如此简陋的条件下，仍有不少生员坚持学习或要求入学学习，可见当地民众对文化学习的渴望。当然，这些生员，或来自"儒户"家庭，或是经济条件较好的"良家子弟"，一般的民户或屯田户子弟，入学的可能性是不大的。

二

《直解》作者贯云石（1286—1324），原名小云石海涯，字浮岑，号酸斋，又号成斋、疏仙、芦花道人等，是著名的元曲作家，一直享有盛誉。元人邓文原在《翰林侍读学士贯公文集序》中称赞他"才气英迈""宜其词章驰骋上下，如天骥摆脱絷羁，一踔千里"②。郑元祐则说："若北庭贯君酸斋、山东李君溉之无不称其才俊。"③ 明人王世贞讲到元曲时说："曲者，词之变。自金元入中国，所谓北乐，嘈杂凄紧，缓急之间词不能按，乃更为新声以媚之，而诸君如贯酸斋、马东篱、王实甫、关汉卿、张可久、乔梦符、郑德辉、宫大用、白仁甫辈，咸富才情，兼喜声律，以故，遂擅一代之长，所谓宋词、元曲，殆不虚也。"④ 胡应麟则称："涵虚子记元词手百八

---

① 该文书编号为 F39：W1，录文见《黑城出土文书（汉文文书卷）》，科学出版社 1991 年版，第 195 页，图版捌（2）。
② 邓文原著，罗琴整理：《巴西文集》，浙江人民美术出版社 2016 年版，第 74 页。
③ 郑元祐撰，徐永明校点：《郑元祐集》卷 12《庐山陈天倪墓志铭》，浙江大学出版社 2010 年版，第 312 页。
④ 王世贞：《弇州四部稿》卷 152，《景印文渊阁四库全书》第 1281 册，台湾商务印书馆 1986 年版，第 449 页上。

十余，中能旁及诗文者，贯云石、高则诚二三子耳。自余马致远辈，乐府外他伎俩不展一筹，信天授有定也。"① 元曲外，贯云石还长于诗文、书法，有不少作品存世。

贯云石的祖父阿里海牙，畏吾人，因平宋有功，官至光禄大夫、湖广行省左丞相。卒后，赠开府仪同三司、上柱国，封楚国公，谥武定。至正八年（1348），进封江陵王。② 贯云石的父亲贯只哥，官湖广行省参知政事、江西行省平章政事等，卒后追封楚国公，谥忠惠③。母亲廉氏，是廉希闵的女儿，廉希宪的侄女，布鲁海牙的孙女。廉氏家族亦为畏吾人。贯云石自幼即常随母亲住在外祖父燕京的居所"廉园"。④

贯云石生于元世祖至元二十三年（1286），他没有见到过布鲁海牙、廉希宪等前辈亲属。但廉氏家族所具有的传统的优良品德，不可能不使他受到熏染。布鲁海牙"性孝友"，他不仅对母亲极为孝敬，就连曾欺他年幼、霸占了他全部财产的叔父阿里普海牙，也毫不计较。他做官后，还在自己的住所旁修了房子，迎阿里普海牙来住。布鲁海牙死后，被追封为魏国公，谥孝懿⑤。廉希宪更是笃好经史，手不释卷，被忽必烈目为"廉孟子"。"至元元年，丁母忧，率亲族行古丧礼，勺饮不入口者三日，恸则呕血，不能起，寝卧草土，庐于墓旁。宰执以忧制未定，欲极力起之，相与诣庐，闻号痛声，竟不忍言。未几，有诏夺情起复，希宪虽不敢违旨，然出则素服从事，入必缞绖。及丧父，亦如之。"⑥ 他曾对忽必烈说："为臣当忠，为子当孝，孔子之戒，如是而已。"⑦ 前辈的这些言行，对贯云石不可能不发生

---

① 胡应麟：《少室山房笔丛正集》卷25，《景印文渊阁四库全书》第886册，台湾商务印书馆1986年版，第444页下。
② 《元史》卷128《阿里海牙传》，第3128页。
③ 欧阳玄著，魏崇武、刘建立校点：《欧阳玄全集》卷9《元故翰林学士中奉大夫知制诰同修国史贯公神道碑》，吉林文史出版社2009年版，第103页。
④ 见杨镰《贯云石评传》，新疆人民出版社1983年版，第43—44页。
⑤ 《元史》卷125《布鲁海牙传》，第3071—3072页。
⑥ 《元史》卷126《廉希宪传》，第3090页。
⑦ 《元史》卷126《廉希宪传》，第3092页。

影响。贯云石也十分敬爱自己的母亲，曾作《思亲》诗一首："天涯芳草亦婆娑，三釜凄凉奈我何。细较十年衣上泪，不如慈母线痕多。"① 孝悌思想是他的本性，同时也来自前辈亲属的影响。

贯云石的《孝经直解序》写于至大改元孟春既望，即1308年二月十六日。从序后所署官职看，他当时可能还在永州两淮万户府达鲁花赤任上。他就是这年让官于弟而北返大都的。欧阳玄《贯公神道碑》记述他任职永州及让爵于弟时的情况说：

> 初袭父爵为两淮万户府达鲁花赤，镇永州。在军，气候分明，赏罚必信。初，忠惠公（即贯只哥——引者）宽仁，麾下玩之。公至严令，行伍肃然，军务整暇。雅歌投壶，意欲自适，不为形势禁格。然其超擢尘外之志，夙定于斯时。一日，呼弟忽都海涯，语之曰："吾生宦情素薄，然祖父之爵，不敢不袭。今已数年，法当让汝。"即日以书告于忠惠公，署公牍，移有司，解所绾黄金虎符，欣然授之。

贯云石让爵于弟，与他"宦情素薄"有关，但同时也是出于对弟弟的热爱。

他让爵于弟后，即北上大都。他首先拜文坛巨擘姚燧为师。姚燧见他"古文峭厉有法，及歌行、古乐府慷慨激烈，大奇其才"②。姚燧对贯云石的指导、帮助虽无多少记载，但贯云石后来在文学上的成就无疑会有老师的一份心血在里头。

贯云石所以要作《孝经直解》，除了他本身的孝悌思想外，显然也反映了他对儒家经典的尊崇。从贯云石为该书所作自序看，他是要仿效许衡用通俗语言解说儒家经典的做法，要"化艰成俗"，努力使经典著作通俗化，

---

① 《元诗选》二集上，中华书局1987年版，第269页。
② 欧阳玄撰，魏崇武、刘建立校点：《欧阳玄全集》卷9《元故翰林学士中奉大夫知制诰同修国史贯公神道碑》，吉林文史出版社2009年版，第103页。

以"使匹夫匹妇皆可晓达,明于孝悌之道"①。目前,学术界关于《直解》的语言特点已有一些比较深入的研究,但有些论断尚需进一步斟酌。有的学者认为,贯云石是用当时的口语来讲解《孝经》②,这实际上是一种误解。如果我们拿《直解》与反映元代后期北方口语状况的《原本老乞大》③等相比较,就不难看出二者之间的明显区别。准确的说法应该是,它与当时流行的硬译公牍文体比较接近。④ 当然,为了便于阅读,贯云石也采用了部分通俗浅白的汉语句式。如"子曰"译为"孔子说";"汝知之乎"译为"你省得么";"始于事亲"译为"在起初时,在意扶侍父母"(以上,《开宗明义章第一》);"夙兴夜寐,无忝尔所生"译为"早起的时分,晚睡的时分,常寻思,休教辱没了父母着"(《士章第五》);"君子则不然"译为"好人那里肯"(《圣治章第九》);"敬其父,则子悦;敬其兄,则弟悦;敬其君,则臣悦;敬一人而千万人悦"译为"这般敬重他父呵,孩儿欢喜;敬重他哥哥呵,兄弟欢喜;敬重他的上人呵,已下欢喜;敬重天子呵,天下人都欢喜"(《广要道章第十二》)。如此等等。这种"直解"方法,既保持了北方少数民族的语法特征,又照顾到了汉族读者的阅读习惯,二者兼顾,确实达到了"化艰成俗"的目的。

据欧阳玄《贯公神道碑》,贯云石曾将《直解》进呈尚为太子的仁宗,并得到称许,但未能被官方刊印。现在的贯氏《直解》,很可能是他自己出资刊印的。

三

元代的亦集乃路原为西夏故地,西夏国曾在这里设黑水镇燕监军司。西夏开国皇帝元昊曾"自制蕃书,命野利仁荣演绎之,成十二卷,字形体

---

① 贯云石:《孝经直解序》,《新刊全相成斋孝经直解》卷首 1938 年北京琉璃厂来薰阁书店刊本。
② 见吕雅贤《〈孝经直解〉的语法特点》,《语文研究》1993 年第 3 期。
③ 《原本老乞大》,外语教学与研究出版社 2002 年版。
④ 参见亦邻真《元代硬译公牍文体》,《元史论丛》第 1 辑,中华书局 1982 年版。

方整类八分,而画颇重复。教国人纪事用蕃书,而译《孝经》《尔雅》《四言杂字》为蕃语"①。《孝经》等儒家经典,开始在西夏境内得到传播。

与西夏国相邻的金国,儒学经典的传播则更为广泛。金大定二十三年(1183),世宗曾以女直字《孝经》千部付点检司分赐护卫亲军。② 泰和四年(1204),章宗又命亲军三十五以下习《孝经》《论语》。③ 金代科举亦仿辽、宋旧制,《孝经》被列为科考书目之一,并规定《孝经》用唐玄宗注。④ 有文化素养的后妃,亦常习诵《孝经》,如昭圣皇后,"性聪慧,凡字过目不忘。初读《孝经》,旬日终卷"⑤。海陵后徒单氏亦曾诵《孝经》。"一日,忽谓人曰:'经言三千之罪,莫大于不孝,何为不孝?'对者曰:'今民家子博弈饮酒,不养父母,皆不孝也。'"⑥

忽必烈在潜邸时,王鹗就曾为之进讲《孝经》等儒家经典。⑦ 元朝建立后,更加重视儒学教育。裕宗真金在东宫时,曾从姚枢、窦默受《孝经》⑧,王恽还曾进《承华事略》,进一步阐述孝悌思想对治理天下的重要意义:

> 臣恽伏闻殿下,天粹元良,日隆纯孝,其问安视膳于两宫之间,与古契者多矣。然于君父之孝,复有当广之者。如承颜顺志,俾圣躬宁于上,庶事康于下,乃臣子孝敬之至。故扬子《孝至篇》云:孝莫大于宁神,宁神莫大于宁亲。终于四表之欢心,如唐之赐爵给帛,孝子勿事征防,亲年及者还民及诏天下家藏《孝经》,有三王四代养老之

---

① 《宋史》卷485《西夏国上》,中华书局1977年版,第13995页。
② 《金史》卷8《世宗纪下》,中华书局1975年版,第184页。
③ 《金史》卷12《章宗纪四》,第270页。
④ 《金史》卷51《选举志一》,第1130—1131页。
⑤ 《金史》卷64《后妃传下》,第1526页。
⑥ 《金史》卷82《海陵诸子传》,第1854页。
⑦ 《元史》卷160《王鹗传》,第3756页。
⑧ 《元史》卷115《裕宗传》,第2888页。另据《秘书监志》卷5《秘书库》,延祐二年(1315),秘书库仍存有裕宗真金用过的《孝经》三册。

遗风焉，岂非德加百姓，四表之欢心者乎！惟殿下详览，益广至德。①

王恽认为，君父之孝不同于一般百姓的个人之孝，君父之孝应"德加百姓"，赢得"四表之欢心"，即让天下百姓过上幸福生活。王恽又进一步建议说：

> 父子存乎天性，兄弟谓之彝伦，友爱亲睦，人心之良德也。孔子曰：惟孝友于兄弟，施于有政。兹盖言常人以一身齐治尚先悌于兄长，故能施于政事，况国子储贰，家有四海者欤？异时将以立爱、立敬、睦九族、建宗亲，使维藩维城之势屏翰王室，措天下于磐石之安，不以友爱为本，可乎？②

王恽希望太子真金"孝友于兄弟"，只有兄弟们团结一致，才能形成"维藩维城之势"，才能"措天下于磐石之安"。王恽将孝悌思想与治理天下联系起来，于太子真金自然有很强的针对性。

成宗大德九年（1305），仁宗与母亲被迫出居怀州（治今河南沁阳），侍从李孟常以孝悌思想规劝仁宗，"仁宗深纳其言，日间视膳，婉容愉色，天下称焉"③。大德十一年（1307）五月，武宗即位后，在《尊皇太后诏》中提出："孝治天下者，王政所先。"④ 同年八月，中书左丞孛罗铁木儿以国字译《孝经》进，武宗诏曰："此乃孔子之微言，自王公达于庶民，皆当由是而行。其命中书省刻板模印，诸王而下皆赐之。"⑤ 与此同时，还有《图

---

① 王恽：《秋涧先生大全文集》卷78，《元人文集珍本丛刊》第2册，新文丰出版公司1985年版，第344页上。
② 王恽：《秋涧先生大全文集》卷78，《元人文集珍本丛刊》第2册，新文丰出版公司1985年版，第344页下。
③ 《元史》卷175《李孟传》，第4085页。
④ 《元典章》卷1《诏令·武宗皇帝》，中华书局、天津古籍出版社2011年版，第18页。
⑤ 《元史》卷22《武宗纪一》，第486页。

象孝经》的刊行。①

仁宗即位后，钱天祐于延祐二年（1315）又作《孝经直解》（亦称《孝经经传直解》），翰林官还曾奉命将该书译为畏吾儿文字，呈仁宗及太后阅读。② 程钜夫为该书作序，称赞该书"义训详明，质而不野，坦然切近，易知易行，信可尚也"。并希望"后之读《直解》，毋以浅近而忽之"。③

元朝政府在提倡孝悌思想的同时，还在制度上作出了许多明确规定，对孝子顺孙给以表彰、奖励。如大德九年（1305）立皇太子诏书内即提出："孝子顺孙曾经旌表，有材堪从政者，保结申明，量材任用。"④ 大德十一年（1307）武宗在即位诏书内又提出，"义夫节妇孝子顺孙，具实以闻，别加恩赐"⑤。对官员的祖父母、父母丧假、迁葬祖父母、父母假限以及官员丁忧等都作出了明确规定。⑥

金人王若虚曾说："孝悌，百行之冠冕；《孝经》，《六艺》之喉衿。圣人大训，不待赞扬而后知也。学者，自童稚读书，必始于此……"⑦ 元代的童蒙教育，通常都是由读《孝经》《论语》开始。如欧阳玄，"幼岐嶷，母李氏，亲授《孝经》《论语》、小学诸书，八岁能成诵"⑧。王思诚，"天资过人，七岁，从师授《孝经》《论语》，即能成诵"⑨。许谦，"甫能言，世母陶氏口授《孝经》《论语》，入耳辄不忘"⑩。陈栎三岁，"祖母吴氏口授

---

① 《元史》卷24《仁宗纪一》，第536页。
② 钱天祐：《中书省进叙古颂状》，《永乐大典》卷10888《古·叙古》，中华书局1986年版，第4487页。
③ 程钜夫：《雪楼集》卷9《孝经直解序》，台北"中央"图书馆1970年版，第388页。
④ 《元典章》卷2《圣政一·旌孝节》，中华书局、天津古籍出版社2011年版，第68页。
⑤ 《元典章》卷2《圣政一·旌孝节》，中华书局、天津古籍出版社2011年版，第68页。
⑥ 《元典章》卷11《吏部五·职制二·假故》，中华书局、天津古籍出版社2011年版，第385—391页；《元典章》卷11《吏部五·职制二·丁忧》，中华书局、天津古籍出版社2011年版，第392—394页。
⑦ 王若虚著，马振君点校：《王若虚文集》卷45《跋王进之墨本孝经》，中华书局2017年版，第560页。
⑧ 《元史》卷182《欧阳玄传》，第4196页。
⑨ 《元史》卷183《王思诚传》，第4210页。
⑩ 《元史》卷189《许谦传》，第4318页。

《孝经》《论语》,辄成诵"①。哈剌鲁人伯颜,"六岁,从里儒授《孝经》《论语》,即成诵"②。如此等等,这样的事例是很多的。

《元史》有《孝友传》两卷,辑录的以孝友事迹著称的人物一百余人,在二十四史中是少见的。《元史》修于明初,但参加编修《元史》的人实际上都是元人,他们对元代的情况应该是比较了解的。《元史》中《孝友传》人物事迹如此之多,也从一个侧面反映了元朝政府对孝悌思想教育的重视。尤其值得注意的是,《元史》编修者列举"事亲笃孝者"名单中,提到了"色目氏沙的"③,在"居丧庐墓者"名单中,提到了"蒙古、色目氏纳鲁丁、赤思马、改住、阿合马、拜住、木八剌、玉龙帖木儿、锁住、唐兀歹、晏只哥、李朵罗歹、塔塔思歹"④ 等人,可见在蒙古、色目人中,以"孝友"著称者亦不乏其人。

通过上述考察我们可以看出蒙古族建立的元朝,进一步弘扬了孝悌文化。同时也证明,孝悌思想是我国各民族共有的传统思想。贯云石《孝经直解》在黑城文书中的发现,并不是一个偶然现象,它是元朝各民族共同倡导孝悌思想的反映。

---

① 《元史》卷189《陈栎传》,第4321页。
② 《元史》卷190《伯颜传》,第4349页。
③ 《元史》卷197《孝友传一》,第4439页。
④ 《元史》卷197《孝友传一》,第4439—4440页。

附录一：《中国藏黑水城出土汉文文献》中的贯云石《孝经直解》残页

附录二：1938 年北京琉璃厂来薰阁书店刊印的《新刊全相成斋孝经直解》

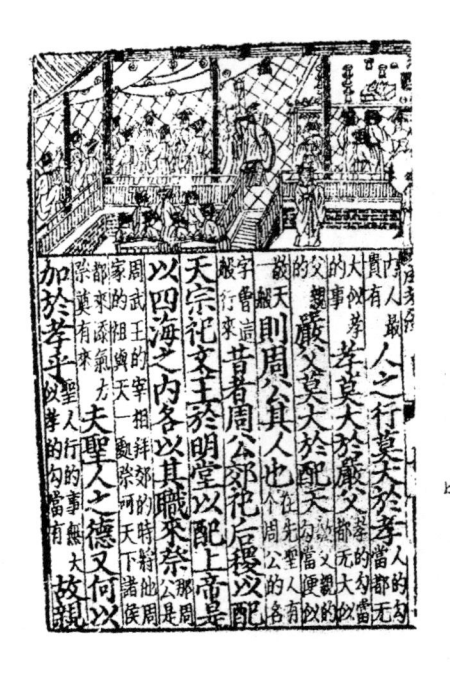

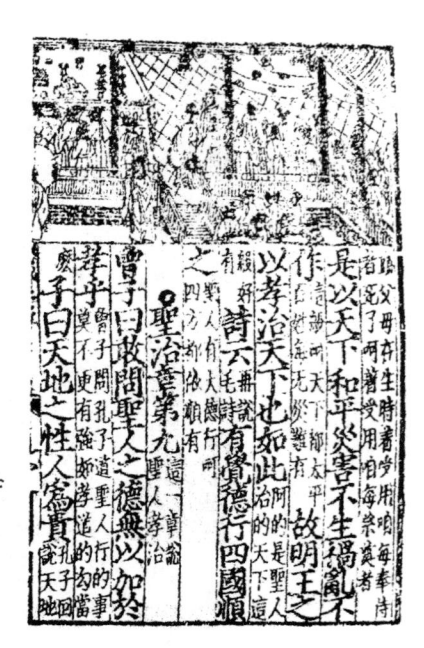

元大都名臣张九思史事考述

张九思字子有，元宛平（今北京）人。自至元二年（1265）起宿卫宫室，受到太子真金器重。至元十六年（1279）后，以工部尚书掌东宫都总管府。至元十九年（1282），在王著杀阿合马事件中，他审慎应对，迅速平息事变，从而益受皇室信用。是年冬，为詹事院丞。至元三十年（1293），进中书左丞，兼詹事丞。次年，成宗即位，改詹事院为徽政院，张九思任徽政院副使。同年十一月，进资德大夫、中书右丞。值修世祖、裕宗实录，张九思兼领之。大德二年（1298），拜荣禄大夫、中书平章政事。大德五年（1301），封大司徒。大德六年（1302），进阶光禄大夫。同年去世，享年六十一岁。

在至元、大德之际，许多元初名臣先后谢世，而张九思却由太子真金侍从之臣进而受到成宗信用，在当时的政治生活中发挥了重要作用。

一

据虞集《徽政院使张忠献公神道碑铭》，张九思先娶唐氏，为翰林学士承旨脱因之女弟，"世祖又赐以召国文贞刘公秉忠之女"①。由此可知，张九思是刘秉忠的女婿，刘秉忠则为张九思的岳父。

应该指出的是，刘秉忠与窦氏结婚是在至元七年（1270）②，至元十一

---

① 虞集著，王颋点校：《虞集全集》（下），天津古籍出版社2007年版，第1055页。"召国"疑为"赵国"之误。据《元史·刘秉忠传》，第3694页，至元十二年（1275），刘氏"赠太傅，封赵国公，谥文贞"。

② 张文谦：《故光禄大夫太保赠仪同三司谥文贞刘公行状》，《藏春诗集》卷6，《北京图书馆藏古籍珍本丛刊》第91册，书目文献出版社2000年版，第228页。

年（1274）他去世时，其女最大不过三四岁。因此，世祖为张九思赐婚时，刘秉忠很可能已经去世。但由世祖为张九思赐婚一事我们可以看出：一是世祖对张九思的恩宠；二是张九思与刘秉忠关系之密切。

张九思成为太子真金的宿卫侍从人员，是否出于刘秉忠的推荐，目前还缺乏材料证明。他的姐夫王倚由刘秉忠推荐，在他之前已成为太子真金的侍从人员，则是肯定的。据刘因《大元故正议大夫礼部尚书王公神道碑铭》，王氏"列名庄圣皇太后封邑籍中"。中统初年，选良家子入侍东宫，"公（即王倚——引者）甫弱冠，仪观甚伟，气宇猝然，太保刘秉忠见而器之，引以与选。服勤守恪，渐致近密。""其夫人张氏，蓟州节度使滋之女，九思姊也，内助成家。"① 刘秉忠作为世祖忽必烈的主要谋臣，对太子真金的培养教育格外重视。除上述王倚外，他的弟子、中山唐县（今属河北）人王恂②，以及通州潞县（今属北京）人李德辉③、东胜州（治今内蒙古托克托县）人程思廉④等，都是由刘秉忠引荐给太子真金的。张九思由刘秉忠或王倚引荐而成为太子真金的侍从人员，亦不无可能。

至元十一年（1274）刘秉忠去世后，次年即重修海云禅师曾为住持的大庆寿寺，至元十九年（1282）竣工。大庆寿寺的重修，亦当与张九思有些关系。

据《元一统志》记载："国朝重修大庆寿寺起于至元十二年乙亥，至十九年壬午工毕。翰林学士承旨徐琰撰碑，有曰：海云、可庵皆葬寺之西南隅。至元四年新作大都，二师之塔适值城基，势必迁徙以遂其直，有旨勿迁，俾曲其城以避之。又曰：京师佛寺自来甲天下。庆寿重修之后，完整雄壮，又为京师之冠。大德三年岁在乙亥九月望日昭文馆大学士荣禄大夫平章军国事行御史台中丞领侍仪司事不忽木书，荣禄大夫平章政事预中书

---

① 刘因著，商聚德点校：《刘因集》卷16《大元故正议大夫礼部尚书王公神道碑铭》，人民出版社2017年版，第154、156页。
② 《元史》卷164《王恂传》，中华书局校点本，第3843页。
③ 《元史》卷163《李德辉传》，第3815页。
④ 《元史》卷163《程思廉传》，第3829页。

省事徽政副使张九思立石。"① 《元一统志》所录碑文未必是原碑碑文的全部，但从现有碑文看，主要是突出了元政府对大庆寿寺的保护。大庆寿寺的重修工程早在至元十九年（1282）已经完成，成宗大德三年（1299），在大庆寿寺重修工程完成十八年之后，又由张九思立石来记述此事，除了有张九思等人的个人用意外，显然也在于以此来彰显成宗在保护大庆寿寺问题上，与乃父、乃祖政策态度的一致性与连续性。

海云俗姓宋，山西岚谷宁远（治今山西五寨县北大武州）人，法名印简，海云为其道号。② 宪宗时期，海云已是临济宗的著名领袖。关于临济宗的传承，赵孟頫奉敕撰《临济正宗之碑》记载颇详："自摩诃迦叶，廿八传而为菩提达磨。达磨始入中国，居嵩山少林寺，面壁坐者九年。达磨六传而为能，能十传为临济。临济生于曹州，游学江左，事黄檗……归镇州（今河北正定），筑室滹沱河之上，今临济院是也，因号临济大师……自能后禅分为五，唯师所传为正宗。一传为兴化奖，再传为南院颙，三传为风穴昭，四传为首山念，如此又五传而为五祖演。演传天目齐，齐传懒牛和，和传竹林宝，宝传竹林安，安传海西堂容庵，容庵传中和璋，璋传海云大宗师简公。……师之大弟子二人，曰可庵朗、颐安偘。朗公度苹庵满及太傅刘文贞，偘公度西云大宗师安公。师以文贞公机智弘达，使事世祖皇帝。当是时，君臣相得策定天下，深功厚德及于元元，卒为佐命之臣，皆自此启也。"③ 刘秉忠与海云禅师不仅有师承关系，而且还有着深厚的友谊。据王磐《故光禄大夫太保赠太傅仪同三司文贞刘公神道碑铭并序》，"值海云禅师被召北觐，过云中，闻公博学多艺能，求相见。既见，约公俱行。

---

① 《元一统志》卷1《中书省统山东西河北之地·大都路·古迹》，中华书局1966年版，第21—22页。另见（永乐）《顺天府志》卷7《寺》，北京大学出版社1983年影印本，第1页。
② 关于海云禅师生平，见王万庆《大庆寿寺西堂海云大禅师碑》，现碑存于北京法源寺。苏天钧：《燕京双塔庆寿寺与海云和尚》（《北京史研究》第1辑）、觉真：《〈法源寺贞石录〉元碑补录》，（《北京文物与考古》第6辑），均录有该碑碑文，惜有不少错讹之处。现国家图书馆藏有该碑拓片。
③ 赵孟頫：《赵孟頫集》卷9《临济正宗之碑》，浙江古籍出版社1986年版，第202—203页。

公不可，海云固要之，不得已，遂行。既至，谒今上于潜邸，一见应对称旨，自是屡承顾问。及海云南还，公遂见留"①。随海云禅师北觐忽必烈，在刘秉忠的政治生涯中，是至为关键的一步。如果不是海云禅师"固要之"，刘秉忠的人生轨迹或许会是完全不同的另外一番模样，刘秉忠对海云禅师的敬仰与感激之情与日俱增，是不言自明的。至元四年（1267），刘秉忠奉命主持城建大都，特意为保护海云及可庵二师之塔而"曲其城"，虽然是经过了忽必烈的允准，但最初的动议，肯定与刘秉忠有关。

刘秉忠生前对太子真金格外关心，倾注了大量心血，已如前述。至元十二年（1275），刘秉忠刚刚去世，朝廷便着手对大庆寿寺进行重修，显然也寄托了忽必烈及太子真金对海云禅师及太保刘秉忠的怀念之情。

据（永乐）《顺天府志》载《皇太子大庆寿寺功德院事状》："昔者，裕宗皇帝在娠，世祖以问海云师，对曰：必生太子，且预制其名。已而果然，大奇异之。及长，自燕邸居青宫之日，上思海云之前言有征，特以寺赐之，俾之祈天永命，以资福利。故庆寿禅寺为储君之功德院者，实自兹始。"② 程钜夫《海云简和尚塔碑》亦称："裕皇始生，师摩顶训之名。"③ 其《大庆寿寺大藏经碑》则称"寺为裕皇祝釐之所，于京城诸刹为最古"④。大德三年（1299），张九思立石于大庆寿寺，强调朝廷对大庆寿寺的保护，无疑也蕴含着他本人对刘秉忠及海云禅师的深情厚谊。

二

元世祖至元十九年（1282）三月，益都（治今山东青州）千户王著与高和尚等，伪装太子真金回大都作佛事，杀权相阿合马等，是元代政治史上的重大事件。这一事件的发生，主要是由于阿合马等结党营私，牟取私

---

① 王磐：《故光禄大夫太保赠太傅仪同三司文贞刘公神道碑铭并序》，《藏春诗集》卷6，《北京图书馆古籍珍本丛刊》第91册，书目文献出版社2000年版，第229—230页。
② （永乐）《顺天府志》卷7《寺》，北京大学出版社1983年影印本，第3页。
③ 程钜夫：《程钜夫集》卷6《海云简和尚塔碑》，吉林文史出版社2009年版，第70页。
④ 程钜夫：《程钜夫集》卷18《大庆寿寺大藏经碑》，吉林文史出版社2009年版，第223页。

利,竭力打击并残害异己,肆意搜刮民脂民膏,给百姓带来无穷的灾难。虽然他的某些政策措施有一定的积极意义,并为忽必烈的统一战争与对外扩张,提供了有力的财政支持,从而获得了忽必烈的欣赏和称赞,但也不可避免地导致了社会矛盾与统治集团内部矛盾的激化,这一事件就是在这样的背景下发生的。过去,学术界对此事件已经有过许多深入研究①,研究重点多集中在中外史籍的语言比勘、事件的起因、真相及其影响,阿合马、张易等人物史事钩沉、评价等,而对当时太子属官、平息此次事件的关键人物张九思等还较少提及。因此,对张九思等在该事件中的活动进行考察,对全面认识这一事件,会有所帮助。

至元十九年二月二十四日,忽必烈由大都(今北京)出发,例幸上都(今内蒙古正蓝旗东北闪电河北岸)。权相阿合马、枢密副使张易、右丞张惠、左丞郝祯,以及尚书忙兀儿、张九思、高觿等,则奉命留守。三月十七日,王著等即先入大都,通知阿合马等,太子真金将于十八日夜回宫修佛事。张九思、高觿对此颇为疑惑。随着事情的发展,张、高很快就断定其中有诈。据虞集撰《高庄僖鲁公神道碑铭》记载:

> ……左丞相与两西番僧谓公(即高觿——引者)等曰:皇太子将以今夜还宫修佛事。公曰:近日自上来者,不闻有此行也。因以西番语问僧曰:主人与国师今至何所?僧愕眙不知所对。即改用汉语诘之,

---

① 见邵循正《语言与历史——附论〈马可·波罗游记〉的史料价值》,《邵循正历史论文集》,北京大学出版社1985年版,第112—117页;唐长孺:《补元史张易传》,《山居存稿》,中华书局1989年版,第582—594页;袁国藩:《试拟元史张易传略》,《大陆杂志》第25卷第7期;蔡美彪:《马可·波罗所记阿合马事件中的Cenchu Vanchu》,《中国社会科学院研究生院学报》1998年第5期;《拉施特〈史集〉所记阿合马案释疑》,《历史研究》1999年第3期;白钢:《论元初杰出政治家张易》,《晋阳学刊》1988年第3期;王颋:《"敛财"之臣与元世祖》,《元史及北方民族史研究集刊》第5期;丁国范:《真金与权臣的斗争》,《元史及北方民族史研究集刊》第8期;刘晓:《阿合马被刺事件中的"崔总管"》,《中国史研究》2005年第4期。此外周良霄《忽必烈》(吉林教育出版社1986年版),李治安《忽必烈传》(人民出版社2004年版),陈高华《元大都》(北京出版社1982年版),王岗《北京通史》第5卷(中国书店1994年版)以及元代通史、专门史相关章节,也往往论及此事,恕不备列。

僧色变辞穷。公曰：是诈也。叱卫士执付功德司讯之。左相曰：尔自为之，无与我事。遂去之。是时左相固不辨西僧谁何，而公又疑左相为变，即率张尚书、忙兀儿尚书及大都尹钵敦①、宫卫王、顾②二指挥申严卫禁，固守宫门，皆执兵以备。日且暮，闻枢密院副使张易以兵来，公与张尚书（即张九思——引者）问易曰：此将何为？易曰：夜二鼓，当自知之。公又谓易曰：此大事，岂得不令吾二人知？易附耳语曰：得密报，闻太子来诛左相。殆时也，盖易亦不察其伪也。公默计太子必不暮还，而政府亦率百司列宫外柳林中，数遣使迓太子，略无还者，皆疑惧不知所为。至二鼓，果闻人马矢籓声嘈杂自远至，仪卫前驻，传令启西门入。公曰：太子果来，完泽、赛羊必令我辈知，此必诈也。因答之曰：太子未尝由此门入，入果有，令完泽、赛羊二人来，门即开。叩门者谬曰：汝等知所守，甚善。乃去之南门。公曰：此有变无疑矣！命九思之弟守西门，而九思急趋南门，叩门又不得入。有举烛传呼，以名召左相以下者。公等从门隙中觇见，已挝杀左相阿合马及左丞郝祯矣。公与九思曰：果贼也。即命钵敦与两指挥严兵彀弓矢，开门出卫士而击之。贼散乱，弃兵杖走，获王著，问得贼状，盖假太子名以贼杀左相等也，而首贼高菩萨已逸去。贼败，终不能犯宫阙者，公与九思力也。③

虞集撰《徽政院使张忠献公神道碑铭》④所记此次事变，只是文字详略有别。倒是《元史·阿合马传》相关记述，有些新的内容，可以互为补充：

---

① 钵敦，又作博敦，时为大都留守司达鲁花赤。见《元史》卷205《奸臣·阿合马传》，第4563页。
② 顾，疑为"颜"之误，时颜进（又作颜义）为右卫指挥使，见虞集《徽政院使张忠献公神道碑铭》，《虞集全集》，天津古籍出版社2007年版，第1053—1056页。
③ 虞集：《高庄僖鲁公神道碑铭》，《虞集全集》，天津古籍出版社2007年版，第1050页。下同。加重号为引者所加。
④ 《虞集全集》，天津古籍出版社2007年版，第1053—1056页。

十九年三月，世祖在上都，皇太子从。有益都千户王著者，素志疾恶，因人心愤怨，密铸大铜锤，自誓愿击阿合马首。会妖僧高和尚，以秘术行军中，无验而归，诈称死，杀其徒，以尸欺众，逃去，人亦莫知。著乃与合谋，以戊寅日（即三月十八日——引者），诈称皇太子还都作佛事，结八十余人，夜入京城。旦遣二僧诣中书省，令市斋物，省中疑而讯之，不伏。及午，著又遣崔总管①矫传令旨，俾枢密副使张易发兵若干，以是夜会东宫前。易莫察其伪，即令指挥使颜义领兵俱往。著自驰见阿合马，诡言太子将至，令省官悉候于宫前。阿合马遣右司郎中脱欢察儿等数骑出关，北行十余里，遇其众，伪太子者责以无礼，尽杀之，夺其马，南入健德门。夜二鼓，莫敢何问，至东宫前，其徒皆下马，独伪太子者立马指挥，呼省官至前，责阿合马数语，著即牵去，以所袖铜锤碎其脑，立毙。继呼左丞郝祯至，杀之。囚右丞张惠。枢密院、御史台、留守司官皆遥望，莫测其故。尚书张九思自宫中大呼，以为诈，留守司达鲁花赤博敦，遂持梃前，击立马者坠地，弓矢乱发，众奔溃，多就禽。高和尚等逃去，著挺身请囚。②

在应对这一突发事变中，张九思等确实面临着两难选择。一方面作为太子属官，他自然知道汉化倾向非常明显的太子真金对阿合马十分不满。阿合马恶贯满盈，百姓恨之入骨，杀之无疑是大快民心事。但是，作为朝廷命官和留守大臣，他又不能不忠于职守，不能不对大都及留守官员的安

---

① 崔总管，即侍卫亲军总管崔澍。据刘晓《阿合马被刺事件中的"崔总管"》（《中国史研究》2005年第4期）引李图等纂（道光）《平度州志》卷24《金石》载《元昭武大将军汉军都元帅左都监军崔公神道碑》，崔澍为崔世荣第二子。"至元十九年，权臣阿合马私窃朝政，蕴蓄祸机，蔽塞中外，公乃仗义与将军王著率步骑百余诛之于柳林之下，叛臣之子诬公而卒，年五十一。"崔澍家乡平度州（治今山东平度），与王著原籍益都（治今山东青州）相距不远，二人或许早有结识。邵循正先生曾指出，在《马可波罗游记》中，"Cenchu"是"将千人"，指王著，而"Vanchu"是"将万人"，并疑指"崔总管"（《邵循正历史论文集》，北京大学出版社1985年版，第117页），是有一定道理的。

② 引文中的加重号为引者所加。

全负责，不能容忍一切非法事件的发生和发展。张、高等人没有辜负朝廷信任，果断地平息了事变，以实际行动表明了他们对元朝廷的忠诚。

应该指出的是，当时，包括阿合马在内的多数官员都误以为是太子真金回京，而不知其中有诈，否则王著杀阿合马的计划也很难实现。张易虽然在事变的前一天便知道了太子真金欲借回京修佛事之名杀掉阿合马，但并不知是伪太子。张易是忽必烈的藩邸旧臣，追随忽必烈数十年，在汉人官员中是最受信用，且地位最高者之一，而且长于权谋。他和刘秉忠、张文谦年龄相近，阿合马被杀时，至少也在六十五岁，不再是血气方刚的年轻人。他肯定会估计到事情的后果，因此，不大可能去冒这样的政治风险，甚至以生命为代价去干这样一件事情。因此，由张易主谋或参与谋划这一事变是不大可能的。唐长孺先生早在20世纪40年代初期就对张易生平做过细致考察。在谈到阿合马事件时，唐先生以为，张易"虽不辨其伪，而未尝不知其谋"①，这一论断是符合实际情况的。

事变发生后，张九思等迅速派人报告了赴上都途中的忽必烈。忽必烈深感震惊，迅即派枢密副使孛罗、司徒和礼霍孙、参政阿里赶往大都，继续查处此事，以稳定局势。三月二十日，高和尚在高梁河被俘。三月二十一日，孛罗等到达大都。三月二十二日，王著、高和尚、张易等被处死。②

大都事变加剧了忽必烈对汉人官员的猜忌与怀疑。接到事变消息后，他在白海即察罕脑儿行宫，找来典瑞少监王思廉进一步了解有关情况。据《元史·王思廉传》记载："帝召思廉至行殿，屏左右，问曰：'张易反，若知之乎？'对曰：'未详也。'思廉徐曰：'僭号改元谓之反，亡入他国谓之

---

① 唐长孺：《补元史张易传》，《山居存稿》，中华书局1989年版，第594页。
② 《元史·世祖纪九》，第241页，记此事为"壬午（即三月二十二日——引者），诛王著、张易、高和尚于市，皆醢之，余党悉伏诛"。《元史·奸臣·阿合马传》，第4563页，则记为"壬午，诛王著、高和尚于市，皆醢之，并杀张易"。两相比较，《阿合马传》的记载可能更符合实际。王著、高和尚被杀后，"皆醢之"，即被剁为肉酱，而张易是被杀，未被"醢之"，否则便不再有"传首各郡"之说。另外，张易是否与王著、高和尚在同一天处死，也值得怀疑。极有可能是张易被处死在后，而《世祖实录》将其合并在一起记述了。

叛，群聚山林贼害民物谓之乱，张易之事，臣实不能详也。'帝曰：'朕自即位以来，如李璮之不臣，岂以我若汉高帝、赵太祖，遽陟帝位者乎？'思廉曰：'陛下神圣天纵，前之君不足比也。'帝叹曰：'朕往者，有问于窦默，其应如响，盖心口不相违，故不思而得，朕今有问汝，能然乎？且张易所为，张仲谦知之否？'思廉即对曰：'仲谦不知。'帝曰：'何以明之？'对曰：'二人不相安，臣故知其不知也。'"中丞也先帖木儿在向忽必烈报告大都事变时，一定是认为张易也参与了谋杀阿合马一事，所以忽必烈才认为张易是参与"谋反"，并进而怀疑到张易的故友张文谦。但王思廉还是认定张易不是"谋反"，并尽力为其辩解。同时，以张易与张文谦"不相安"为由，断然否定此事与张文谦有关。

如果说王思谦还只是被动地、委婉地为张易辩解，而张九思则是主动地为张易说情。张易身为枢密副使，肩负军事重任，大都发生如此严重的事件，自然难辞其咎。何况，他的属下崔总管，还直接参与了这一事变①，他被处死已不可避免。但当时有人认为"易知谋"，并要求"传首郡邑"，张九思则挺身而出，对太子真金说："张易不察贼诈而与之兵，罪至死宜矣，而谓其预贼谋则无也。大臣被罪而死，传首则过矣。"② 真金听从了张九思的意见，报告忽必烈后获得认同，张易遂免于"传首郡邑"。张九思进言的时间与张易被杀时间相隔不会太久，在当时气氛下，能主动为"罪臣"辩护，当属不易。

张九思所以为张易辩护，主要有如下原因：第一，张易系刘秉忠密友，相互感情最深，《藏春集》中明确写给张易的诗就有六首之多。这一情况，作为刘秉忠的女婿，张九思不可能不知晓；第二，张九思与张易同朝共事很久，他对张易的为人应该是很了解的；第三，事变发生时，张九思就在

---

① 见《元史》卷205《奸臣·阿合马传》，第4563页；《平度金石志》，《石刻史料新编》第3辑第27册，新文丰出版公司1985年版，第310页。

② 虞集：《徽政院使张忠献公神道碑铭》，《虞集全集》，天津古籍出版社2007年版，第1053—1054页。

大都，张易如与王著合谋诛杀阿合马，张九思无疑会成为他们争取利用的对象，而实际情况是张九思对此并不知晓，并主动平息了事变；第四，张易以知"术数"著称。至元十七年（1280）二月，他推荐高和尚有秘术，"能役鬼为兵，遥制敌人"①，只能表明他们在这些方面有共同信仰（当然，也有可能只是骗取他人信任的一种手段），并不能证明他们早有勾结。至于赵良弼劝谏张易"大臣可巫事君耶"？②也同样是出于对此事的不同看法，均不能作为张易与王著互相勾结的证据；第五，张九思是这一事变的亲历者，目睹了事变的全过程，对此事最有发言权。他主动站出来说明事实真相，既能表明他对蒙元王朝的忠诚与求实精神，也不致引起别人的误解。

张九思为张易辩护的同时，还为右翼指挥使颜进（又作"颜义"——引者）辩护，使其免被诬陷。③

应该说，张九思这样做也是冒一定风险的。开始，忽必烈与太子对王著杀"阿合马事件""甚恶之"，"狱起，连坐者祸不测，莫敢为言。公挺身明此二人，议狱者得致平允云"④。

忽必烈不愧是一个精明的政治家。他派往大都查处此事的人员中，孛罗曾与刘秉忠、许衡、徐世隆等共拟朝仪⑤，后又以御史中丞兼大司农卿。至元十二年（1275）升任御史大夫，后又兼宣徽使、领侍仪司事。至元十四年（1277）任枢密副使，仍兼宣徽使领侍仪司事。可见，孛罗既很有资历、颇受信用，又与汉人官员有广泛联系。司徒和礼霍孙更是多年在翰林国史院任职，汉化倾向十分明显。参政阿里任职中书省，对阿合

---

① 《元史》卷11《世祖纪八》，第222页。
② 《元朝名臣事略》卷11《枢密赵文正公》，中华书局1996年版，第228页。
③ 虞集：《徽政院使张忠献公神道碑铭》，《虞集全集》，天津古籍出版社2007年版，第1054页。
④ 虞集：《徽政院使张忠献公神道碑铭》，《虞集全集》，天津古籍出版社2007年版，第1054页。
⑤ 《元史》卷7《世祖纪四》，第128页。

马应比较了解。由他们共同去查处"阿合马事件",是可以得到广泛认同和接受的。

在当时留守大都的官员中,最有影响力的官员,无疑是张九思与高觿等。至元十九年(1282)四月八日,即阿合马被杀二十天后,和汉族官员,尤其是翰林国史院官员有着广泛联系的和礼霍孙即主政中书省,阿合马的罪行被清算,其同党被惩办,应该说都与张九思等有一定关系。

阿合马事件的发生,有民族矛盾在其中,但更重要的则是阿合马的聚敛政策及其恶劣的政治品质所致。追随阿合马的有汉族官员,反对阿合马的也有色目人和蒙古人,并不都是以民族划线的。

三

至元三十一年(1294)六月,翰林国史院奉命纂修《世祖实录》①,由真金及其子成宗铁穆耳的亲信大臣、右丞相完泽监修,张九思则以徽政院副使、中书右丞身份兼领史事。实际编纂工作则由翰林学士姚燧、翰林侍读高道凝等②翰林国史院的官员们负责。一年后,元贞元年(1295)六月,翰林承旨董文用进《世祖实录》③,修撰工作宣告完成。

我们知道,《元史》本纪部分,主要是抄自历朝实录。因此,由《元史·世祖纪》我们即可窥知《世祖实录》的编修情况,进而看出主修人员的政治倾向。阅读《世祖纪》我们就会发现,有关阿合马及其同党的追查情况,记载是最为详尽的。兹据《元史·世祖纪》,将关于阿合马及其同党的处置情况,辑录如下:

至元十九年(1282年)

---

① 《元史》卷18《成宗纪一》,第385页。
② 《元史》卷174《姚燧传》,第4058页。
③ 《元史》卷18《成宗纪一》,第394页。

三月戊寅（十八日），益都千户王著，以阿合马蠹国害民①，与高和尚合谋杀之。

三月壬午（二十二日），诛王著、张易、高和尚于市，皆醢之，余党悉伏诛。

四月辛卯（二日），敕和礼霍孙集中书省部、御史台、枢密院等官，议阿合马所管财赋，先行封籍府库。

四月丁酉（八日），以和礼霍孙为中书右丞相，降右丞相翁吉剌为留守，仍同佥枢密院事。

四月乙巳（十六日），以阿合马家奴忽都答儿等久总兵权，令博敦等代之，仍隶大都留守司。以阿合马之子江淮行中书省平章政事忽辛罪重于父，议究勘之。

四月己酉（二十日），以和礼霍孙为右丞相，诏天下。

四月丙辰（二十三日），敕以妻女姊妹献阿合马得仕者，黜之。核阿合马占据民田，给还其主，庇富强户输赋其家者，仍输之官。

五月己未朔（初一日），钩考万亿库及南京宣慰司。沙汰省部官，阿合马党人七百十四人，已革者百三十三人，余五百八十一人并黜之。籍阿合马马驼牛羊驴等三千七百五十八。追治阿合马罪，剖棺戮其尸于通玄门外。

五月己巳（十一日），籍阿合马妻子亲属所营资产，其奴婢纵之为民。

五月壬申（十四日），锁系耿仁至大都，命中书省鞫之。

五月癸未（二十五日），和礼霍孙言，省部滥官七百十四员，其无过者五百八十一员姑存之。张惠、阿里罢。以甘肃行省左丞麦术丁为中书右丞，行御史台中丞张雄飞参知政事。

六月甲午（六日），阿合马滥设官府二百四所，诏存者三十三，余

---

① 加重号为引者所加，下同。

皆罢。

六月丙申（九日），发射士百人卫丞相，他人不得援例。

六月辛丑（十三日），籍阿合马妻子婿奴婢财产。

六月己酉（二十一日），赏太子府宿卫军御盗之功，给钞、马有差，无妻者以没官寡妇配之。以阿合马居第赐和礼霍孙。

六月癸丑（二十五日），锁系忽辛赴扬州鞫治。

七月辛酉（四日），剖郝祯棺，戮其尸。

九月丁巳朔（初一日），敕中书省穷治阿合马之党。以阿合马没官田产充屯田。籍阿里家。

九月辛酉（五日），诛耿仁、撒都鲁丁及阿合马第四子忻都。

九月癸酉（十七日），阿合马姪宰都丁伏诛。罢忽辛党马璘江淮行省参知政事。

九月壬申（十六日。此处记事时间前后颠倒，疑为壬午即二十六日或甲申即二十三日之误），厘正选法，置黑簿以籍阿合马党人之名。

十月丙申（十日），敕籍没财物精好者及金银币帛入内帑，余付刑部，以待给赐。

十月癸卯（十七日），命崔彧等钩考枢密院文卷。

十月乙卯（二十九日），诛阿合马长子忽辛、第二子抹速忽于扬州，皆醢之。

十一月丁卯（十一日），诏以阿合马罪恶颁告中外，凡民间利病即与兴除之。

至元二十年（1283）

正月乙丑（十日），和礼霍孙言："……阿合马专政时，衙门太冗，虚费俸禄，宜依刘秉忠、许衡所定，并省为便。"皆从之。

三月乙丑（十一日），以阿合马绵绢丝线给贫民工匠。

三月丙寅（十二日），江西行省参政完颜纳怀，坐越例骤升及妄举一百九十八人入官，罢之。

七月庚午（十八日），敕捕阿合马妇翁尚书蔡仲英，征偿所贷官钞二十万锭。

至元二十二年（1285）

十二月辛丑（四日），诛答即古阿散党人蔡仲英、李蹊。

以上，仅是《元史·世祖纪》的部分相关记载。由此，我们即足以看出：第一，元廷对阿合马及其同党的清查与惩处十分严厉，持续时间长，涉及人员多，在元代历史上是少见的。第二，如上文所说，《世祖纪》主要源自《世祖实录》。《世祖纪》中的记载，无疑反映了《世祖实录》纂修人员的政治思想倾向。《实录》的编撰由右丞相完泽监修，那是例行规定；张九思"兼领之"，则必然会发挥一定的影响。真金对阿合马的憎恶是朝臣共知的。作为太子真金的侍从之臣，张九思对阿合马自然也无好感。如果说真金对阿合马的憎恶还主要是针对他奸诈的为人，张九思则更有汉族官员所常有的一些民族情绪在其中，尽管这不是主要的。

四

张九思曾建别墅于大都城南，称遂初亭（又作遂初堂），政务之余，有时也与好友饮酒赋诗于此。

遂初亭的具体位置，《析津志辑佚》记为"在京施仁门北，崇恩福元寺西门西街北，旧隆禧院正厅后"①。元代的大崇恩福元寺始建于武宗至大元年（1308）②，建成于仁宗皇庆元年（1312）四月③，武宗的影堂（即悬挂先帝、先后影像以供祭祀的灵堂，又称神御殿）即置于此。姚燧曾记述该寺的位置："……惟以其日，銮辂亲巡，胥地所宜，于都城南，不杂阓

---

① 《析津志辑佚·古迹》，北京古籍出版社1983年版，第105页。
② 姚燧：《崇恩福元寺碑》，《元文类》卷22，安徽大学出版社2020年版，第409页。
③ 《元史》卷24《仁宗纪一》，第552页。

阓"①，可见该寺应在大都城南，是个远离闹市的幽静之所。张九思的遂初亭即和崇恩福元寺邻近。不过，张九思在世时，尚无崇恩福元寺，我们只是据此说明遂初亭的大体位置。清初，孙承泽《春明梦余录》称："今右安门外西南，泉源涌出，为草桥河，接连丰台，为京师养花之所。元人廉左丞之万柳园，赵参谋之匏瓜亭，栗院使之玩芳亭，张九思之遂初堂，皆在于此。余游祖氏园，中有古旧池台，云是元人旧迹，然无从考其为何氏故园也。"② 今北京丰台花乡一带，是否就是当年张九思遂初亭之所在，还不能据此以为定论，还需作进一步考察。因孙承泽之后不久，朱彝尊《日下旧闻考》在谈及这些元人园林时，曾说"今莫可考矣"③，可见，清朝初年，人们对遂初亭的具体位置，已不甚了了。

张九思以"遂初"名亭，初衷何在，论者看法不一。刘因说："詹事张公子有，予知其心为最深，盖乐为善而惟恐其不为君子者也。今筑亭名以'遂初'，而其心乃在乎闲适。而诸公为诗文以题咏之者，以子有朝望甚重，才业甚备，又皆责其心当在乎匡济，皆不可也。"④ 在刘因看来，只要有为善而不为恶、为君子而不为小人之心，无论出处进退，都可以称作"遂初"。张九思在阿合马事件后，曾举荐刘因任太子官属，张、刘二人应是相知较深的好友，所以刘因说"予知其心为最深"。但他以为张九思以"遂初"名亭，意在闲适，却未必尽然。虞集记张九思说："或劝公：可以少休乎！公曰：不然。人臣有汗马之劳、阀阅之积。既老而衰，得谢而乐其余年，礼固有之。我受裕皇、皇太后知遇，致身若此。报称之私，惟日不足，鞠躬尽瘁，死而后已，老臣之心也。"⑤ 考察张九思履官情况，虞集的记述

---

① 姚燧：《崇恩福元寺碑》，《元文类》卷22，安徽大学出版社2020年版，第409页。
② 孙承泽：《春明梦余录》卷64《名迹一》，北京古籍出版社1992年版，第1246页。
③ 于敏中等编纂：《钦定日下旧闻考》卷156《存疑二》，北京古籍出版社2001年版，第2516页。
④ 刘因著，商聚德点校：《刘因集》卷11《遂初亭说》，人民出版社2017年版，第204—205页。
⑤ 虞集：《徽政院使张忠献公神道碑铭》，《虞集全集》，天津古籍出版社2007年版，第1055页。

应大致不差。张之翰《题张尚书遂初亭》诗说："尚书吾宗英，妙年致高位。清光近前星，好古复好施。有亭起南园，正在潇爽地。偶因遂初句，乃揭遂初字。"① 张之翰也是张九思往来较多的好友之一，他以为张九思以"遂初"名亭，未必有太多进退之考虑，只是"偶因遂初句，乃揭遂初字"。这一说法，或许比较接近实际。

遂初亭的环境很优美。赵孟頫五言古诗《张詹事遂初亭》描写说："青山缭神京，佳气溢芳甸。林亭去天咫，万状争自献。年多嘉木合，春晚余花殿。雕阑留戏蝶，藻井语娇燕……"② 虞集称其"花竹水石之胜，甲于京师"③。遂初亭无疑是当时大都著名园林之一。

每年春天，张九思都照例在遂初亭宴请宾客。元贞元年（1295）二月，翰林学士承旨留梦炎告老南归，张九思与同僚在遂初亭为其送行。王恽作有《送中翁南归并序》，其序文说："元贞乙未（即元贞元年，1295）春，翰长忠翁④年七十七致仕南归，行有日。平章张侯同诸僚寀，祖道于遂初亭馆，予亦忝陪席次。明日，赋律诗廿四韵，非敢以为诗，庶几表吾皇元崇儒重道，跨越前人。相府睠怀，始终尽礼。张大续鹿庵⑤之贶，咏歌见杨尹之荣⑥，岂惟上国之光华，永作翰林之故事。"⑦ 张九思对翰林诸老之尊崇，

---

① 张之翰著，邓瑞全、孟祥静点校：《张之翰集》卷1《题张尚书遂初亭》，吉林文史出版社2009年版，第3页。

② 赵孟頫：《赵孟頫集》卷2《张詹事遂初亭》，浙江古籍出版社1986年版，第18页。

③ 虞集：《徽政院使张忠献公神道碑铭》，《虞集全集》，天津古籍出版社2007年版，第1055页。

④ 留梦言字汉辅，号中斋，又作忠斋，故人称"中翁"，又作"忠翁"。

⑤ 王磐字文炳，号鹿庵。据苏天爵《元朝名臣事略》卷12《内翰王文忠公》，第246页，"（至元）二十一年，公以年老，愿乞骸骨以归。丞相和礼霍孙以闻，诏允其请，进资德大夫致仕，仍给半俸终身。前行之一日，公卿百官供张祖饯。明日，皇太子锡宴于圣安寺，公卿百官送至丽泽门外"。王恽以此喻张九思等为留梦言饯行之盛况。

⑥ 杨尹，指杨果。果字正卿，祁州蒲阴（治今河北安国）人。中统二年（1261）为中书省参知政事，至元六年（1269）出为怀孟路（治今河南沁阳）总管，故称"杨尹"。翰林承旨王鹗八十寿辰时，杨果曾赋诗以贺："人材落落自天成，千佛经中第一名。已令贰膳常珍进，但入朝行以杖行。"（王恽：《玉堂嘉话》卷3，《王恽全集汇校》卷95，第9册第3848页）王恽此句，当引此典故。

⑦ 王恽：《王恽全集汇校》卷12《送中翁南归并序》，中华书局2013年版，第492页。

于此可见。

　　元代的一些官员或文化人，在自然景观优美的地方，增置一些必要的设施，以供自己与友人休憩、聚会和游玩，于是形成了京城一些著名的私家园林。大都城南的遂初亭、廉园等，便是其中颇有影响的代表。在这里，文人雅士们不仅赋诗咏歌，送往迎来，而且谈今论古，议论朝政，成为士人互相交流、增进友谊的重要场所。园林主人也往往由此而增强了在士人中的地位和影响。这是我们今天研究政治史、文化史时不应忽略的。

　　　　　　（原载《元史论丛》第13辑，天津古籍出版社2010年版）

韦轩李公考

苏天爵辑撰的《元朝名臣事略》（以下简称《事略》）是研究元史的重要史料之一。该书的突出优点是所辑史料均注明了出处。不过，这些注释均比较简略，对原始资料的作者也往往以字、号或谥号相称。这种表述方式，对当时的学人说来或许不会产生什么困难，而今人却未必能一目了然。《事略》卷7《太保刘文正公》①，有三段文字辑自韦轩李公所撰《文集序》，而"韦轩李公"的原名，今人便不甚了了。为叙述方便，现将《事略》所引《文集序》的相关文字转录如下：

> 邢州，古名郡也。国初，为某官食邑，州旧万余户，兵兴以来不满五七百。公言于上曰："今邢州破坏如此，当得良二千石如真定张耕、洺水刘肃者治之，犹可完复如故。"上从之，请于宪宗，以耕为邢州安抚使，肃副之。两人皆儒者，廉平向正。既至，苏枯弱强，爬蠹剔荒，由是流民四集，宅尔宅，田尔田，未几，改邢州为顺德府。
>
> 癸丑，从征大理，克城之日，令行禁止，未尝妄戮一人，公之谋居多。甲寅，从征云南。己未，从伐宋，由杨罗渡济江，公曰："古者军赏不逾时，盖急武功，作士气也。今三军暴露于外，又所至必捷，而未获少酬其劳，可使近臣一人慰藉之。"上曰："善。"即命忽剌孙以谕其志，故人人踊跃，皆乐为用。进围鄂州，阅三月，宋人乞和，全

---

① 据《元史·刘秉忠传》，至元十二年（1275）刘秉忠"赠太傅，封赵国公，谥文贞。成宗时，赠太师，谥文正。仁宗时，又进封常山王"（中华书局1976年版，第3694页）。苏天爵采用了成宗时的谥号。

师而还。

丙辰，上始建城市而修宫室，乃命公相宅。公以桓州东、滦水北之龙冈，卜云其吉，厥既得卜，则经营，不三年而毕务，命曰开平，寻升为上都。①

苏氏辑撰的《太保刘文正公》，除辑录韦轩李公《文集序》部分文字外，其他则辑自王文忠公（即王磐）撰《神道碑》（《故光禄大夫太保赠太傅仪同三司文贞刘公神道碑铭并序》）及张忠宣公（张文谦）撰《行状》（即《故光禄大夫太保赠太傅仪同三司谥文贞刘公行状》）②。而上引《文集序》中的内容，在《行状》及《神道碑》中，除征云南、伐宋过程中建议忽必烈勿滥杀无辜有简略叙述外，治邢及建城开平等事迹则付阙如。所以，苏氏便采韦轩李公《文集序》中的有关文字以为补充。明人修《元史·刘秉忠传》，除刘秉忠所上"万言书"当另有所本外，其基本史料与苏氏《事略》大体相同。

苏天爵是元朝中后期的著名学者，在史料搜集整理方面用过很多功夫，于史书编撰也有深厚修养，这从《事略》等书中均可得到证明③。苏氏总是从那些与传主相关的最早、最有代表性的著述中选取材料，上述《太保刘文正公》正是如此。《行状》的作者张文谦是刘秉忠的同乡好友，自幼和刘秉忠"同研席，年相若，志相得"④。后来，刘秉忠将张氏推荐给了忽必烈，历官中书左丞、大司农卿、御史中丞、昭文馆大学士、领太史院事、枢密副使等职。张文谦无疑是最了解刘秉忠，是撰写刘氏《行状》的最佳人选。据《行状》而撰《神道碑》，最佳人选当数翰林院元老王鹗，但遗憾的是他在至元十年（1273）已先于刘秉忠去世。于是，王磐便成为撰写刘氏《神

---

① 《元朝名臣事略》卷7，中华书局1996年版，第112页。
② 《藏春诗集》卷6，《北京图书馆古籍珍本丛刊（91）》，书目文献出版社2000年版，第229页上—232页上、226页上—229页上。
③ 详见姚景安《元朝名臣事略·前言》，中华书局1996年版，第4页。
④ 李谦：《中书左丞张公神道碑》，《元文类》卷58，商务印书馆1958年版，下册第844页。

《道碑》的最佳人选。他虽然迟至至元七年（1270）才任翰林学士，与刘秉忠相处时间并不长，但他是金正大四年（1227）的经义进士，有很深的资历，在学人中也颇具声望①，且年事已高，因而得以奉命据《行状》而作《神道碑》。苏天爵将韦轩李公撰《文集序》与张文谦撰《行状》、王磐撰《神道碑》并列为《太保刘文正公》的史料来源，足见韦轩李公亦应具有较高的地位，并与刘秉忠有一定关系。

"韦轩李公"的原名不见直接记述。缪荃孙于光绪丙戌年（1886）自《永乐大典》中抄出《顺天府志》八卷（卷7至卷14），其中卷10《名宦》引《析津志》记有"幸轩李槃"，然仅此四字，并无其他介绍。②《析津志辑佚·名宦》一节辑自《顺天府志》，同样也仅有"幸轩李槃"四字，③ 而"幸轩李槃"极有可能是"韋（韦）轩李槃"之误。"韋"与"幸"字形相近，是容易写错的。类似情况我们还可以从《顺天府志》及《析津志辑佚》中找到例证，如《顺天府志》及《析津志辑佚》记商挺之子商琥"字召符"，商瑭"字體符"，④ 而《元史·商挺传》记商挺之子商琥"字台符"，商瑭"字禮符"。"召"与"台"，"禮"与"體"，都是因字体相近而发生的错误。

在熊梦祥的《析津志》（又称《析津志典》，见黄虞稷《千顷堂书目》、倪灿《补辽金元艺文志》、钱大昕《补元史艺文志》、雒竹筠、李新乾《元史艺文志辑本》）中，文字与史实错误以及同卷之中人物重出等现象并非罕见。如"幸轩李槃"之下，有"野斋李磐"⑤，而这很可能是"野斋李谦"之误。同卷之中即有"李野斋，名谦。翰林学士承旨"⑥。同卷记宋诚甫：

---

① 苏天爵：《元朝名臣事略》卷12《内翰王文忠公》，中华书局1996年版，第241—242页。
② 《顺天府志》卷10《名宦》，北京大学出版社1983年版，第207页。
③ 《析津志辑佚·名宦》，北京古籍出版社1983年版，第153页。
④ 《顺天府志》卷9《名宦》，第170页；《析津志辑佚·名宦》，第182页；《元史》卷159，第3472页。
⑤ 《顺天府志》卷10《名宦》，第207页；《析津志辑佚·名宦》，第153页。
⑥ 《顺天府志》卷10《名宦》，第210页；《析津志辑佚·名宦》，第158页。

"……是时，英宗即位，大都乡试。至正元年，廷对为第一，赐进士及第……元统改元，拜陕西行台治书侍御史……二年夏，改集贤直学士……是年十二月二十五日卒，年五十四岁。"① 文中"至正元年"显系"至治元年"之误。再如记"程雪楼，西颍川人，讳文海，字钜夫。入国朝作质，仕至平章"②。同卷又记"豫章程文海雪楼"③。"西颍川"不知所指。据《元史·程钜夫传》，程先世自徽州（治今安徽歙县）徙至鄂州（治今湖北武汉市武昌）京山，后家于建昌（今江西南城），故称"豫章（即今江西）程文海雪楼"。据危素《大元敕赐故翰林学士承旨光禄大夫知制诰兼修国史赠光禄大夫大司徒上柱国追封楚国公谥文宪程公神道碑铭》④ 及《元史·程钜夫传》，程并无历官"平章"的记述，《析津志》关于程"仕至平章"的记载亦当有误。如此等等。⑤ 由此看来，熊梦祥将"韦轩李槃"记为"幸轩李槃"，是完全可能的。

李槃系真定（今河北正定）人，是较早为忽必烈网罗的知识分子之一。《元史》没有为李槃立传，元代文献中有关李槃的传记资料也不多。据苏天爵《元朝名臣事略》卷10《宣慰张公》及《元史·张德辉传》记载，定宗二年（1247），史天泽属下张德辉曾奉命赴漠北。次年夏天，他在返回真定之前，向忽必烈举荐了李槃及白文举、郑显之、赵元德、李进之、高鸣、李涛数人⑥，可见当时李槃已有一定影响。也许是由于张德辉等人的推荐，庄圣太后唆鲁禾帖尼曾命李槃侍幼子阿里不哥讲读。宪宗去世后，阿里不哥遣属下脱忽思征兵河朔，"大肆凶暴"。"及脱忽思至真定，怒槃不附己，械系之狱。燕南诸路震骇，无所控语。"廉希宪将此事报告了忽必烈，遂将

---

① 《顺天府志》卷10《名宦》，第206页；《析津志辑佚·名宦》，第151—152页。
② 《顺天府志》卷10《名宦》，第202页；《析津志辑佚·名宦》，第148页。
③ 《顺天府志》卷10《名宦》，第207页；《析津志辑佚·名宦》，第153页。
④ 《危太仆文续集》卷2，《元人文集珍本丛刊》（7），新文丰出版公司1985年版，第508页下—512页上；《元史》卷172，第4015—4018页。
⑤ 《析津志·名宦》部分错误甚多，参见孙立慧《〈析津志辑佚〉中的有关问题》，《文献》2006年第4期。
⑥ 《元朝名臣事略》卷10《宣慰张公》，第210页；《元史》卷163《张德辉传》，第3824页。

李槃释放，"民情大悦"。① 至元八年（1271），刘秉忠等曾向忽必烈推荐李槃做皇子忙安的说书官。② 至元二十年（1283），已为翰林直学士的李槃曾奉命与王构等赴临安（今浙江杭州）招致南宋名士。留守临安的元军将领董文炳向李槃等提出："国可灭，史不可没。宋十六主，有天下三百余年，其太史所记具在史馆，宜悉收入以备典礼。"于是将"宋史及诸注记凡五千余册"海运至大都，③ 成为日后修《宋史》的重要依据。董文炳、李槃、王构等均对此作出了重要贡献。

李槃任翰林直学士后是否升迁过，尚需进一步探讨。元代翰林院最高职位是翰林学士承旨，其下有翰林学士、翰林侍读学士、翰林侍讲学士、翰林直学士等，职品高低不等，且屡有变化。如翰林承旨最初只是正三品，后逐渐升至从一品。④ 姚燧《跋雪雅堂集后》在列举作者名单时称："（翰林）学士则东轩徐公讳世隆、李槃、王恽。"⑤ 三人中只有王恽在至元二十九年（1292）任翰林学士有史料记载。⑥ 徐世隆"（至元）十七年，召为翰林学士，又召为集贤学士，皆以疾辞不行"⑦，实际并未赴任。李槃则未见有任翰林学士的其他资料。因此，我怀疑，姚燧文中的"学士"，很有可能是包括了翰林学士、翰林侍读学士、翰林侍讲学士、翰林直学士在内的一种统称。

---

① 《元朝名臣事略》卷7《平章廉文正王》，第127页；《元史》卷126《廉希宪传》，第3086页。
② 《元史》卷5《世祖纪二》，第99页。
③ 《元朝名臣事略》卷14《左丞董忠献公》，第276页；《元文类》卷70《藁城董氏家传》，第1010页；《元史》卷156《董文炳传》，第3672页；袁桷《清容居士集》卷32《翰林承旨王公请谥事状》，《四部丛刊》缩印本296册，第478页上；《永乐大典》卷15949，中华书局1986年版，第6966页上。
④ 《元史》卷87《百官志三》，第2189—2190页。
⑤ 《牧庵集》卷31，四部丛刊缩印本，第299册，第289页上。
⑥ 见王公孺《大元故翰林学士中奉大夫知制诰同修国史赠学士承旨资善大夫追封太原郡公谥文定王公神道碑铭并序》，《秋涧先生大全集》附录，四部丛刊缩印本，第291册，第944页上；《元史》卷167《王恽传》，第3935页。
⑦ 苏天爵：《元朝名臣事略》卷12《太常徐公》，中华书局1996年版，第249页；《元史》卷160《徐世隆传》，中华书局1996年版，第3770页。

  李槃的著作存世不多。《国朝文类》辑有李槃撰《太保刘秉忠赠谥制》《左丞董文炳赠谥制》①；《山右石刻丛编》有李氏《敕赐靖应真人道行碑》；②《嘉庆邢台县志》收有李氏《颜天翼神道碑》。另据张之翰《乐善堂记》，李氏还为李彦实之父写过神道碑。③此外，《雪雅堂集》中还辑有李氏诗文④。

  李槃的生卒时间已很难确考。元政府曾在大都高梁河畔建大护国仁王寺。之后，便有群鹤飞来栖息。程钜夫作《白鹤歌并序》，文中提到"翰林王鹿庵（即王磐）、李韦轩、商左山（即商挺）诸大老赋诗美之"⑤。程钜夫将王、李、商并列，并将李置于王、商之间，称为"诸大老"，大概是因为三人均年事已高，而李的年龄可能是小于王而大于商。王磐卒于至元三十年（1293），享年九十二岁⑥，其生年应为金泰和二年（1202）；商挺卒于至元二十五年（1288），年八十岁，⑦其生年应为金卫绍王大安元年（元太祖四年，1209）。据此，李槃可能是生于1202年至1209年之间。商挺于至元九年（1272）⑧为皇子忙哥剌之相，后因事曾被系于狱，至元十六年（1279）始获释。可见他与王磐、李槃赋诗的时间应在至元十六年（1279）之后。此时，李槃已七十有余，但仍健在。张之翰《送周学士致政南归》一诗，在感叹当时翰林院诸老"引退如晨星"时说："敬斋（即李治）纳印去已久，鹿庵（即王磐）祖帐传为荣。近年亦有李韦轩，今日又见周璟

---

① 苏天爵：《元文类》卷11。
② 胡聘之辑：《山右石刻丛编》卷27，《石刻史料新编》第1辑第27册，台湾新文丰出版公司1982年版，第15569页下—15570页下。
③ 张之翰：《乐善堂记 至元二十八年》，《张之翰集》卷15，吉林文史出版社2009年版，第179—180页。
④ 姚燧：《牧庵集》卷31《跋雪雅堂集后》，第289页上。
⑤ 程钜夫：《程钜夫集》卷29《白鹤歌并序》，吉林文史出版社2009年版，第424—425页。
⑥ 苏天爵：《元朝名臣事略》卷12《内翰王文忠公》，第241页。
⑦ 《元朝名臣事略》卷11《参政商文定公》，第217页；《元史》卷159《商挺传》，第3741页。
⑧ 《元史》卷159《商挺传》，第3740页；《元朝名臣事略》卷11《参政商文定公》作"至元十年"，第217页。

陵。"① 王磐于至元二十一年（1284）始获准告老还乡②，李韦轩的离任在其后数年应无疑问。李槃奉敕所撰《敕赐靖应真人道行碑》最后署有"大元至元二十六年（1289）三月清明日记"③，此时的李槃或许还在翰林院任职。张之翰《乐善堂记》的写作时间是至元二十八年（1291），文中也提到了内翰李韦轩④，但此时他是否还在继续任职，已很难确考，因此时他可能年已八十有余。姚燧于至大三年（1310）撰《跋雪雅堂集后》，列出了包括李槃在内的诗文作者二十七人，并说除阎复、李谦外，其余"已皆物故"⑤。这是李氏此前已经去世的一条明确记载。

据《元史·刘秉忠传》，刘有文集十卷，韦轩李公所作《文集序》，当是为刘秉忠文集作的序。而目前我们所能见到的刘秉忠存世诗词的较早版本，仅有明弘治刻六卷本《藏春诗集》（真正属于刘秉忠的作品仅有前五卷，第六卷为碑铭等文字），其他则已散佚，这正如明人黎近久在该书后序中所说："然公生平谋谟之辞，治安之策，述事载道、垂世立教之文，当不止是。"⑥ 例如，刘秉忠向忽必烈所献"万言策"，在一些碑传文字中虽曾提及，但并无原文。《元史·刘秉忠传》中的相关文字，无疑是录自刘氏文集，说明该文集在明初尚可见到，至少可以见到其中某些篇章，而至弘治年间则已仅存《藏春诗集》。至于韦轩李公的序文，更是难觅其踪，这不能不说是一件憾事。清末民初的著名学者、藏书家傅增湘在《藏园群书经眼录》卷15记载说，他曾见到《刘文贞公全集》旧抄本三十二卷，"旧写本，十一行二十字。卷一至十二诗，十三卷以后皆文。前有同邑云龙山人李冶序。古书流通处送阅。壬戌。"⑦ 因现在已难觅其书，故无法对其内容及李

---

① 《张之翰集》卷3，第22页。
② 《元朝名臣事略》卷12《内翰王文忠公》，第246页。
③ 《山右石刻丛编》卷27，第15570页。
④ 张之翰：《张之翰集》卷15《乐善堂记》，第179—180页。
⑤ 《牧庵集》卷31，第289页上下。
⑥ 《藏春诗集·后序》，第237页下。
⑦ 《藏园群书经眼录》卷15，中华书局1983年版，第1297页。

冶的序文作出具体说明。

明弘治刻《藏春诗集》载有至元二十四年（丁亥年，1287）四月初吉翰林学士太中大夫知制诰同修国史阎復为该书作的序，题作《藏春诗集序》，但阎序主要是讲"文"，讲诗的文字并不多。因当时该书仅存诗词，所以题作《藏春诗集序》。藕香零拾本阎復《静轩集》作《刘太傅藏春集序》，当较符合阎復本意。韦轩李公的《文集序》理当收入该书，估计当时已无法见其原文，所以只能付诸阙如。应该指出的是，如前所述，至元二十六年（1289）李槃可能还在翰林院任职，至元二十四年为刘秉忠文集作序，当是完全可能的。

应该说明的是，徒单公履作有《故光禄大夫太保刘公墓志》，其中也有"治邢"以及征伐大理、南宋时建议禁止滥杀无辜等内容，苏天爵为何弃之不取而从韦轩李公《文集序》中选取相关资料呢？我们拿徒单公履的著述与《文集序》一比较，便一目了然。例如，关于"治邢"，徒单公履记载说：

……既而復言于上曰：今天下困弊，邢为尤甚，郡数乞官以治，倘从其请，邢民受赐多矣。上遣本朝宿望之臣同刘肃才卿、李简子敬行，专以存恤为务。旧邢之版籍户不过二千，月余，流民归者二万，邢遂大治。①

韦轩李公《文集序》中的相关内容与上述文字比较，不仅史实记载有些区别，而且更细致具体，从而突出了"儒者治邢"的明显效果，这显然更符合苏天爵的政治思想。李槃家居真定，与邢州（治今河北邢台）邻近，对邢州的了解自然也会更多些。

再如，关于刘秉忠主持建城上都（今内蒙古正蓝旗东）以及南下伐宋

---

① 徒单公履：《故光禄大夫太保刘公墓志》，《藏春诗集》卷6，第233页上—下。

时提议由近臣鼓舞士气以渡杨罗渡等情节,也是徒单公履所撰《墓志》中所没有的。《文集序》的史料价值优于《墓志》,是显而易见的。

我们曾经怀疑徒单公履是否就是"韦轩李公",但我们找不到徒单公履称为"李公"的记载。徒单公履是女真人,字云甫。① 王恽曾多次提到徒单,② 颙轩可能是徒单公履的号。③ 因此,"韦轩李公"与徒单公履不大可能同为一人。李槃是"真定名士",对苏天爵来说,既是先贤,又是同乡,苏对李的著述及学术地位应该是比较了解的。

综上所述,苏天爵在《元朝名臣事略》中所说"韦轩李公"极有可能是元朝初年的真定名士李槃。《析津志》将"韋轩"记作"幸轩"可能是熊氏笔误。苏氏弃徒单公履所撰《墓志》而采用韦轩李公《文集序》,表明他是以史料价值为主要标准来决定弃取的。

(原载《中华文史论丛》2012年第4期。本文发表后,翻检到虞集《道园类稿》卷46《都漕运副使张公墓志铭》载有"韦轩李公槃德新",明确记载"韦轩李公"为李槃)

---

① 据王恽《碑阴先友记》,"徒单公履字云甫,辽海人,经义第"。《秋涧先生大全集》卷59,《四部丛刊》缩印本,第290册,第597页下;虞集《田氏先友翰墨序》:"徒单公履字云甫,女真人。"《道园学古录》卷5,《四部丛刊》缩印本,第300册,第60页下。

② 如《寿徒单颙轩》,《秋涧先生大全集》卷12,第288册,第146页上—下,《开府仪同三司中书左丞相忠武史公家传》,《秋涧先生大全集》卷48,第290册,第500—505页下。

③ 参见《元人传记资料索引(2)》,中华书局1987年影印版,第918页,"徒单公履"条。

内丘扁鹊庙的元代碑刻

内丘扁鹊庙位于河北省内丘县神头村西，是全国重点文物保护单位。庙内有宋、金、元、明、清历代碑刻38通（不含残碑），其中元代碑刻9通，包括《国朝重修鹊山神应王庙之碑》，刘德渊、刘朴父子诗文碑，许国祯、訾洞春敬谒神应王祠题记碑、不忽木诗文碑、何德严诗文碑、张晏词文碑，以及立于中统二年（1261）四月十五日的《神应王扁鹊之墓》碑等，均具有重要的文物价值与史料价值，值得重视与研究。

一　国朝重修鹊山神应王庙之碑

《国朝重修鹊山神应王庙之碑》为元翰林学士承旨、资善大夫、知制诰兼修国史王鹗奉敕撰文，藏春居士刘秉忠书丹，前中书省都事刘郁篆额。碑通高3.27米（含龟趺坐高0.48米），宽0.98米，厚0.31米。碑文30行，满行53字，共千余字。

碑文首先回顾了我国医学发展的历史，以为唐虞三代并无专职医生，"为人臣、为人子者皆通医术"。春秋战国之后，以医名世者开始增多。"奇杰之士，遇时平主圣，则坐于庙朝，为卿为相，以福天下；其或生也不偶，材无所施，往往隐于医流，蠲疴起废，拯羸劣，获安全，跻之寿考之域。显晦虽殊，原其用心之仁，则一也。"[①] 这显然是对我国古代知识分子"不为良相，则为良医"的人生价值取向的进一步阐发。碑文对扁鹊的事迹作了摘要概述，其材料大体源于司马迁《史记·扁鹊仓公列传》。对扁鹊的祭

---

① 王鹗：《国朝重修鹊山神应王庙之碑》，见本文附录（一）。

祀，则上溯汉、唐，下至宋、金。其中关于后周显德年间安国军（治今河北邢台）节度使陈思让重修扁鹊庙，宋神宗熙宁二年（1069）邢州知州李光禄①，及内丘令张仲孙、龙岗（今河北邢台）令杨守道重修扁鹊庙②，金明昌元年（1190）内丘令赵实等修扁鹊庙，以及癸未年（1223）节度副使苏仲倡修扁鹊庙而未果，这些史事，多不见于正史，而此碑文记述，则可补正史之不足。

关于提点太医院颜天翼及夫人张氏、子颜伯禄重修扁鹊庙的情况，碑文记述说："今上皇帝之在潜也，知州民久困，自职绥抚。以庙在境内，尝遣使致祭祠所。使还，乘间言其废状，时上默有崇起之意。及故提点太医院颜公天翼乞致仕，遂令主其庙而修焉。凡岁收香火之资，半以修庙，余令赡其家。……既受命，鸠材募工，从事匪懈。无何，志愿未遂而遽尔云亡。夫人张氏，子伯禄，继志述事，克成厥终。"但（嘉庆）《邢台县志》（道光丁亥年增修）卷7《人物志》载李槃撰《颜天翼神道碑》（以下简称《神道碑》），记载则有所不同。《神道碑》云："甲寅春，请老于邢。邢，上之汤沐邑。诏赐宅一区，田千亩，特迁提点太医院，主鹊山神应王庙事。庙岁所入，半以奉祀事，半以给其家。仍令子孙世守之。是岁卒，年六十四。"《神道碑》并未提及重修扁鹊庙一事。颜天翼于甲寅年（1254）春天获准回乡，当年即去世，从时间上看，恐怕也来不及"鸠材募工"，重修扁鹊庙。王鹗的碑文对忽必烈及颜天翼的溢美之词是显而易见的。估计是颜天翼提出了重修扁鹊庙的建议，而未及实行。天翼之妻张氏及其子伯禄、伯祥"继志述事"，最终完成了这一工程。

关于颜天翼致仕前的事迹，碑文仅"天翼，良医也，征赴阙廷二十余载，诊治调护，宣力为多"这样一句概述。据《神道碑》，颜天翼字飞卿，祖籍舞阳（今属河南）天福山。祖父再思四岁时遇兵乱，被郾城（今属河

---

① 李光禄即李端悫，因其爵为金紫光禄大夫，故称。
② 参见杨守道《重修神应侯庙记》碑，现碑立内丘扁鹊庙。

南）冯氏收养。冯氏业医，遂传其学。再思生三子，名安仁、安德、安上，皆承父业。天翼为安德之子。他身材魁梧，天资聪明，少精医术，且酷爱道家之学。对患者他不分贫富，能一视同仁。元太宗四年（1232），天翼为蒙古将领贵曲乃①俘获，遂居其幕下，并曾医好贵曲乃病症。时蒙哥尚在潜邸，闻其名，来朝奏准与其俱还。及蒙哥即位，遂以天翼为太医使日侍左右。关于天翼的医术与人品，《神道碑》记述了两件事：一是曾医好太后唆鲁禾帖尼的病，并受到太后重赏，② 而他却将太后所赐分送给御医同事十三人。二是漠北气候严寒，谷物短缺，人多肉食，患病后饮食无法调节。天翼遂将自家所藏米分送患者，患者因此多能康复。此外，同时的太医罗天益在他的《卫生宝鉴》一书讲道"刀箭药方"时，还曾提道："癸丑岁（1253）承应，冬住瓜忽都，有太医大使颜飞卿传四方，用之尝效，故录之。"③ 由此亦可见颜氏在当时同行中的影响。宪宗四年（1254）天翼获准致仕回乡，并恢复颜姓。《神道碑》称赞他说："其在朝二十年，小心慎密，无纤介之失。上问天下利疚，知无不言；问以国政，则谢不能。"不予国政，或许是颜天翼避免祸患的一种手段。

《国朝重修鹊山神应王庙之碑》立于至元五年（1268）二月十五日，立石者署"嘉议大夫上都留守悬带虎符兼开平府路总管府尹"，姓名空缺。据《神道碑》，此人便是颜天翼次子颜伯祥。

颜氏担任上都留守兼开平府尹的起止时间，不见明文记载。王恽《中堂事纪中》有这样一段文字：

---

① "贵曲乃"当为"贵由乃"之误。详见周清澍《〈元史〉点校的经历和体会》，《中国传统文化与21世纪国际学术研讨会论文集》，中华书局2003年版；赵琦《〈元史·许国祯传〉补》，《内蒙古大学学报》2004年第1期。

② 据《元史·许国祯传》，许国祯亦曾为太后医病，并受重赏。传中文字与《神道碑》所记情节雷同。或许是颜天翼、许国祯等人共同医好了太后之病。

③ 罗天益：《卫生宝鉴》卷13，人民卫生出版社1963年版，第188页。另，文中"瓜忽都"当为"爪忽都"之误，详见陈高华《罗天益与〈卫生宝鉴〉》，《陈高华文集》，上海辞书出版社2005年版。

> [中统二年五月] 初三日甲子，晴朗。尽日诘问前省官事。是日，九道宣抚其先赴攸司及诸换授官入朝陛辞，欢声和气、洋洋郁郁满皇都而载路矣。上京路总管忙古都喜见诸相于都堂。①

文中"上京路总管忙古都喜"一语值得推究。

首先，元代并无"上京路"建置。因元人往往习称"上都"为"上京"，所以，"上京路"当指"上都路"。但，开平府升为上都是在中统四年（1263）五月，中统二年（1261）不应有这样的称谓，这显然是事后修改补充整理的结果，类似情况在王恽《秋涧集》中并不少见。例如《中堂事纪上》记"回回译史"麦术丁，"今为平章政事"；记"到省听任人员"胡祗遹，"终山东按察使"②，如此等等，显然都属于事后补记。

其次，"忙古都喜"当是"忙古都臺"之误，"臺"和"喜"字形相近，是很容易混淆的。

总之，王恽在这里所记"上京路总管忙古都喜"实际上是"上都路总管忙古都臺"。据《神道碑》，颜伯祥小字忙古䚟。因此，"忙古都臺"当系颜伯祥。

据王恽的这一记载，我们可以作出两种推论。第一种可能是，中统二年（1261）颜伯祥即已担任开平府总管。中统四年（1263）董铨继任这一职务，③但至晚在至元五年（1268）二月前，颜伯祥又接任了此职。第二种可能是，王恽在这里只是以颜伯祥后来官职来记述史事。而当时的颜氏并非任此官职。但即使如此，颜伯祥的地位亦当比较重要，否则，他不大可能去单独"见诸相于都堂"。

---

① 王恽：《秋涧先生大全文集》卷81《中堂事纪·中》，《元人文集珍本丛刊》第2册，新文丰出版公司1985年版，第373页下。

② 王恽：《秋涧先生大全文集》卷80《中堂事纪·上》，《元人文集珍本丛刊》第2册，新文丰出版公司1985年版，第361页上、362页上。

③ 据《元史》卷5《世祖纪二》，中统四年（1263）五月戊子，开平府升为上都后，"其达鲁花赤兀良吉［带］为上都路达鲁花赤，总管董铨为上都路总管兼开平府尹"。

颜伯祥所任官职，《神道碑》记为"嘉议大夫、上都留守总管兼开平府尹、诸军奥鲁总管，领虎贲司事"。据《元史》卷86《百官志二》，至元十六年（1279）始立虎贲司，管领上都路元籍军人，兼奥鲁之事。另据《元史·贺仁杰传》，至元十七年（1280），贺仁杰继任上都留守，兼本路总管、开平府尹。次年，又兼虎贲亲军都指挥使。据上述记载我们可以断定，颜伯祥任上都路总管等职，最晚应始于至元五年（1268）二月，终止时间应在至元十六年（1279）到至元十七年（1280）之间。在此期间，我们还未发现其他人担任这一职务。

该碑碑阴文字为《重修本庙记》，光禄大夫、太保、参领中书省事藏春居士书丹。其他文字多漫漶不清，其大致可辨者有"监修官"；"提点赵椿"；"庙宇大使刘珪、副使刘□、提控庄兴"；"赵林、梅聚、王珍、提控元成、刘泉、刘兴""朱信、赵聚、宋福、赵□、刘润、张安"；"□德"；"太医院宅塿"；"管领顺德洺磁等路拘收皮货提领□用"；"太医院宅司孟弹压"；"吴通事、杨通事、里外都官"；"太医祗从人"；"张首领各、林，谢老"等。碑尾所署日期仍为"至元五年岁次戊辰二月十五日"。估计上述人员均为监修官及主持与襄赞修庙之人的官职、姓名。

碑文作者王鹗为元初名臣，"在翰林十余年，凡大诰命大典册皆出公手，以文章魁海内"①。忽必烈令王鹗撰此碑文，足见其对重修神应王（即扁鹊）庙的重视。

碑文由刘秉忠书丹。刘与颜同为邢州（治今河北邢台）人，又同为忽必烈侍臣，相互关系当比较密切。刘秉忠喜爱书法，其《藏春集》有《习字》诗一首②，由诗文可以看出，刘秉忠在书法方面有很好的修养。碑文端庄秀逸，当能体现刘秉忠书法的特点。应该说明的是刘秉忠书法作品传世很少，因而此碑在书法史上也是难得的珍品。篆额者刘郁，金浑源（今属

---

① 苏天爵编：《元朝名臣事略》卷12《内翰王文康公》，中华书局1996年版，第240页。
② 刘秉忠：《藏春集》卷2，《元人文集珍本丛刊》第1册，新文丰出版公司1985年版，第68页下。

山西）人，字文季，别号归愚，与其兄刘祁俱以文名，元初曾为右司都事。

二　宣差太医提点许国祯、皇阙　金门逸士□洞春奉旨敬　谒神应王祠题记碑①

宣差太医提点许国祯、皇阙金门逸士□洞春奉旨敬谒神应王祠题记，分别题于元中统元年（1260）九月二十九日和中统三年（1262）四月十五日。两款题记刻于一碑，显系后人补刻。

据《元典章》卷 3《圣政二·崇祭祀》，"庚申年（中统元年，1260 年）四月，钦奉诏书内一款：五岳四渎，名山大川，历代圣帝明王忠臣烈士，载在祀典者，所在官司岁时致祭"②。魏初《青崖集》卷 4《奏议》所记"钦奉登宝位诏书内一款"，内容与此相同。诏书对主祭人员未作具体规定，而只要求"所在有司，岁时致祭"，所以中统元年（1260），是宣差太医提点许国祯奉旨致祭五岳四渎，并敬谒鹊山神应王祠，真定府录事司达鲁花赤不伯、获鹿县达鲁花赤不剌儿、暨从官邢州刘同知从祭，陪拜者有颜天翼之子颜伯禄。这次祭拜之后不久，中统二年（1261）四月十五日即立了《神应王扁鹊之墓碑》，估计此时还重修了扁鹊墓。只是由于扁鹊之墓碑无其他文字，详细情况不得而知。中统三年（1262）又由金门逸士□洞春奉旨致祭东海渊圣广德王庙，同时致祭鹊山神应王祠，从祭官则有邢台驿院提领刘、中丘主簿郭。

《元史·祭祀志五·岳镇海渎》称："岳镇海渎代祀，自中统二年（1261）始"，与石刻及《元典章》《青崖集》所记有别。笔者以为，当以此石刻及《元典章》《青崖集》所记为是。至元二十八年（1291）正月，"帝谓中书省臣言曰：'五岳四渎祠事，朕宜亲往，道远不可。大臣如卿等

---

① 标题为作者所加，下同。
② 陈高华等点校：《元曲章》卷 3《圣政二·崇祭祀》，中华书局、天津古籍出版社 2011 年版，第 108 页。

又有国务，宜遣重臣代朕祀之，汉人选名儒及道士习祀事者。'"①《元史·祭祀志五·岳镇海渎》所谓"岳镇海渎代祀"之说，当据此。

中统元年（1260）的主祭者许国祯，字进之，绛州曲沃（今属山西）人，父祖皆业医。国祯博通经史，尤通医术。忽必烈在潜邸，征国祯至瀚海，命留守掌医药。曾为太后唆鲁禾帖尼医病，取得好的疗效，受到重赏。忽必烈因过量饮马奶酒而患足疾，亦曾召其医治。宪宗三年（1253），从征云南。宪宗九年（1259），又从征鄂州（治今湖北武汉）。忽必烈即位后，授荣禄大夫、提点太医院事。迁礼部尚书，拜集贤大学士，进阶光禄大夫，升翰林集贤大学士。至元二十一年（1284）十二月，奉命与翰林承旨撒里蛮集诸路医学教授增修《本草》。卒年七十六岁。《元史》有传。

母韩氏，以能医侍太后唆鲁禾帖尼。因善调和饮食，奉命掌四方所献珍膳旨酒。太后悯其劳，赐以真定（今河北正定）住宅一处，终生岁给衣廪。国祯因此而家真定。

子许扆，又名忽鲁禾孙，官至陕西行省右丞，授荣禄大夫、大司徒。

皇阙金门逸士□洞春。皇阙，通常指宫门、宫殿，即皇帝所在的地方。此处当指开平（今内蒙古正蓝旗东北闪电河北岸）。金门逸士为道官名号。宋徽宗时曾规定道徒经考试可逐级升为志士、逸士、隐士、居士、方士、上士、大士、高士、元士，相当于九品至五品的官职。□洞春，当为訾洞春。据《元史·世祖纪一》，中统二年（1261）十月，"遣道士訾洞春代祀东海广德王庙"。

三 刘德渊、刘朴父子拜谒神应王庙诗文碑

刘德渊、刘朴拜谒神应王庙诗文碑、刘德渊拜谒神应王庙诗文碑各一通。前碑刻有刘德渊中统三年（1262）三月拜谒神应王庙所作七律一首，刘朴中统五年（1264）二月拜谒神应王庙七律一首，至元六年（1269）三

---

① 《元史》卷76《祭祀志五》，中华书局1976年版，第1900页。

月拜谒神应王庙诗二首。碑尾题"御医提点使颜公（名天翼，字飞卿）立石"，而此前颜天翼已经去世，① 显系后人伪托。后碑为至元九年（1272）二月刘德渊所记北渡以来患病及病愈情况，并赋诗三首，以述其事。该碑为"嘉议大夫上都留守颜伯祥立石"。

据王恽《卓行刘先生墓表》②，刘德渊字道济，襄国（治今河北邢台）内丘人。性僻直，有操守，刻苦好学，曾从学于金末著名学者王若虚。参加元太宗十年（戊戌年，1238年）的"戊戌试"，名列河北西路之首。世祖即位后，授翰林待制。晚年居家教授生徒，并著书数万言，受到刘秉忠、张文谦、许衡等元初名臣敬重。郝经著有《送常山刘道济序》《再送常山刘道济序》，分别写于乃马真后二年（1243）八月与同年十一月。郝经序文称："道之不行也，非谓佛、老、小人之相害也，由君子之自不行耳。道之不竞也，非止谓君子之不自行也，由反唱佛老、小人之为祸耳。""岂堂堂天地，干制万化，欲兴明盛之功，而寂寥索莫，乃无此人哉？必有之矣。其兴于此时也，余亦必得而见之矣。"③ 这既是当时佛教、道教兴盛，社会秩序混乱情况下，郝经的劝勉之辞，也可以看作是郝、刘二人共同的理想信念。刘德渊拒绝刘秉忠、张文谦等人救助时表示："吾非踽踽凉凉、阉然媚于世者也。"王恽称赞刘德渊说："士风之不振也久矣，道义之斫丧也微矣，安得高风古节如先生者哉。"④ 我们从王恽的《墓表》以及郝经的《序》文中亦可见刘德渊的思想境界。

刘德渊父子传世诗文不多。《元诗选》癸集上录有刘德渊《千秋亭》一首，《书事二首》，刘朴则未见有诗文传世。碑中诗文可略补其不足。

---

① 据（嘉庆）《邢台县志》（道光丁亥年增修）卷7《人物志》所载李槃撰《颜天翼神道碑》，颜天翼卒于宪宗四年（1254）。

② 王恽：《秋涧先生大全文集》卷61《卓行刘先生墓表》，《元人文集珍本丛刊》第2册，新文丰出版公司1985年版，第201—202页。

③ 郝经：《郝经集编年校笺》卷30《送常山刘道济序》《再送常山刘道济序》，人民文学出版社2018年版，第762、765页。

④ 王恽：《秋涧先生大全文集》卷61《卓行刘先生墓表》，《元人文集珍本丛刊》第2册，新文丰出版公司1985年版，第201—202页。

刘德渊中统三年（1262）诗称："今代蒸民多疾苦，更□普救俾平康"，反映了当时民众疾苦多难，企盼"平康"的殷殷之情。至元九年诗序称："丙辰（1256年）春正月，髭疮发，历□愈盛，微息奄奄，殆九生意。胃前有红肿毒气一指未□□□者……"可见当时刘德渊身体欠佳。其首章诗云："几年幽愤变髭疡，残喘微□□死□。多幸梦中承救药，敢将诗句□□□。"诗文虽缺字较多，但亦可见其患病几年后逐渐康复，遂对"神应王"产生的感激之情。刘朴的两首诗则显得轻松自然。如"和气满川春煦煦，恩波千里玉潺潺"；"关关啼鸟喧盈耳，片片飞花争扑衣"，满是春光明媚的美好景象，看不出刘朴身体有何不适。没想到刘朴竟英年早逝，而其父患病后得以康复，终年七十八岁，在当时应该说是高寿了。

刘德渊在当时的文人中声誉颇高，和当时一些学界名人亦有诗文往来。他曾写诗称颂刘祁、刘郁兄弟："南国堂堂二'凤雏'，年来归隐旧茅庐。四围山水境何胜？一室琴书乐有余。长啸松林月明夜，行吟菜圃雨晴初。荒芜庭院人休消，天下终期一扫除。"① 元初名吏胡祗遹作有《赠刘道济》五言古诗一首，对了解刘德渊其人当有所帮助，兹节录于后：

> 自闻道济名，于今逾十年。不识道济面，悬想心茫然。
> 今朝忽相见，久渴逢清泉。何劳话平昔，声迹稔相传。
> 苦学得深趣，性理自一天。辩论千古事，水鉴临蚩妍。
> 耻与俗士伍，奋拔希前贤。自负良不浅，但恨天公偏。
> 丧偶二十载，枯淡成癯仙。父子夜读书，晨爨寒无烟。
> 四壁倚甑石，壮心穷益坚。题诗穷胜槩，忘归纵留连。
> 名僧及幽士，倒屣欢招延。人皆见委顺，是未知君全。
> 志大惜未遂，孤影成华颠。尝观造物理，否泰无定专。

---

① 刘祁：《归潜志》卷14，中华书局1983年版，第181页。诗中"南国"当指金朝，"二'凤雏'"，当指刘祁、刘郁兄弟。

物将亨于后，未免空于前。大器贵晚成，不与细物肩。
……①

王恽《卓行刘先生墓表》称："至元壬午（至元十九年，1282 年）予按部夷仪②，谒先生于天贶斋。婆迟蓬荜，心融一天，自乐其乐，英发之气，至老不衰。"③ 在艰难困苦的环境中，刘德渊始终保持了乐观奋发的精神风貌。

四　不忽木诗文碑

内丘扁鹊庙内有不忽木诗文碑二通，刻有不忽木诗两首。一首为七律，无标题，诗文如下：

一勺神浆浩满襟，天开明哲岂难谌。
齐侯无幸菖残速，虢子有缘惠泽深。
磊磊山形千古仰，巍巍庙貌四方钦。
惟王授我刳肠术，换尽人间巧伪心。
大元国至元壬□□八月二十□□

据《元史·不忽木传》，至元十五年（1278），不忽木出为燕南河北道提刑按察副使。至元十九年（1282）升提刑按察使。这首诗应该是他任燕南河北道提刑按察使时，途经内丘，因病恳祷于神应王庙，遂作此诗。"至元壬□□"，当为"至元壬午岁"或"至元壬午年"，这年，正是至元十九年（1282）。

---

① 胡祗遹著，魏崇武、周思成点校：《胡祗遹集》卷 3《赠刘道济》，吉林文史出版社 2008 年版，第 52 页。
② 夷仪，今山东聊城市西南，春秋时邢国曾建都于此。
③ 王恽：《秋涧先生大全文集》卷 61《卓行刘先生墓表》，新文丰出版公司 1985 年版，第 202 页。

诗前小序称:"平章政事不忽木于至元二[十]年岁次癸未重阳日,任燕南河北道提刑按察使,因病恳祷于神应王庙,以为邂逅之识云。"小序不像是不忽木所题。一是序文称"平章政事不忽木"。据《元史》卷 16《世祖纪十三》,不忽木任平章政事始于至元二十八年(1291)五月,这与诗文写作的至元壬千年,即至元十九年延后九年。二是序文称因病恳祷于神应王庙的时间是"至元二[十]年岁次癸未重阳日",与诗后所署时间不一,不忽木自己不可能自相矛盾如此。三是序文最后"以为邂逅之识云",也不像是不忽木自称。鉴于上述情况,我们可以初步断定,诗文刊刻时间当在至元二十八年(1291)五月之后,诗前序文并非不忽木所写。

扁鹊庙所刻不忽木第二首诗,为不忽木所写《过赞皇五马山泉》,① 但石刻无标题,亦无写作时间,并有缺字。赞皇五马山,离内丘较近,很有可能是后人将此诗转刻于此。

诗文如下:

相彼山泉源本清,太平君子濯尘缨。
泠泠似与游人[说],说尽今来[往古]情。②
　　　　　　　　　　　　不忽木识。

据《元史·不忽木传》,不忽木一名时用,字用臣,世为康里部大人。其父燕真六岁时为成吉思汗所虏,遂侍忽必烈于潜邸。不忽木为燕真次子,初侍裕宗于东宫,并先后师事太子赞善王恂及国子祭酒许衡,是汉化程度颇深的少数民族官员,亦是颇有成就的少数民族诗人和曲作家,可惜其作品大都亡佚。现《元史·不忽木传》仅保留其部分奏疏文字,《元诗选》录其《过赞皇五马山泉》诗一首,曲作品也仅有《仙吕·点绛唇》(辞朝)③

---

① 《元诗选》癸集上,中华书局 2001 年版,第 163 页。下同。
② [ ]内的字,据《元诗选》补。
③ 《全元曲》第 10 卷,河北教育出版社 1998 年版,第 7317—7319 页。

存留。扁鹊庙内不忽木诗文石刻，又为我们研究不忽木增加了新的资料。

五　何德严诗文碑

顺德路（治今河北邢台）总管何德严于延祐二年（1315）十一月十五日在扁鹊庙题五言诗一首：

名自春秋显，王称赵宋推。
宫完神力应，未若我元时。

何诗证明，神应王之封，当始自赵宋王朝。

据《广西通志》记载，何德严为保定路人，延祐六年（1319）以通议大夫任广西道肃政廉访使，① 次年，又与薛元直、于思等在桂林府修建奎文阁以藏书籍，为广西文化建设作出了贡献。②

六　张晏词文碑

该碑文应该是一首词，但无词牌，亦无标题。为方便识读，特转录如下：

□□□国为愚孙。□孙在，鹊山神，忆□病中身。变玉带□鱼老臣。云间山水，梦中岁月，回首五十春。石上卧麒麟，好记迹、今人古人。

延祐七载岁次庚申七月戊子朔③十八日乙未。蓬山张晏题。

---

① （雍正）《广西通志》卷52《秩官·广西道肃政廉访使》，《景印文渊阁四库全书》第566册，台湾商务印书馆1986年版，第501页上。
② （雍正）《广西通志》卷37《学校·桂林府》，《景印文渊阁四库全书》第566册，台湾商务印书馆1986年版，第94页上。
③ 延祐七年七月戊寅朔，"戊子"当为"戊寅"之误。

据康熙《钦定词谱》,① 这首词词牌应是《太常引》,作于延祐七年（1320）七月十八日。作者张晏,字彦清,元初名臣张文谦长子,曾侍皇太子真金于东宫,为府正司丞。忽必烈以其为功臣子,选充刑部郎中,累迁至大司农丞。成宗即位,命进讲经史,擢集贤侍讲学士,参议枢密院事,迁集贤大学士,枢密院判官。出为陕西行御史台中丞。卒,赠陕西行省平章政事、魏国公,谥文靖。

张晏喜爱古人书法作品的收藏鉴赏。有不少藏品有张晏题跋。谨抄录几首于后：

题徐季海书朱巨川诰身后

可与参政得此诰于鲜于氏,余尝览焉。观李邕谓云："徐季海书若青云之高,无梯可上,幽谷之深,无径可寻。开元以来无与比者。"今熟览此书,信斯言矣。大德七年岁在癸卯十二月七日。忠宣后人集贤学士、嘉议大夫兼枢密院判张晏敬书（《大观录》卷2,清武进李氏刻本）。

唐李白上阳台书一卷

……又张晏跋云：谪仙书传世绝少。尝云欧、虞、褚、陆真书奴耳,自以流出于胸中,非若他人,积习可到。观其飘飘然,有凌云之态,高出尘寰,得物外之妙。尝遍观晋唐法帖,而忽展此书,不觉令人清爽。当时沉香亭侍醉,高力士脱靴,宜矣。时大德九年岁在乙巳正月二十五日,集贤学士张晏敬书（张照等《石渠宝笈》卷13,文渊阁四库全书本）。

题颜鲁公刘中使帖

鲁公书存世,常见《李光颜太保帖》《乞米帖》《马病帖》《项首夫人帖》《祭侄季明文》《允南母商氏赠诰》《昭甫诰》并此八本。观

---

① 《钦定词谱》卷8,北京中国书店影印康熙五十四年内府刻本,第484页。

于此书，可谓钩如屈金，点如堕石。东坡有云："书至于颜鲁公，极矣。"诚哉是言也！时大德九年岁次乙巳冬十月廿五日，集贤学士、通议大夫张晏敬书（朱存理：《珊瑚木难》卷3，文渊阁四库全书本；《大观录》卷2，清武进李氏刻本）。

跋唐释怀素食鱼帖

藏真书多见，四五十幅亦皆唐僧所临，而罕有真迹。一二知书者谓此幅最老烂，因锦袭珍藏之。延祐元年十一月朔日，集贤大学士、荣禄大夫张晏珍玩（李日华：《六研斋二笔》卷2，文渊阁四库全书本；孙岳颁等《御定佩文斋书画谱》卷75，文渊阁四库全书本）。

跋五代杨凝式韭花帖

大德壬寅，忠宣后人张晏尝收《宣和书谱》，载杨凝式正书《韭花帖》，商旅船渡绍兴，以厚价购得之，故传之于江南，可与参政浙西回携来相会。大德八年岁在甲辰三月初十日，集贤学士、嘉议大夫兼枢密院判张晏敬书（孙岳颁等：《御定佩文斋书画谱》卷75，文渊阁四库全书本）。

张晏收藏名人书法真迹较多，有些跋尾，具体内容已不详。如，"新都人家珍藏颜清臣祭侄文真迹，后有张晏、鲜于枢跋尾，而无陈绎曾、陈深、文徵明题识，中间颜书神妙而结构微与《停云馆帖》不同，未知熟为法墨耳"①。《唐怀素论书帖》，亦有张晏跋及其家传半印二。② 类似情况还有一些，恕不一一备举。张晏任职大司农时，还曾奉旨从大司农司子粒钱内关支颜料钱，请李肖嵒为刘秉忠等三十人画像，并"裱褙成看册"。③ 延祐三

---

① 张丑：《真迹日录》卷5，《景印文渊阁四库全书》第817册，台湾商务印书馆1986年版，第593页下。

② 张照等：《石渠宝笈》卷13，《景印文渊阁四库全书》第824册，台湾商务印书馆1986年版，第343页上。

③ 王士点、商企翁编次，高荣盛点校：《秘书监志》卷5《秘书库》，浙江古籍出版社1992年版，第96页。

年（1316），张晏为集贤大学士时，还曾奉旨，要赵子昂将秘书监无签贴的书画，都一一补写。① 这些举措，大概都与张晏热爱书画作品有关。

张晏和当时的学界名流亦有不少诗文往来。如王旭有《次张彦清见赠诗韵》②，袁桷有《张彦清以复古砚赠友人，因赋长句》③，贡奎有《闻张彦清学士田兵部访郝尚书于西山》④《彦清赠畴斋复古殿端研率同赋》⑤，马祖常有《和张彦清司农喜雪》二首⑥，同恕有《雪次张彦清中丞韵》⑦《盆梅次张彦清中丞韵》⑧ 等。由此，我们也可以看出张晏在当时学界的交往情况。

七　扁鹊墓、扁鹊庙与扁鹊祭祀

历史上对扁鹊的祭祀以及扁鹊墓、扁鹊庙的修建到底始于何时、何地，现已难以确考。王鹗撰《国朝重修鹊山神应王庙之碑》说："汉唐以来，像而祀之者旧矣。"据《魏书·地形志上》，中丘（今河北内丘）有"鹊山祠"，这是史书所见修建较早的祭祀扁鹊的建筑。唐人李吉甫撰《元和郡县图志》载："鹊山，在县西三十六里。昔扁鹊同虢太子游此山采药，因名。"⑨ 可见在唐代，亦采用鹊山之名来纪念扁鹊。另据（雍正）《山西通志》载："扁鹊庙在县（指山西虞乡——引者）东十里故市镇，唐开元三年

---

① 王士点、商企翁编次，高荣盛点校：《秘书监志》卷6《秘书库》，浙江古籍出版社1992年版，第104页。
② 王旭：《兰轩集》卷6，《景印文渊阁四库全书》第1202册，台湾商务印书馆1986年版，第384页下。
③ 袁桷：《清容居士集》卷6，中华书局2012年版，第301页。
④ 贡奎：《贡奎集》卷1，吉林文史出版社2010年版，第33页。
⑤ 贡奎：《贡奎集》卷3，吉林文史出版社2010年版，第62页。
⑥ 马祖常：《马石田先生文集》卷3，《元人文集珍本丛刊》第6册，新文丰出版公司1985年版，第552页。
⑦ 同恕著，李梦生校勘：《榘庵集》卷11，山西古籍出版社2003年版，第119页。
⑧ 同恕著，李梦生校勘：《榘庵集》卷11，山西古籍出版社2003年版，第123页。
⑨ 李吉甫：《元和郡县志》卷19《河东道六·邢州·内丘县》，中华书局校点本1983年版，第429页。"在县西三十六里"，疑为"在县西六十三里"之误，详见该书第440页《校勘记（50）》。

(715）建。旧志，唐开成间建。"① 汴京的扁鹊墓亦修建较早。据李濂《汴京遗迹志》："扁鹊墓在大梁门外西北，菩提寺之东原，在子城内。唐元和十五年（820）宣武军节度使张弘靖徙瘗于此。"② 总之，自南北朝以至唐代，已陆续有"鹊山""鹊山祠""扁鹊庙""扁鹊墓"等，用以纪念扁鹊，并已见诸文献具体记载。

宋仁宗时，封扁鹊为神应侯，并于汴京西北隅建扁鹊庙。李焘《续资治通鉴长编》以及《宋史·许希传》均有详细记述。③ 宋神宗熙宁二年（1069），邢州（治今河北邢台）知州李端愿（即前述之"李光禄"）又在内丘重修扁鹊庙。邢州龙岗县（治今河北邢台）令杨守道撰《重修神应侯庙记》称：

> 嘉祐初，仁宗不豫，虽药未吉，虔祷于神，遽报如响。始得谥侯，因以神应为号。太守李公，被天子明命，尹于兹土。下车视俗，详练政术；废纲颓波，仆而复起；威破奸胆，仁沐疲瘵，虽龆龀之子，犹涵泳其宽厚之化而鼓舞也。治民之道即周，事神之礼亦举，而岁慊于旱，翘意待露，屡遣属吏，致诚执羞而告之。甘雨膏雪，圻内沾润欢谣，和气充溢上下。夫生能寿于人，没能福于民，光灵不泯，其名动于后世，此所以报之不可不严，而事之不可不备也。公乃曰："庙貌未隆，旧制狭陋，丹绿之辉剥昧而就灭，神明所凭，非所以妥灵报功以称于后也。然每岁之间，民所献物，蹄负相轧，掌于有司，即而一归公帑，供神之余，岂可他费？"乃反资其物于庙而完新之。不取于官，无劳乎民，檄县之令，专董其役，数旬而工告休。重檐密庑，森然如

---

① （雍正）《山西通志》卷166《祠庙三·蒲州府·虞乡县》，《景印文渊阁四库全书》第548册，台湾商务印书馆1986年版，第150页上。

② 李濂著，周宝珠、程民生点校：《汴京遗迹志》卷9《岗堆坡陂关梁井墓·扁鹊墓》，中华书局1999年版，第137页。

③ 李焘：《续资治通鉴长编》卷115，"仁宗景祐元年九月"，中华书局2004年版，第2698页；《宋史》卷462《许希传》，中华书局1977年版，第1320页。

翼，增卑而高，厂隘以广，败朽易而宏洪，薄恶去而炫丽，望之俨然，渠渠而可仰也。①

从碑文标题及碑文内容看，邢州扁鹊庙，此前已经存在，但始建时间不详。立碑人李端愿，字守道，李遵勖之子，历官左藏库使，累迁东上阁门使、干办三班院，知邢、冀、卫三州，至蔡州观察使。《宋史》有传。碑文中李端愿所署官爵为"四方馆使、金紫光禄大夫、检校太子宾客使、持节眉州诸军事、眉州刺史、充本州防御使、兼御史大夫、知邢州兼本州事、兼管内河堤劝农使、兼本州驻治兵马钤辖、柱国、陕西郡国公、食邑二千户、食实封一百户"，② 这为研究宋代官制亦提供了一个很好的实例。

宋仁宗嘉祐八年（1063）三月，封神应侯扁鹊为神应公。③ 宋人强至亦撰有《扁鹊神应公庙挂牌祭告祝文》④，而神应王何时所封，尚难考定。（雍正）《畿辅通志》所记"宋仁宗封神应王"，⑤ 也还需其他宋史资料的证实。但金章宗明昌元年（1190），邢州内丘令重修内丘鹊山神应王庙，⑥ 则可证明此前已有神应王之封号。此外，与金对峙的南宋，仍重视对扁鹊的祭祀。据《咸淳临安志》，当时的太医局建有神应殿，"奉医师神应王"⑦。金元之际的元好问有《平定鹊山神应王庙》七律一首，⑧ 他的《扁鹊庙记》一文，也应是就平定扁鹊庙而作。文中说："其有庙于此，则不可考也。庙再以元

---

① 杨守道：《重修神应侯庙记碑》，现碑立内丘扁鹊庙。
② 杨守道：《重修神应侯庙记碑》，现碑立内丘扁鹊庙。
③ 李焘：《续资治通鉴长编》卷198，"仁宗嘉祐八年三月壬戌"，中华书局2004年版，第4792页。
④ 强至：《祠部集》卷34，《景印文渊阁四库全书》第1091册，台湾商务印书馆1985年版，第379页下。
⑤ 李卫等撰：（雍正）《畿辅通志》卷50《祠祀·神应王庙》，《景印文渊阁四库全书》第505册，台湾商务印书馆1985年版，第138页上。
⑥ 见彭璧《重修鹊山神应王庙记碑》，现碑立内丘扁鹊庙。
⑦ 潜说友：《咸淳临安志》卷12《行在所录·太医局》，《宋元方志丛刊》第4册，中华书局1990年版，第3480页下。
⑧ 元好问：《元好问全集》卷9，山西人民出版社1990年版，第273页。

丰八年（1085）成。……乡豪张乙居其旁，葺而新之，土木有加焉，正大元年（1224）之八月也。"① 山西平定扁鹊庙的历史亦比较悠久。元初王磐撰有《扁鹊墓》五言古诗一首，（雍正）《山西通志》卷221《艺文四十·诗一》录有该诗。但从王磐的为官经历看，他曾为真定、顺德等路宣慰使，② 因此，该诗指内丘扁鹊墓的可能性会更大些。元人于钦《齐乘》卷5记"祐德观"："府城内唐碑云瑞气观，宋曰天庆，金改祐德。观内古有扁鹊祠，金人因创神农庙，碑记存焉。"而今，碑记已无考。（雍正）《河南通志》卷48《祀记·河南府》载，卢氏县东街有扁鹊庙，宋建宁③元年建，元至正五年（1345）重修。另据迺贤《河朔访古记》，在汤阴县伏道村，有扁鹊庙碑。"村之道左一碑题曰'神应王扁鹊之墓'。其庙并在墓侧。庙有二碑，一碑教授张仲文撰，一碑太中大夫江南浙西道提刑按察使胡祗遹撰。"④ 今天，二碑亦不知存否。

从以上考察中我们可以看出，唐、宋、金、元时期，全国各地已有不少扁鹊庙、扁鹊墓、神应殿、神应祠以及相关碑刻等存在，但这些遗址、遗物、遗迹等，有不少因种种原因而被历史吞没。比较而言，内丘扁鹊庙是建筑及相关碑刻保存较多的一处，它向人们诉说着过去的历史，昭示着人们对健康的殷切期盼与对扁鹊的崇敬，值得我们加倍珍惜与保护。

附录

（一）国朝重修鹊山神应王庙之碑

国朝重修/鹊山神应/王庙之碑（篆额）

国朝重修鹊山神应王庙碑。翰林学士承旨、资善大夫、知制诰兼修国史臣王鹗奉/敕撰，藏春居士刘秉忠书丹，前中书省都事刘郁篆额。臣闻

---

① 元好问：《元好问全集》卷32，山西人民出版社1990年版，第739页。
② 《元史》卷160《王磐传》，中华书局1976年版，第3752页。
③ 北宋无"建宁"年号，疑此处行文有误。
④ 迺贤：《河朔访古记》卷中，《景印文渊阁四库全书》第593册，台湾商务印书馆1986年版，第46页上。

医之有益于世，尚矣。自神农氏尝百草以救民疾苦，由是《本草》之学出焉；轩辕氏与天师岐伯问答至道，而后《内经》《素问》出焉。唐虞三/代，靡不由之。故为人臣、为人子者皆通医术，一有差错，则为不忠不孝。下至列国，以医名世浸多。盖奇杰之士，遇时平主圣，则坐于庙朝，/为卿为相，以福天下；其或生也不偶，材无所施，往往隐于医流，蠲疴起废，拯羸劣，获安全，跻之寿考之域。显晦虽殊，原其用心之仁，则一也。/考之信史，今鹊山王是已。王姓秦氏，讳越人，渤海鄚人也。少为舍长，一日舍客长桑君，君知其非常，传诸禁方，使勿泄。既而取怀中药，饮以/上池之水。自是外以诊脉为名，而内见病者五脏症结，湔汤涤秽，其效如神。乃游走四方，随俗应变。在渤海为小儿医，过邯郸为带下医，雒/为耳目痹医。过齐，知桓侯必死，去不治。过虢，太子死，谓尸蹶能复生之。过赵，自称扁鹊。适简子病，五日不知人，告以秦穆公事，简子病愈。/即中丘之蓬山，赐地四万亩，时往来居之。后同虢太子来游，采药于是山，因易名蓬鹊。王薨，数有灵应。或入宵寐，或降药饵，皆能愈人奇/疾。汉唐以来，像而祠之者旧矣。五季之乱，数经残圮。周显德中，安国军节度使陈思让为重修之。是时碑刻已有王称，未知封自何代。宋/嘉祐初，仁宗不豫，遣使诣庙求医，使未至而疾瘳。始降玺书，赐号神应。神宗熙宁二年，有李光禄者知邢州，岁数不登，祷之即应。命以/岁时医流民庶所献，不归公帑，专以奉神。委内丘令张仲孙、龙岗令杨守道董其役，曾不十旬，厥功告毕。重檐密庑，巍然可观。金明昌元年，/内丘令赵实亦尝修之，而皆非朝命，一经劫火，焚荡无余。/国朝龙兴，百废具举。岁癸未，节度副使苏仲，毅然昌率重葺旧基，以官事牵制，殿未瓦而止。四方祈祷者，但为位以祭。/今上皇帝之在潜也，知州民久困，自职绥抚。以庙在境内，尝遣使致祭祠所。使还，乘间言其废状，时/上默有崇起之意。及故提点太医颜公天翼乞致仕，遂令主其庙而修焉。凡岁收香火之资，半以修庙，余令赡其家。天翼，良医也，征赴/阙廷二十余载，诊治调护，宣力为多。既受/命，鸠材募工，从事匪懈。

无何，志愿未遂而遽尔云亡。夫人张氏，子伯禄，继志述事，克成厥终。次子伯祥，承奉/御侧，/奏乞勒贞石诒后世，/制可，以付臣鹗。臣昔兄事天翼，义均同气，滥膺/宠委，谨追录遗事，拜手稽首而为之铭。铭曰：/蓬山苍苍，襄水洋洋。彼有人焉非常，俨立祠于其旁。厥初禁方，得之长桑。涤垢湔肠，病常愈于膏肓。邦人不忘，/祀事孔彰。被衮而裳，垂旒而王。庙经兵荒，废为荆榛瓦砾之场。崇起有时，待我/圣皇。厥初颜君，/宠命是将。志愿未毕，遽尔云亡。继志有人，乃配阿张。二子皆贤，伯禄、伯祥。落成之日，归功/庙堂。勒为丰碑，令闻载扬。王其有灵，降福穰穰。风雨和时，年迄用康。跻斯民于仁寿之域，而衍/圣祚于无疆。至元五年岁次戊辰二月十五日，/嘉议大夫上都留守悬带虎符兼开平府路总管府尹　　　立石。尧山魏琰刊。

（二）宣差太医提点许国祯、皇阙金门逸士□洞春奉旨敬谒神应王祠题记碑

宣差太医提点许国祯奉/皇帝圣旨里，致祭/五岳四渎，敬谒/鹊山神应王祠，且申报谢。真/定府录事司达鲁花赤不/伯，获鹿县达鲁火赤不剌/儿，暨从官邢州刘同知，陪拜颜伯禄。中统元年九月二十九日。

皇阙金门逸士□洞春，特奉/皇帝圣旨，降祭/东海渊圣广德王庙，敬谒致/祭/鹊山神应王之祠。从官邢台/驿院提领刘、中丘主簿郭。中统三年四月十五日。

（三）刘德渊、刘朴父子拜谒神应王庙诗文碑

大蒙古国中统壬戌春三月，鹊山拜谒/神应王庙，故作是诗也。鹊山万叠郁苍苍，庙儿尊严/神应王。玉帛时来千里供，户楹风渡/百华香。有功在礼宜歆祀，生死□谦/本自当。今代蒸民多疾苦，更□普救俾平康。翰林待制同知制诰兼/国史院编修官刘德渊拜手稽曰，甲子春二月望旦，鹊山拜谒/神应王庙留题书表，男朴焚香再拜。三□齐尻拟坐坛，鞠躬来谒/鹊王山，乾坤仰止/神功大，苾火依然庙儿闲。和气满川/春煦煦，恩波千里玉

潺潺。逢人每悉/慈亲事□定梦中灵应,愧乏雄文□世间。己巳春三月上/庙赋。蓬山晚进刘朴顿首。/光风照野□除被,时与客联一翠微。山店买来馔粥美,水乡寻得鳜鱼肥。/关关啼鸟喧盈耳,片片飞花争扑衣。恳至詹依/神定享,一天□景咏而归/御医提点使颜公(名天翼,字飞卿)立石。

(四) 刘德渊诗文碑

蓬山子北渡已来,凤栖□阳□□/濯淖者屡矣。丙辰春正月,髭疮发,/历□逾盛,微息奄奄殆九生意。胃/前有红肿毒气一指未□□□者,/□之于邑,以其决不可□□□夜梦/褒衣□人探身俯视,胃□□夜后然随后红肿气逦迤从肩□□山/讫不尔死矣。缅惟褒衣□人□□/神应其谁欤?于呼其神矣哉!于呼/其神矣哉!兹其所以庙号/神应也哉,敢拜章以述区□□。首章:/几年幽愤变髭疡,残喘微□□死□。/多幸梦中承救药,敢将诗句□□□。/其二:/救药分明现梦中,觉来胃膈□□□,/圣灵千载犹如此,想见当年□□□。/其三:/胃膈探身夜俯观,诘朝红肿□□□,/更生灵贶□无报,一度追思一永□。/蓬山刘德渊焚。/大元国至元壬申春二月朔,/嘉议大夫上都留守兼开平府尹颜伯祥。

(五) 不忽木诗文碑

平章政事不忽木 于至元二[十]/年岁次癸未重阳日,任燕南河/北道提刑按察使,因病恳祷于/神应王庙,以为邂逅之识云。

一勺神浆浩/满襟,天开明/哲岂难谌。齐/侯无幸菑残/速,虢子有缘/惠泽深。磊磊/山形千古仰,巍巍庙貌四/方钦。惟王授/我刳肠术,换/尽人间巧伪心。

大元国至元壬□□八月二十□□。

(六) 不忽木诗文碑

相彼山泉源/本清,太平君/子濯尘缨。

泠泠似与游人/说,说尽今来□□情。/

不忽木识。

（七）何德严诗文碑

名自春秋显，/王称赵宋推。/宫完神力应，/未若我元时。/延祐二祀十一月望，顺/德路总管何德严书。

（八）张晏词文碑

□□□国为愚孙。/□孙在，鹊山神，忆/□病中身。变玉带/□鱼老臣。云间山/水，梦中岁月，回首/五十春。石上卧麒麟，好记迹、今人古人。

延祐七载岁次庚申七月/戊子朔十八日乙未，蓬山　张晏题

（九）神应王扁鹊之墓碑

神应王扁鹊之墓

大元国中统二年四月十五日立石。①

（原载《中国蒙元史学术研讨会暨方龄贵教授九十华诞庆祝会文集》，民族出版社2010年版）

---

① 中统二年（1261）尚无"大元国"之称，可见此碑为后人补刻。

元上都留守颜伯祥及其家人史事考

蒙元时期，邢台人颜伯祥曾任上都（今内蒙古正蓝旗东北闪电河北岸）留守多年，其父颜天翼为大汗御医，医术高明。颜伯祥之子颜哈班官至同知上都留守司事、处州路（治今浙江丽水市西）总管，和蒙古上层亦有密切联系。颜氏祖孙三代与蒙元皇室关系密切，应该受到元史学者的重视。

一

许有壬在元顺帝至元二年（1336）追述上都孔子庙修建起始情况时说：

> 世祖既城开平（今内蒙古正蓝旗东北闪电河北岸），寻升上都，文治益修。至元六年（1269），命留守臣颜蒙古歹作孔子庙都城东南。①

《元史》中没有"颜蒙古歹"的传记资料。据（嘉庆）《邢台县志·人物志》（道光丁亥年增修）所载李槃撰《颜天翼神道碑》（以下简称《神道碑》），天翼字飞卿，"初娶孟氏，生子伯禄，早逝。继张氏，生子伯祥，小字忙古鄂，以小字行。事世祖，由宿卫官至嘉议大夫、上都留守总管兼开平府尹、本路诸军奥鲁总管，领虎贲司事。"② 由此可见，许有壬所记主持修

---

① 许有壬：《至正集》卷44《上都孔子庙碑》，《元人文集珍本丛刊》第7册，新文丰出版公司1985年版，第216页下。
② （嘉庆）《邢台县志》（道光丁亥年增修）卷7《人物志》，国家图书馆藏道光七年刊本；另参见王鹗撰《国朝重修鹊山神应王庙之碑》（现碑立河北内丘扁鹊庙）。

建上都孔子庙的"颜蒙古歹",便是时任上都留守总管兼开平府尹的"忙古䚟",即颜天翼次子颜伯祥。

笔者考证颜伯祥担任上都留守总管兼开平府尹的时间,最晚应始于至元五年(1268)二月,终止时间应在至元十六年(1279)至至元十七年(1280)之间。(见《内丘扁鹊庙的元代碑刻》)

二

元代上都路总管(后改为上都留守总管)一职十分重要,特别是在元大都(今北京)的营建任务完成之前,这里是元朝政治与军事中心,忽必烈及其亲属与宗室贵族等,经常居住于此,因而其重要性尤为突出。颜伯祥之所以能担此重任,除本人条件外,显然与其父颜天翼归附蒙古较早,并长期担任太医有关。

天翼原籍舞阳(今属河南)天福山,祖父再思,四岁时遇战乱,被郾城(今属河南)冯氏收养为子,遂从冯氏学医。再思生三子,曰安仁、安德、安上,皆踵父业。天翼为安德之子。他状貌魁梧,天资聪明,少精医术,且酷爱道家之学。对患者他不分贫富,一视同仁。元太宗四年(1232),天翼为蒙古军将领贵曲乃①俘获,遂居其幕下,并曾医好贵曲乃的病症。时蒙哥尚在潜邸,闻其名,来朝奏准与其俱还。及蒙哥即位,遂以天翼为太医使,日侍左右。关于天翼的医术与人品,其《神道碑》记述了两件事:一是曾医好太后唆鲁禾帖尼的病,并受到太后重赏②,而他却将太后所赐分给御医同事十三人。二是漠北气候严寒,谷物短缺,人多肉食,患病后饮食无法调节。天翼遂将自家所藏米分送患者,患者因此多能康复。此外,同时的太医罗天益在他的《卫生宝鉴》一书中讲到"刀箭药方"时

---

① "贵曲乃"当为"贵由乃"之误。详见周清澍《〈元史〉点校的经历和体会》,《中国传统文化与 21 世纪国际学术研讨会论文集》,中华书局 2003 年版,第 101 页;赵琦《〈元史·许国祯传〉增补》,《内蒙古大学学报》2004 年第 1 期。

② 据《元史》卷 168《许国祯传》,许国祯亦曾为太后治病,并受重赏。传中文字与《颜天翼神道碑》所记情节雷同。或许是颜天翼、许国祯等人共同医好了太后之病。

还曾提道:"癸丑岁(1253)承应,冬住于瓜忽都,有太医大使颜飞卿传四方,用之尝效,故录之。"① 由此可见颜氏在当时同行中的影响。宪宗四年(1254),天翼获准致仕回乡,并恢复颜姓(此前他父祖因曾被冯氏收养而姓冯)。《神道碑》称赞他说:"其在朝二十年,小心慎悫,无纤介之失。上问天下利疚,知无不言;问以国政,则谢不能。"这年春天,颜天翼回到邢州,被赐给"宅一区,田千亩",并迁提点太医院,主鹊山神应王庙事。他于当年去世,终年六十四岁。②

太医(或称御医)这一职务,在大汗属下的所有执事人员中,应该是最被大汗看重,而且是最容易得到信用的人。耶律楚材兼通医术,邱处机懂得养生之道,应该是他们受到成吉思汗器重的重要原因之一。郑师真、颜天翼、窦默、罗天益、许国祯等人受信用的情况,更可以充分证明太医职务的重要。他们不是蒙古人,但其职务性质却类似"怯薛"。颜伯祥最初的身份或许是"质子",但随着其父颜天翼日益受信用,他也逐渐得到忽必烈的信任,并最终成为一名地位显要的官员。

三

揭傒斯撰颜伯祥之子颜哈班神道碑,记述了颜氏后人颜哈班仕宦、婚姻等情况,这一资料,元史学界较少有人注意,现转录如下:

> 颜哈班,天翼之孙,忙古䚟子也。忙古䚟元配为幽国夫人女,无子。继杨氏,生子教化,以父泽入官,终宁州知州。继齐氏,生哈班。孝友宽裕,敬长慈幼,知问学,通国书。入宿卫,掌割烹酒浆之事,以谨笃见称。岁春秋扈从,同列阙马,乏资用,辄推予之。延祐二年,

---

① 罗天益:《卫生宝鉴》卷13,人民卫生出版社1963年版,第188页。另,文中"瓜忽都"当为"爪忽都"之误,详见陈高华《罗天益与〈卫生宝鉴〉》,《陈高华文集》,上海辞书出版社2005年版,第276页。

② 详见(嘉庆)《邢台县志》(道光丁亥年增修)卷7《人物志》,国家图书馆藏道光七年刊本。

授承务郎、上都留守判官。四年春,中书察其能,命和籴米五万于应昌,官无滥支,商获实利,余楮币五万缗归有司。天子闻之,以为贤,超授嘉议大夫、同知留守司事,政益治而民安之。英宗即位,以为处州路总管兼管内劝农事。居岁余,里无横敛,狱无淫刑。士农工商,各安其所,境内称治。以至治二年冬卒于官,年四十七。无子。远近无不悲恸,而丞相脱欢,尤惜之深,亲临其丧,为经理其后事。夫人蒙古氏,扶枢至顺德,以三年八月葬邢台县白圭乡之先茔。后三年,夫人又请于朝,赠通议大夫、大都路都总管府总管、上轻车都尉,追封鲁郡侯,谥景惠。并赠其考忙古觯通议大夫、户部尚书、上轻车都尉,追封鲁郡侯,谥敏恪。妣齐氏,追封鲁郡夫人。哈班夫人,蒙古氏,贵族也,名千哥,有贤行,封鲁郡夫人。有女一人,适司徒子伯乐觯。葬后十年,夫人至京师,使其婿求揭曼硕为碑铭。①

"忙古觯元配为幽国夫人女","幽国夫人"疑为"豳国夫人"之误。"豳"与"幽"字形相近,容易混淆。据《元史》卷7《世祖纪四》,"制封皇子燕王乳母赵氏豳国夫人,夫巩德禄追封德育公"。豳国夫人是燕王即裕宗真金的乳母,她将其女嫁予忙古觯,足见其对忙古觯的好感与信任。同时,这一婚事,也进一步加深了忙古觯与元宗室的联系。

颜伯祥"小字忙古觯",因长期和蒙古人在一起,遂"以小字行"。而他的儿子教化、哈班,则直接采用了蒙古语名字,哈班还"通国书",并娶了一个蒙古贵族的女儿千哥为妻,从而进一步密切了与蒙古族的关系。值得注意的是,哈班死后,江浙行省丞相脱欢②亲临其丧,并经理其后事,足

---

① (嘉庆)《邢台县志》(道光丁亥年增修)卷7《人物志》,国家图书馆藏道光七年刊本。揭曼硕,即揭傒斯。

② 脱欢,又称脱欢答剌罕。答剌罕为蒙元立有功勋的贵族的一种封号,享有许多特权。《元史·泰定帝纪一》(中华书局,第653页)将脱欢答剌罕五字均标专名线,疑标点有误。另,《元史·泰定帝纪一》记脱欢升任江浙行省左丞相为泰定二年(1325)正,而黄溍《凤凰山禅宗大报国寺记》(《金华黄先生文集》卷11,四部丛刊本)记脱欢于延祐七年(1320)已为江浙行省左丞相,与《元史》所记有别。

见相互间关系之密切。脱欢曾兼领行宣政院事，和一些佛教人士关系密切，① 而哈班的外祖母豳国夫人亦崇奉佛教，并曾从上都路至元寺凤林大禅师受"三归五戒"②，颜哈班及其父颜伯祥曾长期生活在上都，当和许多蒙古上层人士有过接触，这或许是脱欢亲临颜哈班之丧，并协助哈班之妻千哥经理其丧的原因。

元代是我国历史上民族融合的重要阶段，这不仅表现在许多蒙古族及其他民族人士进入中原，与汉族通婚，改用汉姓、汉名，接受汉族传统文化，而且还表现为一些汉人改用蒙古族或其他少数民族名字，学蒙古族或其他少数民族语言文字，接受蒙古族与其他少数民族文化，颜伯祥及其家人的情况，便是一例。

（原载《元史论丛》第 12 辑，内蒙古教育出版社 2010 年版）

---

① 参见宋濂《普福法师天岸济公塔铭》，《宋学士文集》卷 53，《四部丛刊》本；黄溍《龙翔集庆寺笑隐禅师塔铭》，《金华黄先生文集》卷 42，《四部丛刊》本；《凤凰山禅宗大报国寺记》，《金华黄先生文集》卷 11，《四部丛刊》本。

② 任士林：《彰德路天宁寺凤林演禅师碑》，《松乡集》卷 1，《景印文渊阁四库全书》本。"三归"指归依佛、法、藏三宝；"五戒"，指在家教徒应遵守的五项戒条，即不杀生，不偷盗，不邪淫，不妄语，不饮酒。

读《胜公和尚道行碑铭》

一

胜公和尚，俗姓史氏，名省吉八，法讳福胜，世为唐兀部族。元顺帝至正十二年（1352）十二月十四日病逝于真定（今河北正定）。其弟子八剌实理（秦王伯颜之子）为之立碑。今碑存河北正定隆兴寺。碑高256厘米，宽121厘米，汉文24行，行字多少不等，满行58字。《常山贞石志》卷二十四录有该碑碑文，但有个别讹误。现据原碑并参照《常山贞石志》转录碑文如下：

元故五明成就妙峰上师胜公和尚道行碑铭有序

朝请大夫秘书少监答失蛮撰并书

承直郎佥燕南河北道肃政廉访司事赵俨篆额

至正十有三年春王三月，无碍君□剌实理①躬致礼币，介释教宗主栖源心公②之状而言于予曰：理也不天，早失所怙，遂染衣祝发，归命/佛乘。内奉慈训，求师甚切，而尤慎择。越时，始得先师妙峰胜公而事之。师亦雅以师道自任，诱掖渐磨，循循弗倦，破惑闲邪，指示正法，旁及儒术，罔不命/理究心。今理也粗知趋向，免于墙面，皆先师之赐也。不幸中途灭我慧炬，罔极之恩，无以称报。谋欲树石，以

---

① 无碍君□剌实理，即无碍君八剌实理，秦王伯颜之子，详见王访撰《秦王夫人施长生钱记》，《常山贞石志》卷24。

② 栖源心公，即真定路释教宗主宏圣普昭通明圆觉大师栖源智心。

寿师行。方今言足以取信者，无逾先生，惟/先生有以命之。予固让弗获，乃按其状曰：师姓史氏，名省吉巴，法讳福胜，世为唐兀部族。幼异凡儿。稍长，沉静简默，不喜俗事。父母知其善根夙植，遂/俾为僧，隶宁夏之奉天寺，执弟子礼于大德辉公。服勤尽瘁，夙夜匪懈，以企至道。辉公识为法器，且悯其精进，卒授以秘密之传。师即得闻心要，不/欲滞迹一方，乃振锡远游，遍历丛林，究阅典藏，参请征诘，犹是心地圆明，中外融一，闻望蔼然，为诸方推重。道愈尊而身愈谦，韬光晦迹，禅观斋居，人/罕见其面。化缘时尽，风烛靡停。以至正十二年十二月十四日奄然坐逝。观者欢感交集。阅世凡三十七年，而夏安居者十有八①。后七日阇维②于镇府/之东法华院，得舍利无算。顺德之开元、真定之龙兴及台山名蓝，皆以师尝　　感，欲建塔以奉，无碍君以师素不违众□，因四分其骨，则应诸/应诸刹之请③。一则归藏宁夏，示不忘本也。无碍君复建祠于天宁阁左，仍入楮币五千缗恒居之，而以子钱具燃灯供/佛之费，俾寺僧世世主奉祠事焉。予既悉其状，始钦师道德之充，终则嗟无碍君之不可及。尝闻吾儒之言曰：民生于三，事之如一。父生之恩，君临之义，莫大莫厚，而师则兼恩义而有之。是以与其生也，则无犯无隐；殁则心丧，是制尊师之道，其重盖若是。粤惟西方之教，所以隆教源□□□者，抑不殊/乎？此世道日降，人不知本，学未通经，已忘所自。师徒相视，漠然如路人，分义几绝，有志之士，恒悲且愤。而无碍君迺能自拔于流俗，□□□古，主治其/师之后事，慎终追远者，纤悉周尽，是则不徒增辉于宗门，其于扶教、明纲常，岂无补哉？於戏！源澄则流洁，表直则景端，观无碍君□□□耿介，泝而/测其从来，则师之由以及人者，又□考见焉。

---

① "夏安居"为佛教仪轨。中国佛教以阴历四月十六日至七月十五日为夏安居日，在此期间，僧徒要在寺内坐禅修行，接受供养。"夏安居者十有八"，即度过了十八年的佛教徒生涯。

② 阇维，梵语，意为火葬。

③ 则应诸应诸刹之请，后"应诸"二字当为衍文。

既备载其状,仍系之以铭。铭曰:

慧日西沉慈云兴,遍覆九围周四瀛。法雨普施资□灵,利泽万有福群生。变灭倏翕杳无形,神功妙用归冥冥。遗膏余润谁其膺,我崇塔庙存仪刑。幡幢拥护旃檀馨,焰焰相续无尽灯。他山之石丰而贞,螭首龟趺镌吾铭。恶池滔滔大茂青,山无骞摧川方增。吾铭□□言足征,绵绵终古人永承。

是岁四月佛□世日①立□

佛日广照大师住持□□路②大龙兴寺讲经论沙门　福岩　志庆

宏圣普照通明圆觉大师□定路③释教宗主经论沙门　栖源　智心

碑文对了解蒙元时期民族间的宗教及思想文化交融很有意义,值得认真研究。

二

胜公和尚开始出家的奉天寺,未见文献记载。在20世纪90年代发现的西夏方塔塔心柱汉文题记中,有"奉天寺画僧郑开演"④ 字样。西夏方塔的建筑年代是西夏惠宗大安二年(1076),说明在此之前,已有奉天寺存在,直到元代后期,此寺仍存。之后的情况,则不甚了了。

胜公和尚之师大德辉公履历不详。元代名僧称辉公者有数人。如,元初晖(同辉)公上人,清安(今辽宁昌图)人,年十二为僧,视儒释为一家,元世祖时号圆明通悟大师,居禅林寺。去世之后,刘秉忠曾为之立石。⑤ 从师号称谓与去世时间看,此人当与大德辉公无涉。元后期的东阳辉

---

① 佛□世日,疑为佛出世日,或佛面世日,即佛诞节。中国汉族等地区一般为农历四月初八。《常山贞石志》所载该碑碑文前小序称至正十三年四月八日立,当据此。

② □□路,当为真定路。

③ □定路,当为真定路。

④ 孙昌盛:《西夏方塔塔心柱汉文题记考释》,《考古与文物》1997年第1期。

⑤ (嘉庆)《大清一统志·遵化直隶州志二》,《四部丛刊》本。

公，与著名文人柳贯、黄溍、吴师道等均有所交往①，但此人长期活动于江浙地区，与大德辉公也不可能同为一人。原籍陕西的宝相圆明光教律师，七岁时曾从禅德辉公学，十五岁剃染为僧，后奉诏至京师，先后居大原教寺、大普庆寺，卒于延祐四年（1317），终年五十八岁。②据此推算，他七岁从禅德辉公学时当为元世祖至元三年（1266）。胜公和尚是至正十二年（1352）去世的，享年三十七岁，如禅德辉公即大德辉公，那么，胜公和尚从大德辉公出家时，辉公当年事甚高。

胜公和尚的师号为五明成就妙峰上师。"五明"是梵文 Pañcavidyâ 的意译。"明"即明亮，引申为学问。"五明"是印度佛教教授学徒的五种学问。据《大唐西域记》卷2，"七岁之后渐受五明大论"。所说"五明"，指声明，即语言、文字之学；工巧明，即工艺、技术、历算等；医方明，即药石、针灸、禁咒等医药治疗之学；因明，即思想辩论规则之学（相当于逻辑学）；内明，即阐明佛教自宗之学，亦即佛学。③胜公和尚师号中冠以"五明"二字，可见他佛学修养与文化修养之深。元代中后期，作为筹粮赈恤的措施之一，朝廷曾规定，"僧道入粟：三百石之上，赐六字师号，都省给之。"④既然师号可以通过"入粟"方式购买，因而师号之称未必副实。但从碑铭看，胜公和尚曾"遍历丛林，究阅典藏，参请征诘，犹是心地圆明，中外融一，闻望蔼然，为诸方推重"，表明"五明"之称，所言非虚。"上师"是藏传佛教的称谓，又作"尚师""上人"，通常称作"喇嘛"，由此可以断定，胜公和尚宗奉的是藏传佛教，他本人则是佛学修养与文化修

---

① 童冀：《送城师序》，《尚䌹斋集》卷2，四库全书珍本初集第1784册，商务印书馆1935年版。
② 释念常：《佛祖历代通载》第36，江苏广陵古籍刻印社1993年版。
③ 参见《中国大百科全书》（宗教卷）第422—423页"五明"条，中国大百科全书出版社1988年版；任继愈主编《佛教大辞典》，江苏古籍出版社2002年版，第246页；《宗教大辞典》，上海辞书出版社1998年版，第871页。王森《西藏佛教发展史略》引《大唐西域记》卷2对"五明"的阐释，内容相同，而文字稍有区别（见王森《西藏佛教发展史略》，中国社会科学出版社1987年版，第71页）。
④ 《元史》卷96《食货志四》，第2477页。

养都很深的高僧。

胜公和尚从大德辉公所受"秘密之传",疑即藏传佛教的密宗。据赵孟頫撰《大元敕赐龙兴寺大觉普慈广照无上帝师之碑》,国师胆巴出家后,"先受秘密戒法,继游西天竺国,遍参高僧,受经、律、论,由是深入法海,博采道要,显密两融,空实兼照,独立三界,示众标的。至元七年,与帝师巴思八俱至中国,帝师者,乃圣师之昆弟子也。帝师告归西蕃,以教门之事属之于师,始于五台山建立道场,行秘密咒法,作诸佛事,祠祭摩诃伽剌,持戒甚严,昼夜不懈,屡彰神异,赫然流闻。自是德业隆盛,人天归敬。武宗皇帝、皇伯、晋王及今皇帝、皇太后,皆从受戒法,下至诸王、将相、贵人,委重宝为施,身执弟子礼,不可胜纪。"① 由于皇室上下尊崇藏传佛教密宗,致使密宗在内地广为传播,京城内外各大佛寺,往往塑有密宗尊奉的麻曷葛剌神像,有些遗迹至今尚存。② 李逸友编著《黑城出土文书》中,亦可见到太黑堂寺院遗址,以及《三水偈》《敬礼偈》《安坐偈》《奉五供养》《智尊大黑八道赞》《吉祥大黑八足赞》《十方护神赞》《大黑长咒》等佛经抄本③,说明藏传密宗在偏远的亦集乃路亦有传播。在藏传密宗风靡一时的社会背景下,胜公和尚尊奉密宗,接受"秘密之传",是很自然的。

真定龙兴寺是建立较早的北方名寺。该寺所存《大朝国师南无大士重修真定府大龙兴寺功德记碑》,立于元宪宗九年(1259)。据碑文记载,国师南无大士是癸丑年(1253)南下的,先驻于燕,即今北京,第二年便到真定住持龙兴寺。由于真定是拖雷之妻唆鲁禾帖尼的封地,拖雷幼子阿里不哥给予南无大士以财力上的极大支持。南无大士重修了龙兴寺,还重修

---

① 赵孟頫著,任道斌点校:《赵孟頫文集》,上海古籍出版社2010年版,第227页。重点号为笔者所加。
② 参见宿白《元代杭州的藏传密教及其有关遗迹》,《藏传佛教寺院考古》,文物出版社1996年版,第365—367页;《榆林、莫高两窟的藏传佛教遗迹》,《藏传佛教寺院考古》,文物出版社1996年版,第234—247页。
③ 李逸友编著:《黑城出土文书》,科学出版社1991年版,第61—62、216—218页。

了佛藏和经堂,增印了藏经,① 使龙兴寺成为河朔名寺。胜公和尚由宁夏辗转来到真定,显然也与此有关。

胜公和尚收无碍君八剌实理为徒后,"雅以师道自任,诱掖渐磨,循循弗倦,破惑闲邪,指示正法,旁及儒术,罔不命理究心",这和金元时期儒、道、释三教融合的发展趋势颇有吻合之处。元大德年间,丹阳(今属江苏)人普度为整顿和恢复源于佛教净土宗的白莲教而著有《庐山莲宗宝鉴》,他提倡孝养父母,以为"念佛乃诸法之要,孝养为百行之先。孝心即是佛心,孝行无非佛行。欲得道同诸佛,先须孝养二亲"②。他主张"奉事师长",称赞"如来知师非而舍去,夫子择善者而从之"③。他常常引用儒家经典以阐明莲宗教义。胜公和尚及其弟子八剌实理的做法,显然也是受了儒家的影响。

胜公和尚去世后,在镇府(即真定府)之东法华院火化,无碍君八剌实理将其舍利分送"顺德之开元、真定之龙兴及台山名蓝";"一则归藏宁夏,示不忘本也"。顺德(今河北邢台)开元寺,始建于唐开元年间,"元世祖两幸于此"④,为元代名寺之一。"真定之龙兴",即今正定隆兴寺。"台山名蓝",当为五台山著名寺院。五台山名寺众多,此处未确指。"一则归藏宁夏",估计应为胜公和尚出家的宁夏奉天寺。"无碍君复建祠于天宁阁左",真定城内建有天宁寺(俗称木塔寺),在今正定城内大众街北侧。正定还出土有天宁万寿禅寺从公舍利塔石刻,⑤ "天宁阁"或许就是天宁寺内的建筑。

值得注意的是,碑文作者竟用了大约一半的篇幅记述胜公和尚的弟子

---

① 《常山贞石志》卷15《大朝国师南无大士重修真定府大龙兴寺功德记》,《石刻史料新编》第1辑第18册,新文丰出版公司1985年版,第13426页。
② 普度:《庐山莲宗宝鉴》卷一之五《孝养父母》,《元代白莲教资料汇编》第96册,中华书局2014年版,第22页。
③ 普度:《庐山莲宗宝鉴》卷一之六《奉事师长》,《元代白莲教资料汇编》第96册,中华书局2014年版,第23页。
④ 《(乾隆)顺德府志》卷5《冢墓·坛祠·寺观》。
⑤ 《正定县志》第17编第57章"文物·古迹",中国城市出版社1992年版,第738页。

无碍君八剌实理（又作八剌释理、把剌释理）及师徒二人的关系，赞扬"无碍君之不可及"，称颂他能"自拔于流俗"，"主治其师之后事，慎终追远者，纤悉周尽，是则不徒增辉于宗门，其于扶教、明纲常，岂无补哉？"据王访撰《秦王夫人施长生钱记碑》，八剌实理又称资善，为秦王夫人怯烈真氏所出，"美才质，勤学问，悦礼乐而敦诗书"。幼年曾入侍宫室，受到皇帝嘉许，后任以官。初授朝列大夫、威武及阿速卫千户，佩金符。继授资善大夫，升阿速卫指挥使。其父伯颜死后，遂弃官出家。①

八剌实理的父亲秦王伯颜，顺帝至正年间，官衔多达二百四十六字，②自诛唐其势之后，"独秉国钧，专权自恣，变乱祖宗成宪，虐害天下"③，最后被贬出京师，病死于龙兴路（治今江西南昌）驿舍。其权盛时，著名文人马祖常作《敕赐太师秦王佐命元勋之碑》，对这位"社稷之臣"的功绩颂扬有加。④ 马祖常的朋友、诗人上官伯圭写诗说："今代麒麟第一功，勋王师相锡秦封。作为霖雨三农望，旋转乾坤万国宗"⑤，对伯颜更是极尽阿谀奉承之能事。但伯颜的倒行逆施，诸如罢科举⑥，请杀张、王、刘、李、赵五姓汉人等⑦，在社会上引起强烈反响。元末诗人胡助写诗说："朝廷大权既已归，斥贤用邪图己私。变乱法度施横政，卖官鬻狱谁敢非。王侯将相望尘拜，歌功颂德多丰碑"⑧，是对伯颜及其追随者的有力讽刺，反映了当时绝大多数汉人知识分子的心声。有趣的是，伯颜死后不久，其子八剌实理便"染衣祝发，归命佛乘"，其夫人怯烈真氏亦"罢施珠珍，废施纹绣"，

---

① 王访：《秦王夫人施长生钱记》，《常山贞石志》卷24，《石刻史料新编》第1辑第18册，新文丰出版公司1985年版，第13589页。
② 陶宗仪：《辍耕录》卷2《权臣擅政》，中华书局1959年版，第29页。
③ 《元史》卷138《伯颜传》，第3338页。
④ 马祖常：《石田文集》卷14，《元人文集珍本丛刊》第6册，新文丰出版公司1985年版，第667—669页。
⑤ 上官伯圭：《上秦王伯颜太师右丞相》，《皇元风雅》后集卷1，《四部丛刊》本。
⑥ 《元史》卷38《顺帝纪一》，第829页。
⑦ 《元史》卷39《顺帝纪二》，第843页。
⑧ 胡助：《纯白斋类稿》卷6《哀太师》，《丛书集成初编》，中华书局1985年版，第50页。

最终"薙除鬓发,著坏色衣",① 出家为尼,以昭志节。怯烈真氏还为秦王伯颜建寺于汴,并以"楮币五千□□"② 交真定龙兴寺放债取息,以为"秦王薨憨二忌供佛饭僧超度之资,并与其母瀛国夫人生辰延寿修营之助,岁凡三日以为常"③。王访称颂秦王夫人,"义足以厚风俗,礼足以正人伦,行足以劝天下,事足以传后世。冰玉莫拟其洁白也,日星莫喻其光皎也"④。从伯颜权盛时的骄横跋扈,到死后子与妻先后出家为僧为尼,且捐资助佛,为其乞求冥福,这一戏剧性的变化,足以彰显出佛教在调适人们的心灵以适应变化莫测的外部世界时的巨大作用。

三

碑文作者答失蛮的族属,有待进一步研究。白寿彝先生主编之《回族人物志(元代)》,将其定为回回人,⑤ 亦即伊斯兰教徒。据危素《云松隐者图序》,答失蛮字彦修,别号云松隐者。"世胄高显,早游成均,历官清要",曾为西台(陕西诸道行御史台)御史、秘书少监等职。"襟度夷雅,恬淡自将,居京师修文坊,恒杜门却扫,留情诗书文艺之间。"⑥ 他和不少汉人文化人有密切关系。诗人丁复写有七律《送答彦修御史调西台》,诗文说:

泰华云开仙掌明,关门树冷早霜清。
九天丹凤衔书下,六月青骢拥辔行。

---

① 王访:《秦王夫人施长生钱记》,《常山贞石志》卷24,《石刻史料新编》第1辑第18册,新文丰出版公司1985年版,第13588页。
② 五千□□,疑为"五千万贯"。
③ 王访:《秦王夫人施长生钱记》,《常山贞石志》卷24,《石刻史料新编》第1辑第18册,新文丰出版公司1985年版,第13588页上。
④ 王访:《秦王夫人施长生钱记》,《常山贞石志》卷24,《石刻史料新编》第1辑第18册,新文丰出版公司1985年版,第13588页下。
⑤ 白寿彝主编:《回族人物志(元代)》,宁夏人民出版社1985年版,第467页。
⑥ 危素:《危太朴文集》卷9《云松隐者图序》,《元人文集珍本丛刊》第7册,新文丰出版公司1985年版,第464页下。

> 南国江山吟总遍，西周①人士喜争迎。
> 鹰鹯雕鹗高风外，麟趾驺虞美化成。②

从"南国江山吟总遍"一语看，答失蛮或曾历官江南，之后，才又赴官西台的。

答失蛮虽"历官清要"，但从他自号"云松隐者"看，显然也是个厌倦尘世且志存高远的文化人。吴当③曾作《达彦修秘监号云松隐者，又自作图邀予赋之》诗一首送他：

> 香炉云气半空赤，千尺长松倚青碧。
> 谪仙去矣秀色留，谁与孤云共栖息。
> 蓬莱高人业嗜古，身在道山天咫尺。
> 为君先约彭泽翁，五老峰前候飞舄。④

吴当还曾为答失蛮的"一竿亭"赋诗，称颂他的"特操"与"高情"：

> 公子孤标绝世奇，亭前栽竹静相宜。
> 苍龙垂影云千尺，翠袖临风玉一枝。
> 特操不随春风改，高情只许岁寒知。
> 江头留得扁舟在，何日从君独钓时。⑤

---

① 西周，《景印文渊阁四库全书》本作"西州"。
② 丁复：《送答彦修御史调西台》，《桧亭集》卷8；《元诗选》二集（下），中华书局1987年版，第864页。
③ 吴当字伯当，元代著名理学家吴澄之孙，以荫授万亿四库照磨，荐为国子助教。曾预修宋、辽、金三史，后除翰林修撰，累迁翰林直学士，详见《元史》卷187《吴当传》。
④ 吴当：《学言稿》卷3《达彦修秘监号云松隐者，又自作图邀予赋之》，《景印文渊阁四库全书》第1217册，台湾商务印书馆1986年版，第277页上。
⑤ 吴当：《学言稿》卷5《彦修秘监作亭阶前，栽竹一箇，名一竿亭，咸为赋诗》，《景印文渊阁四库全书》第1217册，台湾商务印书馆1986年版，第294页下。

许有壬《答失蛮彦修云溪小像赞》，对答失蛮更是称颂备至：

厌膏粱之腴而采山钓鱼，舍鲜华之服而博带长裙。拂朝市之尘而居岩壑之僻，刷贵介之习而为山泽之臞。自非重于内而轻于外，得其精而遗其粗，孰能栖神于淡泊，游心乎诗书？长松荫庭，春酒在壶，人间富贵之乐有及此迂疏者乎？政恐不免于用世，而亦将为一琴一鹤之徒也。①

由这样一位淡泊名利的学者来为胜公和尚撰写碑文，是很难得的，同时也是很合适的。虽然宗教信仰或许不同，但在"厌膏粱之腴""拂朝市之尘"方面找到了契合点。答失蛮对胜公和尚的颂扬，实际上也是他个人心声的倾诉。

应该指出的是，答失蛮受汉文化影响是很深的，他甚至以儒者自居。他在碑文中说："尝闻吾儒之言曰：民生于三，事之如一。父生之恩，君临之义，莫大莫厚，而师则兼恩义而有之。"这些话，都是儒生们的口头禅。他在批评了"世道日降"的恶劣风气后，赞扬无碍君"能自拔于流俗"，"主治其师之后事，慎终追远者，纤悉周尽"，称颂这种行为，"不徒增辉于宗门，其于扶教、明纲常，岂无补哉？"显然，答失蛮的儒化程度是很深的。

为该碑篆额者赵俨，字子威，祖籍蔚州飞狐（今河北蔚县南）。祖父赵瑨，1213年归降蒙古，官至河北河南道提刑按察使。因监中山（治今河北定州），遂定居于此。② 父赵秉政，官至江西湖东道肃政廉访使。赵俨曾历官河北河南道肃政廉访司架阁库管勾兼照磨③、江南诸道行御史台照磨④、

---

① 许有壬：《至正集》卷67《答失蛮彦修云溪小像赞》，《元人文集珍本丛刊》第7册，新文丰出版公司1985年版，第307页下。
② 苏天爵：《滋溪文稿》卷10《元故少中大夫江西湖东道肃政廉访使赵忠敏公神道碑铭》，中华书局1997年版，第146页。
③ 苏天爵：《滋溪文稿》卷10《元故少中大夫江西湖东道肃政廉访使赵忠敏公神道碑铭》，中华书局1997年版，第149页。
④ 张铉：《至正金陵新志》卷6下《官守志二》，《宋元方志丛刊》第6册，中华书局1990年版，第5599页上。

肃政廉访司佥事①、泰州路总管、翰林待制②、翰林学士③等，大概是因善古隶，遂受托为此碑篆额。

四

从以上考释及介绍中我们可以看出，到元代后期，各民族间的文化交融已逐渐加深。世为唐兀族的胜公和尚在"破惑闲邪，指示正法"的同时，还能"旁及儒术"，因而在中原汉地受到广泛礼重，且声名日著。其弟子蒙古人八剌实理"悦礼乐而敦诗书"，他虽然出身名门，其父伯颜权盛一时，但当其父被贬而死后，即转入佛门，且尊师重道，"自拔于流俗"。碑文作者答失蛮的族属虽难以考定，但其汉化程度很深，与许多汉文化人交往密切，甚至以"吾儒"自居。篆额者赵俨出身汉人官宦世家，汉文化修养自不待言。上述不同民族、不同出身背景的人们，虽然对佛教的理解会有差异，但在佛教僧徒面前却都表现了由衷的钦佩与礼重。显然，此时佛教已成为联系并沟通不同民族、不同出身背景的人们心灵的重要纽带和桥梁。历史上的宗教虽然有时也是民族矛盾与民族战争的一个诱因，甚至是农民起义与农民战争的组织手段，但它在加深民族融合过程中的作用同样是不容忽视的。

（原载《中国古代社会高层论坛文集——纪念郑天挺先生诞辰一百一十周年》，中华书局 2011 年版。本文写作过程中，曾得到周清澍先生、邱树森先生指导、帮助，谨致谢意）

---

① 吴当：《学言稿》卷 5《九日燕南禁酒简赵子威佥宪》，《景印文渊阁四库全书》第 1217 册，台湾商务印书馆 1986 年版，第 298 页上。

② 成廷珪：《居竹轩诗集》卷 2《题泰州赵子威太守平反王 冤狱之事，是时赵子威适除翰林待制》，《景印文渊阁四库全书》第 1216 册，台湾商务印书馆 1986 年版，第 304 页下。

③ 陶宗仪：《书史会要》卷 7《大元》，上海古籍出版社 1984 年版，第 314 页。

读史札记二则

一 从职田租佃看元代吏治的腐败

从元世祖至元初年开始，元朝对地方官吏实行职田制，在职田租佃中，各级官吏往往利用权势，巧取豪夺，肆意盘剥。

（一）实无职田，虚包子粒。元朝曾规定："诸临民官于无职田州县，虚征其入于民者，断罪解职，记过。"① 但虚包子粒的现象仍常出现。如"江陵实无职田，以其数随民户所输粮数而加配之，凶旱无所免，贫富无所逃。责价至倍蓰，观望相先而莫之损，民病以困而莫之恤"②。这样的事例并非个例。

（二）违制多取。元政府规定，职田子粒要"依乡原例分收"③，但违制多取者却比比皆是。如江西袁州路至元二十三年标拨职田，"每亩勒要白米六斗，比之官收子粒多要讫三斗八升。每斗又加斗面米三升五合，鼠耗米三升五合，仍复堆垜斗面高量，一亩纳一石以上"④。有的地方，"每斛收钱百缗"⑤。更有甚者，如福建宪司职田，"每亩岁输米三石，民率破产偿之"⑥。类似的现象很普遍。四川"州县官多取职田者，累十有四人"⑦，而

---

① 《元史》卷102《刑法志一》，第2614页。
② 虞集：《道园类稿》卷42《立只理威忠惠公神道碑》，《元人文集珍本丛刊》第6册，新文丰出版公司1985年版，第282页上。
③ 《元典章》卷15《户部一·禄廪·职田·官员摽拨职田》，第552页。
④ 《元典章·新集·户部·禄廪·职田·官员职田依乡原例分收》，第2079页。
⑤ 宋濂：《銮坡前集》卷3《故翰林待制朝散大夫致仕雷府君墓志铭》，罗月霞主编：《宋濂全集》，浙江古籍出版社1999年版，第392页。
⑥ 苏天爵：《滋溪文稿》卷9《元故太使院使赠翰林学士齐文懿公神道碑铭》，中华书局1997年版，第131页。
⑦ 《元史》卷183《王守诚传》，第4210页。

广西"民相率诉违制多取职田者,动以千数"①。许多以纠察百官为己任的宪司官吏也不清廉。如,"河南廉访使买奴,坐多征公田租免官"②,"佥四川廉访司事家人违例收职田,奉使宣抚,直坐其主"③。

(三)旱涝不免。朝廷曾规定,职田子粒要"验年岁丰歉依例分收";"若遇灾伤,依例除免"④。实际情况往往并非如此。《元典章》载:"人有贫乏,时有旱涝,官税、私租俱有减免之则例,独职田子粒,不论丰歉,多是全征。"⑤

(四)掊敛加要,敲诈勒索。一些官吏在收取田租时,往往派出梯己提控、总领人等,向佃户掊敛加要,敲诈勒索,诸如"斗面米""鼠耗米""水脚稻藁等钱",有的司县竟"逐年预先差祇候人等,除要鸡酒外,要勾追钞两"⑥。

元代吏治腐败,史书多有记载。赵偕《赵宝峰先生集》卷1《上许县尹书》云:"各司县官廉明者甚无几,惟贪残者不乏。"⑦ 上述职田中的种种弊端,也充分反映了这一点。

(原载《元史论丛》第四辑,中华书局1992年版)

二 苏天爵墓址考

苏天爵是元代著名学者,官至江浙行省参知政事。至正十二年(1352),在镇压农民起义过程中,他因病去世,享年五十九岁。以苏氏在当时的政治地位和学术影响,理应有人为他作墓志铭或神道碑铭等,但学界始终未能发现相关文献记载。

---

① 黄溍:《黄金华文集》卷25《资善大夫河西陇北道肃政廉访使凯烈公神道碑》,《四部丛刊》本。
② 《元史》卷29《泰定帝一》,第651页。
③ 《元史》卷185《盖苗传》,第4262页。
④ 《元典章》卷15《户部一·廪禄·职田·犯罪罢职公田不给》,第554—555页。
⑤ 《元典章》卷15《户部一·廪禄·职田·职田佃户子粒》,第556页。
⑥ 《元典章·新集·户部·禄廪·职田·官员职田依乡原例分收》,第2080页。
⑦ 赵偕:《赵宝峰先生集》卷1《上许县尹书》,国家图书馆藏清抄本。

苏天爵之父苏志道的安葬地点，虞集《岭北行省郎中苏公墓志铭》记为"（真定）县北新市乡新城原先茔之次"①，即今河北正定新城铺附近。元代诗人迺贤在《河朔访古记》卷上《常山郡》中记载说："新城在县北三十里，曰新城镇……今为新市乡新城镇，居民数百家，为墟市。"②"真定县北新城镇南二里许，墓林蓊蔚，羊虎翁仲皆白石镌凿，极为伟壮，是为岭北行中书省郎中苏君之墓。隧前一碑，乃苏氏先茔之记，奎章阁侍书学士蜀郡虞公集撰，翰林承旨吴兴赵文敏公孟頫书丹，为二绝之笔也。君墓碑亦虞公撰。"③

苏天爵去世后，亦按惯例葬于新城家族墓地。明万历《真定县志》记苏天爵墓说："在真定城北三十五里，岁久渐平。成化五年（1469）巡按御史俞盖令、知县李景修重修。"④ 乾隆《正定府志》、光绪《正定县志》等方志，均沿用这一记载。

目前，正定新城铺苏氏墓地大部已成农田，部分已建民居，但在一民户家仍珍藏有苏天爵墓志铭碑盖（亦称篆盖）。碑盖质地为汉白玉，长方形。顶部长约 0.50 米，宽约 0.45 米，底部长约 0.80 米，宽约 0.67 米，厚约 0.17 米。顶面篆文 6 行，每行 4 字，为"大元故通奉大夫江浙等处行中书省参知政事苏公墓志铭"。迺贤《河朔访古记》曾说："盖古人埋铭，必以石覆其碑，恐土蚀其字画，故碑盖则大篆其题目。"⑤ 苏天爵墓志铭碑盖印证了迺贤关于"碑盖"的说法，同时也进一步证实了苏氏墓址所在。（作者在正定梁波先生、刘文才先生帮助下，得见苏天爵墓志铭碑盖，谨致谢意。）

（原载《中国史研究》2009 年第 1 期）

---

① 苏天爵编，张金铣校点：《元文类》卷 54，安徽师范大学出版社 2021 年版，第 1087 页。
② 《景印文渊阁四库全书》第 593 册，台湾商务印书馆 1986 年版，第 22 页下—23 页上。
③ 《景印文渊阁四库全书》第 593 册，台湾商务印书馆 1986 年版，第 33 页。
④ 周应中修，杨芳纂：万历《真定县志》卷 7《人物·坟墓》，国家图书馆藏明刊本。
⑤ 《景印文渊阁四库全书》第 593 册，台湾商务印书馆 1986 年版，第 33 页下—34 页上。

元代海运与河运研究综述

元代的海运与河运，尤其是海运，是元朝政府应对南北经济差异，保证大都（今北京）用粮的一项重要举措。据《元史》记载，从元世祖至元二十年（1283）至元文宗天历二年（1329）的47年中，从江南起运的粮食总数为8290余万石，起运量最多的天历二年，达350余万石。天历之后，海运粮数失去连续记载，但估计每年也有二三百万石之多。元末农民起义爆发后，海运受到严重影响，但元廷仍千方百计从江南等地筹集调运粮食，这种状况，一直持续到元末。

学术界对元代海运与河运的研究，最早出现在交通史与运河史的著作中。王倬《交通史》[①]是较早涉及元代海运与河运问题的学术著作，该书第二编"中世交通史"中，曾述及元、明两代通惠河与会通河的开凿始末以及元、明间的海运状况。之后，白寿彝《中国交通史》[②]第四篇"元明清时代之交通"，也涉及了元代的海运与河运。李秀洁《胶莱运河——中国沿海航运之枢纽》[③]则是较早全面研究胶莱运河的学术专著，该书第三章"胶莱运河开凿史"，对元代胶莱运河的开凿过程及废置原因作了分析，对《元史·河渠志》将胶莱河开凿的相关事实误记为济州河一事作了考辨。作者认为，"胶莱河流域地势低洼，地形平坦"；"其来自东西各丘陵地之水流，与胶莱河干流，几乎皆成垂直交角，而干流河道，又非常平缓，故各支流自高处带来之冲积物，很容易沉积于胶莱河道内。因而废置不久，河道便

---

① 王倬：《交通史》，商务印书馆1923年版。
② 白寿彝：《中国交通史》，商务印书馆1937年版。
③ 李秀洁：《胶莱运河——中国沿海航运之枢纽》，商务印书馆1938年版。

淤塞了。故史臣谓其'劳费不赀，卒无成效'"。史念海《中国的运河》①考察了中国运河的兴废沿革，该书第七章"大运河的开凿及其废弛"，内容涉及运河干线的改变、元代运河和黄河的关系、元初的运道、济州河和运河、会通河、通惠河、大运河的完成、元代运河各段的名称、河运与海运、胶莱运河、贾鲁河、贾鲁河和朱仙镇、大运河旁的经济都会、元明之际运河的厄运等，内容十分广泛。

20世纪40年代以后，相关专题论文逐渐增多。张蓉初《元代大都粮食的运输》②考察了元大都的粮食来源及运输情况。章巽《宋、元时代的海上交通——从公元第十世纪中期到十四世纪中期》③对元代的漕运路线和海运状况作了概述。之后，他的《元"海运"航路考》④对元代海运航路及其变化作了细致考察。作者认为，元时海门县以东的海岸线在今海岸线之西；黄连沙头和万里长滩均为海门县以东的浅沙，今均已和大陆涨连。文章还对元代的界河口、撑脚沙、沙嘴、扁担沙、万里长滩、沿津岛、刘家岛、沙门岛等地名的变化作了介绍。吴缉华《元朝与明初的海运》⑤对元代海运的发达、海运航路、海运之衰对元代的影响等问题作了分析，并比较了元朝与明初海运的不同。赖家度《元代的河漕和海运》⑥对元代南北经济发展不平衡、大都财政和粮食主要仰给于东南的状况作了分析，并对元初运河漕渠的主要路线、元代海运航路、新运河增辟的失败和成就等作了探讨。作者认为，今北京东安市场附近是当年元朝漕船卸粮的码头，而地安门北什刹海一带就是元代的积水潭，是千百艘漕船的停泊之处。作者在分析元代漕运和造船业的历史作用时指出，山东方面新运河的开辟，不仅缩短了

---

① 史念海：《中国的运河》，史学书局1944年版。
② 张蓉初：《元代大都粮食的运输》，《中山文化季刊》1945年第2卷第1期。
③ 章巽：《宋、元时代的海上交通——从公元第十世纪中期到十四世纪中期》，《地理知识》1956年2月；后又收入同氏《我国古代的海上交通》，新知识出版社1956年版。
④ 章巽：《元"海运"航路考》，《地理学报》1957年第1期。
⑤ 吴缉华：《元朝与明初的海运》，台北"中研院"《历史语言研究所集刊》第28本，1956年版；后辑入作者《明代社会经济史论丛——睿斋论史存稿》第1集，台湾学生书局1970年版。
⑥ 赖家度：《元代的河漕和海运》，《历史教学》1958年第5期。

漕运路程，而且对相关城市的发展也有不同影响。元代的造船业因海运而较前发达，近海及远航的船只制造都有新的较多的成绩。袁冀《元初河漕转运之研究》①对元初河漕转运路线及其变化作了专门考察。作者《元代海运考释》②对元代海运的创始与官员设置、航线转变等作了考察。文章引用《元史》《山东通志》《读史方舆纪要》《畿辅通志》等文献，对元代海运所经之地，诸如山东诸城、斋堂岛、沙门岛，天津杨村务、河西务，北京通州、张家湾等地作了说明。包遵彭《论元代的海运制度及航海学术》③就"罗璧、朱清、张瑄三人之海上事业""海运规制与国家兴衰""海运路线""沿海港口""航海学术之昌明"等问题作了考察。关于海运路线，作者认为不是三道，而是四道。但第三道与第四道航线在开创时间、经由地点与海域方面的区别，文章讲得似乎并不明晰。孙寿荫《京杭大运河的历史变迁》④将京杭大运河的历史变迁分为三个阶段，即南北分段开凿的春秋、秦汉古运河阶段；以洛阳为中心的隋运河阶段与穿山东走直线的元明清大运河阶段。作者高度评价了大运河的历史作用。

进入20世纪80年代后，有关元代海运与河运的研究进一步深入。施一揆《元朝海运琐谈》⑤，简述了元代海运的发展历程、海运起运港的选择、海运管理机构、海运梢工水手的待遇、海运断绝对元朝统治的影响等。文中指出，自长江口至北方渤海湾诸商埠间的海运，元朝以前早就发生过。元朝最后选定的航线成为之后数百年间南北海运的捷径，后又引申到东南福建沿海。太仓刘家港因海运而得以迅速发展。海运兴起后，运河航运在便利民间商人往来贸易、沟通南北经济文化交流方面仍有相当大的作用。

---

① 袁冀：《元初河漕转运之研究》，台湾《大陆杂志》1963年第37卷第4期；后收入同氏《元史研究论集》，台湾商务印书馆2006年版。
② 袁冀：《元代海运考释》，《东方杂志》第6卷第12期，后辑入同氏《元史论丛》，台湾联经出版事业公司1978年版。
③ 包遵彭：《论元代的海运制度及航海学术》，台湾《学术季刊》第6卷第3期。
④ 孙寿荫：《京杭大运河的历史变迁》，《历史教学》1979年第6期。
⑤ 施一揆：《元朝海运琐谈》，《南京大学学报》1981年第3期。

元末海运断绝在一定程度上加速了元朝统治的崩溃。施文对之后的海运研究，有不少启发。邹逸麟《山东运河地理问题初探》①，详细考察了山东运河的历史变迁以及由此引起的地理、地貌变化。作者认为，山东运河的根本问题是水源问题，而黄河泛决是影响运河变迁的重要因素。元朝虽然也在水源工程上采取了一系列改进措施，但造成水源不均的气候条件无法改变，沿运河又没有采取蓄泄水量的措施，因此，有元一代运河时通时塞，漕运仍以海运为主。高荣盛《元代海运试析》②是综合考察元代海运的一篇力作。内容包括"海运的开通、发展与衰落""海道、内河支线与起运港""管理机构""船户和水手""海运的利弊"五部分。考察中，作者十分注意前人忽略的问题。例如，在考察"京粮"来源时明确指出，不应忽视海运之外的其他运路，特别是元代大运河的作用。大都每年百姓食用粮一半是从迤南御河运来的，客商贩运粮食的多少，直接影响着大都的粮价。关于漕粮来源，作者认为，虽然主要来自两浙，但湖广、江西地区也不时有所供应。在考察海运的作用和影响时，作者指出，元朝组织海运的目的本在于漕南粮以实京师，但实际作用和影响却超出了这个范围。海运的出现是一个历史的进步。作者在充分肯定海运积极作用的同时，也指出了海运的消极后果，即促使统治者进一步强化了仰食江南的思想而轻视了对北方地区的开发。作者《元初山东运河琐议》③对蒙元之际运河路线、济州河与会通河的开凿、分水点与运载量以及胶莱河的开凿等问题作了细致研究。作者指出，元太宗五年（1233）即开始修筑清州（今河北青县）至景州（今河北景县）之间残缺的河岸。时隔三十年后，元廷又下令沿河所在县采取措施，防护和修理旧运河，以适应军事征服的需要。而有计划有组织的漕运，是在至元十三年（1276）。关于济州河开凿的时间，作者认为是至元

---

① 邹逸麟：《山东运河地理问题初探》，《历史地理》创刊号，上海人民出版社1982年版。
② 高荣盛：《元代海运试析》，《元史及北方民族史研究集刊》第7辑，1983年5月；后又以《元代海运与江南社会经济》为题，辑入作者主编的《江南社会经济研究·宋元卷》，农业出版社2006年版，内容略有修改补充。
③ 高荣盛：《元初山东运河琐议》，《元史及北方民族史研究集刊》第8辑，1984年5月。

十三年（1276）兴役动工，至元二十年（1283）竣工的。关于胶莱河，作者认为，该运河在元代并未发挥应有的作用，但也不是一条被遗忘的死河。比如，苏北、山东沿海地区盛产海盐，商贩在这一带的活动就非常活跃。朱子彦《元代的南北海运》① 考察了元代海运船工的航海经验。李宝金《元明时期胶莱运河兴废初探》② 对胶莱运河兴废的主要原因作了分析。《元史·河渠志》误将济州河与胶莱河的相关史料混在一起，以致产生诸多谬误。陈有和《〈元史·河渠志·济州河〉辨析》③ 对此作了细致考辨。作者指出，说济州河"为姚演言"所凿是不对的，姚演建议所开为胶莱河而非济州河。姚演为开胶莱河而请免益都、淄莱、宁海三州岁赋，而不是为了开济州河；胶莱河的负责人是姚演和阿八赤，济州河的负责人则是奥鲁赤；开凿不久即遭废弃的是胶莱河，而非济州河。杨正泰《历史上的胶莱河》④ 总结了元、明二代胶莱河工程失败的原因：一是水源缺乏；二是淤沙严重；三是地质基础复杂。另外，从航运价值和经济效益考察，胶莱河航运也有三弊：一是工期长、工费巨、报废快；二是河海船式不同，水陆转输不便；三是事倍功半，管理不便。李映发《元明海运兴废考略》⑤ 指出元、明两代的海运虽然都是为了南粮北调，但因推行不同的政策，因而带来了不同的后果。武汉水利电力学院《中国水利史稿》编写组著《中国水利史稿》（中册）⑥ 第八章，对元代海运与内河联运、京杭大运河、元代的河患及贾鲁治河等，也作了分析和阐述。冯超、张义丰《论元明清河漕海运之变迁》⑦ 考察了元、明、清三代河漕与海运的盛衰变化。卞师军《胶东半岛在元明清

---

① 朱子彦：《元代的南北海运》，《上海海运学院学报》1983 年第 4 期。
② 李宝金：《元明时期胶莱运河兴废初探》，《东岳论丛》1985 年第 2 期。
③ 陈有和：《〈元史·河渠志·济州河〉辨析》，《南开学报》1985 年第 3 期。
④ 杨正泰：《历史上的胶莱河》，《历史地理研究（一）》，复旦大学出版社 1986 年版。
⑤ 李映发：《元明海运兴废考略》，《四川大学学报》1987 年第 2 期。
⑥ 武汉水利电力学院《中国水利史稿》编写组：《中国水利史稿》（中册），水利电力出版社 1987 年版。
⑦ 冯超、张义丰：《论元明清河漕海运之变迁》，《安徽大学学报》1987 年第 3 期。

海运中的地位》①认为胶东半岛航线是三代海运的生命线，是三代海运成功的关键。

从20世纪80年代起，台湾地区淡江大学杨育镁对元代河运与海运作过系列研究。她的《元代的漕运》②对元代漕运的发展过程，尤其是京畿都漕运司的职能、包括军运和民运在内的漕运方式以及漕运效果及影响等，作了分析。作者认为，元政府虽借着漕运河道之适时修浚、漕运机构之运作及有关法令规章之执行等方式，以解决南粮北运问题，然种种不便及弊端依然无法突破。此一现象，成为元代海运兴起乃至发展之重要契机。作者《浅探元代采行海运政策之人为影响因素》③考察了海运初创功臣的出身背景与主要业绩，主政大臣与海运政策推行之关系。作者认为，海运断绝前，岁运粮数当持续维持于三百万石之上，且始终为稳定物价之一大主力。作者指出，在不同阶段之财经状况下，海运政策之能否采行与推展，实与主政大臣之经济措施及实施方针有直接之关系。海运发展过程中不时有低潮出现，大抵均与人为因素较有关系。唯整体观之，仍呈持续发展之势，亦显见主政大臣多能体认海运不仅能满足京师所需，实更具经济稳定之作用。作者《元代的航海科技与海道运粮的发展》④认为在海运发展过程中，除经济、航海经验、航道变迁、海运组织及规制、人为影响等因素外，航海科技之发展与运用，亦为关键性影响因素之一。文章对元代造船技术、航海知识及航海技术的发展运用等作了分析，尤其是对海运粮船之特征、形制与使用，以及运粮过程中对天文、地文及航海技术之运用作了说明。作者《元代海运衰退因素的探讨》⑤对导致海运衰退诸因素作了探讨，认为海运官员地位特殊且有营私之举，运粮大户勾结运官从事非法勾当，而一般中

---

① 卞师军：《胶东半岛在元明清海运中的地位》，《烟台师范学院学报》1989年第1期。
② 杨育镁：《元代的漕运》，台湾《淡江学报》1986年第24期。
③ 杨育镁：《浅探元代采行海运政策之人为影响因素》，台湾《中国历史学会史学集刊》第19期，1987年。
④ 杨育镁：《元代的航海科技与海道运粮的发展》，台湾《淡江学报》1990年第29期。
⑤ 杨育镁：《元代海运衰退因素的探讨》，台湾《淡江学报》1992年第31期。

小船户多受压抑，生活不易，凡此种种，均对海运造成严重影响。此外，由于自然灾害的影响，且元末民变迭起，社会不安，中央较过去更难控制及掌握江南经济资源。而各类不利因素全面融汇呈现之际，亦即海运面临结束之时。作者还著有《元代江南田赋税制考》①，对元代江南地区田赋征课方式及特征，元朝政府的理算、括田、经理之原委，分别作了分析探讨。作者认为，终元之世，海运不废，亦赖海运为其经济命脉之主流，而海运所需之粮，唯赖江南田赋税制之运作，以配合供应，其意义与影响实极深远。

20世纪90年代，大陆学者有关元代海运与河运的论文相对较少。舒振邦《民无挽输之劳，国有储蓄之富——军国之资的元代海运》②认为元朝海运的创行者，只有蒙古族丞相伯颜足以当之。蒙古族乃颜、胜纳合儿两投下的民户亦曾被征调为泛海水工。元代海运不仅用以足国，而且还曾用以赈济我国东北地区的灾民。元代造船业的发展为明初郑和下西洋提供了有利条件。陈高华《元朝与高丽的海上交通》③指出，元统一后，中国与朝鲜半岛之间的海上交通是频繁的，首先表现在海运粮食上。据《元史》记载，至元二十二年（1285）十一月，忽必烈曾命漕江淮米百万石，泛海贮于高丽合浦，并命东京及高丽各贮米十万石，以备征日本。但次年正月，因江南动乱而罢征日本，此次大规模的海运计划未付诸实施。至元二十八年（1291）十月，忽必烈又以高丽发生饥荒，给米二十万斛。据《高丽史》记载，这年六月，元遣海运万户黄兴、张侑、千户殷实、唐世雄，以船四十七艘载江南米十万石来赈饥。次年（1292）闰六月，又遣漕运万户徐兴祥等二人运米十万石以赈饥民，因遭风漂失，唯输四千二百石。上述两次大规模海运的组织者便是朱清。元朝诗人朱晞彦在至元二十八年（1291）曾

---

① 杨育镁：《元代江南田赋税制考》，台湾《中国历史学会史学集刊》1989年第21期。
② 舒振邦：《民无挽输之劳，国有储蓄之富——军国之资的元代海运》，《内蒙古社会科学》1990年第6期。
③ 陈高华：《元朝与高丽的海上交通》，韩国《震檀学报》1991年第71、72合号，后辑入《元史研究新论》，上海社会科学院出版社2005年版。

搭海运船北上，他的《鲸背吟》中有"分船"一诗。作者认为，"分船"一事，应发生在过莱州洋之后，至直沽之前。果如是，至元二十八年（1291）前往高丽的运粮船只，便是沿渤海海湾北上，经辽东半岛，再到朝鲜半岛的。至元二十九年（1292），开辟了新的海运路线，该年运到高丽的粮食"遭风漂失"，应该是探索新航线造成的。至元三十年（1293）六月，元政府又遣江南千户陈勇等率船二十艘（此数字疑有误）载米等运往高丽江华岛。陈文所述元政府多次运粮至高丽的史实，往往为元代海运研究者所忽略。作者《元代的天妃崇拜》①认为元代天妃崇拜的兴盛，与海道漕运有着极其密切的关系。海运是元朝统治的生命线。沿海运航线，从江浙到成山，以至直沽的天妃庙，主要是适应海运建立的。官方的种种祭典，也是围绕着海运进行。此外，天妃崇拜的兴盛，和元代海外交通的发展亦有密切关系。作者《元代的航海世家澉浦杨氏——兼说元代其他航海家族》②对曾任常熟江阴等处海运副千户、松江嘉定等处海运千户的杨枢等杨氏家族，以及蒲寿庚、张瑄、朱清、沙不丁等，作了深入考察。文章指出，占有航海事业中的重要官职这一特殊政治地位，是这几个家族发家和发展的关键。一旦政治上失势，有关家族就会失去其显赫地位，朱清、张瑄便是最典型的例子。

上述论文之外，还有两篇有关山东运河的论文。冯刚《浅谈十三世纪后山东运河的经营及影响》③认为元代果断地放弃运河西绕的旧路，选择在山东境内开凿济州河，是一次伟大的创举。元代以后，选择山东作为打通运河的重要河段，重点加以经营，可谓抓住了制约运河畅通的症结。汪孔田《论京杭运河山东运道的开辟与经营》④亦考察了元、明、清三代京杭运

---

① 陈高华：《元代的天妃崇拜》，《元史论丛》第 7 辑，江西教育出版社 1999 年版；后辑入《陈高华文集》，上海辞书出版社 2005 年版。
② 陈高华：《元代的航海世家澉浦杨氏——兼说元代其他航海家族》，《海交史研究》1995 年第 1 期，后辑入《元史研究新论》，上海社会科学院出版社 2005 年版。
③ 冯刚：《浅谈十三世纪后山东运河的经营及影响》，《济宁师专学报》1995 年第 2 期。
④ 汪孔田：《论京杭运河山东运道的开辟与经营》，《济宁师专学报》1999 年第 6 期。

河山东段的开辟与经营情况。文章指出，从至元二十六年（1289）开始建闸，到至正元年（1341）为止，52 年间在北至临清南至沽头的运道上，共建船闸 31 座。元代开发梯级运道是经过全面规划和考虑的。但在引水济运问题上分水点设在地势较低的济宁是个失误。

进入 21 世纪以来，有关元代漕运的论著明显增多。吴琦《漕运与中国封建社会的长期延续》① 是一篇综合考察包括元代在内的中国古代漕运的社会功能及其影响的论文。作者认为，漕运与中国封建社会的长期延续存在极大的关联。漕运加强集权政治的稳定性，是封建王朝中央集权不断强化的物质基础；漕运的掠夺性，极大地抑制了社会经济的发展，尤其是延缓了发达地区的前进步伐；漕运给沿线带来的繁荣具有不稳定性，难以引发所在地区的经济发生质的变化；漕运如同沉重的枷锁，把广大的小农固着在土地上，并不断强化农民的保守意识。席龙飞《中国造船史》② 第七章第三节"元代的漕运与漕船"，对海运虽仅有简略叙述，但对漕运船只的记述却比较详细。作者依据前人研究成果，对海运漕船的体型和载量都有详细说明。书中还对 1976—1987 年间在韩国新安海底发掘打捞的元代航海货船，以及 1984 年 6 月在蓬莱水域（登州港）发现的元代战船，尤其是对上述两船的形制、结构特征、大小尺寸等，都有详尽说明。1988 年 10 月，在蓬莱召开了蓬莱古船与登州古港学术讨论会，并于次年由大连海运学院出版了席龙飞主编的《蓬莱古船与登州古港》一书，收录了发掘报告及相关学术论文 15 篇。陈美东《郭守敬评传》③ 对郭守敬的水利工程实践及其水利思想，尤其是通惠河工程及其所反映的水利思想，作了详细分析和阐述。内容包括通惠河水源的调集、节蓄与引水路线的选定，通惠河最佳路线的选取，渠道广深的设计及坝闸工程，关于 24 座坝闸的设置等。为了便于读者阅读和理解，作者还绘制了《通惠河路线示意图》《通惠河引水工程示意

---

① 吴琦：《漕运与中国封建社会的长期延续》，《中国农史》2000 年第 4 期。
② 席龙飞：《中国造船史》，湖北教育出版社 2000 年版。
③ 陈美东：《郭守敬评传》，南京大学出版社 2003 年版。

图》《"清水口"交叉工程结构推想图》《通惠河漕运河渠路线及坝闸示意图》，以及《金代从中都城内通达通州运河示意图》《金中都及其近郊河渠示意图》等，是有关通惠河研究的重要成果。张帆《郭守敬与通惠河》① 考察了通惠河水源与航线问题。作者认为，通惠河船闸系统设计是十分巧妙的；元代的积水潭比现在的什刹海大得多；积水潭周围有多处风景名胜，颇具江南水域面貌。路征远、王雄《元代通惠河的修治》② 在考察通惠河成就的同时，也指出了它的不足之处：由于水源不足而导致的漕运不畅及洪水导致的决口等。

海运研究亦有新的进展。默书民《元代海运粮食数量的变化》③ 分析了海运粮数量变化与自然灾害的关系，认为腹里中南部平原地区遭受严重自然灾害的当年或次年，海运粮数量便会有一次大幅度的增长，而长江中下游地区的自然灾害，也会导致海运粮数量的大幅度下降。海运在元贞年间的负增长，则主要是由于元世祖末期海运数量的相对过剩。默书民《元大都粮食来源与消费》④ 认为在至元二十年（1283）海运开通之前，元政府通过内河漕运获得江南粮食每年不超过25万石。海运开通后的最初几年间，元政府对江南粮食的北运，采取了海运与河运并行的方式。在此期间，官府组织的利用河道运送的江南粮食，每年总数应在30万—40万石之间。作者分不同的历史阶段，详细考察了大都粮食的需求量，指出在元成宗中期以前，从江南调来的粮食，在大都粮食消费中所占比例，仅有一半左右；至大、延祐年间，大都粮食需求不断增加，在仁宗延祐六年（1319）海运突破300万石之后，来自江南粮食的数量，才占据了主导地位。但来自腹里平原地区的粮食，仍起了相当重要的辅助作用。作者《元代的内河漕运》⑤

---

① 张帆：《郭守敬与通惠河》，《文史知识》2003年第7期。
② 路征远、王雄：《元代通惠河的修治》，《内蒙古大学学报》2005年第5期。
③ 默书民：《元代海运粮食数量的变化》，《元史及民族史研究集刊》第16辑，南方出版社2003年版。
④ 默书民：《元大都粮食来源与消费》，《元史论丛》第9辑，广播电视出版社2004年版。
⑤ 默书民：《元代的内河漕运》，《漕运文化研究》，学苑出版社2007年版。

对元代不同历史阶段的内河漕运状况作了详细考察。作者认为，早在元宪宗时期，便建立起了相对完善的漕粮征集运纳制度。忽必烈统治前期，利用各地的税粮通过漕运以支持军事行动，是该时期漕运的主要目的。这一时期，元政府不仅沿袭了金代的漕粮征集运输制度，而且其运输路径也与金代差异不大。作者还对该时期漕运粮数量做了考察，认为截至至元二十年（1283），内河漕运粮每年不超过 24 万石，到至元二十六年（1289），内河年运粮总数约为 30 万石。作者还指出，通过御河运输征集于河北地区的税粮一直存在，并在元代经济生活中发挥了重要作用。

元代海运属于政府行为，因而受当时政治因素的影响很大。孟繁清对元代海运的研究，重在考察元代政治对海运的影响。他在《忽必烈、桑哥与世祖朝的海运》①指出元代海运的开辟与发展，张瑄、朱清等人发挥了重要作用，而张瑄、朱清的起用，恰恰是忽必烈推行不拘一格用人所长政策的结果。为保证海运顺利进行，忽必烈还根据大臣建议，批准制定了多项相关制度及政策，如提高梢工、水手待遇，惩治税粮征收、转运过程中侵盗官粮等多种舞弊行为，以保证税粮数量和质量等。至元二十五年（1288）后，海运粮数量骤然增加。至元二十六年（1289）海运粮起运数由前一年的 40 万石，骤升至 93.5 万石，次年，又升至 159.5 万石，出现了元代海运史上的第一次高峰，这正是桑哥财政政策的产物。桑哥被杀后，特别是忽必烈去世后，年海运数才逐步滑落。成宗即位后，年海运数跌至 30 余万石，形成了海运史上的第一个低谷，这显然也是由于政治因素的影响。作者《"至大新政"与元武宗时期的海运》②认为武宗即位后采取了多项措施，以进一步扩大海运粮数量。如采纳熟悉海上交通和海外贸易的尚书省左丞沙不丁的建议，以马和谋但的为遥授右丞、海外诸蕃宣慰使、都元帅、领海道运粮都漕运万户府事；重新起用朱清、张瑄后人参与海运管理；增加

---

① 孟繁清：《忽必烈、桑哥与世祖朝的海运》，《元世祖研究》，北京燕山出版社 2006 年版。
② 孟繁清：《"至大新政"与元武宗时期的海运》，《河北师范大学学报》2006 年第 1 期。

运粮脚价，加强船户管理；调整海运粮装发地点等。武宗至大二年（1309）即尚书省复立的当年，海运粮跃升至246万余石，次年又升至292万余石，这显然是"至大新政"的一个重要组成部分。作者《元朝末年的海运与筹粮》① 讨论了元末农民战争爆发后的海运状况及元政府的筹粮举措，特别是对脱因主政海运后的改革整顿措施作了分析说明。作者指出，元末农民战争爆发后，海运时断时续，已远远不能满足京师需求。脱脱建议在京师周围实行屯田也未能坚持下去。京师用粮过于依赖海运但又无法保证其安全畅通，这就进一步加速了元朝的灭亡。明朝朱棣迁都北京后，不得不更加重视京师的用粮安全问题。作者还对元代的海船户作了专门考察，他的《元代的海船户》② 对元政府的运粮脚价变化情况作了统计说明，对海船户的杂泛差役负担作了分析。作者指出，海运过程中弊端甚多，核心问题是海运官员与船户梢水等互相串通贪污运粮问题，但其中真正受益者只能是那些海运官员和拥有较多船只的富豪船户。王秀丽《元代海运与太仓城市发展》③ 重点考察了元代海运促使新兴的海港城市太仓移民迅速增加、城市社会经济与教育文化事业迅速发展的状况。作者指出，元海运创行之后的五六十年时间，是太仓移民和人文环境发展的最重要时期。太仓的经济繁荣不仅吸引了越来越多从事商业与海洋运输的精英分子，形成太仓的经济精英圈；而且，日渐成熟的城市文化环境，也吸引着越来越多的知识分子来到太仓，组成太仓的城市文化精英圈，从而使元明之际的太仓成为江南地区新兴的文化教育中心之一。薛磊《元代的胶莱运河》④ 认为通过胶莱运河的河、海联运是一个独立的运输体系，它与完全的海道运输是两条不同

---

① 孟繁清：《元朝末年的海运与筹粮》，《蒙元史暨民族史论集——纪念翁独健先生诞辰一百周年》，社会科学文献出版社2006年版。
② 孟繁清：《元代的海船户》，《蒙古史研究》第9辑，内蒙古大学出版社2007年版。
③ 王秀丽：《元代海运与太仓城市发展》，《庆贺邱树森教授七十华诞史学论文集》，华夏文化艺术出版社2007年版。该文为作者2006—2007年在哈佛燕京学社访问期间进行的研究项目《元末太仓的士商亲融圈及其入明以后的命运》的前阶段成果之一。
④ 薛磊：《元代的胶莱运河》，《历史教学》2006年第1期。

的运输路线，二者并不相通。胶莱运河作为漕运江南粮食的运输路线废弃后，它在当地的商品运输中还是发挥了一些作用。

2006年4月6日至7日，中国社会科学院历史研究所和北京民俗博物馆主办了中国首届漕运文化学术研讨会。会议对包括元代在内的我国漕运文化的过去、现在和未来展开了充分讨论，探讨了漕运文化的构成、内涵和时代价值，有多位学者的论文涉及元代漕运。胡考尚《郭守敬与北京漕运》，重点考述了郭守敬引玉泉水以通旧漕运河；"凿金口，导芦沟水，以漕西山木石"；以及开通惠河以使大运河所运物资直达大都等事迹。刘秋果《浅谈郭守敬北京漕运文化遗存的保护与开发利用》指出以郭守敬通惠河文化为主要内容的北京漕运文化，是北京历史文化的重要组成部分，保护好漕运文化遗存，治理疏浚通惠河，有重要的现实意义。苏天钧《郭守敬与白浮堰》对郭守敬在元代水利建设中的贡献作了综合考察，并指出了郭守敬在开凿通惠河时所遇到的重要技术困难。要善章、谢剑荣《元代水利职官设置对水利建设与漕运发展的作用》认为，元代水利建设与漕运的成就，都得益于水利机构的完善与科学的运用机制。以上几篇论文，均收入《漕运文化研究》①。

上述专题论文外，在一些通史、断代史、专门史著作中，也十分重视元代海运与河运问题。如韩儒林主编的《元朝史》②中，就列有"河漕""海运"的专目。陈得芝主编的《中国通史（第八卷）》③辟有"运河与海运"一章。此外，陈高华、史卫民《中国经济通史（元代经济卷）》④，周良霄、顾菊英《元代史》⑤，于德源《北京漕运和仓场》⑥，王培华《元明北

---

① 要善章、谢剑荣：《元代水利职官设置对水利建设与漕运发展的作用》，学苑出版社2007年版。
② 韩儒林主编：《元朝史》，人民出版社1986年版。
③ 陈得芝主编：《中国通史（第八卷）》，上海人民出版社1997年版。
④ 陈高华、史卫民：《中国经济通史（元代经济卷）》，经济日报出版社2000年版。
⑤ 周良霄、顾菊英：《元代史》，上海人民出版社1993年版。
⑥ 于德源：《北京漕运和仓场》，同心出版社2004年版。

京建都与粮食供应——略论元明人们的认识与实践》①等，也都用一定篇幅，对元代的海运与河运问题作了分析。

多年来，日本学界对元代的海运问题亦十分关注。早在1917年，有高岩就发表了《元代海运与大元海运记》②。之后，藤田元村著有《关于元明的海运》③；星斌夫著有《元代海运运营的实体》④，爱宕松男著有《关于元代海运的若干考察》⑤；藤野彪著有《关于朱清和张瑄》⑥。近年来，植松正在元代海运问题的研究中亦颇多成果，如《关于元代江南豪民朱清、张瑄》⑦《元代浙西地方税粮的管辖与海运之关系》⑧《元初海事问题与海运体制》⑨《元代的海运万户府与海运世家》⑩等，引起了大陆元史学界的重视。

目前，国内元史界尚不见全面考察元代海运与河运问题的专著问世，而明清史学界有关海运与内河漕运的著作已有多种。如吴缉华《明代海运及运河的研究》⑪，鲍彦邦《明代漕运研究》⑫，黄仁宇《明代的漕运》⑬，李文治、江太新《清代漕运》⑭，倪玉萍《清代漕粮海运与社会变迁》⑮，王云

---

① 王培华：《元明北京建都与粮食供应——略论元明人们的认识与实践》，文津出版社2005年版。
② 高岩：《元代海运与大元海运记》，《东洋学报》1917年第7卷第3号。
③ 藤田元村：《关于元明的海运》，《历史和地理》1925年第15期。
④ 星斌夫：《元代海运运营的实体》，《历史的研究》1934年第7期。
⑤ 爱宕松男：《关于元代海运的若干考察》，《史学杂志》1942年第53期。
⑥ 藤野彪：《关于朱清和张瑄》，《史学杂志》1962年12月，另见《爱媛大学历史学纪要》第3辑。
⑦ 植松正：《关于元代江南豪民朱清、张瑄》，《东洋史研究》第27卷第3号。
⑧ 植松正：《元代浙西地方税粮的管辖与海运之关系》，《史窗》2001年第58期。
⑨ 植松正：《元初海事问题与海运体制》，《京都女子大学研究丛刊》第39期，另见《东亚海洋域圈之史的研究》，2003年版。
⑩ 植松正：《元代的海运万户府与海运世家》，日本京都女子大学院文学研究科研究纪要史学编第3号，2004年3月31日发行。
⑪ 吴缉华：《明代海运及运河的研究》，台北"中研院"历史语言研究所专刊之四十三，1961年4月版。
⑫ 鲍彦邦：《明代漕运研究》，暨南大学出版社1995年版。
⑬ 黄仁宇：《明代的漕运》，新星出版社2005年版。
⑭ 李文治、江太新：《清代漕运》，中华书局1995年版。
⑮ 倪玉萍：《清代漕粮海运与社会变迁》，上海书店出版社2005年版。

《明清山东运河区域社会变迁》① 等。在如此学术背景下，大陆元史学界应加倍努力，以奉献更多更好的有关海运与河运的研究成果。

（原载《中国史研究动态》2009 年第 9 期）

---

① 王云：《明清山东运河区域社会变迁》，人民出版社 2006 年版。

从草原到海洋

——元代海运概况

一

从至元十九年（1282）开始，直至元末，海运作为应对南北经济差异，保证大都（今北京）及其周围地区政府与军民用粮的一项重要措施，一直为元朝政府所重视。存世的《永乐大典》卷 15950 引《经世大典·岁运粮数》及《元史》卷 93《食货一·海运·岁运之数》，系统记载了至元二十年（1283）至天历二年（1329）的海运粮数量，现列表如下：

表1　元至元二十年（1283）至天历二年（1329）海运粮增减变化统计表[①]

历史纪年	公元	起运数（石）	较上年增（+）减（-）（石）	较上年增（+）减（-）比例（%）
世祖至元二十年	1283	46050[②]		
二十一年	1284	290500	+244450	+530.84
二十二年	1285	100000	-190500	-65.58
二十三年	1286	578530[③]	+478530	+478.53

---

① 本表据《永乐大典》卷 15950 引《经世大典·岁运粮数》统计，石后尾数从略。见《永乐大典》卷 15950《元漕运二》，中华书局 1986 年版，第 6974 页下—6976 页上。

② 《元史》卷 93《食货一·海运》："至元十九年，伯颜追忆海道载宋图籍之事，以为海运可行，于是请于朝廷，命上海总管罗璧、朱清、张瑄等，造平底海船六十艘，运粮四万六千余石，从海道至京师。然创行海洋，沿山求嶴，风信失时，明年始至直沽。"据此，元代海运应始于至元十九年（1282），到达直沽的时间为至元二十年。见《元史》卷 93《食货一·海运》，中华书局 1976 年版，第 2364 页。

③ 据《元史》卷 93《食货一·海运·岁运之数》，至元二十三年（1286）海运起运数为五十七万八千五百二十石。本表从《永乐大典》。见《元史》，第 2366 页。

续表

历史纪年	公元	起运数（石）	较上年增（+）减（-）（石）	较上年增（+）减（-）比例（%）
二十四年	1287	300000	-278530	-48.14
二十五年	1288	400000	+100000	+33.33
二十六年	1289	935000	+535000	+133.75
二十七年	1290	1595000	+775500	+82.94
二十八年	1291	1527250	-67750	-4.25
二十九年	1292	1407400	-119850	-7.85
三十年	1293	908000	-499400	-35.48
三十一年	1294	514533	-393467	-43.33
成宗元贞元年	1295	340500	-174033	-33.82
二年	1296	340500	0	0
大德元年	1297	658300	+317800	+93.33
二年	1298	742751	+84451	+12.83
三年	1299	794500	+51749	+6.97
四年	1300	795500	+1000	+0.13
五年	1301	796528	+1028	+0.13
六年	1302	1383883	+587355	+73.74
七年	1303	1659491	+275608	+19.92
八年	1304	1672909	+13418	+0.81
九年	1305	1843003	+170094	+10.17
十年	1306	1808199	-34804	-1.89
十一年	1307	1665422	-142777	-7.90
武宗至大元年	1308	1240148	-425274	-25.54
二年	1309	2464204	+1224056	+98.70
三年	1310	2926533	+462329	+18.76
四年	1311	2873212	-53321	-1.82
仁宗皇庆元年	1312	2083505	-789707	-27.49
二年	1313	2317228	+233723	+11.22
延祐元年	1314	2403264	+86036	+3.71
二年	1315	2435685	+32421	+1.35
三年	1316	2458514	+22829	+0.94

续表

历史纪年	公元	起运数（石）	较上年增（+）减（-）（石）	较上年增（+）减（-）比例（%）
四年	1317	2375345	-83169	-3.38
五年	1318	2553714	+178369	+7.51
六年	1319	3021585	+467871	+18.32
七年	1320	3264006	+242421	+8.20
英宗至治元年	1321	3269451	+5445	+0.17
二年	1322	3251140	-18311	-0.56
三年	1323	2811786	-439354	-13.51
泰定帝泰定元年	1324	2087231	-724555	-25.77
二年	1325	2671184	+583953	+27.98
三年	1326	3375784	+704600	+26.38
四年	1327	3152820	-222964	-6.60
文宗天历元年	1328	3255220	+102400	+3.25
二年	1329	3522163	+266933	+8.20

在有连续记载的47年中，从江南起运的粮食总数为8291.7万余石，平均每年176.4万余石，其中不足百万石的有16个年份，一百万石至二百万石的有10个年份，二百万石至三百万石的有13个年份，三百万石以上有8个年份。天历以后，海运粮失去连续记载。元后期，海运渐趋衰落①，但估计每年也有二三百万石②。据《元史》记载，后至元三年（1337），挒思监任江浙行中书省参知政事，负责海运，因其"措置有方，所漕米三百余万石，悉达京师，无耗折者"③。于此可见一斑。

然而，和前面的北宋以及后面的明朝相比较，元朝运至京师大都的粮食数量并不算多。

北宋都城开封（又称东京、汴京、大梁，今河南开封），地处中原腹

---

① 见杨育镁《元代海运衰退因素的探讨》，台湾《淡江学报》1992年第31期。
② 见高荣盛《元代海运试析》，《元史及北方民族史研究集刊》1983年第7期。
③ 《元史》卷205《挒思监传》，第4585页。

地，农业经济条件相对优越。崇宁元年（1102），京畿路平均每平方公里的人口为 25.8 口，高于京东东路、京东西路、京西南路、京西北路、河北西路、河北东路、永兴军路、秦凤路等北方各路，而当时人口相对密集的两浙路，每平方公里仅 30.7 口，仅为京畿路的 119%，悬殊并不很大。① 以个体农业为主要生产方式的封建社会，人口密度应该是该地区农业开发程度与生产力发展水平的重要标志之一。单从人口密度看，当时的京畿路以及京东东路、京东西路、河北东路、河北西路等地与两浙路以及江南东路、江南西路等地相比，高低并不悬殊②。但是，北宋政府每年从江南地区漕运的粮食数量却相当可观。据《宋史》记载："宋都大梁，有四河以通漕运：曰汴河，曰黄河，曰惠民河，曰广济河，而汴河所漕为多。""太平兴国六年（981）汴河岁运江、淮米三百万石，菽一百万石；黄河粟五十万石，菽三十万石；惠民河粟四十万石，菽二十万石；广济河粟十二万石；凡五百五十万石。"③ 黄河、惠民河、广济河等虽皆通漕运，"而岁计所赖者，惟汴流焉"④。"至道初，汴河运米五百八十万石。大中祥符初，至七百万石。"⑤ "治平二年（1065），漕粟至京师，汴河五百七十五万五千石，惠民河二十六万七千石，广济河七十四万石。"⑥ 可见，北宋政府每年通过汴河漕运的江淮米、粟，在四百万石至七百万石之间，远远高于元政府每年从江南海运至大都的粮食数量。

---

① 见梁方仲《中国历代户口、田地、田赋统计》甲表 40《宋代各路人口密度》，中华书局 2008 年版，第 229 页。
② 崇宁元年（1102），上述各路每平方公里人口数为：京畿路 25.8 口；京东东路 16.7 口；京东西路 23.1 口；河北东路 25.3 口；河北西路 20.3 口；两浙路 30.7 口；江南东路 24.9 口；江南西路 27.7 口。见梁方仲《中国历代户口、田地、田赋统计》甲表 40《宋代各路人口密度》，第 229 页。
③ 脱脱等：《宋史》卷 175《食货志上三》，中华书局 1985 年版，第 4250—4251 页。下同；另见《宋会要辑稿·食货》卷 46《水运》，中华书局 1957 年版，第 5604 页。文中所说"凡五百五十万石"，概举其约数，实为 552 万石。
④ 马端临：《文献通考》卷 25《国用三·漕运》，中华书局 2011 年版，第 743 页。
⑤ 《宋史》卷 175《食货志上三》，第 4251 页；另见《宋会要辑稿》第 144 册《食货》四六《水运》，第 5604 页。
⑥ 《宋史》卷 175《食货志上三》，第 4253 页。

明成祖朱棣定都北京后，南粮北运仍是明政府面临的一项重大任务。永乐元年（1403），陈瑄为总兵官，总督海运，输粟49万余石，供应北京及辽东地区。① 当时，仍是河海兼运。然而，"海运险远多失亡，而河运则由江、淮达阳武，发山西、河南丁夫，陆挽百七十里入卫河，历八递运所，民苦其劳"②。永乐九年（1411），明廷征调山东及徐州、应天（今江苏南京）、镇江民夫达三十万人，重修会通河成功。永乐十三年（1415），遂罢海运，专事河漕。这年，漕运京师的粮食多达六百余万石。之后，多数年份，漕运粮均在三百万石以上。宣宗宣德七年（1432）更多达六百七十余万石。自宣德五年（1430）至明英宗天顺七年（1463），年漕运粮一直不低于四百万石。明宪宗成化年间，漕运额虽有所减少，但也在三百三十万石以上。自成化八年（1472），连续15年为三百七十万石。自成化二十三年（1487）起，定额为四百万石，直至明武宗正德十五年（1520）。总之，明代的漕运数量，也明显高于元代的海运粮数量③。

元代海运粮数量之所以低于北宋及明代的漕运额，与当时的军队布防形势密切相关。元朝定都大都，而军队却分戍于各地。大体说来，蒙古军大部分分戍于蒙古草原以及东北、华北、山东、河南、陕西等地，汉军与新附军则大多分戍于淮河以南的广大地区。④ 担任皇室及京师宿卫任务的军队，主要是怯薛（又称怯薛歹）及枢密院所辖的侍卫亲军。关于怯薛的数量，《元史·兵志》记载说："其初名数甚简，后累增为万四千人。"⑤ 另据《元史·文宗纪》记载，天历二年（1329）四月"赐卫士万三千人钞，人八十锭。四番卫士旧以万人为率，至是增三千人"⑥。同年五月，"给皇子宿卫

---

① 张廷玉等：《明史》卷153《陈瑄传》，中华书局1974年版，第4207页。
② 《明史》卷153《宋礼传》，第4203页。
③ 参见梁方仲《中国历代户口、田地、田赋统计》乙表51《明永乐初至正德末漕粮数及减免天下税粮数》，第511—514页。
④ 参见萧启庆《元代的镇戍制度》，《内北国而外中国》上册，中华书局2007年版，第256—275页。
⑤ 《元史》卷99《兵志二》，第2525页。
⑥ 《元史》卷33《文宗纪二》，第733页。

之士千人钞，四番宿卫增为万三千人，至是又增千人"①。"四番宿卫"之士，显然是指怯薛而言。《元史·兵志》所记的"万四千人"，或许就是文宗天历二年（1329）五月之后怯薛的数量。

  侍卫亲军的建立始于元世祖中统三年（1262）。姚枢等曾向忽必烈建议说："汉军除守御南边，可选精勇富强三万，燕京东西分屯，置营以壮神都"②。中统三年（1262）以侍卫亲军都指挥使董文炳兼山东东路经略使，共领武卫军。至元元年（1264），改武卫为侍卫亲军分左右翼。至元八年（1271）改立左、右、中三卫。其主要任务为"掌宿卫扈从，兼屯田，国有大事，则调度之"③。元代先后建立侍卫亲军共34处④，20余万人。驻守京师及其附近地区的卫军有二十余处，十几万人。但这些并非全部仰食于政府，有部分卫军通过屯田以解决或部分解决用粮问题。据《元史》卷100《兵志三·屯田》记载，枢密院所辖左卫、右卫、中卫、前卫、后卫、武卫、左翼屯田万户府、右翼屯田万户府、忠翊侍卫、左右钦察卫、左卫率府、宗仁卫、宣忠护卫等处屯田合计约1.6万余顷。但《元史·兵志》的记载有不少错漏。⑤ 例如阿速卫负责"扈从车驾，掌宿卫城禁，兼营潮河、苏沽两川屯田，并供给军储"⑥ 而《元史·兵志·屯田》及《经世大典序录·屯田》等均未提及。作为侍卫亲军的镇守海口侍卫亲军屯储都指挥使司在直沽海口一带有屯田十万余顷⑦，超过《元史·兵志·屯田》所列各卫屯田面积的总和，《元史·兵志·屯田》及《经世大典序录·屯田》亦未见记载。如此等等。

---

① 《元史》卷33《文宗纪二》，第734页。
② 姚燧：《牧庵集》卷15《中书左丞姚文献公神道碑》，《四部丛刊》本。
③ 《元史》卷99《兵志二》，第2525页。
④ 萧启庆：《元代的宿卫制度》附《元代侍卫军组成表》，《内北国而外中国》上册，第254—255页。
⑤ 张泽咸、郧家驹、陈高华、孟繁清：《中国屯垦史》中册，中国农业出版社1990年版，第285—289页。
⑥ 《元史》卷99《兵志二》，第2527页。
⑦ 《元史》卷23《武宗纪二》，第511页。

总之，元代驻守京师及附近地区的军队数量较少，且有部分军队从事屯田以供军需。因此京师大都包括粮食在内的军事物资储备不需要过于集中。北宋以及明朝的情况则显然有别。北宋要始终面对东北辽国与之后金国以及西北西夏的军事威胁，京畿地区以及北部边防屯兵较多。明朝虽然把元朝统治者赶回了蒙古草原，但蒙古贵族始终虎视中原，明政府不敢稍有懈怠。北宋及有明一代对京师漕运的重视，恰恰反映了当时的军事现实。

二

负责海运的船户、水手等，大多是江浙沿海地区的居民。他们凭着丰富的航海经验与不畏艰险、勇于探索、艰苦奋斗、坚韧不拔的精神，成就了元代海运这一彪炳史册的壮举。他们的辉煌业绩与奋斗精神，应该受到后人的尊敬和颂扬。

忽必烈及之后的元朝历代皇帝，均把海运作为应对南北经济差异，保障京师粮食供应的基本国策。没有最高统治者的果断决策，海运也不可能持续进行。

海运倡导者以及组织者、领导者，有汉族官员，也有蒙古、色目上层。《永乐大典》引《经世大典》记海运缘起时说：

> 至元十九年（1282），太傅丞相伯颜见里河之儧运粮斛，前后劳费不赀，而未见成效，追思至元十二年（1275）海中般（搬）运亡宋库藏图籍物货之道，奏命江淮行省，限六十日造平底海船六十只，听候调用。于是，行省委上海总管罗璧、张瑄、朱清①等，依限打造。当年八月有旨：令海道运粮至扬州，罗璧等就用官船军人，仍令有司召雇

---

① 据《元史》卷11《世祖纪八》，至元十七年（1280）正月甲子，"以总管张瑄、千户罗璧收宋二王有功，升瑄沿海招讨使，虎符；璧管军总管，金符"。《元史》卷12《世祖纪九》，至元二十年（1283）四月壬辰，"阿塔海求军官习舟楫者同征日本，命元帅张林、招讨张瑄、总管朱清等行"。综合上述记载，至元十九年（1282）始行海运时，罗璧、朱清应为管军总管，张瑄则为沿海招讨使。见《元史》，第221、253页。

梢碇水手，装载官粮四万六千余石，寻求海道水路，创行海洋，沿山求屿行使。为开洋风讯失时，当年不能抵岸，在山东刘家岛压冬。①

至元二十一年（1284）十二月，丞相伯颜、平章札散、右丞麦术丁等奏："海运之事，两南人言，朝廷若支脚钱，请用己力，岁各运粮十万石至京师，乞与职名。臣等议：朱清元有金牌，令授中万户，换虎符；张招讨之子见带银牌，换金牌，为千户；忙兀䚟见带虎符，令为一府达鲁花赤。余一府以万户之无军而带虎符者为达鲁花赤。"②这一建议，得到忽必烈的批准。

桑哥秉政时期，至元二十四年（1287）建海运四万户府："都漕运海船上万户府，亦速为头，与张文龙等勾当；平江等处运粮万户府，忙兀䚟为头，与费拱辰、张文彪等勾当。孛兰奚等海道运粮万户府，与张武等勾当；彻彻都等海道运粮万户府，与朱虎等勾当。"③之后的海运万户府官员设置，虽屡有变迁，但通常情况下，均设有达鲁花赤、万户、副万户等官职。其中达鲁花赤一职，自然由蒙古或色目人担任，而万户、副万户中，虽然汉族官员居多，但亦有蒙古与色目人。不少蒙古、色目官员任职期间，能恪尽职守，并能从实际出发，采取各种措施，铲除弊端，以保证海运的顺利进行。以下仅举数例以为证。

色目人黄头，名世雄，世居濮州鄄城县（治今山东鄄城县北旧城集），占籍于塔思火你赤万户之军。其祖父琏赤，曾为明威将军山东道宣慰司副都元帅。父阿荣，历官武略将军同知松江府（治今上海松江）事、溧阳知州、汀州（治今福建长汀）总管，并曾同知邵武路事。黄头曾为忠翊校尉相因仓监，"支纳仓粮九万硕，出纳惟谨"④。升嘉兴等处运粮千户。居八

---

① 《永乐大典》卷 15949《运·元漕运一》，中华书局 1986 年版，第 6966 页上。
② 《永乐大典》卷 15949《运·元漕运一》，中华书局 1986 年版，第 6968 页下。
③ 《永乐大典》卷 15949《运·元漕运一》，中华书局 1986 年版，第 6969 页上。
④ 虞集：《道园类稿》卷 44《平江路达鲁花赤黄头公墓碑》，《元人文集珍本丛刊》第 6 册，新文丰出版公司 1985 年版，第 323 页。

年，改昭信校尉温台等处运粮千户。延祐元年（1314）升武德将军海道都漕运万户府副万户，亲运米270万石。迁显武将军海道都漕运万户，佩双珠虎符。曾前后九次渡海，海运之事，无不周知。执掌漕府后，他采取了多项整顿措施，并取得显著成效：

（一）预借运费给船户，以便其构木修船。结果，"增舟之多，可运一百万斛"。（二）对受雇水手的雇值严加管理，以备其正常之需。（三）运官、船主、庚卒、水工、碇手等互相监督连坐，以防止舞弊行为。（四）温、台以至福建二十余处粮食，原由客船运至浙西，然后再返浙东入海。黄头请准改将粮食全部运至庆元（治今浙江宁波），装船入海，免除了往复之苦。（五）温、台船户的运费原由江浙行省关拨分发，各千户所所辖船户均于所属千户所领取雇值，然后再回温、台登船，很是不方便。黄头请准改将运费留在温台，船户得钱即行。（六）各处信风时间先后不一，因而抵达直沽的时间也先后不等。过去，因统一按顺序接收，以致先至者食用粮尽仍迟迟不能返回。黄头请准，至则受之，民以为便。（七）运船返回时，为了防止船户略买不法物资，枢密院往往派官纠察。船出海口，搜查者贪图私利，往往诬执榜掠船民，使之空其囊箧，无法返回。黄头请准，予以禁止。（八）船户、水手等用柴草均取自海滨。运船途经河间盐司辖地，船户往往因盐草而被执掠，致使船户、水手等无法烧饭。黄头请明确盐草地域界限，以便船户获取柴草。（九）为海运安全，官员、船户沿途祭祀天妃、海神、水仙等十余处，朝廷规定发给祭祀费用，实际上并不发给。黄头借得官本千封，以所收到利息供祭祀之用。海运船只通常以成山为行进参照。若值大雾，看不到成山，则往往发生事故。黄头请准在成山设立祭祀之所。（十）运船到直沽后，京师人常在此货卖物品，官府以此收税甚多。后因发生争斗，遂禁止舟人上岸，公私均蒙受很大损失。黄头请准严加约束，听由船民等于市饮食，发生争斗则由官府断其是非曲直。以上种种措施，均切合当时海运实际，取得了好的效果，所以虞集在《平江路达鲁花赤黄头公墓碑》中作了详细记述。卸任后，黄头又推荐过去曾与他同为海运千户的失剌木丁接替他的职务。此人，估计也是个色目人。

咬童，阿鲁威部人，至顺二年①（1331）任海运副万户。赴任后，他"主之以诚，而行之以简，不琢雕以为巧，不表襮以为明，凡所施设，有顺无强。未逾时，誉望翕然"。春夏两运，春运相对艰险，于是每年春运均在浙西就便装粮出发。至顺三年（1332），浙西遭水灾，行省拟拨江东粮十七万石以凑足运额。咬童赴行省，恳请先发浙西之粮，然后再以江东之粮补夏运，得到行省批准。无锡州长玉伦赤不花指示下属寻衅闹事，"攘攫省颁法斛，不时交装"。咬童奉命严肃查处，遂平息事端。海船到直沽后与河船交接，时常发生纠纷。咬童得上司批准，要求河海之船艄碇、水夫各不许离次，入践其舟，又不许登岸游行致争，而由纲官与海运千户监督交接。历时近两个月，"官有厉禁，而里无叫嚣"②。这次海运完成后，咬童赴京师报功，竟卒于京师，年仅三十九岁。

和尚，高昌人，顺帝至正元年（1341）由浙西江南道肃政廉访使调任漕运万户府达鲁花赤。和尚赴任后，首先核实船户资产，以均其役。他要求有司官员亲自检阅船户受雇情况，如实发放水脚钱（即运费）。他还严格整顿下属千户所及其下属吏员，避免父子兄弟根株蟠结，蚕食漕民。以往江西、湖广诸郡之米通常都先集中于集庆（今江苏南京）之龙湾，漕府拨船户受其米，然后再转输于海船户。交接时往往因数量多少而发生纠纷，以致发生斗争杀伤，后果严重。和尚则亲自前往督察，以避免矛盾发生。海运途中因风涛而遭遇不测，自属难免。但有的漕民诈称覆溺，逃匿海岛，而官员常不加核实。和尚则严加整治，以禁"欺官掩米"。他政无少弛，德以服人，清廉自守，薄衣粝食，生活十分俭朴。至正元年（1341）改任大

---

① 柳贯著，柳遵杰点校：《柳贯诗文集》卷9《元故海道都漕运副万户咬童公遗爱颂并序》，浙江古籍出版社2004年版，第195页。文中记为"至顺三年，其岁辛未"。辛未年当为至顺二年，故改。

② 柳贯著，柳遵杰点校：《柳贯诗文集》卷9《元故海道都漕运副万户咬童公遗爱颂并序》，浙江古籍出版社2004年版，第196页。

都路总管府达鲁花赤，继任四川、陕西两省参知政事，均有良好声誉①。

亚中大夫海道副万户燕只哥，被誉为"国家族属之贤"②，当为蒙古人。至正年间为海运副万户。为避免夹带私盐，燕只哥建议粮船出发及到达之日，均由官府发给凭据。自至正元年（1341）后，东南沿海苑竹山、沙门岛一带，有民众公然"驾舟张旗，树矛戟，鸣金鼓，焚舟杀人"。而海运船只无兵器，只能"拱手待毙，以葬鱼腹"。在燕只哥建议下，春夏海运时，政府均派沿海分镇官军，预为巡警清荡。运船出发，又加以护送，遂保证了海运安全。船民交粮时，常因漕米质量发生纠纷。春夏之交，天气转暖，湿热交相作用，运米容易霉变，官府往往归咎漕民。燕只哥为漕民请命，漕米遂得顺利交接。

买述丁，字永锡，于阗（治今新疆于田）人，不花剌氏。至正七年（1347）由中政院使调任海道都漕运万户府达鲁花赤。赴任后，他召集僚佐，共议漕法。又颁发文告，要去漕民修治漕船樯缆，并预付其值。他重新审核漕民恒业，以均其役。为避免千户所吏胥人等久而生弊，悉加更调，并汰去冗吏。至正八年（1348）春，漕船受到方国珍部袭击，漕粮受损失，由政府赦免；因逆风而不能行进者，由漕户次年再运。凡此种种，均受到漕民的拥护。至正九年（1349）十月，买述丁改任江西等处茶运使。③

至正十一年（1351）元末农民起义爆发，海运受到严重冲击。至正十二年（1352）三月，枢密院断事官蒙古人脱因被任命为海道都漕运万户府达鲁花赤。同年冬，脱因至漕府，采取了多项措施以整顿漕运：（一）凡漕户贫困凋敝者，均削其籍，并移交平江（治今江苏苏州）、嘉兴、湖州等路及松江府招收富民以共漕事。（二）根据漕户实际运米多少发放漕值，免除其他一切杂役。（三）过去漕户必须亲身下海服役，否则将受到惩治。脱因

---

① 郑元祐：《侨吴集》卷11《海运都漕运万户府达鲁花赤和尚公政绩碑》，《北京图书馆古籍珍本丛刊》第95册，书目文献出版社2000年版，第812—813页。

② 郑元祐：《侨吴集》卷11《亚中大夫海道副万户燕只哥公政绩碑》，第811页。

③ 朱德润：《资善大夫海道都漕运万户府达鲁花赤买公惠政之碑并铭》《送买院使序》，《存复斋续集》，涵芬楼秘笈本。

以新招漕户多为富民，民多软弱，缺乏航海能力，因而允许其用人自代。（四）当时运船多有损坏，脱因赴任伊始，即令买吴楚商船以充漕运。（五）当时府库空虚，漕值无所出。值都省遣使运钞行省，供应军需，脱因得到消息，立即驰往姑苏驿，与使臣力争，终于得钞二十万锭以充漕值。（六）按时祭祀海神天妃，以求保佑漕事无虞。由于脱因的求实与变通，漕运遂得以艰难维持。至正十五年（1355）二月，脱因又兼江浙行省参知政事，仍督漕运。① 至正十六年（1356）二月，张士诚攻占平江（今江苏苏州），脱因匿俞家园，为游兵所杀。②

海运过程中，出身蒙古、色目的海运万户府达鲁花赤、万户、副万户等官员，远非以上数人，其中也定有贪腐无能之辈。举出以上数例，并略述其业绩，旨在说明不少蒙古色目官员，对海运事业是卓有贡献的。至于海运过程中大量汉族官员的业绩，已经有不少论著予以介绍，兹不赘述。

三

连续数十年规模宏大的元代海运，标志着我国沿海运输新时代的开始，在中国航运史上具有里程碑式的重要意义。

元人对当朝海运大都持积极的肯定态度。元代文献中有不少对海运的赞美之词。例如，元末的刘仁本，就曾从历代漕运方式与效果的变化，盛赞元代海运：

> 飞挽之法起于秦，转负海郡县以输河北，厥维难矣。汉都关中，用娄敬议，定河渭漕挽，足以东制诸侯，法稍加密，故常漕粟东南，饷给京都。其始之用俭，仅二十万石而有余。急久事弊，益之数百万而不足。涉艰越阻，所得不偿。率用斗钱以运斗粟，虽甚劳烦而不可

---

① 郑东：《海道都漕运万户府达噜噶齐托音（达鲁花赤脱因）公政绩碑》，《名迹录》卷1，中国书店2018年版，第17—24页；陈基：《夷白斋稿》卷12《海道都漕运万户府达鲁花赤脱因公纪绩颂》，《四部丛刊》本。

② 陶宗仪：《南村辍耕录》卷29《纪隆平》，中华书局1959年版，第358页。

废，更历世代而不可改。刘晏于江淮作大艘，艘挽千石者四百，可致粟四十万。即淮舟不可以涉汴，汴不可以涉河，河又不可以渭，乃各自便其操舟，委折动经数年，新故连续已达，固未闻有海道捷急之法也。咸通间，因戍岭南行营，广州浙人陈蟠石始言海道馈饷，自浙而闽，可一月而至，彼或宜之，足免湖湘溯运之艰耳，又未闻有涉大海而远致南北者也。惟我国家经营漕事，始亦河运，颇间关劳役，不数年而转致诸钜海，有自来矣。计大江以南，治万斛之艘，涉千仞之渊，历青、黑二水，波涛掀簸，幽怪巨测，凡执役集事之吏，与夫篙师舟子，扬帆捩拖，鱼龙鼓舞，出没瞬息，南薰迅快，无旬日半月间，达诸京庾。盖竣事于春夏之交，而返棹于季秋之候，用力寡约，而成效居多。较诸难易，万万悬绝。伟哉，盛矣！①

刘仁本字德玄，天台（今浙江天台）人。历官江浙行省左右司都事、江浙行省郎中、温州路总管等，曾协助方国珍组织海运，并曾亲自参加护漕行动。他对历代漕运的勾勒虽则简略，但对元代海运是有亲身感受和真切认识的。应该说，他的叙述和议论，比较符合历史实际。

元代著名诗人杨维桢，也曾从漕运史的角度，称誉元代海运：

海漕，古未有也。古者，天子中千里而都，公侯中百里为都。天子都漕而入者，地不过五百里，公侯都漕而入者，地不过五十里。《禹贡》所载入谓乱，何乃级节转输之次，其输止于方贡之物。盖是时兵未有饷，任未有廪，何有于漕运哉？春秋时，国各有兵事，则始讲求其法，亦不过师行之饷，国都之漕犹未讲也。秦罢侯置郡，令天下飞刍挽粟，负海之郡转输北河，率三十钟致一石，漕之为役始劳，而汛

---

① 刘仁本：《羽庭集》卷5《送户部侍郎韩君汝舟督漕还京序》，《景印文渊阁四库全书》第1216册，第89页。

海之漕，亦未讲也。国象定都于燕，控制万里，外军国百司之调度，皆仰给于江之南。汉仰漕山东，唐仰曹江淮，皆无道里辽绝之阻也。今京师去江南，相望水陆数千里，而军国百司之调度，欲朝夕供亿如取诸左右。吁！使无良法以致之，则民劳国弊又可胜言也哉。此江南海道漕运之法开，实天运之所启也。乃至元十有二年，天兵下江南，丞相白颜公悉收库藏图籍，上之京师，属将朱清、张瑄自崇明径海达于燕，而海道实开于此。繇是，东南入馈者，浮游大舶绝海而行，发陵仓，渝成山，历莱洋，入界河，抵直沽，以灌于天庾，海若受职，洋飙逆顺，龙骧北指，仅旬日程耳。兹非旷古以来所未有之大利捷便乎？故曰漕运之开，天运之启也。①

杨维桢为绍兴路诸暨州（今浙江省诸暨市）人，出生于仕宦之家，为元末"文章钜公"，诗名亦甚高，其生平见宋濂《元故奉训大夫江西等处儒学提举杨君墓志铭》②。杨维桢为官并不得志，但他对元代海运却有着与刘仁本大体相似的认识。

程端礼也是在与汉唐对比的基础上，给元代海运以高度评价。他说："余谓京畿万户辐辏，食用众大，加以六师糗粮、百官禄廪，所以控引东南漕运以给经费，事至重也。汉唐运于三河，涉底柱之危，险阻万端，十失七八，有用斗钱运斗米之艰。又官造运船，欲其坚固，倍给其值。以裴耀卿、刘晏之智，非不知其劳费，盖以事有终不可已焉耳。洪惟国朝，天佑神助，圣谋睿断，创为海运。以数百万之粟，不旬浃而毕达京畿，功力之易，视汉唐何啻相万……"③ 陈基把元代海运的开辟归功于元世祖忽必烈的英明决策："天下之本在京师，京师所仰在海运，海运所恃在舟楫，舟楫之

---

① 杨维桢：《东维子文集》卷23《重建海道都漕运万户府碑》，《四部丛刊》本。
② 宋濂：《宋濂全集》第2册，浙江古籍出版社1999年版，第679—682页。
③ 程端礼：《畏斋集》卷5《庆元绍兴等处海运千户朱奉直去思碑》，《景印文渊阁四库全书》第1199册，第692页下。

利所以济不通。然振古以来有天下者,未有道海为渠,转漕东南亿万之粟,灌注天府,以备粢盛、禄廪、军旅之储如今日之盛者也。盖世祖皇帝,闳规大略,所以为圣子神孙万世无疆之计,殆天授之,非人力也……"① 类似议论甚多。总之,海运江南粮以实京师,以足军国之用,已成为当时朝野上下的共识。在元代文献中,几乎看不到反对海运的记载。

元代文献中,还有许多记述、描写海运的诗歌,向人们展现了当时海运的壮美画卷。如,柳贯《送海漕府朱奏差押运北上》写道:"转粟青天亦壮哉,漕舟拂日过蓬莱。钜桥仓实河阴似,涨海云帆饷道开。济险方观鹏运息,荐贤还报鹗书来。橘包留为南珍重,冰玉盈襟不染埃。"② 面对疾行饷道的涨海云帆,作者不由得发出了"转粟青天亦壮哉"的由衷感叹。王懋德《直沽海口》一诗,也描绘出了直沽海口万船云集的壮美景象:"极目沧溟浸碧天,蓬莱楼阁远相连。东吴转海输粳稻,一夕潮来集万船。"③ 张翥《读瀛海,喜其绝句清远,因口号数诗示九成,皆实意也》描述说:"一日粮船到直沽,吴罂越布满街衢。新诗将作如千首,为问郯郎有买无。""接粮御史性情真,断事官来苦怒嗔。索酒索钱横生事,遭风遭浪肯知人。"④ 诗文既反映了海运给直沽带来的繁荣,也表现出作者对"索酒索钱"的酷吏的不满。龚啸《送漕府王子方经历》则为海运的迅捷与粮储的充盈而慨叹:"燕北吴南一万艘,顺风天外翼鸿毛。碧涛渺渺云帆稳,红腐陈陈廪粟高。此日朝廷多妙选,何人幕府最贤劳?共知饷馈须刘晏,且为明时坐省曹。"⑤ 海运的成效与王子方等官员的业绩,充分体现在作者的字里行间。黄玠《送吴季良海运歌》写海运的成就与故人相送,读来更是意味深长:

---

① 陈基:《夷白斋稿》卷12《海道都漕运万户府达鲁花赤脱因公纪绩颂》,《四部丛刊》本。
② 柳贯著,柳遵杰点校:《柳贯诗文集》卷6,浙江古籍出版社2004年版,第117页。
③ 顾嗣立:《元诗选》三集,《仁父集》,中华书局1987年版,第164页。
④ 顾嗣立:《元诗选》初集二,《蜕庵集》,中华书局1987年版,第1380页。
⑤ 顾嗣立:《元诗选》二集上,中华书局1987年版,第62页。

神禹作贡书维扬，汉家亦言海陵仓。
至今岁入逾百万，连艘巨海飞龙骧。
长腰细米云子白，穤稊犹作秋风香。
上登京庚充玉食，不与黍稷同槩量。
延陵季子世不乏，被服袴褶躬输将。
金符在佩金睒睗，上有霹雳古篆书。
天章乾坤端倪正，离坎北斗却转天中央。
吾知忠贞对越肝胆露，蹈蹂沉潾不翅如康庄。
平生故人走相送，携手踯躅心飞扬。
亟呼吴娃度美曲，无使别苦愁刚肠。
燕山之南易水上，犹是陶唐帝都古冀方。
九河故迹无复在，但见夹右碣石沦苍茫。
天下壮观有如此，大君恩重险可忘。
廷臣论功上上考，酾酒再拜中书堂。
君不闻，木牛流马崎岖出剑阁，鸣声酸嘶栈道长。
何如云帆千里百里一瞬息，卧看晓日升扶桑。①

贡师泰是亲自参加过筹粮与海运组织工作的政府官员，他的《海歌十首》，描写具体生动，在海运诗歌中是难得的珍品：

黑面小郎棹三板，载取官人来大船。
日正中时先转柁，一时举手拜神天。

出得蛟门才是海，虎蹲山下待平潮。
敲帆转舱齐着力，不见前船正过焦。

---

① 钱熙彦：《元诗选补遗》丙集《弁山小隐吟录》，中华书局2002年版，第216页。

大星煌煌天欲明，黄旗上写总漕名。
愿得顺风三四日，早催春运到燕京。

只屿山前放大洋，雾气昏昏海上黄。
听得柁楼人笑道，半天红日挂帆樯。

四山合处一门开，雪浪掀天不尽来。
船过此间都贺喜，明朝便可到南台。

千户火长好家主，事事辛苦不辞难。
明年载粮直沽去，便着绿袍归作官。

大工驾柁如驾马，数人左右拽长牵。
万钧气力在我手，任渠雪浪来滔天。

碇手在船功最多，一人唱声百人和。
何事浅深偏记得，惯曾海上看风波。

亚班轻捷如猿猱，手把长绳飞上高。
你每道险我不险，只要竿头着脚牢。

上蓬起舵气力强，花布缠头袴两裆。
说与众人莫相笑，吃酒着衣还阿郎。①

从上述诗文中我们不难看出，作者都是怀着崇敬与赞美的心情来歌颂

---

① 贡师泰：《贡师泰集·拾遗》，吉林文史出版社 2010 年版，第 420 页。

海运的。在他们笔下，较少畏缩与责难，而大多是激情澎湃的颂扬。

明初宋濂等修《元史》，在记述海运时亦说："元都于燕，去江南极远，而百司庶府之繁，卫士编民之众，无不仰给于江南。自丞相伯颜献海运之言，而江南之粮分为春夏二运，盖至于京师者一岁多至三百万余石，民无挽输之劳，国有储蓄之富，岂非一代之良法欤。"① 宋濂等《元史》编纂者，多是元明之际江浙一带的知识分子，对元代海运有着具体而真切的感受与了解，因而其评价也是比较公允的。

海运过程中因风浪等原因而船毁人亡的情况肯定是存在的，但在元人的记述中却较少提及。后人据"事故粮"数来推论船员的死亡数量，其实是不全面的。因为"事故粮"中当有不少是因为海运官员以及船户、水手等舞弊行为造成的，并非均缘于船毁人亡。万里长城是千百万劳动人民用血汗甚至生命筑成的，但它至今仍是中华民族的骄傲；郑和七下西洋也有牺牲，但它仍不失为中外关系史上的壮举。我们不应当以为其付出的代价而否定它的历史意义。

---

① 《元史》卷93《食货志一》，第2364页。

忽必烈、桑哥与世祖朝的海运

忽必烈灭亡南宋后，建立起疆域辽阔且空前统一的大元帝国。然而，在帝国内部，社会经济的发展存在着巨大差异，尤其是淮河以北地区与淮河以南原南宋统治区，差异十分明显。连续多年的蒙金战争，以及元与南宋的战争，使南北差异进一步扩大了。为了应对这一局面，忽必烈在政治、经济、文化诸方面，采取了若干措施，而南粮北运，尤其是海运，无疑是其重要措施之一。

学术界对元代海运已多有研究。① 本文则局限于世祖朝的海运，重在揭

---

① 学术界关于元代海运的代表性论著有吴缉华《元朝与明初的海运》，台湾《史语所集刊》第28卷上，1956年12月；章巽《元"海运"航路考》，《地理学报》1957年第1期；包遵彭《论元代海运制度及航海技术》，台湾《学术季刊》第6卷第3期；赖家度《元代的河漕和海运》，《历史教学》1958年第5期；陈隽如《元朝海运对天津的影响》，《天津日报》1961年8月23日；袁冀《元初河漕转变之研究》，台湾《大陆杂志》第27卷第4期；《元代海运考释》，《元史论丛》第1—18页，台湾联经出版事业公司1978年9月版；高荣盛《元代海运试析》，《元史及北方民族史研究集刊》1983年第7期；《元初山东运河琐议》，《元史及北方民族史研究集刊》第8期，1984年5月版；陈高华《元代的航海世家澉浦杨氏——兼说元代其他航海家族》，《海交史研究》1995年第1期。20世纪80年代以来，台湾淡江大学杨育镁女士对元代海运亦多有研究，发表了一系列研究成果，其中包括《元代的漕运》，台湾《淡江学报》1986年第24期；《浅谈元代采行海运政策之人为影响因素》，台湾《中国历史学会史学集刊》1986年第19期；《元代海漕粮运畅行因素之探讨》，台湾台北里仁书局1986年版；《元代的航海科技与海道粮运之发展》，台湾《淡江学报》1990年第29期；《元代江南田赋税制考》，台湾《中国历史学会史学集刊》1989年第21期；《元代后期江南天灾民变对海运的影响》，台湾《中国历史学会史学集刊》1991年第23期；《元代海运衰退因素的探讨》，台湾《淡江学报》1992年第31期。近年来，日本学者植松正在对元代海运的研究中亦用力甚多，成就显著，已见到的论著有《关于元代江南豪民朱清、张瑄》，《东洋史研究》第27卷第3号；《元代浙西地方税粮的管辖与海运之关系》，[日本]《史窗》2001年第58期；《元初海事问题与海运体制》，[日本]《京都女子大学研究丛刊》第39期《东亚海洋域圈之史的研究》，2003年9月版；《元代的海运万户府及海运世家》，[日本]京都女子大学大学院文学研究科研究纪要《史学编》第3号，2004年3月31日。大陆学者默书民博士发表了《元代海运粮食数量的变化》，《元史及民族史研究集刊》第16辑，南方出版社2003年版；《元代大都的粮食来源与消费》，《元史论丛》第9辑，中国广播电视出版社2004年版，对元代海运及元大都的粮食供应，又提出了一些新的见解。

示忽必烈、桑哥与世祖朝海运发展的关系。

一

元代海运的开辟与发展，张瑄、朱清等人发挥了重要作用，① 而张瑄、朱清的起用，恰恰是忽必烈推行不拘一格、用人所长政策的结果。张瑄，嘉定（今属上海）人；朱清，崇明（今上海崇明东北）人，二人籍贯相邻。朱清少曾受雇于富家杨氏，后杀雇主，劫其妻子货财而去，为海盗。又曾贩卖私盐，并与张瑄结为兄弟，聚众至数千人，海船数百艘，活动于东南沿海，官府莫之能何。② 元军南下攻宋，至元十二年（1275），董文炳遣使招附，张瑄、朱清率众降。次年春，张、朱率部克上海，入吴淞江。宋降，伯颜收其帑藏图籍，令张、朱海运至大都（今北京）。至元十九年（1282），伯颜又忆及此事，遂建议海运江南之粮以供大都，被朝廷采纳。上海总管罗璧及张瑄、朱清等，遂奉命造平底海船60艘，运粮浮海北上，于次年抵达直沽，由此开始了连续七十余年的海运，在中国海运史上写下了波澜壮阔的一章。

海运的开辟，固然源于伯颜的建议，但海运伊始即得到了忽必烈的批准和支持。《永乐大典》引《经世大典》说：

至元十九年，太傅丞相伯颜见里河之馈运粮斛，前后劳费不赀，而未见成效，③ 追思至元十二年海中般（搬）运亡宋库藏图籍物货之道，奏命江淮行省，限六十日造平底海船六十只，听候调用。于是行省委

---

① ［日］植松正：《关于元代江南豪民朱清、张瑄》，《东洋史研究》第27卷第3号。
② 胡长孺：《何长者传》，《元文类》卷69，安徽大学出版社2020年版，第1390—1393页。陶宗仪：《南村辍耕录》卷5《朱张》，中华书局1959年版，第64页；《至正崑山郡志》卷5《人物》，《宋元方志丛刊》第1册，中华书局1990年版，第1134页。
③ 据《永乐大典》引《经世大典》，至元十九年十二月，"中书省契勘：南北粮饷，国之大计，前虽曾馈运，虚费财力，终无成功。""南北粮去数千里，中间气力断绝，不相接济，所以粮道迟滞，官物亏陷，失误支持，所系非细。"（《永乐大典》卷15949，中华书局1986年版，第7册，第6966页上，下同）上述记载可证伯颜所言不虚。

上海总管罗璧、张瑄、朱清等，依限打造。当年八月有旨：今海道运粮至扬州，罗璧等就用官船、军人，仍令梢碇水手，装载官粮四万六千余石。①寻求海道水路，创行海洋，沿山求屿行使。为开洋风汛失时，当年不能抵岸，在山东刘家岛压冬。至二十年三月，经由登州，放莱州洋，方至直沽。因河内浅涩，就于直沽交卸（加重号为编者所加）。

从上述记载看，命江淮行省造平底海船听候调用，以及命罗璧、张瑄、朱清等海运江南粮北上，均经忽必烈批准执行。

众所周知，明人修《元史·食货志·海运》，亦据此成文，故所记略同。然文中所谓"于是行省委上海总管罗璧、张瑄、朱清等，依限打造"一语，颇为含混，容易使人误以为罗、张、朱三人均为"上海总管"。据《元史·罗璧传》，罗璧降元后，初为"宣武将军、管军千户"，后因"招收淮军，讨歙寇有功，领本州安抚事"；继又"从元帅张弘范定广南，赐金符，升明威将军、管军总管，镇金山。居四年，海盗屏绝。徙镇上海"。②另据《元史》卷11《世祖纪八》，至元十七年（1280）正月甲子，"以总管张瑄、千户罗璧收宋二王有功，升瑄沿海招讨使，虎符；璧管军总管，金符。"③《元史》卷12《世祖纪九》，至元二十年（1283）四月壬辰，"阿塔海求军官习舟楫者同征日本，命元帅张林、招讨张瑄、总管朱清等行"④。综合上述记载，至元十九年（1282）始行海运时，罗璧、朱清为管军总管，张瑄则为沿海招讨使，其地位当在罗、朱之上。

《元史》中张瑄、朱清并提时，常常是朱清在前，张瑄在后，究其原

---

① 据《永乐大典》引《经世大典》，至元二十年八月，"丞相火鲁火孙（即和礼霍孙）、参议秃鲁花等奏：'去年伯颜曾言海道运粮，火鲁火孙省官令试验。今自扬州以船一百四十六，运粮五万石，四万六千石已到，其余六船尚未到，必是遭风。'"（《永乐大典》卷15949，第6966页下）而据同书岁运粮数，该年起运数为46050石，运到为42172石（石后尾数从略），火鲁火孙等所言或有误。
② 宋濂等：《元史》卷166《罗璧传》，中华书局1976年版，第3894页。
③ 《元史》卷11《世祖纪八》，第221页。
④ 《元史》卷12《世祖纪九》，第253页。

因，大概是明初修《元史》时沿袭了元人的某些记载，如胡长孺《何长者传》，陶宗仪《南村辍耕录》等。然而细考二人履历可知，至少在世祖一朝，张瑄之地位，一直高于朱清。如至元二十三年（1286）十一月，以昭勇大将军、沿海招讨使张瑄，明威将军、管军万户兼管海道运粮船朱清，并为海道运粮万户，仍佩虎符。①虽然"并为海道运粮万户"，但此前，张瑄武散官官阶为"昭勇大将军"，系正三品；朱清则为"明威将军"，系正四品，②张瑄的地位明显高于朱清。到至元二十八年（1291），合并运粮机构，罢去泉府司所属运粮二万户府，仅保留张、朱二万户府。张瑄以骠骑卫上将军、淮东道宣慰使兼领海道都漕运万户府事，朱清则以骠骑[卫]上将军、江东道宣慰使兼领海道都漕运万户府事。此时，二人均为"骠骑卫上将军"，官阶相同，但每年运粮，以十分为率，张运六分，朱运四分。张府正官六员，朱府正官五员；张府下属千户三十三员，朱府下属千户二十七员，③张、朱地位之区别仍昭然可见。直至成宗元贞元年（1295），年海运粮已减至34万余石，张、朱才平分运量。④

海运是个高风险的行业，曾亲历其境的贡师泰写诗说："四山合处一门开，雪浪掀天不尽来"；"万钧气力在我手，任渠雪浪来滔天"⑤，充分展现了船员水手的英雄气概，但船毁人亡的事毕竟年年发生，《经世大典》有关海运事故粮的逐年记载，便可清楚地反映这一点。忽必烈对此自然心知肚明。至元二十七年（1290），海运粮起运数由前一年的93.5万石猛增至159.5万石，丞相桑哥向忽必烈请示说："自江南海运来者，薛彻秃、孛兰奚、朱、张万户等万户及千户、百户，今岁多用心力，乞每人赐衣一领。"

---

① 《元史》卷14《世祖纪十一》，第293页。
② 参见《元史》卷91《百官志七》，第2321页。
③ 《永乐大典》卷15949，第6969页下。有关张瑄、朱清历官、地位之比较，参见[日]植松正《元代的海运万户府及海运世家》，《京都女子大学大学院文学研究科研究纪要·史学编》第3号，2004年；《关于元代江南豪民朱清、张瑄》，《东洋史研究》第27卷第3号。
④ 《永乐大典》卷15949，第6970页上。
⑤ 贡师泰：《海歌八首》，《元诗选》初集二，中华书局1987年版，第1431页。

忽必烈则立即表示："南人爱毳段，各赐毳段一端，令还。"① 其欣喜之情，溢于言表。

至元二十八年（1291），丞相桑哥被杀后，朱、张二人已开始受到朝臣非议而不自安，他们主动向忽必烈表示："或有疑臣者，乞留臣等在此，令臣之子代运。"忽必烈则坚定地表示："安用如此言。"仍以张、朱负责海运。② 至忽必烈去世，张、朱地位并未受到任何影响。

二

为保证海运顺利进行，忽必烈还根据大臣建议，批准制定了多项相关制度及政策。

（一）提高梢工水手待遇

海运伊始，除用"官船军人"外，"仍令有司召雇梢碇水手"，但有关待遇，史籍缺载。及至至元二十一年（1284）才确定每运粮一石支脚价钞八两五钱。③ 当时物价还相对平稳，这一待遇是相对比较高的。及至至大四年（1311），官吏在议及此事时仍说："三十年前创始之初，钞法贵重，百物价平。此时江南米价，每石中统钞三两，运粮一石，支脚价八两五钱，几及米价三倍。又于旧年④九月、十月之间，拨降好钞，船户得此，趁时买物修造海船。如造船一千料，所用工料价钱不过一百定，运粮一千石，随得脚钱一百七十定。为有余利，争趋造船，专心运粮。"⑤ 比较合理的运输报酬，解除了梢工水手的后顾之忧，从而为海运的顺利开展，提供了保障。及至至元二十九年（1292）二月，不忽木、阇里⑥等人又提议："海运梢工

---

① 《永乐大典》卷15949，第6969页下。
② 《永乐大典》卷15949，第6969页下。
③ 据《永乐大典》卷15950《排年海运水脚价钞》，"至元二十一年，依验千斤百里脚价每石该支脚钱中统钞八两五钱九分"，而他处所记均为八两五钱。见《永乐大典》卷15950，第6977页上。
④ 旧年，指运粮的前一年。
⑤ 《永乐大典》卷15949，中华书局1986年版，第6972页下。
⑥ 阇里，即阇里帖木儿，又作彻里帖木儿、彻里铁木儿、别速台彻里帖木儿、阇里铁木儿等。

水手人等，选择勘用者雇佣，钱价如例给之。每户妻子，以五口为则，与之粮，免其杂泛差役。"① 这一提议，亦得到忽必烈批准。据此，梢工水手等待遇，与匠户大体相当，其报酬显然优于普通匠户。

（二）关于事故粮的处理

据《永乐大典》引《经世大典》记载，至元二十三年（1286）十一月，平章薛彻干（又作薛阇干——引者）等奏："海运粮四年，凡一百一万石，至京师者八十四万石，不至者一十七万。"② 运者言，江南斗小，至此斗大，以此折耗者有之。又以船坏，恐其沉溺，因弃其米者有之，固当赔偿。其人船俱没者不知合赔否？"上曰："没于水何可使之赔？"又奏："其合赔者，差好人与忙兀䚟等一同教赔，与明年粮一处运米。"上从之。③ 这就确定了损失赔偿制度。忽必烈所说"没于水何可使之赔"当然是有道理的，但由此也为运粮官吏以船沉人亡为名侵吞海运粮提供了便利。

（三）惩治税粮征收、转运过程中侵盗官粮等各种舞弊行为，保证税粮数量和质量

忽必烈较早注意到了税粮征收、转运过程中发生的各种舞弊行为，要求各级官府严加禁治惩处，从源头上保证海运粮的数量和质量。据《元典章》记载：

> 至元二十五年十月，尚书省奏奉皇帝圣旨，谕省院台部、内外百司大小官吏、军民、诸色人等：据尚书省奏："百姓合纳税粮，各处官吏、坊里正、主首、权豪势要人等，结揽轻赉钱物，与仓官、攒典、斗脚通同飞钞，及管粮官吏、运粮车船人户侵盗官粮，似此奸弊多端，盖是各道宣慰司、按察司、总管府、漕运司不为用心禁治，以致粮斛

---

① 《永乐大典》卷15949，中华书局1986年版，第6970页上。
② 据《永乐大典》引《经世大典·岁运粮数》，至元二十年至至元二十三年的4年中，起运粮为1015080石，运至数为842458石（石后尾数均从略）。薛彻干所言，万石以后尾数已从略。
③ 《永乐大典》卷15949，中华书局1986年版，第6969页上。

不能尽实到官。拟到禁治条画，乞降圣旨宣谕事。"准奏。今后若有违犯，照依定到条画追断施行。

一、诸仓官吏与府、州、司县官吏人等，百姓合纳税粮，通同揽纳接受轻贵飞钞者，十石以上，各刺面，各杖一百七下；十石之下，杖九十七下。官吏，除名永不叙用。退阙官吏、豪势富户、行铺人等违犯者，十石以上，决九十七下；十石以下，杖八十七下。其部粮官吏知情受分，与结揽官吏同罪；不曾受分，杖五十七下，除名永不叙用。有失觉察者，亲民部粮官吏，决二十七下，府州总部粮官吏，决一十七下。若能捕获犯人者，与免本罪。宣慰司摘委正官一员，专一提调禁治。如是违慢，从尚书省量情治罪。按察司官纠察不严，亦行究治。仓官人等盗粜官粮，结揽纳飞钞者，一体刺断。知情籴买者，十石以上，杖一百七下，十石之下，杖九十七下。其漕运司官吏，有失觉察者，验粮多寡究治。所据盗粜粮价、飞钞轻贵尽数追没外，正粮，于仓官并结揽籴买人处依价均征还官。

一、江淮河海运粮官吏、船户、梢工、水手人等，妄称风水淹没船只，及车船人户用水搅拌，插和糠尘，因而盗用官粮者，十石以上，刺面，杖一百七下；十石之下，杖九十七下。若知情籴买者，十石以上，杖一百七下；十石之下，杖九十七下。所据元盗粮价并正粮，照依前项体例追征。其本管官吏知情受分者，与盗粮人同罪；不曾受分者，杖五十七下，除名永不叙用。失觉察者，验粮多寡究治。

一、运粮船户冒支粮斛，十石以上，杖九十七下；十石之下，杖八十七下，追征粮斛还官。本管官吏知情受分，或因而尅落者，依上断罪，除名永不叙用。有失觉察者，验粮多寡究治。

一、漕运司官吏影占运粮人户并车船头口者，量事轻重杖断，除名永不叙用。

一、停闲运粮车船户计，仰宣慰司、各路、府、州、司县官司尽数勾追到官，发付合属，收管运粮。避役在逃者，圣旨到，限一百日，许令出首免罪，给付元抛事产，依旧当役。限外不行出首，勒令本处官司缉捉得获，痛行断罪，发还元役。

一、漕运司并各路官司，常切厘勒仓官人等，并不得收管不堪支持粮斛，及在仓粮数，时常点视挑倒，无致发变损坏。违者，勒令仓官赔粮断罪，漕运司并各路官司亦行究治。①

至元二十八年（1291）三月，忽必烈针对起运粮仓库中"糠上相和"的情况，要求"抢扬了呵起将来者"，以保证运粮质量。中书省据此行文，提出了防范与惩治措施：

随处粮斛，皆系人户原纳乾圆洁净好粮。攒运其间，各处仓官、斗脚、船户、押纲人等，多有作弊侵盗食用，因而插和糠秕，或用水拌，抵数欺官，以致不耐久积，发变损坏。兼海道运粮万户府并漕运官员，有失关防钤束所致。咨请行下合属，钦依累降圣旨事意，②据各处仓分收受粮斛，须要乾圆洁净之物。如遇起运即令各仓用印封裹，内一裹本仓收贮，一裹呈解本省，咨发前来，二裹吩咐运粮万户府押粮官，赍赴直沽等处收粮仓分存留，一裹备照开折，对样交收。若有湿润或带糠土不净粮数，定是根挨究治施行。

一、纳粮人户许令自行写钞。禁治诸人并不得结揽写钞，取受分文钱物，如违治罪。

一、如遇人户赴仓送纳粮米，须用官降斛斗，两平收受一色无糠

---

① 陈高华等点校：《元典章》卷47《刑部九·侵盗·揽飞盗粮等例》，中华书局、天津古籍出版社2011年版，第1583—1585页。
② 忽必烈曾于至元三年（1266）、至元十六年（1279）先后颁布圣旨，对收受税粮的质量提出要求，见《元典章》卷24《户部十·租税·纳税·征纳税粮》。

秕乾圆洁净好米新谷。但有糠秕不勘受持，定勒仓官人等赔偿。除正耗外，毋得多余答带斛面，仍出榜禁治诸人不得结揽轻赍。如粮送纳到仓，当日即便出给朱钞，毋得取受分文加耗钞物，及不得刁蹬留难纳户。如有违犯之人，捉拿到官，追赔所揽粮斛，依条断罪。

一、各处应于收贮粮斛仓廒什物，预为修理，须要坚牢，如法铺衬，不致上漏下湿，损坏官粮。委各路达鲁花赤长官一员专一提调，厘勒仓官人等挑倒曝凉，毋致损坏。如违，议罪均赔。①

综上所述，忽必烈时期，注意提高船户及梢工水手的待遇，并就事故粮处理以及保证运粮质量与数量等作出若干规定，所有这些，都为海运的顺利开展提供了必要保证。

三

在海运创行的最初几年，即至元十九年（1282）到至元二十五年（1288），海运尚处于起步和探索阶段，海运粮数量不多，且上下反复波动。至元二十六年（1289），海运粮起运数由前一年的 40 万石，骤升至 93.5 万石，至元二十七年（1290）又升至 159.5 万石，海运粮数量呈跳跃式发展，出现了元朝海运史上的第一次高峰。

忽必烈在灭亡南宋后，又不断对外侵略扩张，从至元十八年（1281）起，先后出兵进攻日本、占城、安南、爪哇等地。由于军事上不断用兵，导致经济需求不断膨胀。至元十九年（1282）阿合马被杀后，朝臣一时讳言财利，忽必烈甚是不满。至元二十二年（1285），他又重用卢世荣理财，但因太子真金及部分朝臣的反对，不到半年，卢世荣便被诛杀。至元二十四年（1287），忽必烈又起用财臣桑哥，阿合马以来的聚敛政策仍继续

---

① 《元典章》卷 24《户部十·租税·纳税·征纳税粮》，中华书局、天津古籍出版社 2011 年版，第 946 页。

推行。① 至元二十五年（1288）后，海运粮数量的骤然增加，正是桑哥财政政策的产物。

桑哥上台后，至元二十五年（1288）即要求将海运粮数增至一百万石。史料记载："丞相桑哥，平章帖木儿、阿鲁浑彻（撒？）里等奏：'往者奏奉旨，每岁运江南粮一百万石，在后来未足其数，止运七十万石。今养济百姓，食用粮数多，宜增运一百万石。'制可。"② 果然，由于桑哥等人的要求，江南海运粮便由至元二十五年（1288）的 40 万石，猛增到第二年的 93.5 万石，第三年又激增至 159.5 万石。忽必烈对此十分高兴，于是又采纳桑哥等人建议，对负责海运的万户、千户、百户等，"各赐毳段一端"。

桑哥还对漕运机构做了新的调整。他认为，"旧设运司一，兼管内外，欺诈者多，亦稽误公事"，于是将其一分为二，"在内者为京畿都漕运使司，在外者为都漕运使司"③。与此同时，桑哥还严格运司粮食出纳制度。"都漕运司凡支粮斛，并船户人粮、马料，须要依例置立勘合号簿，明白书填押印勘合文贴，下仓放支，非奉省部许准明文，毋得擅自动支。"④ 要求各粮仓"每月一次结转赤历呈押，毋致作弊违错"⑤。这些措施对加强粮食管理应该说都是积极有益的。

桑哥主政期间，叶李、赵孟頫等新被罗致的江南知识分子，成为桑哥的支持者。叶李，杭州人，曾为南宋京学生，因上书反对权相贾似道而闻

---

① 在汉文史籍中，桑哥与阿合马、卢世荣一样，均被视为聚敛之臣，而在藏文文献《汉藏史集》中，记载颇有不同。据该书记载，桑哥出身于噶玛洛部落，通蒙古、汉、畏兀儿、吐蕃等多种语言，曾为八思巴译吏，后受到忽必烈重用。"他历任各级官职，俱能胜任。"他担任中书省丞相后，采行官吏俸禄制度，"对内外各级衙署的官员们，发给饮食及衣着所需的俸钱，对官员的妻子、儿子等也给粮食肉食，并制定严禁贪污的法律，严格执行，使得百姓幸福。直到如今，官员们有固定的俸钱，犹思桑哥丞相的恩德"。作者称赞桑哥"是一位有功绩的贤能大臣"。《汉藏史集》上篇二十四《桑哥丞相的故事》，陈庆英译，西藏人民出版社 1986 年版，第 158—162 页。另见沈卫荣《〈汉藏史集〉所收"桑哥传"译注》，《元史及北方民族史研究集刊》第 9 辑，1985 年版。
② 《永乐大典》卷 15949，中华书局 1986 年版，第 6969 页上。
③ 《永乐大典》卷 15949，中华书局 1986 年版，第 6969 页上。
④ 《永乐大典》卷 15949，中华书局 1986 年版，第 6969 页下。
⑤ 《永乐大典》卷 15949，中华书局 1986 年版，第 6969 页下。

名。程钜夫求贤江南，被招致北来，受到忽必烈重用。至元二十四年（1287）拜御史中丞，兼商议中书省事。至元二十五年（1288）升平章政事。他很快和桑哥搅在一起。桑哥倒台后，扬州儒学正李淦上书说："叶李本一黥徒，受皇帝简知，可谓千载一遇。而才近天光，即以举桑哥为第一事"；"人皆知桑哥用群小之罪，而不知叶李举桑哥之罪。叶李虽罢相权，刑戮未加，天下往往窃议，宜斩叶李，以谢天下"。① 由于忽必烈的保护，叶李才未被治罪。

赵孟頫字子昂，宋宗室之后，元代著名画家、书法家，至元二十三年与叶李等同被招致北来。"子昂才极高，气极爽"②，"公初见世祖，风神散朗，容止闲暇"③，"世祖皇帝一见称之，以为神仙中人"④。至元二十四年（1287）六月，授兵部郎中，二十七年（1290）五月，迁集贤直学士。赵孟頫为朝廷起草的立尚书省的诏书，很得世祖欢心。⑤ 桑哥见忽必烈有意笼络南人，所以也注意和赵孟頫搞好关系。《元史·赵孟頫传》有如下一段记载，便是明证。

……桑哥钟初鸣时即坐省中，六曹官后至者，则笞之。孟頫偶后至，断事官遽引孟頫受笞，孟頫入诉于都堂右丞叶李曰："古者，刑不上大夫，所以养其廉耻，教之节义，且辱士大夫，是辱朝廷也。"桑哥亟慰孟頫使出，自是所笞，唯曹史以下。他日，行东御墙外，道险，孟頫马跌堕于河。桑哥闻之，言于帝，移筑御墙稍西二丈许。⑥

---

① 《元史》卷173《叶李传》，第4050页。
② 戴表元著，陆晓冬、黄天美点校：《戴表元集》卷7《赵子昂诗文集序》，浙江古籍出版社2013年版，第168页。
③ 欧阳玄：《元翰林学士承旨荣禄大夫知制诰兼修国史赠江浙等处行中书省平章政事魏国赵文敏公神道碑》，《圭斋文集》卷9，《四部丛刊》本。
④ 杨载：《大元故翰林学士承旨荣禄大夫知制诰兼修国史赵公行状》，《赵孟頫集》附录，浙江古籍出版社1986年版，第268页。
⑤ 《元史》卷172《赵孟頫传》，第4018页。
⑥ 《元史》卷172《赵孟頫传》，第4019—4020页。

桑哥倒台不久，赵孟頫出为同知济南路总管府事，《元史》本传说是赵孟頫自己主动"力请补外"，估计是和桑哥下台有些关系。

桑哥主政期间，畏兀人阿鲁浑萨理曾先后任中书右丞、中书平章政事。《元史》本传说他曾"受业于国师八哈思巴，既通其学，且解诸国语。世祖闻其材，俾习中国之学，于是经、史、百家及阴阳、历数、图纬、方技之说皆通习之"，是个汉化程度颇深的色目官员。"桑哥为政暴横，且进其党与。阿鲁浑萨理数切诤之"，但并未坚决反对。桑哥垮台后，阿鲁浑萨理"以连坐，亦籍其产"。忽必烈责问："桑哥为政如此，卿何故无一言？"阿鲁浑萨理回答说："臣未尝不言，陛下方信任桑哥甚，彼所忌独臣，臣数言不行，若抱柴救火，祗益其暴，不若弥缝其间，使无伤国家大本，陛下久必自悟也。"最后，忽必烈还是令归还了他的财产。①

当时任职中书省的还有色目官员麦术丁。桑哥主政期间，他态度骑墙。至元二十四年（1287）初，他和桑哥并为中书平章政事。这年闰二月，当朝臣议及尚书省的设置时，麦术丁曾说："自制国用使司改尚书省，颇有成效。今仍分两省为便"②，显然是有意支持桑哥。桑哥主政尚书省后，检核中书省，"平章麦术丁即自伏"③。连忽必烈也看出了麦术丁等人的两面派做法，说："此辈固狡狯人也。"④ 至元二十八年（1291）五月桑哥免职后，麦术丁又改变态度，他与崔彧在忽必烈面前说："桑哥当国四年，诸臣多以贿进，亲旧皆受要官，唯以欺蔽九重，朘削百姓为事，宜令两省严加考核，并除名为民。"⑤ 桑哥垮台后，这位色目官员并未受到牵连。

朝臣中足以和桑哥抗衡的大臣当数大根脚出身的木华黎四世孙中书右丞相安童。至元二十四年（1287），忽必烈决意立尚书省，他向忽必烈建议

---

① 《元史》卷130《阿鲁浑萨理传》，第3176页。
② 《元史》卷14《世祖纪十一》，第296页。
③ 《元史》卷205《奸臣传·桑哥》，第4571页。
④ 《元史》卷205《奸臣传·桑哥》，第4571页。
⑤ 《元史》卷16《世祖纪十三》，第347页。

说:"臣力不能回天,乞不用桑葛,别相贤者,犹或不至虐民误国。"① 而忽必烈拒不采纳。安童"见天下大务一入尚书省,屡上中书印",希望辞去徒有虚名的相衔,于是,"明年,罢相,止掌环卫"②。

朝臣中真正对桑哥构成威胁的是汉化程度颇深的康里部人不忽木。他幼年曾师事许衡,十六岁时曾书《贞观政要》数十事给忽必烈,③ 表现了汉文化方面的良好素养。桑哥专政,他竭力抵制,"公数与之争事于前,桑哥怒,切齿于公"④,不忽木遂以病为由辞职。至元二十七年(1290)复拜翰林学士承旨,知制诰兼修国史。至元二十八年(1291)初,他在忽必烈面前揭发:"桑哥壅蔽聪明,紊乱政事,有言者即诬以他罪而杀之。今百姓失业,盗贼蜂起,召乱在旦夕,非亟诛之,恐为陛下忧。"⑤ 不忽木所言"盗贼蜂起,召乱在旦夕",并非危言耸听。据史料记载,至元二十六年(1289),"闽、越盗起"⑥;这年正月,"钟明亮寇赣州,掠宁都,据秀岭"⑦;二月,玉吕鲁奏,"江南盗贼凡四百余处"⑧;三月,"台州贼杨镇龙聚众宁海,僭称大兴国,寇东阳、义乌,浙东大震"⑨;"二十六年,杨震龙反会稽嵊县,壁龙兴山,构屋六十余间,饰以龙凤,伪造法物,自称国主。放兵四掠,诸县响应"⑩;闰十月,广东贼钟明亮复反,以众万人寇梅州,

---

① 《元朝名臣事略》卷1《丞相东平忠宪王》,中华书局1996年版,第12页;《元史》卷126《安童传》,第3084页。
② 《元朝名臣事略》卷1《丞相东平忠宪王》,第13页。
③ 《元史》卷130《不忽木传》,第3164页。
④ 赵孟頫:《赵孟頫集》卷7《故昭文馆大学士荣禄大夫平章军国事行御史中丞领侍仪司事赠纯诚佐理功臣太傅开府仪同三司上柱国追封鲁国公谥文贞康里公碑》,浙江古籍出版社1986年版,第159页。
⑤ 《元史》卷205《奸臣传·桑哥》,第4575页。
⑥ 《元史》卷131《忙兀台传》,第3189页。
⑦ 《元史》卷15《世祖纪十二》,第319页。
⑧ 《元史》卷15《世祖纪十二》,第320页。
⑨ 《元史》卷15《世祖纪十二》,第321页。
⑩ 陆文圭:《武德将军吕侯墓志铭》,《墙东类稿》卷12,《常州先哲遗书》本,下同。另见刘敏中《珊竹公神道碑》,《中庵集》卷6,国家图书馆藏清抄本;欧阳玄《高昌偰氏家传》,《圭斋文集》卷11,《四部丛刊》本;王祎《王安国小传》,《王祎集·王忠文公集》卷21,浙江古籍出版社2016年版,下册第618页。

江罗等以八千人寇漳州，又韶、雄诸贼二十余处皆举兵应之，声势张甚①；闰十月，"婺州贼叶万五以众万人寇武义县"②；十一月，"漳州贼陈机察等八千人寇龙岩"③；同月，"建宁贼黄华弟福，结陆广、马胜复谋乱。"④ 至元二十七年（1290），"江西盗起龙泉"⑤；"钟大獠聚其众一万于南安十八来深山"⑥；三月，"杨镇龙余众剽浙东"⑦；"太平县贼叶大五集众百余人寇宁国"⑧；五月，"婺州永康、东阳，处州缙云贼吕重二、杨元六等反"⑨；七月，"芜湖贼徐汝安、孙惟俊等伏诛"⑩；八月，"全、永二州有剧盗，势张甚"⑪；同月，"永州盗李末子千七寇全州"⑫；九月，"福建省以管内盗贼蜂起，请益戍兵"⑬；十二月，"兴化路仙游贼朱三十五集众寇青山"⑭；同月，"处州青田贼刘甲乙等集众万余人寇温州平阳"⑮。至元二十七年（1290），还有"处州贼詹老鹞三万，温州贼林雄四万，伪立枢密都督府，改年刻印"⑯；如此等等。⑰ 面对如此严峻的政治局面，程钜夫也曾指出：

---

① 《元史》卷15《世祖纪十二》，第326页。关于钟明亮起义，另见陆文圭《故武德将军吴侯墓志铭》，《墙东类稿》卷12；袁桷《清容集》卷30《宣武将军寿春副万户吴侯墓志铭》，《四部丛刊》本；《元史》卷167《王恽传》，第3935页；王公孺《大元故翰林学士中奉大夫知制诰同修国史赠学士承旨资善大夫追封太原郡公谥文定王公神道碑铭》，《秋涧先生大全文集》附录，《四部丛刊》本。

② 《元史》卷15《世祖纪十二》，第327页。
③ 《元史》卷15《世祖纪十二》，第327页。
④ 《元史》卷15《世祖纪十二》，第327页。
⑤ 《元史》卷162《刘国杰传》，第3809页。
⑥ 黄溍：《金华黄先生文集》卷25《湖广等处行中书省平章政事赠推恩效力定远功臣光禄大夫大司徒柱国追封齐国公谥武宣刘公神道碑》，《四部丛刊》本。
⑦ 《元史》卷16《世祖纪十三》，第335页。
⑧ 《元史》卷16《世祖纪十三》，第336页。
⑨ 《元史》卷16《世祖纪十三》，第338页。
⑩ 《元史》卷16《世祖纪十三》，第339页。
⑪ 黄溍：《金华黄先生文集》卷25《湖广等处行中书省平章政事赠推恩效力定远功臣光禄大夫大司徒柱国追封齐国公谥武宣刘公神道碑》，《四部丛刊》本。
⑫ 《元史》卷162《刘国杰传》，第3810页。
⑬ 《元史》卷16《世祖纪十三》，第340页。
⑭ 《元史》卷16《世祖纪十三》，第342页。
⑮ 《元史》卷16《世祖纪十三》，第343页。
⑯ 元明善：《河南行省左丞相高公神道碑》，《元文类》卷65，安徽大学出版社2020年版，第1323页。
⑰ 有关这一时期农民起义情况，可参见杨讷、陈高华《元代农民战争史料汇编》上编，中华书局1985年版，第72—101页。

"今权奸用事，立尚书省，以钩考钱谷剥割生民为务。所委任者，率皆贪饕徼利之徒。四方盗贼窃发，良以此也。"① 在此情况下，忽必烈不得不于至元二十八年（1291）七月杀掉桑哥。②

桑哥倒台后，忽必烈有意任不忽木为相，不忽木却力荐完泽为中书省右丞相，自己做中书平章政事。完泽之父线真，中统四年（1263）至至元元年（1264）曾为中书右丞相，"与诸儒臣论定朝制"③。完泽始为太子真金僚属，真金去世后，又从皇孙铁穆耳抚军北方。他虽然也不是丞相的理想人选，且"识虑平庸"④，但在朝中有一定威信。桑哥之后，他"登进善良，涮除弊法，朝政焕然一新"⑤。

至元末年，忽必烈已年老体衰，对外侵略扩张均遭失败，阿合马、卢世荣、桑哥等财臣已相继被杀，有着明显汉化倾向的不忽木、完泽等成为新的影响朝廷决策的官员，朝廷的财政政策又开始发生新的改变——以钩考理算为手段而肆意搜刮转为成宗初年的相对紧缩收敛，元代的海运粮数量遂逐年递减。桑哥死后的第二年，即至元二十九年（1292），海运粮起运

---

① 程钜夫：《雪楼集》卷10《论时相》，《元人珍本文集汇刊》本，台北"中央"图书馆1970年版，第409页。
② 关于桑哥之死，域外史料记载颇有不同。如《史集》第2卷《成吉思汗之子拖雷汗之子忽必烈合罕纪》记载说："总之，桑哥作了七年宰相（据《元史》，桑哥于至元二十四年为相，至元二十八年被诛杀，前后仅五年——引者）。有一天，合罕向他要几颗珍珠。他回答道：'我没有'。有一个达木罕人，名叫木八剌沙，他得以亲近合罕，他说的话为［合罕］所乐于接受。他等到了中伤桑哥的机会，便［向合罕］禀告道：'桑哥家中有一大堆珍珠和珠饰，我［亲自］看见过，只要合罕把他留住，我就去他家中拿了来。'［合罕］把桑哥留在自己身边，一直到木八剌沙从他的家中拿来了一对箱子。打开箱子，其中有无与伦比的珍珠和贵重物品。［合罕］把它们给桑哥看，并且说道：'怎么样，你有这么多珍珠，我向你要两三颗珍珠，你却不给！'桑哥羞愧地说道：'大食达官贵人们可作证，这都是他们给我的。他们每一个人都是某个地区的长官。'［合罕］说道：'为什么他们不把珍珠和贵重物品也献给我呢？你把一些粗毛衣服带给了我，而把金钱和无比贵重物品归了自己！'桑哥回答道：'他们是［这样］给的，合罕可以降诏让我送回！'因为他的话粗鲁傲慢，［合罕］便命令给他的嘴填上脏东西，把他和在场的大食人的［一个］异密忻都一起抓起来斩掉了。"（拉施特：《史集》第2卷第349页，余大钧、周建奇译，商务印书馆1985年版。周良霄译注《成吉思汗的继承者》，其相关内容与上述译文略同，见《成吉思汗的继承者》564—565页，天津古籍出版社1992年版。）
③ 《元史》卷130《完泽传》，第3173页。
④ 周良霄：《忽必烈》，吉林教育出版社1986年版，第208页。
⑤ 《元朝名臣事略》卷4《丞相兴元忠宪王》，第54页。

数虽有所减少，但还保持了较高水平。至元三十年（1293），才减为90.8万石，但海运新航线的开辟以及通惠河的疏浚，都是桑哥死后完成的，这也间接说明，海运的最高决策是忽必烈本人，忽必烈去世的当年，即至元三十一年（1294），海运粮起运数减为514533石，成宗元贞年间又减至34万余石，形成元代海运史上的第一个低谷，这显然是政治因素作用的结果。

（原载朱耀庭主编《元世祖研究》，北京燕山出版社2006年版）

"至大新政"与元武宗时期的海运

海运江南粮至大都（今北京），是元朝应对南北经济差异，保障京师用粮的重要举措。从元世祖至元十九年（1282）开始，直到元末，在连续70余年的海运过程中，由于政治等因素的影响，出现过几次海运高峰。桑哥秉政时期，形成了元代海运的第一次高峰。至元二十七年（1290），海运粮起运数多达159.5万石。成宗即位后，海运粮起运数急剧下滑，元贞年间曾跌至34万余石。武宗即位后，推行"至大新政"，加强海运管理，改善船户待遇，海运数又逐渐攀升，至大三年（1310），海运粮起运数高达292万余石，形成了元代海运史上的第二次高峰。

一 武宗的好大喜功与"至大新政"

武宗海山是答剌麻八剌长子，忽必烈之子真金之孙，生于至元十八年（1281）七月十九日。从大德三年（1299）十五岁开始，即备御西北边疆，先后击败叛王海都及其子察八儿的进犯，为稳定边疆局势作出了贡献。大德十一年（1307）正月，成宗去世，同年五月二十一日，海山即位于上都。这年，他二十七岁。

武宗是在边疆战场上成长起来的，十余年的军事生涯铸成了他粗犷、豪迈、好大喜功的性格特点。即位后十天，他就开始大兴土木，重点工程是兴建中都城。中都位于今河北省张家口市张北县境内，紧邻当时的抚州（今河北张北），在大都（今北京）与上都（今内蒙古正蓝旗东）之间的交通线上，是保证上都政治、军事等各种所需物资的一个理想支撑点。① 次年正月，枢密院六卫军 18500 人投入中都建设，二月，又加入上都卫军 3000 人，前后相加，投入中都建设的军队就有 21500 人。

在中都工程进行的同时，从大德十一年（1307）八月起，武宗还在五台山为皇太后兴建佛寺，先后投入工程的军人和工匠也有数千人之多。此外，武宗还为太后兴建兴圣宫，为一些官员兴建宅第，又建国子监学，浚会通河等，短短三四年时间里，花费了大量的人力、物力。与此同时，武宗还滥赏贵族亲信，给国家财政造成极大困难。为此，中书省官员曾多次提出异议甚至警告。如大德十一年（1307）八月，武宗即位不久，中书省官员即提出："以朝会应赐者，为钞总三百五十万锭，已给者百七十万，未给者犹百八十万，两都所储已虚。自今特奏乞赏者，宜暂停。"② 同年九月，中书省臣再次指出："帑藏空竭，常赋岁钞四百万锭，各省备用之外，入京师者二百八十万锭，常年所支止二百七十余万锭。自陛下即位以来，已支四百二十万锭，又应求而未支者一百万锭。臣等虑财用不给，敢以上闻。"③ 武宗即位，至此不过四个月的时间，已支与应求而未支者，已达五百二十万锭，超出常年二百五十万锭，财政形势已十分严峻。武宗虽然表示"卿之言然"，而实际上，工程依旧，赏赐依旧。至大元年（1308）二月，中书省官员不得不据实禀告："陛下登极以来，锡赏诸王，恤军力，赈百姓，及殊恩泛赐，帑藏空竭，豫卖盐引。今和林、甘肃、大同、隆兴、两都军粮，诸所营缮，及一切供亿，合用钞八百二十余万锭。往者或遇匮急，奏支钞本。臣等固知钞法非轻，曷敢辄动，然计无所出，今乞权支钞本七百一十余万锭，以周急用，不急之费姑后之。"武宗仍表示："卿等言是。泛赐者，不以何人，毋得蒙蔽奏请。"④ 由于朝廷拿不出任何解决财政困难的有效措

---

① 参见孟繁清《漫议元中都的兴衰》，《文物春秋》1998 年第 3 期。
② 宋濂等：《元史》卷 22《武宗纪一》，中华书局 1976 年版，第 486 页。
③ 《元史》卷 22《武宗纪一》，第 488 页。
④ 《元史》卷 22《武宗纪一》，第 495 页。

施，财政危机日趋严重。这年十一月，中书省官员再次提出："今铨选、钱粮之法尽坏，廪藏空虚。中都建城，大都建寺，即为诸贵人营私第，军民不得休息。迩者用度愈广，每赐一人，辄至万锭，惟陛下矜察"①。面对如此严峻局面，中书省官员已由原来的慷慨陈词，变为无可奈何地乞求。

不仅财政危机日重，由于灾荒等原因，国家粮食供应亦十分吃紧。至大二年（1309）三月，中书省臣指出："国家岁赋有常，顷以岁俭，所入曾不及半，而去岁所支，钞至千万锭，粮三百万石。陛下尝命汰其求刍粟者，而宣徽院孛可孙竟不能行，视去岁反多三十万石，请用知钱者二三员于宣徽院佐而理之。"②

面对如此严峻的形势，武宗又采取了三项应对措施：一是复立尚书省；二是变更钞法；三是增加海运。

世祖时，两立尚书省，均以增加财政收入为目的。武宗这次复立尚书省，显然也是为了摆脱财政困境。据《元史》记载，武宗即位不久，大德十一年（1307）九月，就曾"诏立尚书省，分理财用。命塔剌海、塔思不花仍领中书。以脱虎脱、教化、法忽鲁丁任尚书省，仍俾其自举官属。命铸尚书省印"③。但从相关记载看，这一诏命并未执行，当时尚书省并未建立起来。④ 因为直到至大二年（1309）七月，乐实才与保八议立尚书省。武宗命其与乞台普济、塔思不花、赤因铁木儿、脱虎脱集议以闻。十天之后，保八报告说："臣与塔思不花、乞台普济等集议立尚书省事，臣今窃自思之，政事得失，皆前日中书省臣所为，今欲举正，彼惧有累，孰愿行者。臣今不言，诚以大事为惧。陛下若矜怜保八、乐实所议，请立尚书省，旧事从中书，新政从尚书。尚书，请以乞台普济、脱虎脱为丞相，三宝奴、乐实为平章，保八为右丞，王罴参知政事。"⑤ 保八同时还提出了改变钞法

---

① 《元史》卷22《武宗纪一》，第504页。
② 《元史》卷23《武宗纪二》，第510页。
③ 《元史》卷22《武宗纪一》，第488页。
④ 大德十一年尚书省是否因御史台表示异议而未建，还是另有原因，有待考证。
⑤ 《元史》卷23《武宗纪二》，第513页。

的建议，武宗均予采纳。八月初三，尚书省宣告建立，官员的任命，基本上是保八、乐实的建议：乞台普济为太傅、右丞相，脱虎脱为左丞相，三宝奴、乐实为平章政事，保八为右丞，忙哥铁木儿为左丞，王罴为参知政事，中书左丞刘楫授尚书左丞、商议尚书省事。九月，各行中书省改为行尚书省。

在复立尚书省的同时，又开始颁行新的至大银钞。规定至大银钞一两，准至元钞五贯，白银一两，赤金一钱。其面额由二两至二厘，共一十三等。同年十月，① 又行铜钱法，名至大通宝者，一文准至大银钞一厘；名大元通宝者，一文准至大通宝钞十文。历代铜钱，悉依古例，与至大钱通用。

海运粮的起运数，在武宗即位之初是有所回落的，大德十一年（1307）由上一年的180余万石降至166万余石，至大元年（1308）又降至124万余石，这与当时江浙地区的自然灾害不无关系，② 但到至大二年（1309）即尚书省复立的当年，海运粮即跃升至246万余石，次年又升至292万余石，这显然是"至大新政"的一个重要组成部分。

二 海运管理的改善与加强

武宗即位后，采取了多项措施，如调整海运机构与选任海运官员、增加运粮脚价、提高船户待遇等，以进一步扩大海运粮数量。

（一）海运机构的调整与海运官员的选任

至大三年（1310）十月，在中书省的提议下，海运机构做了新的调整。运粮万户府官员，以往设六员，尚书省增为八员，中书省提议仍设六员，即达鲁花赤一员，万户一员，副万户四员。下属千户所亦重新减并：昆山所、崇明所合为昆山崇明所，松江所、嘉定所合为松江嘉定所，杭州所、

---

① 据《元史》卷93《食货志一·钞法》，"武宗至大三年，初行钱法"。本文从《元史·武宗纪》。见《元史》卷93《食货志一》，第2371页；《元史》卷23《武宗纪二》，第517页。

② 参见默书民《元代海运粮食数量的变化》，《元史及民族史研究集刊》第16辑，南方出版社2003年版。

嘉兴所合为杭州嘉兴所，常熟所、江阴所合为常熟江阴所。以上四所均于平江路（治今江苏苏州）置司。另外增设温台所，于温州路（治今浙江温州）置司；庆绍所，于庆元（治今浙江宁波）置司。原平江香糯所与镇抚所依旧设置。① 温台所与庆绍所的设立，当是由于海运量的增大，浙西地区海上运输能力明显不足而采取的变通措施。

关于运粮官员的选任，尚书省提议说："本省左丞沙不丁，言其弟合八失及马合谋但的、澉浦杨家等皆有舟，且深知漕事，乞以为海道运粮都漕万户府官，各以己力输运官粮，万户、千户并如军官例承袭。"② 朝廷遂采纳尚书省及沙不丁的建议，以马和谋但的为遥授右丞、海外诸蕃宣慰使、都元帅、领海道运粮都漕运万户府事。

沙不丁是位色目官员，至元二十四年（1287）在桑哥的举荐下，任江浙行省左丞，并"依前领泉府、市舶两司"③。设于江淮（江浙）行省的行泉府司，曾拥有海船万五千艘，"专运番夷贡物及商贩奇货，且防御海道"④，可见沙不丁对海上交通及海外贸易等比较熟悉。⑤ 桑哥垮台被杀后，沙不丁的仕宦生涯虽一度受到影响，但由于忽必烈的保护，而未被诛杀。成宗朝再被起用，武宗至大三年（1310）时仍任江浙行省左丞，他的意见对海运官员的选任发挥了重要作用。

武宗朝在海运问题上的另一重要举措是重新起用朱清、张瑄后人参与海运管理。据《元史》记载，至大三年（1310）十一月，"以朱清子虎，张瑄子文龙往治海漕，以所籍宅一区、田百顷给之"⑥。这显然是在为朱清、张瑄平反昭雪。世祖时，朱、张二人为开辟和发展海运作出了重要贡献，

---

① 见《永乐大典》卷15949，中华书局1986年版，第6971页下；《元史》卷23《武宗纪二》，第528页。
② 《元史》卷23《武宗纪二》，第528页。
③ 《元史》卷205《奸臣传·桑哥》，第4572页。
④ 《元史》卷15《世祖纪十二》，第320页。
⑤ 有关沙不丁等人的事迹，参见陈高华师《元代的航海世家澉浦杨氏——兼说元代其他航海家族》，《海交史研究》1995年第1期。
⑥ 《元史》卷23《武宗纪二》，第530页。

成宗时,官至行省参知政事。① 二人以海运发家,成为江浙豪富,且与朝中权贵交结,地位显赫。史载:"二人者,父子致位宰相,弟侄甥婿皆大官,田园宅馆遍天下,库藏仓庾相望,巨艘大舶帆交蕃夷中,舆骑塞隘门巷。"②"左右仆从皆佩於菟金符,为万户、千户,累爵积赀,气意自得"③。成宗即位后,元贞元年(1295),即"有飞书言朱清、张瑄有异图者",而成宗仍"诏中外慰勉之"④。次年六月,又"诏行省、行台,凡朱清有所陈列,毋辄止之"⑤。及至大德六年(1302),"中书省臣以朱清、张瑄屡致人言,乞罢其职,徙其诸子官江南者于京"⑥。与此同时,"江南僧石祖进告朱清、张瑄不法十事,命御史台诘问之"⑦。大德七年(1303)正月,朝廷"命御史台、宗正府委官遣发朱清、张瑄妻子来京师,仍封籍其家赀,拘收其军器、海舶等"⑧。不久,朱清自杀,张瑄被诛,其妻子后人,或被诛杀,或被籍为奴,或被流于远方。朝廷重臣,如中书平章伯颜、梁德珪、段贞、阿里浑撒里,右丞八都马辛,左丞月古不花,参政迷而火者、张斯立等,"受朱清、张瑄贿赂,治罪有差,诏皆罢之"⑨。就连中书右丞相完泽也被揭发曾受朱清、张瑄贿赂,只是由于成宗的特殊保护,才未受牵连。由此,我们也可以看出朱、张势力之大。尤其值得注意的是,他们曾拥有"巨艘大舶帆交蕃夷中",即曾从事海外贸易,只是这方面的记载甚少,我们还无法了解其具体情况。武宗时,朱、张二人被平反昭雪,后人被起用,也从侧面表明了武宗进一步推进海运事业的决心。

---

① 据《至正昆山郡志》,朱清于大德三年(1299),升资德大夫、大司农,大德四年(1300)"升左丞,赐以玉带"(《昆山郡志》卷5《人物》,李勇先等校点:《宋元珍稀地方志丛刊乙编》三,四川大学出版社2009年版,第55页)。
② 胡长孺:《何长者传》,《国朝文类》卷69,四部丛刊本。
③ 陶宗仪:《朱张》,《南村辍耕录》卷5,中华书局1959年版,第64页。
④ 《元史》卷18《成宗纪一》,第390页。
⑤ 《元史》卷19《成宗纪二》,第404页。
⑥ 《元史》卷20《成宗纪三》,第439页。
⑦ 《元史》卷20《成宗纪三》,第439页。
⑧ 《元史》卷21《成宗纪四》,第447页。
⑨ 《元史》卷21《成宗纪四》,第449页。

（二）运输脚价的增加与船户管理的加强

元世祖至元二十九年（1292），脚价即运输酬价由原来的每石中统钞八两五钱减为七两五钱。成宗即位后，随着海运粮数量的减少，元贞元年（1295）十二月，又以"如今粮食诸物，比之在先甚贱"① 为由，再减一两，为每石脚价六两五钱，降至元代海运史上脚价的最低点。香糯米因直赴大都醴源仓交纳，运程较远，每石增加中统钞五钱，为七两。大德七年（1303），起运稻谷二十万石，由于单位容量的稻谷较轻，故每石脚价定为五两。武宗即位后，运粮脚价开始回升。至大元年（1308）四月，朝臣以为"如今粮食诸物涌贵"②，运粮脚价增加五钱，即由原来的每石六两五钱增为七两。至大三年（1310），糙白粳米每石脚价又增为至元钞一两六钱，折合中统钞八两，香糯米每石至元钞一两七钱，折合中统钞八两五钱。这年十月，元政府又决定再提运粮脚价，糙白粮每石增为至元钞二两，合中统钞十两；香糯每石至元钞二两八钱，合中统钞一十四两；稻谷每石一两四钱，合中统钞七两。这次调价，从至大四年（1311）起执行，但调价的决定是武宗在世时作出的。运输脚价的提高，对海运量的大幅度增加，发挥了重要作用。

仁宗即位后，曾再次调整脚价。由于福建、浙东地区有不少船只参加海运，航程较浙西增加许多，故福建、浙东地区的船只脚价也增加较多，而浙西地区的船只脚价则分别不同粮食品种，有升有降。元政府规定，从延祐元年开始，福建船运糙粳米，每石脚价为中统钞十三两；温台、庆元船运糙粳米，每石十一两五钱；香糯每石十一两五钱；③ 绍兴、浙西船每石十一两，稻谷每石八两；黑豆与糙粳米相同，每石十一两。这是《永乐大典》记载的最后一次脚价调整。

现将元政府历次脚价规定情况整理如下表：

---

① 《永乐大典》卷 15950，中华书局 1986 年版，第 6977 页上。
② 《永乐大典》卷 15950，中华书局 1986 年版，第 6977 页上。
③ 元朝单设香糯千户所，专门负责香糯米的运输，所用船只也主要是浙西地区的船只。

表1　　　　　　　　　元代海运脚价变化统计表①

历史纪年	公元	脚价（中统钞/石）			
		糙粳米	香糯米	稻谷	黑豆
元世祖至元二十一年	1284	8两5钱②			
至元二十九年	1292	7两5钱③			
元成宗元贞元年	1295	6两5钱	7两		
大德七年	1303			5两	
元武宗至大元年	1308	7两			
至大三年	1310	8两（至元钞1两6钱）	8两5钱（至元钞1两7钱）		
至大四年	1311	10两（至元钞2两）	14两（至元钞2两8钱）	7两（至元钞1两4钱）	
元仁宗延祐元年	1314	11两（绍兴、浙西船）	11两5钱（绍兴、浙西船）	8两（绍兴、浙西船）	11两（绍兴、浙西船）
		13两（福建船）			
		11两5钱（温、台、庆元船）			

元世祖时的海运粮脚价起点较高，这是事实。但从世祖至元二十一年（1284）到武宗至大三年（1310）的十余年间，脚价有降无升。从至大四年（1311）起，脚价才超过至元二十一年的水平。联系到当时的物价水平不断上涨，船户的收入实际上是在不断下降。如果我们将船户海运脚价的变化与盐户工本钞的变化作一对比就可以看出，盐户工本钞虽低，但从元世祖到元仁宗，工本钞是不断增加的。至元十八年（1281）时，每引盐的工本

---

① 本表据《永乐大典》卷15950统计制作，见第6977页。
② 该年确定脚价未分粮食品种，本表权置于此。
③ 该年确定脚价未分粮食品种，本表权置于此。

钞为3贯（两），① 到延祐元年（1314），工本钞增至每引20贯（两），② 已相当于至元十八年（1281）的6倍多，相比之下，数十年之间，海运粮这一高风险行业的脚价却无大的增长，对船户说来，显然有失公平。

元朝还对船户的杂泛差役等问题作出明确规定，以保证船户们全力运粮。至大四年（1311）二月颁布的一件圣旨说：

> 钦奉圣旨："尚书省官人每奏：'海道里官粮交运将大都里来的，最打紧的勾当有。近年以来，怠慢了的缘故，管民的、各投下的官人每，水手、船户每根底，从实的不将出来，占着，杂泛差役科着。又因船只里交载运诸杂物件缘故里，水手、船户每气力消乏了，船只少了，雇着船只，装载官粮，那其间百姓每哏生受的上头，从新万户府官人每根底替换了，如今交马合麻丹的提调，哈散忽都鲁做达鲁花赤，王柔、澉浦杨宣慰等做万户委付来，交户部暗都剌尚书等提调。'圣旨么道，奏来。从今以后，海道都漕运万户府官人每，运粮的时分，诸衙门官吏等，不拣是谁，他每的勾当其间休入去者，休沮坏者；船户、水手每根底，里正主首杂泛差役休交当者。他每的船只里，除官粮外，木植、铜钱诸杂物件，休交装载者。官人每将梯己物件，使气力，休交载运者。修理船只所用的木植，不拣甚么出产的地面里，收买的时分，管地面的民官每，添气力收买者。船户每、水手每干碍着管民官的勾当有呵，与海道都漕运万户府官人每约会一处问者，休径直勾唤者，休使气力者。在先籍册里入去了的富豪船户每，受了做官的职名，却躲避着，将名字更改了，不运粮的人每根底要了罪过，交做船户者。行省官人每，答失蛮、沙不丁两个提调者。宣慰司官人每，随路达鲁

---

① 《元史》卷94《食货志二·盐法》，第2387页。
② 《元史》卷94《食货志二·盐法》。未找到延祐元年（1314）工本钞二十贯的记载。上文言至元十八年工本钞三贯为河间之盐，此段记载延祐元年之事，为"延祐元年，以亏课，停煎五万引"。未涉及工本。下文两浙之盐和福建之盐工本曾到二十贯甚至更高，但系年不是延祐元年。

花赤、总管每，添气力提调成就者，水脚钱依时尽数散到者，克减要的、要肚皮的，监察廉访司官人每体察者，万户、千户、百户每，船户等，推称船只坏了也么道，使见识盗奘官粮的，斜要的，不拣是谁，陈告者。若是实呵，元告人根底名分赏与也，被告人根底，依大体例里，重要罪过者。更运粮的官人每自的其间不提调，管民官每不用心好生体覆呵，有罪过者。委付来的万户、千户、百户官人每，好生谨慎成就勾当呵，更添名分赏与也者；不干济坏了勾当呵，要了罪过罢了者。其余合行的勾当，依着在先行来的圣旨体例里交行者。别了的，有罪过者道来。更这海道都漕运万户府官人每，'这般宣谕了也'么道。做没体例的勾当，不干碍的百姓每根底隐占着行呵，他每不怕那圣旨？"狗儿年十一月十五日大都有时分写来。①

同一份圣旨，还见于《永乐大典》卷15950所引元《成宪纲要》：

至大四年二月，钦奉圣旨，节该：海道都漕运万户府，运粮的时分，诸衙门不拣是谁，他每的勾当，其间休入去者，休沮坏者。修理船只所用的木植，不拣甚么出产的地面里，收买的时分，管地面的民官每，添气力收买者，水脚钱依时尽数散到者，刻减要肚皮的，监察廉访司官体察者。更运粮的官人每，自其间不提调，管民官每不用心好生体覆呵，有罪过者。委付来的万户、千户、百户官人每，好生谨慎成就勾当呵，更添与名分赏与也者。不干济，坏了勾当，要了罪过罢了者。②

这是同一圣旨的摘要，只是文字稍有区别。

---

① 陈高华等点校：《元典章》卷59《工部二·船只·海道运粮船户免杂泛差役》，中华书局、天津古籍出版社2011年版，第1991—1993页。

② 《永乐大典》卷15950，中华书局1986年版，第6981页上。

这件圣旨是至大四年（1311）二月即武宗去世后颁发的，但圣旨拟定的时间是"狗儿年十一月十五日"，即至大三年（庚戌年，1310年）十一月十五日，是武宗时的决定当无疑问。这是元代海运史上的一份重要文件。圣旨再次强调海运是一项十分重要的任务，而当时海运管理松弛，水手船户往往被役使，承担杂泛差役，负担沉重；运粮船只还常常夹带其他物品。为此，朝廷明确规定：（1）运粮期间，诸衙门不得占役船户、水手，不得让他们承担杂泛差役；水运脚价要如数按时发放，严禁贪污；（2）运粮船只不得夹带木材、铜钱以及官员私人物品等；（3）修船所用木材，其产地官员要协助购买；（4）与船户、水手相关的民事、刑事问题，地方官要与海道都漕运万户府官员共同审理；（5）已经占籍的富豪船户，不得以担任其他官职为名逃避海运；（6）严禁海运官员、船户等以船坏为名盗枭官粮；（7）所有运粮官吏要认真负责，朝廷将严肃赏罚制度。

但圣旨拟定后仅一个多月武宗就去世了。武宗死后，尚书省被迅速撤销，尚书省原主要官员均被惩治，免除船户杂泛差役的规定实际上未能执行。《永乐大典》所记江浙行省与中书省的来往公文中提到，"至大三年十二月内钦奉圣旨节文：但是运粮之户，除免里正主首杂泛差役"，实际上指的就是上述至大三年（1310）十一月的那件圣旨。但中书户部依据至大四年（1311）三月十八日的诏书说："'民间和雇和买，一切杂泛差役，除边远军人，并大都至上都自备首思站户外，其余各验丁产，先尽富实，次及下户，诸投下不以是何户计，与民一体均当。应有执把除差圣旨、懿旨，所在官司就便拘收。'本部议得：所言诡名税粮，合依已行归并田主粮数，着落佃地之人征纳，毋得似前勒令里正主首追赔。除免杂泛差役一节，拟合依例均当相应，具呈照详。"① 三月十八日，是仁宗正式登基即位的日子，可见仁宗即位伊始，就立即否定了武宗前述豁免海船户杂泛差役的决定。

---

① 《永乐大典》卷15949，中华书局1986年版，第6973页上。

(三) 海运粮装发地点的相对集中

武宗时,海运粮除于太仓刘家港装发外,江东宁国(治今安徽宣州)、池州(治今安徽贵池)、饶州(治今江西波阳)、建康(治今江苏南京)等路的粮食,海运船只必须逆长江而上装运,由于"江水湍急,又多石矶,走沙涨浅,粮船俱坏,岁岁有之"。此外,"湖广、江西之粮运至真州,泊入［水湾,装］海船,船大底小,亦非江水所宜"①。至大四年(1311),尚书省遣官至江浙就海运有关问题进行商讨,遂决定,"以嘉兴、松江秋粮,并江淮、江浙财赋府岁办粮充运。海漕之利,盖至是博矣"②。

《元史·食货志》的这一记载,源于元《经世大典》,但却有所节略。《永乐大典》引元《经世大典》记载这一变化说:"浙西嘉兴、松江等处位下并各投下田粮,收纳本色,装发海运,却将上江等处粮米,易钞拨还投下"③,这就是说,嘉兴、松江地区的秋粮(指秋税粮——引者),以及江淮、江浙财赋府岁办之粮,并嘉兴、松江地区各位下、投下的田粮,均征纳本色(即粮米),装发海运,而以"上江"即江东宁国、池州、饶州、建康等路的粮米折变为钞,偿还各位下、投下。这样一来,缩短了航运里程,减少了航行事故,节约了人力物力,显然是一项正确的改革措施。所以,"海漕之利,盖至是博矣"④。

应该说明的是,《经世大典》的这件文书虽署为至大四年(1311),但文中称"中书启奉皇太子令旨,以为讲议海运,差委刑部田侍郎,仍委高参政等提调,督责万户府官同讲究久行良法"云云,所谓"皇太子"者,即指元仁宗,说明那时仁宗尚未即位。武宗是至大四年(1311)正月初八病逝的,仁宗正式即位是在至大四年(1311)三月十八日,所以此事发生

---

① 《元史》卷93《食货志一·海运》,第2365页。
② 《元史》卷93《食货志一·海运》,第2365页。
③ 《永乐大典》卷15949,中华书局1986年版,第6971页下—6972页上。
④ 《元史》卷93《食货志一·海运》,第2365页。

的时间不会晚于三月。尽管武宗去世后，尚书省官员均受到惩治，但海运仍作为一项基本国策而坚持进行。从这个意义上说，海运粮装发地的调整，仍可认为是"至大新政"的延续。

(原载《河北师范大学学报》2006年第1期)

元顺帝前期的海运

我们把元顺帝时期分为前后两个阶段：元统元年（1333）顺帝即位至至正十一年（1351）元末农民战争爆发，称为顺帝前期；之后，至至正二十八年（1368）顺帝逃离大都、元朝灭亡，称为顺帝后期。本文讨论的内容是顺帝前期的海运状况。

一

元顺帝时期，元朝政治日益腐朽，阶级矛盾以及统治集团的内部斗争不断激化，王朝统治已在逐渐走向崩溃。脱脱秉政期间，恢复科举取士，又置宣文阁，开经筵，修"三史"，推行"至正新政"，收到了一定成效。[①] 但中央统治集团已失去了往日那种锐意开拓的精神，沿袭已久的海运，已开始走下坡路，正如《元史》所说："历岁既久，弊日以生，水旱相仍，公私俱困，疲三省之民力，以充岁运之恒数，而押运监临之官，与夫司出纳之吏，恣为贪黩，脚价不以时给，收支不得其平，船户贫乏，耗损益甚。兼以风涛不测，盗贼出没，剽劫覆亡之患，自仍改至元之后，有不可胜言者矣。由是岁运之数，渐不如旧。"[②] 顺帝前期，年海运粮数量，大体维持在二三百万石之间，再没有新的突破。

据《元史》记载，顺帝即位初的元统二年（1334），中书省臣曾建议说："江浙大饥，以户计者五十九万五百六十四，请发米六万七百石、钞二

---

① 见邱树森《妥懽帖睦尔评传》第五章"至正新政"，澳亚周刊出版有限公司2004年版，第79—12页。
② 《元史》卷97《食货志五·海运》，第2481—2482页。

千八百锭，及募富人出粟，发常平、义仓赈之，并存海运粮七十八万三百七十石以备不虞。"① 建议得到朝廷批准。这七十八万余石海运粮，或许是准备当年夏运或次年春运的部分粮食。由此，我们也可以推断，元统二年（1334）的海运总量在百万石以上当不成问题。

顺帝至元三年（1337），搠思监拜江浙行省参知政事，受命督理海运，因其"措置有方，所漕米三百余万石，悉达京师，无耗折者"②。这是目前所知顺帝前期海运量的最高额。顺帝至元六年（1340），"万户阿里中宪职春运抵直沽……米凡至者百七十万石"③，如果这仅是该年的春运数量，那么，全年数量也应在三百万石左右。至正元年（1341），"益以河南之粟，通计江南三省所运，止得二百八十万石。二年，又令江浙行省及中政院财赋总管府，拨赐诸人寺观之粮，尽数起运，仅得二百六十万石而已"④。至正四年（1344），资政大夫江浙行省右丞岳石木总督漕事，"是年，漕粮为石二百六十四万余，舟为载一千四百有奇"⑤。至正八年（1348），雷某为海道都漕万户，"其帅于海漕也，前漕而去者，多直鱼龙之渊，剽盗之巢薮，人销舶解，公起漕，凡一百八十万，不十日舟凑直沽，道鲸涛如坦途，粟无升合遗"⑥。这应该是一次的运量，全年的海运粮估计也应有二三百万石。据朱德润记载，至正九年（1349）的海运粮，大概不足三百万石。他在《美政诗序》一文中写道："至正八年冬，浙省诸郡漕粮三百万石，较之往年，吴为增多一十余万。正赋不能充，又敛诸恩赐戚里官寺，及灾沴不登之数以输之，由是府及州，州及于县，交征互取，民间弃产剥肤，犹不能

---

① 《元史》卷38《顺帝纪一》，第822页。
② 《元史》卷205《奸臣传·搠思监》，第4585页。
③ 柳贯：《接运海粮官王公、董鲁公旧去思碑》，《新校天津卫志》卷4，成文出版社1968年版，第218页。
④ 《元史》卷97《食货志五·海运》，第2482页。
⑤ 朱德润：《江浙行省右丞岳石木公提调海漕政绩碑铭》，《存复斋文集》卷1，《四部丛刊续编》本。
⑥ 杨维桢：《东维子文集》卷4《送徐州路总管雷侯序》，《四部丛刊》本；参见《全元文》卷1297，第41册，凤凰出版社2004年版，第202页。

偿。"后经地方官申请,"吴民得免科粮七万七千有奇"①。尽管如此,减免比例不大,年海运量仍可保持二百数十万石。

总之,顺帝前期的年海运量,大体上是在二三百万石之间上下浮动,虽然是"渐不如旧",但基本上还可以维持京师及政府所需。

二

从相关文献看,顺帝前期的一些海运官员,大都尽职尽责,为保证海运的顺利进行发挥了重要作用。

元统元年(1333)顺帝即位伊始,"思得漕臣以分南顾忧",于是选派原吏部侍郎大名边公出任海道都漕运万户。边公对船户冒生命危险从事海运事业表示了深深的同情。他曾说:"今沧海漕挽所谓船户者,国家虽捐金以雇募之,谓之水脚钱。然闻之万斛巨舰,崔嵬如山,势非不高且大也,遇风涛作时掀舞上下,若升重云,坠重渊,不啻扬一叶于振风耳。当此呼叫神明以救死瞬息,是非天厚福,则虽勇力机智,超世绝伦,暨皆无所施,直拱手帖耳以待葬鲸腹。其险若此,而赤子岁春夏两运,冒万死不顾一生,亦可念已。予承明命来为漕民父母,忍不思所以裕养之,苏息之也哉?"②

边公赴任后,采取了若干维护船户尤其是贫困船户利益的措施。如,原来发放船户水脚钱,因时间猝迫,所发钞币或不堪用,或数额不足,船户十分不满。边公上任后,通知官府,预先清点、准备钞币,于是,"钞无不堪用与不足之患,民便之"。一些狡猾船户,为多领水脚钱,便与官吏勾结,诈称新造船只,增大运额,并附运香糯及财赋粮,而一些"罢困之家不得与,而其利岁为富室漕民所掩有"。边公于是设法,防止此类情况发生,使水脚钱合理分配给所有船户。船户原造船只,通常以船民姓名为号,因相沿已久,船民子孙往往顶冒父祖姓名,边公遂一一为之更正。如此等

---

① 朱德润:《存复斋文集》卷5,《四部丛刊续编》本。
② 郑元祐、马玉麟:《郑元祐集·马玉麟集》,吉林出版集团、吉林文史出版社2010年版,第170页。

等。在边公主政漕府的三四年间,"漕政无不修,漕民无不悦"。这几年,加之天公作美,未遇险风恶浪,"漕运直沽,群舰毕集"。边公卸任后的第二年夏运,"暴风怒雨,船多覆溺"①,船户益加怀念离任的边公。

  边公之后,顺帝至元元年(1335)至至正元年(1341),原浙西江南道肃政廉访司使高昌和尚任漕府达鲁花赤。赴任伊始,和尚即对船户情况进行了重新核实。当初,漕府根据船户资产多少,令其造船运粮,官府则根据船户大小高下,载粮多少,给付运输报酬,即水脚钱。但时间一久,船户资产不可避免地会发生消长变化。而官府往往因循不改,一仍其旧,吏员遂得上下其手,并缘为奸。和尚公赴任后,遂稽查核实,使役得均平。水脚钱数目庞大,动辄数万缗,行中书省每年派宰臣莅临漕府分发。但某些船民为牟私利,其中弊端甚多。于是,和尚亲自检核船户参加海运的实际情况,以防弄虚作假。以往漕府所用儒生,全部选自漕府所在的平江(今江苏苏州),和尚赴任后,遂通知各郡,必须确系儒生方可录用。为防止作弊,还请郡博士参与考核。下属千户所吏员,亦用相同办法选用。以往有些吏员父子兄弟互相串通勾结,蚕食漕民,甚至冒入漕府,和尚遂整肃一清。有的船户得水脚钱后,用来偿付逋欠,而无力修缮船只,乃至漕运,船不堪用。和尚遂允许船户间加以变通而附载他舟。江西、湖广诸郡粮米,每年集中于集庆(治今江苏南京)的龙湾,然后再转给海船户。交接之间,海船户与各地船民常发生争斗乃至死伤,"其祸盖甚惨"。行省令和尚亲往督察,"平量正罚,人无敢犯",相互间遂不敢滋生事端。航运中,以往有人妄称覆溺,逃匿海岛,而官府也多不核实,和尚赴任后,人多惮其威而不敢作弊。和尚"才克任事""德以服人""清俭自守""薄衣粝食,居处晏如书生寒士"②,因而博得很好的声誉。至正改元离任漕府后,曾历

---

  ① 郑元祐著,徐永明点校:《郑元祐集》卷11《前海道都漕运万户大名边公遗爱碑》,浙江大学出版社2010年版,第268—269页。本节以上引文,凡未注明出处者,均引自此文。
  ② 郑元祐著,徐永明点校:《郑元祐集》卷11《海道都漕运万户府达鲁花赤和尚公政绩碑》,浙江大学出版社2010年版,第275—276页。

任大都路都总管府达鲁花赤，四川、陕西行省参政，也有较好评价。

至正七年（1347）秋，资善大夫买述丁接任海道都漕运万户府达鲁花赤。据时人朱德润记载，买述丁字永锡，不花剌氏，文宗至顺以来，曾先后任职户部侍郎、左司郎中。顺帝至正初，又任户部尚书参议、宣徽院同知、中政院使等职。买述丁赴任后，仍从整修船只、均平船户负担入手。"乃集僚佐，同议漕法。首出文约，俾漕民修完樯缆，预期给直；仍审核漕人恒业，以均其役。"与此同时，又整肃吏治，淘汰冗员。"又以诸千户所吏胥岁久为弊，悉更调之，下至皂隶亦然，余冗员皆汰去，漕民便之。"至正八年（1348）春，"海寇窃发"，他亲率所部出刘家港迎敌。漕舟有遇"海寇"夺其粮者，买述丁"申言宽贷"；因逆风不能运达者，允许次年补运，因而受到漕民拥戴。但他任职漕府时间较短，不久即调任江西等处茶运使。①

与买述丁同时任职漕府的还有海道都漕运万户张德昭。据朱德润《海道都漕运万户张侯去思碑》记载：

> 至正八年春，海寇窃发，白昼杀人，横截河港，劫掠运粮，旁及无辜者众。诏以张侯德昭领漕府事。侯至，即移文军民官严守备，设警逻，俾运夫保甲相援。仍谓佐贰官曰："海漕，国之重功，春夏二运，虽有常程，然督役裹粮，实关有□等，不可不悉心以勤乃事。"由是贰官乐兴赞治□□其甲令：曰经营漕法必使官得其宜，民便其役。曰规措船只，必使具完而坚，夫健而习。曰标拨支装，必使较其量平，毋争而窃。曰招徕运户，必使勤恪其人，谙练漕程。曰斗斛法式，必使平其铢量，齐其大小。曰官给漕直，必使户至人到，毋遗锱铢。凡旧规之不整者，悉厘而新之。至于岁祀天妃，克展其诚。由是神相协□，海不扬波，两运具达，盗贼屏息。②

---

① 朱德润：《资善大夫海道都漕运万户府达鲁花赤买公惠政之碑并铭》，《存复斋续集》，涵芬楼秘笈本；参见《全元文》卷1281，第40册，凤凰出版社2004年版，第613—615页。

② 朱德润：《海道都漕运万户张侯去思碑》，《存复斋续集》，涵芬楼秘笈本；参见《全元文》卷1281，第40册，凤凰出版社2004年版，第606—607页。

张德昭还告诫下属海船户避免和地方官府发生矛盾。和地方粮仓仓吏发生矛盾纠纷乃至械斗后，又竭力维护海船漕民的利益，因此，"侯之政声扬溢，远近耆伏。"① 这年十月，张德昭调任吏部尚书，也离开了漕府。

据杨维桢《送徐州路总管雷侯序》记载，至正八年（1348）夏调任徐州路总管的雷侯，前此也曾为海道都漕运府万户。杨维桢称赞他说："其帅于海漕也，前漕而去者，多直鱼龙之渊，剽盗之巢薮，人销舶解，公起漕，凡一百八十万，不十日舟凑直沽，道鲸涛如坦途，粟无升合遗。"② 杨维桢这篇文字写于至正八年（1348）九月三日，和张德昭调任吏部尚书的时间相近，这就让人感到有些疑惑不解。因为至正八年（1348），"台州黄岩民方国珍为蔡乱头、王伏之仇逼，遂入海为乱，劫掠漕运粮，执海道千户德流于实"③，这在有关买述丁和张德昭万户的记述中均有所反映，而杨维桢所说雷公"道鲸涛如坦途，粟无升合遗"，和当时的历史背景显然不符。据《元史·百官志》记载，海道运粮万户府设达鲁花赤一员，万户一员，④ 雷侯与张德昭是不大可能同时任职海漕万户的。考虑到杨文所说："前漕而去者多直鱼龙之渊，剽盗之巢薮，人销舶解"，雷侯任职漕府或许在张德昭之后，杨文记述的时间，或许多少有些误差。此外，杨维桢记买术丁为"万户"，而朱德润则记为达鲁花赤；杨维桢记买术丁到任时间为至正丁亥（至正七年）夏，朱德润则记为至正七年（1347）秋，二人记述也有一些不同。⑤

依据惯例，每年海运时，江浙行省还要选派一名省臣前往平江亲督漕

---

① 朱德润：《海道都漕运万户张侯去思碑》，《存复斋续集》，涵芬楼秘笈本。
② 杨维桢：《东维子文集》卷4《送徐州路总管雷侯序》，《四部丛刊》本；参见《全元文》卷1297，第41册，凤凰出版社2004年版，第202页。
③ 《元史》卷143《泰不华传》，第3424页。
④ 《元史》卷91《百官志七》，第2315页。
⑤ 见杨维桢《东维子文集》卷23《重建海道都漕运万户府碑》，《四部丛刊》本；参见《全元文》卷1316，第42册，凤凰出版社2004年版，第30—32页；朱德润《资善大夫海道都漕运万户府达鲁花赤买公惠政之碑并铭》，《存复斋续集》，涵芬楼秘笈本；参见《全元文》卷1281，第40册，凤凰出版社2004年版，第613—615页。

事，他们在海运中的作用亦不可忽视。至正四年（1344）春，资政大夫江浙行省右丞岳石木奉命至吴。上任伊始，他就对漕府官员说："海运，国之重务，官有定制，事有常程，尔皆能职矣，又将奚言？然而上既付予以纲领，其敢不夙夜在公，敬承乃事。汝惟昔勤于官，用选在兹。漕有良规，汝择其长来告，予其从之；有慊于心，不顺乎民，予其除之。"①他预付船户佣值，俾其修缮船只，雇佣水手。春夏两运，他亲自巡视舟楫，合理解决地方仓储与船户之间的争执矛盾，"使各验所损，量得其平"。岳石木还俭朴自律，避免增加地方负担。"公至吴，有司馆谷一皆弗受。及抵昆山次舍，见供张重叠，庖膳丰美，愕然曰：'此非民力所致乎？'却之弗顾。所属化之，悉从简约。"该年漕运，由于岳石木公措置得当，"政平事简"，"漕粮为石二百六十四万余，舟为载一千四百有奇"，俱达于直沽，岳石木也受到漕府及船户的拥戴。②

三

元朝末年，海运越来越受到包括文化人在内的各界的关注，一些文化人和海运官员之间保持着密切关系，他们有不少诗文反映了当时的海运状况，有的文化人甚至亲自参与了海运的组织工作，郑元祐、朱德润、贡师泰、周伯琦等当是其中比较突出的几位。

郑元祐（1292—1364），字明德，处州遂昌（今属浙江）人，元初徙家钱塘（今浙江杭州），父卒后移居平江（今江苏苏州）。据苏大年《遂昌先生郑君墓志铭》（《侨吴集》附录），至正十七年（1357），郑元祐曾任平江路儒学教授，一年后因病辞职。至正二十四年（1364）又任儒学提举，为时仅九个月即病逝，享年七十三岁。郑元祐自称："愚藉文祖基绪，以戎政

---

① 朱德润：《存复斋文集》卷1《江浙行省右丞岳石木公提调海漕政绩碑铭》，《四部丛刊续编》本；参见《全元文》卷1281，第40册，凤凰出版社2004年版，第609—610页。
② 朱德润：《存复斋文集》卷1《江浙行省右丞岳石木公提调海漕政绩碑铭》，《四部丛刊续编》本。

镇守吴下。凡仕宦之来，才不才，贤不肖，更三载之久，同一城而居，未有不悉其人者。悉其人矣，而才贤不得言不才，不才不敢言肖，盖以非戎职所敢与闻也。"荣禄大夫行宣政院使公也称他"子世以兵戎镇吴，而好文学"①，可见郑元祐所任并非仅限于校官学职。清四库馆臣称："苏大年所作墓志、卢熊《苏州府志》皆称元祐以大府荐，两为校官，不言尝为他职，与元祐仕履不合，岂代人所作失于标注耶！"②看来，有关郑元祐履历仍需作进一步考证。

郑元祐因长期寓居平江，因而对当地官员情况比较了解。从他撰写的《送李运使海漕抵京见宣城贡侍制》③《题海运省官卷》④《送徐元度序》⑤《送漕府李侯北归序》⑥《懒斋记》⑦《前海道都漕运万户大名边公遗爱碑》⑧《亚中大夫海道副万户燕只哥公政绩碑》⑨《海道都漕运万户府达鲁花赤和尚公政绩碑》⑩《重建路漕天妃宫碑》⑪等诗文看，他和海运官员的关系比较密切，对海运官员职责之重与选任之难有比较清醒的认识。例如，他曾说："京畿之大，臣民之众，梯山航海，云涌雾合，辏聚辇毂之下者，开口待哺，以仰海运，于今六七十年矣。国家以其事大任重，于是开漕府平江，而漕臣之选尤难其人。清特自守者隘，浑厚不迁者迂，任者或伤于刻激，能者或阙于廉隅，兹四者求尽人事尚未可，而况于出布皇灵，以当大任，

---

① 郑元祐：《郑元祐集》卷11《海道都漕运万户府达鲁花赤和尚公政绩碑》，浙江大学出版社2010年版，第275—276页。
② 《四库全书总目提要·侨吴集》，郑元祐：《郑元祐集》附录1，浙江大学出版社2010年版，第386页。
③ 郑元祐：《郑元祐集》卷2，第38页。
④ 郑元祐：《郑元祐集》卷5，第106—107页。
⑤ 郑元祐：《郑元祐集》卷8，第187—188页。
⑥ 郑元祐：《郑元祐集》卷8，第196—197页。
⑦ 郑元祐：《郑元祐集》卷10，第245—246页。
⑧ 郑元祐：《郑元祐集》卷11，第268—270页。
⑨ 郑元祐：《郑元祐集》卷11，第272—274页。
⑩ 郑元祐：《郑元祐集》卷11，第275—277页。
⑪ 郑元祐：《郑元祐集》卷11，第277—279页。

以培休福哉！"① "故漕臣之长必天下重望，其长才足以任事，明智足以烛理，廉隅足以厉俗，德量足以服人，乃始克胜其任尔。"② 当元末农民战争爆发，海运受到冲击，京师用粮发生危机之后，他又敏锐地觉察到元朝片面依赖海运的弊端。他指出："钦惟世皇东征西伐，岂知东南之稻米？然即定鼎于燕，有海民朱张氏，设策通海运，用海艘踔顺风，不浃旬而至于畿甸。其初不过若干万，兴利之臣，岁增年益，今乃至若千万，于是畿甸之民，开口待哺。以迄于中州，提封万井，要必力耕以供军国之需，如之何海运既开，而昔之力耕者皆安。在此柄国者因循至于今，而悉仰东南之海运，其为计亦左已。"③ 郑元祐显然是对元政府片面依赖海运的做法提出了质疑和批评。

郑元祐曾受知于河南行省参知政事宛丘赵公，"蒙招于其家，日夕讲论，月得脯金，以资养亲"④。后来，赵为国子祭酒，云中李仲贤任漕府万户，赵曾托李仲贤录用郑元祐的儿子郑佶⑤为漕府吏以养其家。李表示应允，又约漕长章公成全此事，并亲自登门告知了郑元祐。谁知，李不久即弃官北上，结果，原本待补的吏阙又被平江富家子挤占。郑元祐不得不再次写信给监司达白野先生，请求帮忙。从郑元祐自述的这件事的曲折过程，我们一方面可以看出郑生活的窘迫，另一方面也可看出他与漕府官员关系之密切。

朱德润（1294—1365），字泽民，平江（今江苏苏州）人，元代著名画家，⑥ 历官应奉翰林文字、同知制诰、兼国史院编修官，镇东行中书省儒学

---

① 郑元祐：《郑元祐集》卷11《前海道都漕运万户大名边公遗爱碑》，浙江大学出版社2010年版，第268页。
② 郑元祐：《郑元祐集》卷11《海道都漕运万户府达鲁花赤和尚公政绩碑》，浙江大学出版社2010年版，第275页。
③ 郑元祐：《郑元祐集》卷8《送徐元度序》，浙江大学出版社2010年版，第187页。
④ 郑元祐：《郑元祐集》卷7《再奉监司达白野先生书》，第176页。
⑤ 佶，又作吉，见苏大年《遂昌先生郑君墓志铭》，郑元祐：《郑元祐集》附录二，第390页。
⑥ 见陈高华《元代画家史料汇编》，杭州出版社2004年版，第303—321页。

提举。英宗死后辞官回乡，杜门屏处，不求闻达。他自称"固守贫贱，久无他望，得赐遂志草野，万万悻悻"①，但实际上和许多朝廷以及地方官员有联系。至正十一年（1351）元末农民战争爆发后，他又为江浙行中书省照磨官，参与军事。至正二十五年（1365）病逝，终年七十二岁。有《存复斋文集》《存复斋续集》传世。

至正初年后，国内政治形势已不稳定，海运因此而受到影响。"至正初，李大翁啸众倡乱，出入海岛，劫夺漕运舟，杀使者。时承平日久，有司皆惊愕相视，捕索久不获，因从而绥辑之。剧盗蔡乱头闻其事，谓国家不足畏，复效尤为乱，势鸱张甚。滨海子女玉帛，为其所掠殆尽，民患苦之。"② 到至正八年（1348）方国珍起事后，对海运影响进一步增大。平江路官府感到事态严重，曾就此征询平息农民起义的计策：

> 洪惟圣朝，混一区夏，幅广会长。经费所入，江浙独当其十之九，岁给馈饷二百五十余万。自国初肇立海运，迨今六十七年，波涛不惊，奸宄屏息，兵食既足，邦本乃固。比者盗贼猖獗，肆行剽掠，梗涩海道。参佐大臣宽仁慈悯，绥之来之，闻于朝廷，俾复其业。睿圣所及念，尚虑凶暴之未化，党与之未除，遣使浙省先期春运，裒集众长，讲究关防、巡绰之法。诸君子怀才抱艺，必有良策，以佐时之治者，幸悉陈之，毋让毋隐。③

朱德润在应对官府这一问策时曾指出："……经费所入，江浙独多，而比岁以来，水旱频仍，田畴淹没，昔日膏土，今为陂湖者有之。而亲民之

---

① 朱德润：《寄克庄侍郎幹公》，《存复斋续集》，涵芬楼秘笈本。
② 宋濂：《宋文宪公全集》卷19《故资善大夫广西等处行中书省左丞方公神道碑铭》，清嘉庆十五年刊本；参见《宋濂全集》第2册，浙江古籍出版社1999年版，第1148页；《元代农民战争史料汇编》中编第二分册，中华书局1985年版，第570页。
③ 朱德润：《平江路问弭盗策》，《存复斋续集》，涵芬楼秘笈本；参见《全元文》第40册，第472—473页。

官，不谙大体，重赋横敛，务求羡余，致有激变，所得有限，所费不赀。且以州县税粮言之，有额无田、有田无收者，一例闭纳。科征之际，枷系满屋，鞭笞盈道，直致生民困苦，饥寒迫身，此其为盗之本情也。"针对当时"盗贼已多"的状况，朱德润建议说："欲权救一时之弊者，莫若依初建海道之法，申闻朝廷降金牌、银牌宣敕若干，使行省官集会海道，并有司官募运户，或民间有人力者，给以半□文券，获贼多，则赏以金牌千户，次则赏以银牌百户，赏者赏以金帛，倘有成功，随即行赏。……其各处有司水淹虚包田粮，随即申报，减除其盐课、酒课，税课增多难办者，随即申报减除，不使虚行照勘，以失大信。"朱德润自己也认为，上述做法，仅是一时救弊之策，"海道通，此海民之侥幸，非国家经远之计也"①。看来，朱德润对海运的看法是有所保留的。

朱德润长期居住平江（今江苏苏州），和海运官员有较多联系，《存復斋文集》《存復斋续集》中保留了不少有关海运官员的资料，如：《送海道镇抚莫侯北归序》②、《送傅文博之京师序》③、《送张尚书序》④、《送孙仲远经历序》⑤、《送王允中赴浙东帅掾序》⑥、《送买院使序》⑦、《王可矩参政小像诗序》⑧、《海道都漕运万户张侯去思碑》⑨、《江浙行省右丞岳石木公提调海漕政绩碑铭》⑩、《资善大夫海道都漕运万户府达鲁花赤买公惠政之碑并铭》⑪ 等，从这些记述中我们可以看出，朱德润和海运官员的联系，以及当时他对海运的认识。

---

① 朱德润：《平江路问弭盗策》；参见《全元文》第 40 册，第 473—474 页。
② 《存復斋文集》卷 4，《四部丛刊续编》本；参见《全元文》第 40 册，第 485 页。
③ 《存復斋文集》卷 4，《四部丛刊本续编》本；参见《全元文》第 40 册，第 490—491 页。
④ 《存復斋文集》卷 5，《四部丛刊本续编》本；参见《全元文》第 40 册，第 498—499 页。
⑤ 《存復斋续集》，涵芬楼秘笈本；参见《全元文》第 40 册，第 502—503 页。
⑥ 《存復斋续集》，涵芬楼秘笈本；参见《全元文》第 40 册，第 514—515 页。
⑦ 《存復斋续集》，涵芬楼秘笈本；参见《全元文》第 40 册，第 515 页。
⑧ 《存復斋文集》卷 4，《四部丛刊续编》本；参见《全元文》第 40 册，第 521—522 页。
⑨ 《存復斋续集》，涵芬楼秘笈本；参见《全元文》第 40 册，第 606—609 页。
⑩ 《存復斋文集》卷 1，《四部丛刊续编》本；参见《全元文》第 40 册，第 609—611 页。
⑪ 《存復斋文集》卷 1，《四部丛刊续编》本；参见《全元文》第 40 册，第 613—615 页。

贡师泰参与元末筹粮与海运的情况，曾在其他文中专述①，兹不赘。周伯琦字伯温，饶州（治今江西鄱阳）人，历官翰林修撰等。至正十三年（1353）迁崇文太监，兼经筵官，曾奉命代祀天妃。至正十七年（1357），江浙行省丞相达识帖睦尔承制假其为参知政事，招谕平江（治今江苏苏州）张士诚，后拜江浙行省左丞，留平江十余年。张士诚输粮元廷，周伯琦则负责组织实施。宋濂《元故资政大夫江南诸道行御史台侍御史周府君墓铭》称："（至正）十八年，丞相以漕粟事属公，公分僚属治姑苏……二十年，公运米十五万石至燕都，②明年亦如之。"③周伯琦未必亲赴大都，但参与筹措与组织海运，当属事实。

---

① 拙著《元朝末年的海运与筹粮》，《蒙元史暨民族史论集——纪念翁独健先生诞辰一百周年》，社会科学文献出版社2006年版。
② 据《元史·食货志五》，至正二十年、二十一年，海运粮仅十一万石。第2482页。
③ 宋濂：《芝园续集》卷四，《宋濂全集》第2册，浙江古籍出版社1999年版，第1542页。

元朝末年的海运与筹粮

学术界对元代海运的相关问题，已有许多深入细致的研究。本文仅就至正十一年（1351）元末农民战争爆发后的海运状况及元政府的筹粮举措略作补说，以就正于方家。

一

至正十一年（1351）五月，韩山童、刘福通领导的红巾军起义爆发后，农民起义迅速在各地蔓延开来，元朝海运也因此而大受挫折。至正十二年（1352）二月，海运首先受到了方国珍部的突然袭击。据《元史》记载，时任江浙行省参知政事的樊执敬正督海运于平江，"卜日将发，官大宴犒于海口。俄有客船自外至，验其券信令入，而不虞其为海寇也。既入港，即纵火鼓噪。时变起仓促，军民扰乱，贼竟焚舟劫粮以去"①。《弘治太仓州志》对这一事变的记述则较为详细：

> 至正十二年壬辰三月十有三日，方国珍率海岛贫民千余艘寇太仓，突入刘家港，烧海运官船无算。十五日，直抵太仓，大肆劫掠。浙省参政宝哥、樊执敬领兵数千来援，次于昆山，遣平江游奕十字军为前锋，至张泾桥，遇贼即溃。贼势益猖獗，自张泾至武陵桥，横尸塞途，所掠财货不可胜计。②

---

① 《元史》卷195《忠义传三·樊执敬》，第4412页。
② 《弘治太仓州志》卷9《杂志》，《日本藏中国罕见地方志丛刊续编》第3册，北京图书馆出版社2003年版，第249页。

陈基《送郯九成诗序》也说："（至正十二年）春，海寇犯昆山，袭浒饷，凭陵作气势，以抗逆官军。淮右狂孽蔓延江浙。羽书征发，络绎道路无虚日，人心汹汹久矣。"① 从上述记载看，至正十二年（1352）的春运，由于方国珍部的突然袭击，实际上未能成行。

鉴于当时的国内形势，至正十二年（1352）五月，海道万户李世安②建议暂停当年夏运，得朝廷批准。

海运是"京粮"的主要来源③，长期以来主要依赖南粮北运来维持大都宫廷、官府及军、民用粮的元朝，面对海运的突然中断，不得不采取若干紧急应对措施：

措施之一：当年十月，"和籴粟豆五十万石于辽阳"④。据《元史·食货志》记载，辽阳行省，全年税粮仅72066石，约占全国税粮总数的千分之六。自世祖平定乃颜叛乱以来，中央政府对辽阳行省的赈济甚多，而在辽阳行省和籴次数则很少，且数量不多，如文宗至顺二年（1331），朝廷往辽阳懿、锦二州和籴粟豆，也仅有十万石。⑤ 这次欲"和籴粟豆五十万石"，对辽阳民众来说当是十分沉重的负担。据《元史·忠义传·郭嘉》记载，元末农民战争爆发后，郭嘉为辽阳广宁路总管兼诸奥鲁劝农防御，"属盗起，军旅数兴，供饷无虚日。民苦和籴转输，而吏胥得因时为奸"⑥。此事未必与朝廷"和籴粟豆五十万石"有直接联系，但"和籴"加重了民众负担当是肯定的。

措施之二：接受宰相脱脱建议，招募江南人来京畿地区屯种。这年十二月，宰相脱脱建言："京畿近地水利，招募江南人耕种，岁可得粟麦百万

---

① 陈基：《夷白斋稿》卷16，《四部丛刊》本。
② 据苏天爵《滋溪文稿》卷3《镇江路新修庙学记》，中华书局1997年版，第44页，及《闽中金石略》卷12《李世安题名》，李世安"世家京师"；"蚤承家训，长游成均"，曾先后任监察御史、镇江路总管、大兴府尹、海道漕运万户等。
③ 高荣盛：《元代海运试析》，《元史及北方民族史研究集刊》1983年第7期。
④ 《元史》卷42《顺帝纪五》，第903页。
⑤ 《元史》卷35《文宗纪四》，第792页。
⑥ 《元史》卷194《忠义传二·郭嘉》，第4397页。

余石,不烦海运而京师足食。"顺帝表示:"此事有利于国家,其议行之。"①于是次年正月,"命悟良哈台、乌古孙良桢兼大司农卿,给分司农司印。西自西山,南至保定、河间,北至檀、顺州,东至迁民镇,凡系官地及元管各处屯田,悉从分司农司立法佃种,合用工价、牛具、农器、谷种、招募农夫诸费,给钞五百万锭,以供其用"②。脱脱本人则兼领大司农司事。③ 为使这一措施得到落实,中书省还提出了相应的奖励措施:"宜于江浙、淮东等处招募能种水田及修筑围堰之人各一千名为农师,教民播种。宜降空名添设职事敕牒一十二道,遣使赍往其地,有能募农民一百名者授正九品,二百名者正八品,三百名者从七品,即书填流官职名给之,就令管领所募农夫,不出四月十五日,俱至田所,期年为满,即放还家。其所募农夫,每名给钞十锭。"④ 五百万锭的巨额经费投入加上这些奖励措施,对江淮地区的民众颇具吸引力。如吴人强彦栗即以常熟州判官身份"率农人偕使者北上";⑤ 太康人曹德辅也是在这时以真州判官身份应召北上的。⑥

措施之三:立都水庸田使司于汴梁,掌种植之事。"至正十二年,因海运不通,京师阙食,诏河南洼下水泊之地,置屯田八处,于汴梁添立都水庸田使司,正三品,掌种植稻田之事。"⑦

措施之四:抽派吏部侍部贡师泰前往浙右地区和籴粮食以供京师。⑧

贡师泰字泰甫,号玩斋,宁国宣城(今安徽宣州)人。父贡奎,官至翰林学士。此前,贡师泰曾任官江浙,对江浙行省的情况比较熟悉。据

---

① 《元史》卷42《顺帝纪五》,第903页。
② 《元史》卷43《顺帝纪六》,第907页;《元史》卷92《百官志八》,第2336页。据《元史·脱脱传》,第3346页,悟良哈台、乌古孙良桢兼大司农卿在至正十三年三月。
③ 《元史》卷138《脱脱传》,第3346页;《元史》卷43《顺帝纪六》,第908页。
④ 《元史》卷43《顺帝纪六》,第908页。
⑤ 陈基:《夷白斋稿》卷15《送强彦栗北上诗序》,《四部丛刊》本。
⑥ 张以宁:《翠屏集》卷3《送曹判官序》,鹭江出版社2012年版,第146—147页。
⑦ 《元史》卷92《百官志八》,第2335页。
⑧ 贡师泰任吏部侍郎是在至正十二年,《元史·贡师泰传》误作至正十四年,详见《元史》卷187《校勘记(三)》,第4300页。

《元史·贡师泰传》、揭汯《有元故礼部尚书秘书卿贡公神道碑铭》①、朱鏴《纪年录》②等,贡师泰曾先后三次为朝廷筹粮,这是第一次。《元史·贡师泰传》记载说:"时江淮兵起,京师食不足,师泰奉命和籴于浙右,得粮百万石,以给京师。"③杨维桢《吏部侍郎贡公平籴记》对贡师泰此次和籴则有比较详细的记述。据该文记载:

> 至正十三年春三月,中书吏部侍郎贡公,奉诏使江浙。……朝廷又虑馈饷不继,赈贷不给,发内帑钱三十余万定,俾公于稔地与民和籴。公抵吴兴,稔民有储粟者,听自陈籴,凡六万有奇,于时直益其十之二,先付直,后纳所直粟,且下令曰:"朝廷以和为籴,官不得齐刑,吏不得抱案,差若等以三,吾与若一以和为义。"……既而民果听令,相与议曰:"廷时物输官而直不给。虽给,且垂橐而归。今公先与直,毫发不以干有司,吾何幸也。"复与平斗斛,使输粟者目概,司度不得高下其手。县吏与豪民有假是以渔猎者,公微得之,皆置诸法。……今公以内帑钱若干,不经有司之散敛,亲与民市,告以信,令民之听之,若子听父。不三日,飞艄挽舶塞津,溢米积于地,概不暇给。未越月,廪入于永宁、泰定,民不知扰而粟已盈数。……④

贡师泰此次和籴的地点是相对富庶的浙西地区,又采取了百姓自愿原则,粮价比平时增加十分之二,而且是先付值,后收粮。收粮时"平斗斛",让百姓监督,官吏不得上下其手。由于方法得当,贡师泰顺利完成了

---

① 贡师泰:《贡氏三家集·贡师泰集》附录2《有元故礼部尚书秘书卿贡公神道碑铭》,吉林文史出版社2010年版,第465页。
② 贡师泰:《贡氏三家集·贡师泰集》附录2《玩斋先生纪年录》,吉林文史出版社2010年版,第459页。
③ 《元史》卷187《贡师泰传》,第4295页。揭汯《有元故礼部尚书秘书卿贡公神道碑铭》的记述与《元史》本传所记颇有不同,据揭汯所记,"……十三年,太师右丞相南征……公与刑部侍郎秃坚不花奉诏往谕,仍籴兵粮三十万石于平江。"
④ 杨维桢:《东维子文集》卷13《吏部侍郎贡公平籴记》,《四部丛刊》本。

和籴百万石的任务。归安人沈梦麟曾作诗一首，称颂贡师泰此次和籴，诗文说："侍郎和籴下苕川，睹此荒城亦可怜。忧国固知民是本，足兵无奈食为先。青青楮币来编户，白白杨花送米船。民力不凋王事集，春袍鸣玉早朝天。"① "民力不凋王事集"，显然有所夸张，但贡师泰的做法比较平和，是真正意义上的"和籴"，因而任务完成得比较顺利。

措施之五：选派枢密院断事官脱因整顿并恢复海运，风雨中的海运遂又出现一线生机。

二

至正十二年（1352）三月，脱因受命为海道都漕运万户府达鲁花赤。② 脱因，字明善，蒙古部人，"倜傥喜事，忠谨绝人，读书知古今，达事变"③；"义而不恤小故，持己断而不惑众见"；"廉直刚果，慈惠爱人"；"甚智且勇，其才有远过人者"。④ 这次，在非常时期，他被推荐来主政海运，显然是朝廷看中了他通达事变与果断刚毅的品质。

脱因主政海运后，采取了一系列改革整顿措施，这主要是：

第一，重新整顿漕户（又称船户）户籍。原漕户凡已凋敝者，尽削其籍，另招富民从事海运。当时，虽然"人甚难之"，但"重令下无一人敢后至者"。⑤ 为减轻船户负担，保证船户专心致力海运，脱因同时宣布："他役

---

① 沈梦麟：《花溪集》卷3《送贡侍郎和籴还京》，《景印文渊阁四库全书》第1221册，第77页下—78页上。

② 关于脱因任海道都漕运万户府达鲁花赤的时间，一说为至正十二年（1352）三月（见陈基《夷白斋稿》卷12《海道都漕运万户府达鲁花赤脱因公纪绩颂》）；一说为至正十二年冬（见郑东《海道都漕运万户府达鲁花赤脱因公政绩碑》，《名迹录》卷1），估计任命时间是这年三月，由于当时全国政治军事形势紧张，脱因真正到任时间是这年冬天。

③ 陈基：《夷白斋稿》卷12《海道都漕运万户府达鲁花赤脱因公纪绩颂》，《四部丛刊》本。

④ 郑东：《海道都漕运万户府达鲁花赤脱因公政绩碑》，《名迹录》卷1，中国书店2018年版，第18页。

⑤ 郑东：《海道都漕运万户府达鲁花赤脱因公政绩碑》，《名迹录》卷1，中国书店2018年版，第19页。

且一切汝复无苦也",① 即免除漕户的其他杂泛差役。类似措施,武宗末年虽然也曾准备采取,但仁宗上台后很快又宣布废止。在农民大起义爆发后的非常时期,脱因又旧话重提,显然也是为当时的形势所迫。

第二,宣布漕户可以"用人自代"而不必亲身入海。朝廷原规定漕户不亲身入海者要受法律制裁。脱因考虑到新的漕户多为富户,而富民多软弱,不习海事,所以宣布,只要不出问题,漕户完全可以找人代替自己出海,并作为制度确定下来。

第三,及时发放漕值即水脚钱。由于府库空虚,水脚钱筹措困难。当时,脱因了解到中书省已派人送钞至行省,供应军需。于是立即驰至姑苏驿,要求使臣留钞,使臣以军务急重,不从。脱因说:"我为转饷,顾不急且重也?"竟取钞二十万锭以给漕值。②

第四,坚持祭祀海神天妃。据史料记载:"公虔恭齐祓,躬视牲酒肥充洁新,一如法式,比于行事,进退兴俯,始终恪诚。神相漕事,涛风禁息,卒以无虞。"③ 天妃祭祀虽然只是一种形式,但对稳定漕户及水手情绪,无疑会有积极作用。

第五,由于漕户有人盗卖运米,朝廷却责令百姓赔偿。脱因了解情况后,命仅治裁漕户,以免滥及无辜。

第六,江浙发生饥荒后,脱因见朝廷仍有库存粮食,于是对朝廷官吏说:"今四方盗贼,盖良民也,迫于饥耳。吾食厚禄,奈何坐视民饥且死,不少顾恤也?"于是官府"尽出羡米,平价大纵民籴,民甚德之"④。脱因官

---

① 郑东:《海道都漕运万户府达鲁花赤脱因公政绩碑》,《名迹录》卷1,中国书店2018年版,第19—20页。
② 郑东:《海道都漕运万户府达鲁花赤脱因公政绩碑》,《名迹录》卷1,中国书店2018年版,第20页。
③ 郑东:《海道都漕运万户府达鲁花赤脱因公政绩碑》,《名迹录》卷1,中国书店2018年版,第21页。
④ 郑东:《海道都漕运万户府达鲁花赤脱因公政绩碑》,《名迹录》卷1,中国书店2018年版,第21页。另据陈基《海道都漕运万户府达鲁花赤脱因公纪绩颂》:"去岁秋,吴民阻饥,公发漕帑,籴粟以振之。"

居漕府，此事显然超出他的职权范围，但对稳定民心与社会秩序，无疑是有利的。

至正十五年（1355）春天，阳山（今江苏无锡西北阳山镇）农民进攻平江（今江苏苏州）西门，脱因"身先有司，从数骑出万死不顾一生，杀获甚众。居民按堵，省宪闻之，皆遣使来贺"①。同年八月，脱因被任命为江浙行省参知政事，总制军民，仍督漕运。至正十六年（1356）二月，张士诚攻占平江路，"脱因匿俞家园，自刎不死，游兵杀之"②。

从至正十三年（1353）起，在脱因主持下，海运又连续维持了三年，张士诚占据平江后，元朝的海运再次被迫中断。

在脱因主政海运期间，至正十四年（1354）八月，贡师泰改任都水庸田使，"和籴二百万以供军"③，"事集而民不扰"④，这是贡师泰第二次为朝廷筹粮。此时，正是脱脱统兵百万进攻高邮（治今江苏高邮）张士诚之时，脱脱奉命总制诸王诸省之军，包括西域、西番皆发兵来助⑤，贡师泰的"和籴二百万以供军"，显然与这次军事行动有关。但这年十二月，脱脱即被削夺兵权，"将士溃乱"⑥，"叛而资寇者有之"⑦。贡师泰和籴的粮食，是已供前线军用，还是后来海运至京师，尚无具体材料可以说明。与贡师泰同时和籴的还有行省掾史邹弘道，他奉命"告籴于吴"，这里是他的家乡，"弘道不敢以使者自居，独身出入民间，与民为市，所籴虽不赀，而人曾不知扰"⑧，看来邹弘道的和籴效果也是不错的。但从整体上看，"和籴"对民众

---

① 陈基：《夷白斋稿》卷12《海道都漕运万户府达鲁花赤脱因公纪绩颂》，《四部丛刊》本。
② 陶宗仪：《南村辍耕录》卷29《纪隆平》，中华书局1959年版，第358页。
③ 朱鏾：《玩斋先生年谱》，《贡氏三家集·贡师泰集》附录2，吉林文史出版社2010年版，第461页。另据揭汯《有元故礼部尚书秘书卿贡公神道碑铭》，贡师泰"转都水庸田使，阶朝散大夫。籴军储一万石，逾月而事集"。朱、揭二人所记，悬殊甚大。
④ 朱鏾：《玩斋先生纪年录》，《贡氏三家集·贡师泰集》附录2，吉林文史出版社2010年版，第463页。
⑤ 《元史》卷138《脱脱传》，第3346页。
⑥ 俞本：《纪事录》，载《国初群雄事略》卷6，中华书局1982年版，第143页。
⑦ 长谷真逸：《农田余话》卷下，宝颜堂秘笈本。
⑧ 陈基：《夷白斋稿》卷18《送邹掾史还江西序》，《四部丛刊》本。

说来更多的是一场灾难。有一首题为《吴侬谣》的诗，其序文称："时至正十四年秋七月，海道都漕运万户府达鲁花赤明善公方籴米赈吴民。吴民德之，作《吴侬谣》。"诗中写道："……君侯运粟输京都，都人食税复衣租，又以余力苏焦枯。连年和籴喧九衢，吴侬有粟不得哺，遂令斗米如斗珠。不贵楮币贵青蚨，非侯哀侬釜生鱼……"① 诗虽然是歌颂明善公即脱因的，但字里行间透出对"和籴"的不满。元末诗人顾瑛写道："和籴粮船去若飞，兼春带夏未曾归。用钱赠米该加七，纳户身悬百结衣。"② 袁华《甲午岁丹阳道中即事》写道："平籴吴东粟，委输江上游。泛舟雍继绛，给饷马连牛。坚壁虽皆破，陈师尚未休。将军身许国，不解虱兜鍪。"③ 可见"和籴"之举并非都如贡师泰、邹弘道所为，《吴侬谣》以及顾瑛、袁华的上述诗篇，可能更接近于当时的社会现实。

三

海运的再度恢复是至正二十年（1360）。刘仁本在讲到当时的情况说："迩者淮夷难兴，海岛窃发，漕运废阁者四载"。④ 海运停运的四年，即指至正十六年（1356）至至正十九年（1359）。恢复后的海运主要是由张士诚、方国珍、陈友定等完成的。

张士诚，小字九四，泰州（治今江苏泰州）白驹场人，"以操舟运盐为业"⑤。至正十三年（1353）正月，与弟士义、士德、士信及李伯升等率众起义，相继攻占泰州、兴化（今江苏兴化）、高邮（治今江苏高邮）等地。至正十六年攻占平江（今江苏苏州），次年八月降元，受封太尉，割据浙西

---

① 《吴都文粹续集》卷49，《景印文渊阁四库全书》补配文津阁四库全书本。
② 顾瑛：《张仲举待制以京口海上口号见寄，瑛以笔下时事答之五首》，《元诗选》初集·辛集《玉山璞稿》，中华书局1987年版，初集第3册，第2334页。
③ 袁华：《耕学斋诗集》卷8，《景印文渊阁四库全书》第1232册，第327页下。甲午岁即元顺帝至正十四年（1354）。
④ 刘仁本：《羽庭集》卷2《送户部尚书彻公通理趣漕回京序》，《景印文渊阁四库全书》第1216册，第88页上。
⑤ 《明史》卷123《张士诚传》，第3692页。

地区。方国珍叛元后，于至正十六年（1356）三月再次归降，任为海道运粮漕运万户，兼防御海道运粮万户。其兄方国璋为衢州路总管，兼防御海道使。

至正十九年（1359）九月，元廷遣兵部尚书伯颜帖木儿、户部尚书曹履亨，以御酒、龙衣赐张士诚，征海运粮。然张士诚、方国珍互相猜忌，赖伯颜帖木儿从中调解，方才成行。《元史·食货志》载：

> 及汝、颍倡乱，湖广、江右相继陷没，而方国珍、张士诚窃据浙东、西之地，虽縻以好爵，资为藩屏，而贡赋不供，剥民以自奉，于是海运之舟不至京师者积年矣。至十九年，朝廷遣兵部尚书伯颜帖木儿、户部尚书齐（当作曹——引者）履亨征海运于江浙，由海道至庆元，抵抗州。时达识帖睦迩为江浙行中书省丞相，张士诚为太尉，方国珍为平章政事，诏命士诚输粟，国珍具舟，达识帖睦迩总督之。既达朝廷之命，而方、张互相猜疑。士诚虑方氏载其粟而不以输于京也，国珍恐张氏掣其舟而乘虚以袭己也。伯颜帖木儿白于丞相，正辞以责之，巽言以谕之，乃释二家之疑，克济其事。先率海舟俟于嘉兴之澉浦，而平江之粟展转以达杭之石墩，又一舍而后抵澉浦，乃载于舟。海滩浅涩，躬履艰苦，粟之载于舟者为石十有一万。二十年五月赴京。①

《明太祖实录》以及《明史·张士诚传》《明史·方国珍传》等，对此均有记载。应该说明的是，朝廷在派遣伯颜帖木儿与曹履亨前往江浙征粮之前，至正十九年（1359）正月，即已任命贡师泰为户部尚书，前往福建筹粮。因"海上有警"②，贡师泰被迫留居海宁，"后八月，自海宁航海达闽"③，"以

---

① 《元史》卷97《食货志五》，第2482页。
② 朱鏣：《玩斋先生纪年录》，《贡师泰集》附录2，吉林文史出版社2010年版，第463页。
③ 朱鏣：《贡师泰年谱》，《贡师泰集》附录2，吉林文史出版社2010年版，第461页。刘仁本《白沙联句序》说："公以至正十九年冬，董漕事于南海道，由钱塘经越，绝浮鄞舶入闽广"（《羽庭集》卷5），所记贡师泰入闽时间与朱鏣所记略有不同。

闽盐易粮，由海道转运给京师，凡为粮数十万石，朝廷赖焉"①。这便是贡师泰第三次为朝廷筹集粮食。

贡师泰因先后任江浙省掾、绍兴推官、都水庸田使、平江路总管、两浙转运使、江浙参政等职，与江浙许多文人关系密切。他这次奉诏入闽筹粮，有许多朋友、弟子为他饯别送行②，留下了不少饯行诗篇。如胡奎《送尚书贡先生入闽》写道：

敬亭山下秋云飞，钱唐江头风露微。三更南斗海底出，八月白鸿天际归。③

椰子槟榔南去远，荔枝龙眼北来稀。明年漕运归来日，好为君王补衮衣。④

杨维桢《送贡尚书入闽》云：

绣衣经略南来后，漕运尚书又入闽。万里铜盐开越峤，千艘升斗资蓄人。

香薰茉莉春醒重，叶卷槟榔晓馔频。海道东归闲未得，法冠重戴发如银。⑤

张昱《送贡师泰尚书入闽发盐粮供北军》云：

---

① 《元史》卷187《贡师泰传》，第4296页。
② 刘仁本《白沙联句序》称："公以至正十九年冬……门生故旧散处外方者，凡若而人胥□寻盟鄞海上，祖于白沙之浒。酒阑情洽，不能舍去，因宿留舟楫间，各出肺腑语，联句以饯别"（《羽庭集》卷5）。
③ "八月白鸿天际归"一语，可印证朱镰所说贡师泰入闽时间为至正十九年（1359）八月，而非刘仁本所说的"至正十九年冬"。
④ 胡奎：《斗南老人集》卷3，《景印文渊阁四库全书》本。衮衣，原指皇帝的衣服，"补衮衣"，当指补朝廷官阙，受到朝廷重用。
⑤ 杨维桢：《东维子文集》卷29，《四部丛刊》本。

尚书奉诏趋闽省，天子深为饷运忧。使者频来大明殿，亲军犹驻武安州。

浮烟压地朝添灶，明月笼沙夜唱筹。驿路海棠迎马首，春光难为使君留。①

贝琼《送户部尚书贡泰甫开司闽中，榷盐易米给京师二首》云：

昨日除书下五门，地兼中外亦殊恩。三山迥出南荒小，八座②元同北斗尊。

悟主已知如内相，封侯终见自公孙。荆杨乐土今凋瘵，他日从容为一言。

两隅未静出师频，圣主经营仗老臣。天河转粟遥通蓟，腊月看花近到闽。

道上豺狼应避马，山中猿鸟不惊人。公余定有诗千首，好托边鸿寄蚤春。③

贡师泰征集的这些粮食，应该是由陈友定海运至京师的。从这些诗文中，我们不难看出朝野上下盼望粮运早日恢复的急切心情。

在贡师泰赴福建筹粮的同时④，朝廷还派户部尚书李士瞻"出督福建海漕"⑤。李在给陈友定的信中，虽然自称是朝廷"所以遣某来此，督办盐货，

---

① 张昱：《可闲老人集》卷3，《景印文渊阁四库全书》第1222册，第577页。
② 八座，旧指朝中八种高级官职，又称八座尚书。此处当代指户部尚书贡师泰。
③ 贝琼：《清江诗集》卷7，《景印文渊阁四库全书》第1228册，第251页上。
④ 李士瞻赴闽的具体时间未见明确记载，但据其《贡泰甫诗跋》(《经济文集》卷4）称："去年冬，走叩使来闽中，乃即日奉言笑……"可见李、贡二人于至正十九年前后曾同在闽中为朝廷筹粮。
⑤ 李守成等：《元翰林承旨楚国李公圹志》，《经济文集》附录，《湖北先正遗书》本，下同。

易换方物，以备劳来之费"①，实际上是以盐易粮，以供京师。后来，李以筹粮有功，先拜福建行中书左丞，继又入朝为参议中书事，进参知政事等。

至正二十年（1360）秋天，朝廷又遣户部尚书王宗礼等至江浙催征海运。至正二十一年（1361）五月，运粮赴京，仍如上年之数。② 释昙埙（字大章，天台人）、万金等均有诗送王宗礼，表达海运恢复后的喜悦心情。释昙埙《送王宗礼尚书趣运还京》诗云：

转海云涛万里赊，长风指日望京华。南州已入诸侯贡③，北极初回奉使槎。

内燕宫花迎马酒，御沟宫柳拂龙沙。从容好奏安时策，遂见车书混一家。

万金《送王宗礼尚书督漕还朝》诗云：

尚书持节下青冥，漕粟千艘拱使星。万里非夸轻海道，一言端可重朝廷。

宫衣宠制黄金字，官酒恩沾白玉瓶。曳履不妨频入奏，圣心虚伫为生灵。④

至正二十一年（1361）九月，朝廷再遣兵部尚书彻彻不花、侍郎韩楫⑤往江浙征海运粮一百万石，然而至正二十二年（1362）五月运粮十三万石赴京，视上年之数仅增加两万石。

---

① 李士瞻：《与汀州陈参政书》，《经济文集》卷1，湖北人民出版社2019年版，第28页。
② 《元史》卷97《食货志五》，第2482页。
③ "南州已入诸侯贡"，当指张士诚、方国珍等已同意海运粮至大都以供朝廷所用。
④ 明释正勉、释性同辑：《古今禅藻集》卷24，《景印文渊阁四库全书》第1416册，第588页下。
⑤ 《元史·食货志》作"韩祺"。

元人刘仁本对彻彻不花与韩楫此次江浙之行有较详细的记载,他的《送户部尚书彻公通理趣漕回京序》记述说:

> 二十一年秋九月,有旨赋粟百万石于平江,以户部尚书彻公将命。公以科第起身,光明俊伟,顾然特达,将不辱命。既至,即颁命及赐,而太尉方且以士马供亿,辞不能如数。公正色抗言,议论不阿,力折不挠,取必于足,愤激莫渝。太尉严惮瘖无答语,乃恳切于丞相,以便宜从事,得与尚书谢罪。惟是丞相俯于调伏,周旋曲折,祈辞沥命,请姑进止如前年之数,且俟后期轮偿所负,遂以粟三十万石①奇登于海舶。②

《送户部侍郎韩君汝舟督漕运还京序》记载说:

> 至正二十有一年秋九月,廷命户部侍郎韩楫趣官舶于鄞以转漕,又更别命官董粟百万石于吴中,期以明年春抵京师。惟君以济川之才器,而又温其如玉,动止威仪,栗然可度,山君海王,靡不敬畏。故度用舶艘若干,悉如其数,联樯鼓棹,罔敢或怠。及抵吴,而粟则仅得一十三万石有奇耳。君曰:"意嘻!舟师之不戒,则维我之愆,彼粟粒之不齐,我实非所咎,吾竭吾力,挟吾舟以济,肃将唯谨而已。"③

这次运粮北上的具体负责人,有浙省都事曹德辅④,曹的朋友贝琼、镏

---

① 据《元史·食货志五》,第2482页,至正二十二年(1362)海运粮为十三万石。疑此处"三十万石"为"十三万石"之误。
② 《羽庭集》卷5,第88页。
③ 《羽庭集》卷5,第89页下。
④ 浙省都事曹德辅,与曾任真州(治今江苏仪征)判官的曹德辅很可能同为一人。张以宁《送曹判官序》讲到曹德辅经历:"其岁癸巳,廷议即京畿便近地辟水田,艺秔稻如三吴法,以实天下本,备渭海之不虞。乃郡县豪杰士有能募丁力、俾其功者,视数多寡,授官有差。是太康曹德辅擢为真州判官,秩从七品。初,予在维扬,德辅与予游,予固器之。其年富,其材长,其学攻程、朱氏《易》,如川方至,不可御其志,慨然奋欲以功业自著者也。人劝之仕,不答,及是,命下遂起。"(《翠屏集》卷3《送曹判官序》,鹭江出版社2012年版,第146—147页)。

壖等均有诗为他送行。贝琼《送浙省都事曹德辅运粮北上》诗云：

> 屯田未开岁未熟，白粲一金才一斛。将军初下山东城，使者复转江南粟。
>
> 飓风五月西南回，黄龙朱雀一时开。雷霆夜槌海若死，云雾昼合天妃来。
>
> 黑洋北去五千里，直沽近接金河水。内廷传敕赐宫壶，侍臣出报龙颜喜。①

镏壖（字小斋，江阴人）《送曹德辅都事督海运》诗云：

> 画省郎官亲海漕，龙骧风熟采帆飞。银河天阔开黄道，析木星高近紫微。
>
> 汉室重看粮饷足，边庭今见款书归。定知刘晏朝回日，秋水光生御赐衣。②

至正二十二年（1362）九月，朝廷又遣户部尚书脱脱欢察尔、兵部尚书帖木赴江浙征粮。次年五月，仍运粮十三万石赴京。至正二十三年（1363）九月，朝廷再遣户部侍郎博罗帖木儿、监丞赛因不花往征海运，张士诚托词以拒命。"由是，东南之粟给京师者，遂止于是岁云。"③

元朝末年，海运越来越受到社会各界的关注，一些文人出身的官僚，甚至直接参与其事，他们留下的不少诗文，反映了元末的海运状况。如方国珍的同乡刘仁本，曾与张本仁等同入国珍幕，"国珍海运输元，实仁本司

---

① 贝琼：《清江诗集》卷4，《景印文渊阁四库全书》本。刘仁本《饯长信寺经历曹德辅序》（《羽庭集》卷5）称："君（即曹德辅）以至正十九年冬奉命来趣漕粟"，后因丁内艰，居松江之侨舍，至正二十二年，"虽在制中"，仍命以相漕事。该文称："余山闻君居维扬，读书仗义，敬贤尚德，能延纳四方士类，故南北往来多誉之。后辟丞相掾，出入政府，又优于吏牍"。
② 赖良编：《大雅集》卷7，《景印文渊阁四库全书》第1369册，第566页下。
③ 《元史》卷97《食货志五》，第2483页。此说并不确切，因此后福建陈友定还曾多次运粮供大都。

其事"①。他写的《奉檄泛海督漕运》②《送户部侍郎韩君汝舟督漕还京》③《防运粮赴京二首》④《送曹府知事高本中北上》⑤《春日即事》⑥《舟发海上》⑦《送中政院同佥钹纳鸣谦回京》⑧等诗篇，以及《夏永庆传》⑨《跋浙东佥宪刘彦常航海传》⑩《饯将作院使曲有诚公序》⑪《送江浙行省检校官章君彦復序》⑫《饯长信寺经历曹德辅序》⑬《送户部尚书彻公通理趣漕回京序》⑭《送户部侍郎韩君汝舟督漕还京序》⑮《白沙联句序》⑯《虞江宴别诗序》⑰等文章，均可反映他当时参与组织海运的情况以及他和筹粮、海运官员的密切关系。方国珍归降朱元璋后，刘仁本仍"抗节不挠"，被朱元璋鞭背溃烂致死，清四库馆臣曾给予他很高评价。⑱

周伯琦字伯温，饶州（治今江西波阳）人，历官翰林修撰等。至正十三年（1353）迁崇文太监，兼经筵官，曾奉命代祀天妃。至正十七年（1357），江浙行省丞相达识帖睦尔承制假其为参知政事，招谕平江（治今江苏苏州）张士诚，后拜江浙行省左丞，留平江十余年。张士诚输粮元廷，周伯琦则负责组织实施。宋濂《元故资政大夫江南诸道行御史台侍御史周府君墓铭》称："（至正）十八年，丞相以漕粟事属公，公分僚属治姑

---

① 《明史》卷123《方国珍附刘仁本传》，第3700页。
② 《羽庭集》卷3，第42页上。
③ 《羽庭集》卷3，第42页上。
④ 《羽庭集》卷3，第52页下。
⑤ 《羽庭集》卷2，第35页下。"曹府知事"，疑作"漕府知事"。
⑥ 《羽庭集》卷2，第29页上。
⑦ 《羽庭集》卷3，第52页。
⑧ 《羽庭集》卷2，第36页上。
⑨ 《羽庭集》卷6，第118页下—119页上。
⑩ 《羽庭集》卷6，第115页。
⑪ 《羽庭集》卷5，第85—86页上。
⑫ 《羽庭集》卷5，第83页。
⑬ 《羽庭集》卷5，第83页下—84页。
⑭ 《羽庭集》卷5，第87页下—89页上。
⑮ 《羽庭集》卷5，第89页。
⑯ 《羽庭集》卷5，第73页下—74页上。
⑰ 《羽庭集》卷5，第78页下—79页。
⑱ 见《景印文渊阁四库全书·羽庭集》提要。

苏……二十年，公运米十五万石至燕都，①明年亦如之。"②周伯琦未必亲赴大都，但参与筹措与组织海运，当属事实。

  元末为元大都供粮者，还有陈友定。陈友定，一名陈有定，字安国，福清（治今福建福清）人，后徙清流（今福建清流），世业农。元末农民战争爆发后，应募入元军，历黄土砦巡检、清流县尹、汀州路总管、行省参知政事、福建分省平章，据福建八郡之地。《明史·陈友定传》称："是时张士诚据浙西，方国珍据浙东，名为附元，岁漕粟大都辄不至。而友定岁输粟数十万石，海道辽远，至者尝十三四。顺帝嘉之，下诏褒美。"③《明史纪事本末》卷6《太祖平闽》亦称："［至正］二十四年，陈友定开省延平，迁行省平章政事，时元大都道绝，友定遣贡舶，多由海道取登莱，十达三四，元主下诏褒美。"④明人丘濬在讲到海运问题时亦说："其后，陈友定亦自闽中海运进奉不绝。"⑤ 直至至正二十七年（1367）五月，福建行宣政院仍以废寺钱粮由海道送京师。⑥ 至正二十八年（1368）正月，陈友定据守的延平（今福建南平）被汤和攻破，陈友定自杀未遂，被俘获，后被朱元璋杀死。陈友定向元廷供粮，一直坚持到了最后。

  元末农民战争爆发后，海运时断时续，且运量十分有限，已远远不能满足京师需求。脱脱建议在京师周围实行的屯田，也未能坚持下去。京师用粮过于依赖海运但又无法保障，这就进一步加速了元朝的灭亡。明朝朱棣迁都北京后，不得不更加重视京师的用粮安全问题。

（原载《蒙元史暨民族史论集——纪念翁独健先生诞辰一百周年》，社会科学文献出版社2006年版）

---

① 据《元史·食货志五》，第2482页，至正二十年、二十一年，海运粮仅十一万石。
② 宋濂：《芝园续集》卷4，《宋濂全集》第2册，浙江古籍出版社1999年版，第1542页。
③ 《明史》卷124《陈友定传》，第3715页。
④ 《明史纪事本末》卷6《太祖平闽》；另见王士贞《弇州四部稿》卷85《陈友定传》。
⑤ 丘濬：《漕挽之宜》，见黄训编《名臣经济录》卷22。
⑥ 《元史》卷47《顺帝纪十》，第978页。

方国珍与元末海运

——兼析天一阁《移建海道都漕运万户府记》碑

一

方国珍，名珍，字国珍，台州黄岩（今浙江黄岩）人。元顺帝至正八年（1348）为躲避官府追捕，方国珍与其兄国璋，弟国瑛、国珉及邻里惧祸避难者逃亡海中，"旬月间得数千人，劫掠漕运粮，执海道千户"①，元廷的南粮北运受到严重威胁。元末诗人顾瑛辑《玉山名胜外集·纪饯送·良琦》描述说："至正八年海盗作，千艘万艘聚岛泺。云旗蔽天架刀槊，人攀樯柁猿猱矍。焚粮劫帅虏商舶，椎牛击鼓日饮醵。杀人脔肉列鼎镬，天地惨惨风格格。遂令东南日惊愕，奏书闻天天不乐……"② 于立《送浙东副元帅巡海归镇诗并序》亦称："至正八年春，海寇暴作，焚官储，劫帅臣，贼叫呼势张甚。"③ 诗文所述，应该就是方国珍起事后东南沿海的情况。

至正十一年（1351），韩山童、刘福通领导的农民起义爆发。至正十二年（1352）三月，方国珍率部突袭刘家港，"烧海运官船无算"，"十五日，直抵太仓，大肆劫掠"④，致使这年元廷的春运未能成行。次年，元廷为保障海运顺利进行，不得不对方国珍等采取招抚政策："遂降金符三，宣授

---

① 《明太祖实录》卷88，洪武七年三月壬辰条，台北"中研院"历史语言研究所校印本，1962年，第1560页。
② 顾瑛著、杨镰、叶爱欣整理：《玉山名胜集》下册，中华书局2008年版，第375页。下同。
③ 《玉山名胜集》下册，第373页。
④ 《弘治太仓州志》卷9《杂志》，《日本藏中国罕见地方志丛刊续编》第3册，北京图书馆出版社2003年版，第249页。

三,拜谷珍(即国珍——引者)为徽州路治中,谷珉广德路治中,谷瑛信州路治中,又降银符十二,铜印大小十一,敕授十五,拜其头目官有差,伐石立宣德碑。谷珍等疑惧,不受命,仍拥船千艘,据海道,阻绝粮运。"①

至正十四年(1354),元廷"以谷真为海道巡防万户"②,方国珍"乃复请降,帅其属往卫漕运至京师"③。正如天一阁《移建海道都漕运万户府记》碑所说:"至正十四年,漕弗克达,诏江浙行省参知政事方公兼总漕事,岁董舟师以卫达之。"④应该说明的是,据《元史·顺帝纪》,方国珍任江浙行省参知政事是至正十七年(1357)八月,至正十四年尚未任此职,碑文不过是以方氏后来的任职来追述史事而已。

至正十二年(1352)三月,脱因受命为海道都漕运万户府达鲁花赤⑤。脱因主政海运后,采取了一系列改革整顿措施,诸如重新整顿漕户(又称船户)户籍,宣布漕户可以"用人自代"而不必亲身入海,及时发放漕值即水脚钱等⑥,海运又得以艰难维持。

至正十六年(1356)二月,张士诚攻陷平江路(治今江苏苏州),改平江路为隆平府。接着又攻占湖州(治今浙江湖州)、常州(治今江苏常州)等地。元朝的海运再次被阻断。天一阁《移建海道都漕运万户府记》碑,详细记述了这一事变对海运的影响与原海运机构及其主要官员的变迁:

---

① 《嘉靖太平县志》卷8《杂志》,上海古籍书店影印本。
② 《嘉靖温州府志》卷6《灾变》,上海古籍书店影印本。
③ 刘基:《太师诚意伯刘文成公文集》卷8《处州分元帅府同知副都元帅石抹公德政碑颂》,《四部丛刊》本。
④ 章国庆:《天一阁明州碑林集录》,上海古籍出版社2008年版,第58页。下同。
⑤ 关于脱因任海道都漕运万户府达鲁花赤的时间,一说为至正十二年(1352)三月(见陈基《夷白斋稿》卷12《海道都漕运万户府达鲁花赤脱因公纪绩颂》);一说为至正十二年冬(见郑东《海道都漕运万户府达鲁花赤脱因公政绩碑》,《名迹录》卷1),估计任命时间是这年三月,由于当时全国政治军事形势紧张,脱因实际到任时间是这年冬天。
⑥ 郑东:《海道都漕运万户府达鲁花赤脱因公政绩碑》,《名迹录》卷1,《景印文渊阁四库全书》第683册,台湾商务印书馆1986年版,第35页上。

十六年二月，秦邮袭吴①，官属骇窜，万夫长刘贞洎侍御史沈煜等匿银章，赴告行省，遂令迁署于鄞。江西宪使闽理不花实来长之，刘迁浙东宪使，惟万夫长火鲁忽达即庆绍所以莅之，未遑署之辟也。惟兹不虞漕失常运，参政公深为国忧。及升右丞②，乃征深练于漕者倪侯可辅为千夫长，俾饬舟记以纠岁漕。未几，升万夫长，日考绎以新其政。右丞公进秩平章，侯以捍御之功判署之正。于是与同列谋创厥署，乃辟庆绍所为都漕运府，增崇拓裹而新之。

碑文详细说明了元平江失陷后海道都漕运万户府由平江迁至鄞县（今浙江宁波）以及相关人事更迭的过程，有着重要的史料价值。从碑文看，该碑应是立于方国珍"进秩平章"之后，即至正十九年（1359）十月之后。

元廷任命方国珍为江浙行省左丞兼海道运粮万户才一年多时间，又晋升其为江浙行省平章政事，其目的主要是进一步笼络方氏，"资其舟以运粮"③。此前，方氏已入据庆元（治今浙江宁波），"南兼台、温，北尽姚、虞"④，其势力已有进一步发展。另外，方国珍与朱元璋之间也是态度暧昧，朱元璋也在积极争取方国珍以壮大自己的势力。至正十九年（1359）正月，方国珍向朱元璋"献黄金五十斤，白金百斤，金织文绮百端"⑤。三月，方又遣郎中张本仁"以温、台、庆元三郡来献，且以其次子关为质"。朱元璋为博得方氏好感与信任，表示："今既诚心来归，便当推诚相与，当如青天白日，何自怀疑而以质子为哉！"并"厚赐关而遣之"⑥。同年九月，朱元璋

---

① 秦邮，高邮之别称。此处用以代指张士诚的势力。
② 据《元史》卷45《顺帝纪八》，至正十八年（1358）五月，"以方国珍为江浙行省左丞兼海道运粮万户"；至正十九年（1359）十月，"以方国珍为江浙行省平章政事"。未见有方国珍任"右丞"的记载。"右丞"或为"左丞"之误。
③ 《元史》卷188《迈里古思传》，中华书局1976年版，第4311页。下同。
④ 《嘉靖宁波府志》卷1下《沿革》，国家图书馆藏明嘉靖刊本。
⑤ 《明太祖实录》卷7，己亥春正月条，第78页。
⑥ 《明太祖实录》卷7，己亥年三月丁巳条，第82页。

"遣博士夏煜授方国珍福建等处行中书省平章政事,国璋福建行中书省右丞,国瑛福建行中书省参政,国珉枢密分院佥院。各给符印,仍以本部兵马城守,俟命征讨。煜至庆元,国珍欲不受,业已降;欲受,又恐受制。乃诈称疾,但受平章印,告老不任职,遇使者亦颇倨。惟国珉开枢密分院署事"①。可见,在元廷任命方氏江浙行省平章政事前一个月,朱元璋已授其为福建等处行中书省平章政事,当时的方国珍已成为元廷与朱元璋双方都积极争取的对象,而方国珍则首鼠两端,尽量讨好双方,以保存和发展自己的实力。

二

至正十六年(1356)张士诚攻占平江后,江浙海运中断。福建陈友定虽仍尽力为朝廷供粮,但"时大都道绝,友定遣贡舶,多由海道取登、莱,十达三四"②,京师用粮已十分艰难。"至正十八年(1358)京城大饥,后(即完者忽都皇后奇氏——引者)命官为粥食之。又出金银粟帛命资正院使朴不花于京都十一门置冢,葬死者遗骸十余万,复命僧建水陆大会度之。"③权衡《庚申外史》称:"京师大饥,民殍死者几百万,十一门外各掘万人坑掩之。"④至正十九年(1359)二月,朝廷"诏孛罗帖木儿移兵镇大同,以为京师捍蔽。置大都督兵农司,仍置分司十道,专督屯种,以孛罗帖木儿领之",但在当时动乱的形势下,"所在侵夺民田,不胜其扰"⑤,不仅不能解决用粮困难,反而加重了民众疾苦。面对如此严重的形势,元廷不得不再次派官员赴江浙,劝说张士诚、方国珍合作,以恢复中断的江浙海运。

《元史》卷97《食货志五》记述至正十九年(1359)的海运情况说:

---

① 《明太祖实录》卷7,己亥年九月甲寅条,第88页。
② 《明史纪事本末》卷6《太祖平闽》,中华书局校点本,第84页。
③ 《元史》卷114《后妃传》,第2880页。
④ 任崇岳:《庚申外史笺证》卷下,中州古籍出版社1991年版,第99页。
⑤ 《元史》卷45《顺帝纪八》,第946页。

至十九年（1359），朝廷遣兵部尚书伯颜帖木儿、户部尚书齐履亨①征海运于江浙，由海道至庆元，抵杭州。时达识帖睦迩为江浙行中书省丞相，张士诚为太尉，方国珍为平章政事，诏命士诚输粟，国珍具舟，达识帖睦迩总督之。既达朝廷之命，而方、张互相猜疑，士诚虑方氏载其粟而不以输于京也，国珍恐张氏掣其舟而因乘虚以袭己也。伯颜帖木儿白于丞相，正辞以责之，巽言以谕之，乃释二家之疑，克济其事。先率海舟俟于嘉兴之澉浦，而平江之粟展转以达杭之石墩，又一舍而后抵澉浦，乃载于舟。海滩浅涩，躬履艰苦，粟之载于舟者，为石十有一万。二十年五月赴京。②

至正十九年（1359）之前，元廷就曾企图"取舟于越，取粟于吴，俾二臣（即方国珍、张士诚——引者）者交修职贡，共济厥美"，以输粮于京师，但"时则又青军俶扰，调度日繁，供亿日夥，虽使命接踵，亦莫克集"。③而朝中大臣则以为，"往岁使江南趣漕运者，率不任事，无以称旨"④。刘仁本《送兵部尚书伯元臣回京叙》则进一步指出："……而使命之来者，或觥觫弗称旨，甚则冒黩以还，徒牵连文法，一挫风潮之汛，竟堕橹棹矣"⑤。总之，朝廷上下都把海运不继的原因归罪于某些官员办事不力，而实际上还是方、张二人为保存实力而故意抗命推脱。

这次奉命赴江浙执行调粮任务的伯颜帖木儿，字元臣，大都人，进士出身，原为枢密院判官，为官"忠贞清慎"。曹履亨字德基，曹南（今山东

---

① 据《元史》卷97《食货志》五"校勘记［二］"，"齐履亨"当为"曹履亨"之误。
② 《元史》卷97《食货五·海运》，第2482页。
③ 刘仁本：《江浙行省兴复海道漕运记》，《金声玉振集》第17册，国家图书馆藏袁氏嘉趣堂明嘉靖29年刊本。
④ 刘仁本：《江浙行省兴复海道漕运记》，《金声玉振集》第17册，国家图书馆藏袁氏嘉趣堂明嘉靖29年刊本。
⑤ 刘仁本：《送兵部尚书伯元臣回京叙》，《金声玉振集》第17册，国家图书馆藏袁氏嘉趣堂明嘉靖29年刊本。

曹县南)① 人,原为御史台都事。其父曹伯启,历官集贤侍读学士、御史台侍御史、浙西廉访使等,曾参与刊定《大元通制》,《元史》有传。这次奉使调粮,伯颜帖木儿升任兵部尚书,赴浙东方国珍处,"趋进舟以转粟";曹履亨升任户部尚书,赴平江张士诚处,"趋治粟以登舟"。二人不负使命,历尽艰险,克服困难,虽海运数量仅十一万石,但总算开了一个好头。刘仁本《送兵部尚书伯元臣回京叙》记载说:

> 拜命之日,兵部曰:"是可须史缓乎!"即陛辞上道。傲海舟,涉鲸波万里,冲冒烟雾,迅驶风霆,知有国而不知有身,知有转输馈饷之责而不知有风涛鱼龙之险。既至,适际边守有隙,事几不就绪。公即白丞相,辑和二家,匡济其艰。仍身先率海舟千百艘,俟于嘉兴之澉浦,而平江之粟亦展转至杭之石墩。石墩去澉浦且一舍余,海滩浅涩,舟胶不进。公乃徒涉往来,跟肘泥沙,几溺于潮者屡矣。终订其便利。于澉浦得粟,为石一十一万奇。

海运恢复后,刘仁本对未来海运的发展充满信心,他踌躇满志地分析说:"昔储运之肇兴也,始自八九万,渐至数百万,不既盛矣乎!盛而衰,衰而复。今为数又自十一万始,适有吻焉。则日后巨万之运,变通之道,实权舆于此矣,岂非理数然欤?"② 遗憾的是刘仁本的愿望并未能实现。继至正二十年(1360)之后,至正二十一年(1361)五月运粮赴京,仍如上年之数。这年九月,朝廷又派兵部尚书彻彻不花、侍郎韩祺往征海运粮一百万石。刘仁本《送户部侍郎韩君汝舟督漕还京序》记载说:

---

① 刘仁本:《江浙行省兴复海道漕运记》,《金声玉振集》第17册。另据《元史》卷176《曹伯启传》,曹履亨之父曹伯启,"济宁砀山人"。砀山县,治今安徽砀山东北,临近曹南。

② 刘仁本:《江浙行省兴复海道漕运记》,《金声玉振集》第17册,国家图书馆藏袁氏嘉趣堂明嘉靖29年刊本。

> 至正二十有一年秋九月，廷命户部侍郎韩楫①，趣官舶于鄞以转漕，又更别命官董粟百万石于吴中，期以明年春抵京师。惟君以济川之才器而又温其如玉，动止威仪栗然可度，山君海王，靡不敬畏，故度用舶艘若干，悉如其数，联樯鼓櫂，罔敢或怠。及抵吴，而粟则仅得一十三万石有奇耳。②

海运船只虽已备齐，但户部尚书彻彻不花赴张士诚处征粮却遇到了麻烦。刘仁本《送户部尚书彻公通理趋漕回京序》记载说：

> 二十一年秋九月，有旨赋粟百万石于平江，以户部尚书彻公将命。公以科第起身，光明俊伟，颀然特达，将不辱命。既至，即颁命及赐，而太尉方且以士马供亿，辞不能如数。公正色抗言，议论不阿，力折不挠，取必于足，愤激莫渝。太尉严惮，瘖无答语，乃恳切于丞相，以便宜从事，得与尚书谢罪惟是。丞相俯于调伏，周旋曲折，祈辞沥命，请姑进止如前年之数，且伺后期，输偿所负，遂以粟三十万石奇③登于海舶。④

结果，至正二十二年（1362）五月，运粮赴京之数，较之上年，也仅增二万石。至正二十三年（1363）运抵粮数，仍为十三万石。而且，从此以后，张士诚"托辞以拒命"，"东南之粟给京师者，遂止于是岁云"。⑤

---

① 《元史》卷46《顺帝纪九》及《元史》卷97《食货志五》，均作"侍郎韩祺"。而"韩楫"字"汝舟"，可能更合中国古代字、号用字习惯。
② 刘仁本：《羽庭集》卷5《送户部侍郎韩君汝舟督漕还京序》，《景印文渊阁四库全书》第1216册，台湾商务印书馆1982年版，第89页下。
③ 据《元史》卷97《食货志五》，此处"三十万石"，疑为"十三万石"之误。
④ 刘仁本：《羽庭集》卷5《送户部尚书彻公通理趋漕回京序》，第88页下。
⑤ 《元史》卷97《食货志五》，"海运"条，第2483页。

三

天一阁《移建海道都漕运万户府记》碑，还简单回顾了元代海运的历史：

> 江南既平，岁漕达经赋以裕邦圻之用，有恒制矣。迁历淮、汴，力倍劳而所致寡，由是取捷辽海以恢漕输之功。

元世祖至元十九年（1282）海运开始之前，元政府在内河漕运方面已进行过多年努力①，但年运量通常不超过二三十万石，很难满足日益增长的需求。于是，从至元十九年开始，朝廷在继续内河漕运的同时，又采纳伯颜等人的建议，尝试进行海运。年运量从最初的四万余石，到至元二十七年（1290）即达一百五十余万石，至仁宗延祐六年（1319）运量即突破三百万石②，海运遂成为元朝南粮北运的主要方式。

关于海运管理机构的设置，碑文回顾说：

> 置典漕之官七所，皆号千夫长，岁漕三百余万石。创都漕运府以总之。建万夫长六人，皆佩金虎符，非廷之名臣冈（罔）称厥选，幕僚执牍奔奏之属，皆选择而充之。初创四府，继并为二，后则一之，建置姑苏，积有年矣。

---

① 参见默书民《元代的内河漕运》，《漕运文化研究》，学苑出版社 2007 年版，第 52—78 页；赖家度《元代的河漕和海运》，《历史教学》1958 年第 5 期；袁冀《元初河漕转运之研究》，台北《大陆杂志》1963 年第 37 卷第 4 期；高荣盛《元代海运试析》，《元史及北方民族史研究集刊》1983 年第 7 期；《元初山东运河琐议》，《元史及北方民族史研究集刊》1984 年第 8 期；杨育镁《元代的漕运》，台湾《淡江学报》1986 年第 24 期。

② 《永乐大典》卷 15950 引《经世大典·岁运粮数》，中华书局 1986 年版，第 6974 页下、6975 页下；《元史》卷 93《食货志一·海运·岁运之数》，第 2368 页。

海运开始后不久，至元二十年（1283）十二月，朝廷即设立了两个万户府，专掌海运。据《元史》卷12《世祖纪九》，至元二十年（1283）十二月辛丑，"以海道运粮招讨使朱清为中万户，赐虎符；张瑄子文虎为千户，赐金符"①。海运万户府是伯颜等人提议设立的。据《永乐大典》记载，这年十二月，"丞相伯颜②、平章扎散③、右丞麦术丁等奏：'海运之事，两南人言：朝廷若支脚钱，请用己力，岁各运粮十万石至京师，乞与职名。臣等议，朱清元有金牌，今授中万户，换虎符；张招讨④之子见带银牌，换金牌，为千户；忙兀鯦见带虎符，令为一府达鲁花赤。余一府以万户之无军而带虎符者为达鲁花赤。'上从之"⑤。两个海运万户府从此正式设立。

碑文"初创四府"的说法其实是不确的。海运四万户府的设立始于至元二十四年（1287），即桑哥秉政之初。桑哥为增加政府收入，采取了许多措施，海运管理机构的调整即其一。⑥ 据《永乐大典》记载，这年，"立行泉府司专领海运，增置万户府二，总为四万户府。都漕运海船上万户府亦速为头，与张文龙等勾当。平江等处运粮万户府，忙兀鯦为头，与费拱辰、张文彪等勾当。孛兰奚等海道运粮万户府，与张武等勾当。彻彻都等海道运粮万户府，与朱虎等勾当"⑦。这一措施虽则旨在增加海运数量，但亦与排挤张瑄、朱清对海运的控制权有关。四万户府中，虽仍任用了张瑄、朱

---

① 《永乐大典》卷15949、《元史》卷93《食货志一》，均将"张瑄子文虎为千户"误记为"张瑄为千户"。据《元史》卷11《世祖纪八》，至元十七年（1280）正月甲子，"以总管张瑄、千户罗璧收宋二王有功，升瑄沿海招讨使，虎符；璧管军总管，金符"。《元史》卷12《世祖纪九》，至元二十年（1283）四月壬辰，"阿塔海求军官习舟楫者同征日本，命元帅张林、招讨使张瑄、总管朱清等行"。综合上述记载，至元十九年（1282）始行海运时，张瑄的官阶、地位应高于朱清。

② 据元明善《丞相淮安忠武王碑》（《国朝文类》卷24）、苏天爵《丞相淮安忠武王》（《元朝名臣事略》卷2）、《元史》卷127《伯颜传》，伯颜于至元二年（1265）、至元十一年（1274）两次任中书左丞相。至元十九年（1282）虽已改任同知枢密院事，但此处仍沿用旧称。

③ 据《元史》卷12《世祖纪九》，至元二十年（1283）十月甲午，"以平章政事扎散为枢密副使"。此处仍沿用旧称。

④ 张招讨，即张瑄，因时为沿海招讨使，故称。

⑤ 《永乐大典》卷15949《运·元漕运一》，中华书局1986年版，第6968页下。

⑥ 参见拙文《忽必烈、桑哥与世祖朝的海运》，朱耀庭编著：《元世祖研究》，北京燕山出版社2006年版。

⑦ 《永乐大典》卷15949《运·元漕运一》，中华书局1986年版，第6969页上。

清的后人张文龙、张文彪、张武、朱虎等，但张瑄、朱清已被排除在外。为了表示对张、朱的安抚，这年十二月，任命张、朱二人为宣慰使。①

至元二十八年（1291）正月，桑哥等以罪被罢官。七月，被处死。这年四月，朱清、张瑄被召入朝。同年八月，应朱、张之请，又将行泉府司所属四个海运万户府合并为二，仍由朱、张二人掌领。张瑄以骠骑卫上将军、淮东道宣慰使，兼领海道都漕运万户府事；朱清以骠骑卫上将军、江东道宣慰使，兼领海道都漕运万户府事。每年运粮，以十分为率，张瑄承担六分，朱清承担四分。② 碑文所谓"初创四府，继并为二"，即指此而言。

大德六年（1302），朱清、张瑄被罢官，财产被籍没，其家属亦受到株连。次年，海道运粮万户府合并为海道都漕运万户府。③ 从大德八年（1304）起，海道都漕运万户府于平江路（治今江苏苏州）开司署事。万户府设正官六员，包括达鲁花赤一员，万户二员，副万户三员。④ 碑文所谓"建万夫长六人，皆佩金虎符"，或许是指此而言。⑤ 其他"幕僚执牍奔奏之属"则包括了首领官经历一员，知事一员，提领案牍照磨一员，提控案牍一员，令史一十名，通事一名，译史一名，奏差一十名。此外，万户府下设镇抚所及千户所共十二处，每处设司吏两名。镇抚所设官二员。海运千户所十一处，平江等处香莎糯米千户所设达鲁花赤一员，千户二员，副千户二员，其余嘉定、常熟、昆山、温台、崇明、上海、嘉兴、松江、杭州、江阴等十处千户所，每所设达鲁花赤一员，千户二员，副千户三员。⑥

---

① 《元史》卷14《世祖纪十一》，第303页。
② 《永乐大典》卷15949《运·元漕运一》，中华书局1986年版，第6969页下—6970页上。
③ 《元史》卷21《成宗纪四》，第455页。
④ 《永乐大典》卷15949《运·元漕运一》，中华书局1986年版，第6971页下。
⑤ 据《永乐大典》记载，大德七年（1303）十二月，"并海道运粮三万户府为一，设万户六员"（见《永乐大典》卷15949，第6971页上），但大德八年的具体执行情况则是达鲁花赤一员，万户二员，副万户三员。另外，"海道运粮三万户府"的提法，估计是未将"都漕运海船上万户府"包括在内。
⑥ 《永乐大典》卷15949，《运·元漕运一》，中华书局1986年版，第6971页下。

武宗至大年间，海道运粮万户府曾一度设官八员，至大四年（1311）十月后，仍恢复为六员：即达鲁花赤一员，万户则由二员减为一员，副万户由三员增为四员。千户所也做了调整：昆山、崇明二所合并为昆山崇明所，松江、嘉定二所合并为松江嘉定所，杭州、嘉兴二所合并为杭州嘉兴所，常熟、江阴二所合并为常熟江阴所。罢去上海所，保留温台所、平江香糯所及镇抚所，增设庆绍所。其中常熟江阴所、昆山崇明所、松江嘉定所、杭州嘉兴所及平江香糯所均于平江路置司，温台所于温州路置司，庆绍所于庆元路置司。① 这套管理机构，后长期延续下来。碑文所说"置典漕之官七所，皆号千夫长"，即指七个海运千户所而言。"岁漕三百万石"往往用来概指元代的年海运量，而实际上年运量突破三百万石，正如上文所说，是仁宗延祐六年（1319）以后的情况。碑文所说"建万夫长六人"，则是包括了海运万户府达鲁花赤、万户、副万户等主要官员的员额。实际上，海运管理机构及其官员的设置，是有一个变化过程的。② 至顺帝至正十六年（1356）张士诚攻占平江后，海运万户府迁往庆元（治今浙江宁波）。至正十九年（1359）后，海运虽一度恢复，但运量有限，原来的千户所等设置，估计已经废罢。

四

《明史·方国珍附刘仁本传》称："国珍海运输元，实仁本司其事。"现存刘仁本的相关诗文，也可以证实《明史》的这一论断。

刘仁本字德玄（清人又作"德元"），天台（今浙江天台）人。其父曾为黄岩（治今浙江黄岩）吏员，"持法平，州人爱之"③。外祖父王操，曾

---

① 《永乐大典》卷 15949，《运·元漕运一》，中华书局 1986 年版，第 6971 页下。
② 参见［日］植松正《元代的海运万户府与海运世家》，《京都女子大学大学院文学研究科研究纪要·史学编》第 3 号，2004 年 3 月。
③ 贡师泰：《师泰集》卷 10《赠天台郡君王氏墓志铭》，吉林文史出版社 2010 年版，第 410 页。

为昌国州（治今浙江舟山）都目。① 刘仁本兄弟四人，仁本为长，三个弟弟依次为刘桀，官温州永嘉（今浙江温州）丞；刘斌，台州路（治今浙江临海）儒学教授；刘章，处州松阳（今浙江松阳县城西北古市镇）尉②。刘仁本"尝以进士业中乙科，宪府举其材，试吏于闽，所至佐上官，有政绩"③。后曾"一再拜命，皆为海道防御漕运官。既涉舟楫，出没风涛，于灵妃神火之事屡亲见之"④。元顺帝至正十五年（1355）方国珍之兄方国璋"护漕抵直沽"⑤，刘仁本亦参与了此次护漕行动⑥。据刘仁本《跋黄氏夫人贞节传》，至正十七年（1357），刘被朝廷任命为江浙行省左右司都事⑦，后历官江浙行省郎中⑧。至正二十二年（1362），任温州路（治今浙江温州）总管⑨。戴良《袁廷玉传》称，刘仁本等还曾任枢密分院副使⑩。现存刘仁本的著作有《江浙行省兴复海道漕运记》《送兵部尚书伯元臣回京叙》⑪，以及《羽庭集》与一些散见诗文等。清四库馆臣称："国珍岁治海舟输江淮之粟于大都"，"其序记诸篇，述方国珍与察罕通使及岁漕大都诸事，多记所

---

① 贡师泰：《贡师泰集》卷10《赠天台郡君王氏墓志铭》，吉林文史出版社2010年版，第410页。
② 贡师泰：《贡师泰集》卷10《赠天台郡君王氏墓志铭》，吉林文史出版社2010年版，第410页。
③ 朱右：《羽庭稿序》，《白云稿》卷4，国家图书馆藏明刊本。
④ 刘仁本：《羽庭集》卷6《跋浙东金宪刘彦常航海传》，《景印文渊阁四库全书》第1216册，第115页。
⑤ 张翥：《大元赠银青荣禄大夫江浙等处行中书省平章政事上柱国追封越国公谥荣愍方公神道碑》，《台州金石录》卷12，新文丰出版公司1982年版。
⑥ 刘仁本：《跋补陀洛迦山考》，《普陀山志》卷4，《四库全书存目丛书·史部》第231册，齐鲁书社1996年版，第237页下—238页上。
⑦ 刘仁本：《羽庭集》卷6《跋黄氏夫人贞节传》，《景印文渊阁四库全书》第1216册，第116页下。
⑧ 《明史》卷123《方国珍附刘仁本传》，中华书局1974年版，第3700页。
⑨ 刘仁本：《羽庭集》卷5《送韩致用之福建谒先庙序》云："至正二十又二年，余拜永嘉郡守之命，"《景印文渊阁四库全书》第1216册，第80页下。
⑩ 戴良：《九灵山房集》卷27，《四部丛刊》本。
⑪ 《金声玉振集》，中国书店1959年影印明刊本。编者称："右二文见刘仁本所著《羽庭集》，集凡10卷，元时刻者家有此集。以二文涉海运事，刻附卷末，俟有所考焉。"今传世《羽庭集》多为六卷本或四卷本。民国《台州丛书》己集收有刘仁本《羽庭〔诗〕集》4卷，补遗1卷；《羽庭文集》4卷，补遗1卷。

不载，亦可补史阙"。①

刘著《羽庭集》中，保留有不少有关元末海运的诗文。如《饯长信寺经历曹德辅序》《饯将作院使曲有诚公序》《送户部尚书彻公通理趣漕还京序》《送户部侍郎韩君汝舟督漕还京序》《送江浙行省检校官张君彦复序》《虞江宴别诗序》等序文，以及《奉檄泛海督漕运》《防运粮赴京二首》《春日即事》《舟发海上》《送户部侍郎韩君汝舟督漕还京》《送漕府知事高本中北上》《送中政院同佥钣纳鸣谦回京》等诗篇。由于刘仁本所记，多为个人亲身经历或见闻，所以大都细致具体、形象生动，为我们了解这一时期的海运以及刘仁本的内心世界，留下了不可替代的珍贵史料。例如，《奉檄泛海督漕运》写道："风露双清满柁楼，两旗催发漕官舟。银河直下天倾泻，铁笛横吹海逆流。三四点星瞻北斗，几千里路到皇州。白鸥不管人间事，共此乾坤日夜浮。"② 尽管海运途中会有惊涛骇浪，险象环生，但作者似乎就是那漂浮于水面的"白鸥"，显得那样轻松与潇洒。他对腐朽的元王朝也有种种不满，但始终没有动摇对朝廷的无限忠诚。他在《防运粮赴京二首》中写道：

> 一封奏天下晶宫，南服车书喜会同。
> 天上纶音颁玉帛，海头蜃气结青红。
> 双珠虎佩悬明月，万斛龙骧驾便风。
> 莫问大江南北限，涓流从此与天通。
>
> 偶随饷馈上金台，姓氏哪知格上台。
> 一点灵犀通海底，九苞威凤自天来。
> 赐衣香织金泥重，锡篆光浮宝匣开。

---

① 《羽庭集》卷首《〈羽庭集〉提要》，《景印文渊阁四库全书》第 1216 册，台湾商务印书馆 1986 年版，第 1 页。

② 《羽庭集》卷 3《奉檄泛海督漕运》，第 42 页上。

> 蝼蚁小臣思补报,常瞻云气望蓬莱。①

他作为"蝼蚁小臣",为朝廷所赐"双珠虎佩"与香织锦衣感到骄傲并心存感激。面对浩瀚的大海与顺风疾驶的"万斛龙骧",他满心喜悦,仿佛是"一点灵犀通海底,九苞威凤自天来",这是何等的兴奋与豪迈!至正二十七年(1367)朱亮祖攻占温州,刘仁本被俘,"太祖数其罪,鞭背溃烂死"②。面对强敌,他是宁死不屈的。

刘仁本始终忠于职守,效力元朝,与方国珍的首鼠两端截然不同。所以四库馆臣以为,"其从国珍,盖欲借其力以有为,徐图兴复,亦如罗隐之仕吴越,实心不忘唐"③。清人潘锡恩编《乾坤正气集》,亦将《羽庭集》收入。潘氏在该丛书序言中说:"……是集也,其人皆忠孝节义,身际艰难,不贪富贵,杀身成仁,见其事咨嗟而涕泗,闻其风感奋而兴起……"④这些评价,用在刘仁本身上,也是比较公允的。

(原载《马可波罗游历过的城市——元代杭州研究文集》,杭州出版社 2012 年版)

---

① 《羽庭集》卷 3《防运粮赴京二首》,第 52 页下。
② 《明史》卷 123《方国珍附刘仁本传》,第 3701 页。
③ 《羽庭集》卷首《〈羽庭集〉提要》,第 1 页。
④ 《乾坤正气集》卷首,天津图书馆藏清刊本。

元代平江路的人口发展

——元代海运基地系列研究之一

从元世祖忽必烈时期开始，平江路（治今江苏苏州）逐渐成为元政府的海运基地。这里设有海运万户府及其下属的镇抚所、平江香糯所、昆山崇明所、杭州嘉兴所、常熟江阴所、松江嘉定所等海运管理机构①，以掌海运。平江还建有天妃庙（又称灵慈宫、天妃宫），朝廷命使及行省与海运官员等常常在此举行祭祀仪式，以祈保海运平安。每年，大批运粮船只从太仓刘家港出发，利用东南季风，驶向直沽（今天津狮子桥西端旧三岔口一带），然后再转运至大都（今北京）。

海运保证了大都的用粮安全，同时也推动了"长三角"沿海地区对外交通贸易及社会经济的发展，平江路的人口发展便是其例证之一。

一

平江路下辖录事司及吴县（今江苏苏州）、长洲（今江苏苏州）两个倚郭上县，昆山（治今江苏昆山，并曾一度移治江苏太仓）、常熟（治今江苏常熟）、吴江（治今江苏吴江）、嘉定（治今上海嘉定）四个中州，有

---

① 据卢熊（洪武）《苏州府志》（台湾成文出版社 1983 年版）卷 8《官宇》载，万户府及下属各所在平江城内闻德坊乔司空巷内设置。另外《永乐大典》卷 15949《运·元漕运一》记载，万户府原设镇抚所及海运千户所十一处，包括香莎糯米千户所及嘉定、常熟、昆山、温台、崇明、上海、嘉兴、松江、杭州、江阴等所。后并昆山、崇明为一，松江、嘉定为一，杭州、嘉兴为一，常熟、江阴为一，创设温台、庆元二所，并平江香糯所，共为七个千户所。镇抚所依旧设置（中华书局 1986 年版，第 6971 页下）。

466158户，2433700口①，其口数为全国各路之冠。

《元史·地理志》所记各地户口数，时间不一，或为至元七年（1270）抄籍数，或为至元二十七年（1290）户籍数，或为文宗至顺元年（1330）户部钱粮户数。平江路的户口数是至元二十七年（1290）的数字。

《元史·地理志》中的户口数，还有不少错误，为学术界所共知。如记福州路（治今福建福州）有799694户，3875127口，这实际是全福建道宣慰司所辖的总户数。记饶州路（治今江西波阳）有680235户，4036570口，实际上这是饶州路所在的江东建康道肃政廉访司所属的宁国路（治今安徽宣州）、徽州路（治今安徽歙县）及饶州路的人口总和。②吴松弟先生对此已有详细考证，兹不赘述。

与平江路人口接近的应是大都路（今北京市）。《元史·地理志》记大都路有147590户、401350口。这一数字是至元七年（1270）抄籍数。③之后，大都人口并无确切统计。由于大都是元朝的首都，人口增加比较快。元人诗文中常有京城"十万家"之说，估计大都人口当有四五十万。④顺帝至正初年，脱脱曾说到"京师人烟百万"⑤，这虽为概指，甚或有所夸张，但亦反映了元后期大都人口的增加。大都是元朝的首都，大都路人口的快速增加，是情理之中的。

总之，从目前已知的有确切记载的全国各路人口数字看，平江路无疑是全国第一路。

---

① 《元史》卷62《地理志五》，中华书局1976年版，第1493—1494页。下同。另据《元史》卷91《百官志七》，朝廷于至元二十年（1283）规定，江淮以南，"三万户之上者为上县，一万户之上者为中县，一万户之下者为下县"。同时规定，"五万户之上者为上州，三万户之上者为中州，不及三万户者为下州"。随着人口的增加，成宗元贞元年（1295）五月，又规定"户至四万、五万者为下州，五万至十万者为中州"。（《元史》卷88《元史·成宗纪一》，第393页）平江路所辖州、县等级标准，当是元贞元年（1295）之后的标准。
② 见吴松弟《中国人口史》第3卷《辽宋金元时期》，复旦大学出版社2000年版，第325—326、323—324页。
③ 《元史》卷58《地理志一》，第1347页。
④ 陈高华：《元大都》，北京出版社1982年版，第43页。
⑤ 任崇岳：《庚申外史笺证》，中州古籍出版社1991年版，第35页。

平江路所辖录事司及各州县人口，未见具体记载。据（洪武）《苏州府志》，明洪武四年（1371），苏州府所辖长洲、吴县、常熟、昆山、吴江、嘉定六县，共有人口 473862 户、1947871 口。其中长洲县 85868 户、356486 口；吴县 60335 户、245112 口；常熟 62185 户、247104 口；昆山 88918 户、357623 口；吴江 80384 户、361686 口；嘉定 96072 户、379805 口。① 其中以临海的嘉定人口为最多。洪武四年（1371），明朝政权刚建立不久，还来不及对各地人口作全面精确统计，上述数字极有可能是沿用元朝末年的数字。众所周知，元末农民战争期间，平江路亦同样受到不少影响。谢应芳写诗说："世故一变更，十室九颠覆"②；"无数云梯未尽收，髑髅如雪拥苏州"③；许恕则说："城郭灰飞久变迁，丞黎星散尽颠连。吴中旅食今千日，海内军兴已十年。"④ 谢应芳、许恕所说，难免有些夸张，但战争的影响无疑是巨大的。在元末农民战争爆发前，在社会秩序相对安定的情况下，各州县人口，当会远远高于上述数字。

在平江路所属各州县中，昆山州的人口发展状况记载较多。据（淳祐）《玉峰志》⑤，玉峰（即昆山）"祥符间（1008—1016 年），主户一万三千七十八，客户三千二百七十二。主丁一万五千三百八十九，客丁三千三百零三。庆元间（1195—1200 年），主户三万五千三百四十二，客户三千七百，视昔已多。今主客共四万五千三百六十八户，一十三万四千五百口。较之古经，盖将数倍，生齿日繁，则邑之壮盛可见云"⑥。从祥符（1008—1016 年）到淳祐（1241—1252 年）的二百余年间，主客户合计增加至原来的近

---

① （洪武）《苏州府志》卷 10《户口》，成文出版社 1983 年版，第 421—422 页。
② 谢应芳：《龟巢稿》卷 4《祭顾玉山诗》，《景印文渊阁四库全书》第 1218 册，台湾商务印书馆 1986 年版，第 107 页。
③ 谢应芳：《龟巢稿》卷 4《十月过吴门》，《景印文渊阁四库全书》第 1218 册，台湾商务印书馆 1986 年版，第 97 页上。
④ 许恕：《北郭集》卷 4《吴中》，《景印文渊阁四库全书》第 1217 册，台湾商务印书馆 1986 年版，第 340 页下。
⑤ 玉峰，即昆山之别称。
⑥ （淳祐）《玉峰志》卷上《户口》，成文出版社 1983 年版，第 3805 页下。

三倍。尽管绝对数量不是很大，但增长速度还是很快的。到南宋末年，由于政治军事形势对南宋已极为不利，所以（咸淳）《玉峰续志》称："今逾时二十年，切料数未必增益。盖富者迁避，贫者转徙，赋役既缺，团甲多废，未从以考其实，恐贻虚增之诮，姑仍其旧云。"①

元代昆山的人口数量无具体记述。《至正昆山郡志》卷1《风俗》在讲到昆山太仓的变化情况时说："归附后世变风移，不能无异。况今新治（指太仓——引者）旧本墟落，居民鲜少。海道朱氏（指朱清及其家族——引者）翦荆榛，立第宅，招徕番舶，屯聚粮艘。不数年间，凑集成市。番汉间处，闽广混居，各循风土，习俗不一。大抵以善贸易，好市利，尚虚礼，美呼称……及文运肇兴，科举荐复，人皆知读书为贵，弦诵之声遍于闾里，风俗为之大变云。"②杨维桢在《昆山郡志序》中也说："昆山自县升州，户版与地利日增，租赋甲天下，州郡县市贾之舶萃焉，海漕之艘出焉，庸田水道之利害在焉……"③桑悦（弘治）《太仓州志》则明确指出："元至元十九年（1282），宣慰朱清、张瑄自崇明徙居太仓，创开海道漕运，而海外诸番因得于此交通贸易。是以四关居民间阎相接，粮艘海舶、蛮商夷贾辐辏而云集，当时谓之六国马头。"④"然太仓始以海滨僻壤，遂成万家之邑，是虽气数使然，亦由海漕诸公为之创始也。"⑤昆山籍文人郭翼《昆山谣送友人》一诗则是用生动形象的语言，描绘了太仓沿海的繁荣兴盛与社会风情。诗中写道：

---

① （咸淳）《玉峰续志·户口》，成文出版社1983年版，第3840页下。
② 《至正昆山郡志》卷1《风俗》，《宋元方志丛刊》第1册，中华书局1990年版，第1114页上。仁宗皇庆二年（1313）十月，"徙昆山州治于太仓"（《元史》卷24《仁宗纪》一，第558页），顺帝至正十六年（1356），复移昆山。
③ 杨维桢：《昆山郡志序》，《至正昆山郡志》卷首，《宋元方志丛刊》第1册，中华书局1990年版，第1111页上。
④ （弘治）《太仓州志》卷1《沿革》，《日本藏中国罕见地方志丛刊续编》第3册，北京图书馆出版社2003年版，第12页。
⑤ （弘治）《太仓州志》卷6《仕宦》，《日本藏中国罕见地方志丛刊续编》第3册，北京图书馆出版社2003年版，第143页。

> 吴东之州娄东江，民庐矗矗如蜂房。
> 官军客马交驰横，红尘轧投康与庄。
> 鸡鸣闹市森开张，珠犀翠象在道旁，
> 吴艎越舰万首骧。太帆云落如山崩，
> 舟工花股百夫雄，蛮音獠语如吃羌。
> 水仙祠前海茫茫，鱼鳌作道虹作梁，
> 龙堂贝阙当中央。灵女媛歌吹笙簧，
> 冯夷伐鼓相铿轰，或乘飞龙下沧浪。
> 大樯小樯火流光，翠旆摩云互低昂，
> 左驱勾陈右搀抢。天子锡命祀南邦，
> 重臣下拜灵慈宫，太平无象跻成康。
> 吾州富庶文物昌，厥田下下赋下上。
> 岁贡天府民职恭，君子闾闾讲虞唐，
> 小人业业为工商。大夫从事举贤明，
> 掌曹僚属登其良。……①

上述文字都明确表明，元代海运开通后，昆山太仓人口迅速增加，商业贸易兴盛，文化教育发展，社会风俗也为之一变。

平江路录事司与倚郭的吴县、长洲两县，人口数量也比较多。据《元一统志》，平江路录事司辖利娃乡、永定乡、凤凰乡、上元乡、道义乡、凤池乡、大云乡、东吴上乡、乐安上乡、乐安下乡等10个乡。而吴县辖灵岩乡、横山乡、太平乡、大吴乡、凤凰乡、永定乡、利娃乡、大吴乡、吴苑乡、至德乡、胥台乡、南宫乡、长山乡、长洲乡、西华乡、遵礼乡、震泽乡、蔡仙乡、姑苏乡、洞庭乡、长寿乡等21乡；长洲县则辖大云乡、道义乡、上安乡、凤池乡、习义乡、陈公乡、苏台乡、东吴乡、尹山乡、吴官

---

① 郭翼：《昆山谣送友人》，《元诗选》二集下，第1013—1014页。

乡、依仁乡、益地乡、金鹅乡、彭华乡、武邱乡、儒教乡、乐安上乡、乐安下乡、吴上乡等19乡。① 录事司与吴县、长洲两县乡的设置如此之多，也从一个侧面反映了该地区人口数量之大。

二

下面，我们对平江路周边部分路、府、州的人口发展状况进行一些考察，以便将平江路与周边地区在同一历史平台上进行比较。

平江路的东南方是松江府（治今上海松江）②。据《至元嘉禾志》记载，至元十三年（1276）南宋降元时，在松江府有234470户。该书编纂者在松江府数字后，特别说明："此至元十三年报省民数也。中更兵难，户口减半，今实管仅十二万余户而已。"③ 可见元宋战争对松江府人口发展的影响是巨大的。直至半个世纪后的元文宗至顺年间，松江府交纳钱粮的民户也仅有163931户④，加上其他免交钱粮的民户，估计也超不过二十万户，仍未能恢复至南宋末年的水平，这和平江路人口的迅速增加相比较，相差甚大。不过，从另一角度看，松江府仅辖华亭、上海两县，面积较小，人口已是相当密集。

《至元嘉禾志》中，除去松江府，其余的嘉兴县（今浙江嘉兴）、海盐县（今浙江海盐，元贞元年升为海盐州）和崇德县（即今浙江桐乡县崇福镇，元贞元年升为崇德州）便是后来平江路以南、松江府西侧嘉兴路的辖

---

① 《元一统志》下册，中华书局1966年版，第587—588页。但是，其中所记录事司所辖10乡之中，有3个（凤凰乡、利娃乡、永定乡）重复出现于吴县辖内，5个（道义乡、凤池乡、大云乡、乐安上乡、乐安下乡）重复出现于长洲县辖内；长洲县辖内记有两个大吴乡，疑记载有误。

② 南宋时，松江府称华亭县，属嘉兴府。至元十五年（1278）二月，元政府"改华亭县为松江府"（《元史》卷10《世祖纪七》，第198页），隶嘉兴路。所以成书于至元二十五年（1288）的《至元嘉禾志》，仍将松江府列入嘉兴路内。至元二十七年（1290），"以户口繁多，置上海县，仍属松江府"（《元史》卷62《地理志五》，第1495页）。"松江府隶行省"而脱离嘉兴路是在至元二十八年（1291）七月（《元史》卷16《世祖纪十三》，第349页）。

③ 《至元嘉禾志》卷6《户口》，《宋元方志丛刊》第5册，中华书局1990年版，第4452页下—4453页上。

④ 《元史》卷62《地理志五》，第1495页。

境。据该志记载，至元十三年（1276）时，嘉兴路有 459377 户，如减去松江府的 232823 户，为 226554 户，这应该就是之后嘉兴路的户口数。《元史》卷 62《地理志》五所记嘉兴路的户口数，实际上也是包括了松江府的人口在内。① 嘉兴路所辖录事司及一县二州，其人口估计不会超过 25 万户。

平江路的西南，嘉兴路的西侧，便是湖州路（治今浙江湖州）。据（雍正）《浙江通志》卷 72《户口二》，宋淳熙九年（1182），湖州府主客户共计 204509 户②，如以每户 5 口计，应有人口 1022545。经过了约一个半世纪，到元朝的文宗至顺年（1330—1333），才有 254345 户③，较淳熙九年（1182）仅增近 5 万户。虽然《元史》所载是"至顺钱粮数"，但即使全部户数，也不会与此有太大悬殊。宋元期间，湖州府（路）的人口增加速度是十分缓慢的。及至明洪武二十四年（1391），湖州府的人口竟降至 200048 户、810244 口，嘉靖时又降至 173743 户、485849 口④。湖州路的人口发展状况自然无法与平江路相比。

杭州路（治今浙江杭州）位于平江路西南，二者之间有嘉兴路及湖州路相隔。这里曾经是南宋的都城，在元朝则是江浙行省的首府。元政府的南粮北运，都由行省官员负责落实，并具体进行组织、协调、督运。

南宋留存下来的杭州方志主要有周淙纂修的《乾道临安志》、施谔纂修的《淳祐临安志》与潜说友纂修的《咸淳临安志》。其中，以《咸淳临安志》内容最为丰富，且距元灭宋的时间也最近。据该书记载，临安（今浙江杭州）当时有主客户 391259 户、口 1240760。⑤ 因宋代人口的登录统计，

---

① 参见吴松弟《中国人口史》第 3 卷《辽宋金元时期》，复旦大学出版社 2000 年版，第 318—319 页。
② （雍正）《浙江通志》卷 72《户口二》，《景印文渊阁四库全书》第 521 册，台湾商务印书馆 1986 年版，第 20 页上。
③ 《元史》卷 62《地理志五》，第 1492 页。
④ （雍正）《浙江通志》卷 72《户口二》，《景印文渊阁四库全书》第 521 册，台湾商务印书馆 1986 年版，第 20 页上。
⑤ 《咸淳临安志》卷 58《户口》，《宋元方志丛刊》第 4 册，中华书局 1990 年版，第 3869 页上。

通常只有男子的口数，所以每户人口很少。如以每户 5 口计，临安当时应有 1956295 口。元至元二十七年（1290），杭州路有 360850 户、1834710 口。①元军攻占临安已二十余年，其人口仍未能恢复至南宋末年的水平。其原因虽与杭州政治地位的下降有关，但战争造成的创伤无疑是更重要的原因。尽管南宋降服后，元军统帅伯颜曾"分遣董文炳、吕文焕、范文虎巡视城堡，安谕军民"，"禁军士毋入城"，并"遣吕文焕持皇榜谕临安中外军民，俾安堵如故"，但，"先是，三衙卫士，白昼杀人，闾里小民，乘乱剽掠"②，城乡居民的死伤逃亡肯定为数甚多。所以战争过去二十余年，杭州仍无法恢复昔日的繁荣。

平江路西邻的常州路无锡州（治今江苏无锡），元宋战争时也曾受到重创，人口大量减少。但战争结束后，人口的恢复与发展却非常快。据元佚名《无锡志》记载，南宋理宗淳祐年（1241—1252），无锡有 37916 户、230568 口。至"元兵南下，残掳之余，十去其四。既又大减于疫，存者仅十分而五。厥后平治既久，生聚日繁"。至元二十七年（1290）户口普查，无锡增至 70242 户，已"三倍于古"③，人口增长之快是惊人的。成宗元贞元年（1295）五月，元政府规定，户口"五万至十万者为中州"④，无锡人口已远超 5 万户，于是便由县晋升为中州⑤。

由平江沿长江而上，经过无锡所在的常州路（治今江苏常州），便是镇江路（治今江苏镇江）。《至顺镇江志》保存有比较详细的人口资料。据该书记载，南宋理宗时，镇江府有 108400 户、644100 口。⑥元至元二十七年（1290），镇江路仍有 103315 户、623644 口，与南宋理宗时的户口数相比

---

① 《元史》卷 62《地理志五》，第 1491 页。
② 《元史》卷 127《伯颜传》，第 3109 页。
③ 元佚名《无锡志》卷 1《户口》，《宋元方志丛刊》第 3 册，中华书局 1990 年版，第 2187 页上。
④ 《元史》卷 18《成宗纪一》，第 393 页。
⑤ 《元史》卷 62《地理志五》，第 1495 页。
⑥ 《至顺镇江志》卷 3《户口》，江苏古籍出版社 1999 年版，第 86 页。

较，变化不大。《至顺镇江志》的编纂者俞希鲁以为，"南北混一，兹郡实先内附①，兵不血刃，市不辍市。故至元庚寅（至元二十七年，1290年）籍民之数与嘉定等"②。但半个世纪后，到元文宗至顺年间，镇江路也仅有114218户、不足67万口（其中土著100065户、613578口；侨寓3845户、10555口；客户5753户；单贫4104户、11479口；僧310户、2403口；道141户、570口）③。人口增加幅度很小。其中原因，俞希鲁以为："大德辛丑（大德五年，1301年）秋七月，飓风大作，诸沙漂流④。厥后丁未洎天历己巳，二纪之间，两罹荒札，死亡转徙，在在有之。由今视昔，颇为不侔。比年以来，生聚涵育，渐复旧观矣。"⑤连续多次天灾，严重阻碍了镇江路的人口增长。

逆长江而上，镇江路的西侧便是集庆路（治今江苏南京）。据成书于南宋理宗景定二年（1261）的《景定建康志》记载，当时建康府（治今江苏南京）共有117787户（其中主户103545户，客户14242户）⑥，若以每户5口计，当有588935口。据《宋史·地理志》记载，北宋徽宗崇宁（1102—1106年）时，江宁府（治今江苏南京，即后来的建康府、集庆路）已有120713户⑦，经过了约160年，到理宗景定年间，户口反而减少了一些，这显然与金宋及蒙宋战争密切相关。元灭南宋后，经过不长时间，到至元二十七年（1290），据《至正金陵新志》记载，已有226377户（其中录事司18205户，江宁县22705户，上元县29277户，句容县34814户，溧

---

① 据《元史》卷8《世祖纪五》，至元十二年（1275）三月，"宋镇江府马军总管石祖宗以城降"。

② 《至顺镇江志》卷3《户口》，第83页。

③ 文中客户5753户，无口数。如按每户5口计，则有28765口，镇江路人口总计则为667350口。

④ 据《元史》卷20《成宗纪三》，大德五年"秋七月戊戌朔，昼晦，暴风起东北，雨雹兼发，江湖泛溢，东起通、泰、崇明，西尽真州，民被灾死者不可胜计"。

⑤ 《至顺镇江志》卷3《户口》，第83页。

⑥ 《景定建康志》卷42《民数》，《宋元方志丛刊》第2册，中华书局1990年版，第2010页下。

⑦ 《宋史》卷88《地理志四》，中华书局1977年版，第2186页。

水州 57896 户，溧阳州 63482 户）①。若以每户 5 口计，应有 1131895 口。而《元史·地理志》记载的户数为 214538、口数为 1072690②，二者记载有些不同。考虑到《至正金陵新志》所记载口数均有司、州、县各种类别的户口细目，因而方志记载的数字可能更可靠些。

从景定二年（1261）到至元二十七年（1290），仅仅三十年时间，户口即有近一倍的增长，这在当时是很少见的。

元代的庆元路（治今浙江宁波）曾设有庆元绍兴等处海运千户所。③ 至正十六年（1356）张士诚攻占平江后，海运万户府还曾迁至该地④，因此，该路对元代海运说来亦十分重要。但先后修成的《延祐四明志》与《至正四明续志》均未把当时的人口数字保存下来。倒是《大德昌国州图志》保存了一些庆元路下辖的昌国州（治今浙江舟山）的人口资料。据该书记载，南宋光宗绍熙年（1190—1194），有主户 7665、客户 5876，合计 13541 户。如以每户 5 口计，则有 67705 口。此后八十余年，人口逐渐增加，到至元二十年（1283），则有户 22640、口 126005。⑤ 昌国州位于沿海的舟山群岛，即今舟山市，其境内人口的增长，反映了大陆居民走向海洋的愿望日渐强烈。

以上，我们先后考察了平江路周边的松江府、嘉兴路、湖州路、杭州路、无锡州、镇江路、集庆路及昌国州的人口发展状况。从中可以看出，元代，杭州路人口有明显下降，松江府人口长时期内也未能恢复至南宋水平。镇江路、湖州路及昌国州的人口发展虽则缓慢，但毕竟在增长中。无

---

① 《至正金陵新志》卷 8 《户口》，《宋元方志丛刊》第 6 册，中华书局 1990 年版，第 5642 页下—5646 页上。

② 《元史》卷 62 《地理志五》，第 1501 页。

③ 《永乐大典》卷 15949 《运·元漕运一》，中华书局 1986 年版，第 6971 页下；《延祐四明志》卷 3 《职官考》下，《宋元方志丛刊》本。

④ 天一阁《移建海道都漕运万户府记碑》，见章国庆《天一阁明州碑林集录》，上海古籍出版社 2008 年版，第 58 页。

⑤ 冯福京修、郭荐纂：《大德昌国州图志》卷 3 《户口》，《宋元方志丛刊》第 6 册，中华书局 1990 年版，第 6078 页。

锡州在元宋战争中遭受巨创，但之后的发展则比较迅速。但它仅为一州，人口总量较少，无法与平江路相比。唯一可以与平江路相媲美的是集庆路。二者辖境面积大体相当，人口增长速度都比较快。但人口总量，集庆路不及平江路的一半。从宋理宗景定二年（1261）到至元二十七年（1290）的三十年间，集庆路户数增加仅 10 万余。而从宋恭宗德祐元年（1275）到至元二十七年（1290）的十五年中，平江路就增加了 13 万多户，户口增加的绝对值明显超过集庆路，而所用时间，仅及集庆路所用时间的一半。

从上述分析中我们不难看出，平江路的人口，不仅其总量为全国各路之冠，其发展速度也超过了周边其他地区。

三

唐、宋以来，平江（旧称吴郡、苏州等）地区是全国人口增长最快的地区之一，在我国经济重心南移的过程中，具有标志性意义。为了进一步说明元代平江路的人口发展在其历史发展长河中的地位与影响，我们有必要对唐宋以来该地区的人口发展状况做一回顾。

据《旧唐书·地理志》，苏州"旧领县四户一万一千八百五十九，口五万四千四百七十一。天宝领县六，户七万六千四百二十一，口六十三万二千六百五十"①。应该说明的是，唐代的苏州，大体相当于元代的平江路、嘉兴路与松江府等两路一府的辖境。但从唐太宗贞观年间到玄宗天宝时的百余年间，苏州人口即由 11859 户、54471 口增至 76421 户、632650 口，户数增加 5.4 倍余，口数增加 10.6 倍余，增长幅度是惊人的。

两宋时期的人口统计资料保存下来的较多。宋代由于秀州（治今浙江嘉兴，南宋庆元元年升为嘉兴府）的设立，平江府的辖境已接近于元代的平江路。据《宋史·地理志》，平江府"崇宁（1102—1106）户一十五万二

---

① 《旧唐书》卷 40《地理志五》，中华书局 1975 年版，第 1586 页。

千八百二十一，口四十四万八千三百一十二"①。宋史学界对《宋史·地理志》中的人口数有不同的理解，吴松弟先生认为："《宋史·地理志》的各州府军的口数应该都是全体男子的数量，而不是其他。"② 这一观点比较符合实际。如以每户 5 口计，崇宁时的平江府应有 76.4 万余口。这和唐代相比，已有显著增加。

近七十年后，宋淳熙三年（1176），卢瑢在《重建居养安济院记》中记载说："中吴囊括千里……土膏而民夥。中兴以来，人风四洽，列户者今廿余万。"③ 文中的"中吴"即指平江府而言。

元代平江路的人口已见前述。（洪武）《苏州府志》卷首在讲到元亡之后平江辖境与人口变化情况时说：

> 本朝吴元年，王师平张士诚，改平江路为苏州府，上隶中书省。洪武二年（1369），复以吴江四州为县。八年（1375），又以扬州之崇明县（今上海崇明）来属（以地近本府也，始有崇明焉）。领县七：吴、长洲、吴江、常熟、昆山、嘉定、崇明。有户五十万六千五百三十四，口二百一十六万四百六十三。

如果减去崇明县的户数，洪武时的户数与至元二十七年（1290）的户数相比，并无大的变化，但人口数由 2433700 人减至 2160463 人（含崇明），即使不考虑元朝中后期平江路人口的增加，该地人口的减少亦是明显的。

明人王鏊（正德）《姑苏志》详细罗列了苏州府历代户口的变化情况。尽管其历代辖境不尽相同，个别数字也有差错，文字表述也有不确之处，但这并不影响我们对该地人口发展趋势的了解。据该书记载：

---

① 《宋史》卷 88《地理志四》，第 2174 页。
② 吴松弟：《中国人口史》第 3 卷《辽宋金元时期》，复旦大学出版社 2000 年版，第 87 页。
③ 《吴都文粹续集》卷 8，《景印文渊阁四库全书》第 1385 册，台湾商务印书馆 1986 年版，第 205 页下。

夫户口之登耗，世之治乱见焉。爰节旧志所书历代可考者。本朝则载国初与近岁所上之数，他可推矣。……隋户一万八千三百七十有七。唐贞观八年（634）户一万一千八百九十有九，口五万四千四百八十有一①。天宝元年（742）②户七万六千四百二十有一，口六十三万二千六百五十有五。宋初，户二万七千八百八十有九。祥符间户六万六千一百三十有九。元丰三年（1080），户一十九万九千有奇，口三十七万九千有奇。宣和（1119—1125）间，户四十三万③。南渡后至淳熙十一年（1184），户一十七万三千有奇，口二十九万八千有奇。德祐元年（1275），主客户三十二万九千六百有奇（僧道不与）。元至元二十七年（1290）始括户，口至四十六万六千一百有奇（僧道亦不与）。国朝洪武四年（1371），抄籍计户四十七万三千八百有奇，口一百九十四万七千八百有奇。九年（1376），实在户五十万六千五百有奇，口一百一十六万四百有奇。弘治十六年（1503）户五十八万二千有奇，口二百九千三百有奇。④

另据《明史·地理志》记载，苏州府"洪武二十六年（1393）编户四十九万一千五百一十四，口二百三十五万五千五百三十。弘治四年（1491），户五十三万五千四百九，口二百四万八千九十七。万历六年（1578），户六十万七百五十五，口二百一万一千九百八十五"⑤。

明代的苏州府辖境比元代的平江路有所扩大（增加了崇明县），但户数

---

① 《旧唐书》卷40《地理志三》作"旧领县四，户一万一千八百五十九，口五万四千四百七十一。"

② 《旧唐书》卷40《地理志三》，仅有"天宝"，无"元年"二字。

③ 陆友仁《吴中旧事》卷1在"孙仲益守郡日，户口已四十三万"后加按语称："仲益，孙觌之字。考《吴郡志》引觌普宁寺记云：户至四十三万，中更荡离，几于十室九空，则此系追述之语，非即觌守郡日实数也。此条殊为舛误。且其语未毕，似有脱文。""四十三万"这一数字，或有误。

④ 王鏊：（正德）《姑苏志》卷14《户口》，《景印文渊阁四库全书》第493册，台湾商务印书馆1986年版，第292页。

⑤ 《明史》卷40《地理志一》，中华书局1974年版，第918页。

的增加并不太多,而且,其人口数,在二三百年中,也始终未能达到元代的水平。对此,(正德)《姑苏志》的编纂者王鏊总结说:

> 历观户口减耗,唯唐宋初年为甚。时更大乱,非死而徙耳。若国初户数与元末略等。盖张氏(指张士诚——引者)据吴,务诱其民,民多归之。及天兵(指朱元璋军队——引者)入城,不妄戮一人,故虽更乱,犹故也。百余年间,宜乎倍徙,而所登不满十万(当指所增户数——引者),则有由矣。盖洪武以来,罪者谪戍,艺者作役,富者迁实京师,殆去十之四五。近年则又不能无脱漏及流徙他境耳。①

王鏊的总结尽管不够确切,但大体说来,还是比较符合历史实际的。

以上,我们从横的方面,对元代平江路及其周边地区的人口发展状况作了比较;同时又从历史发展角度,纵向考察了平江地区的人口发展状况。我们可以肯定地说,无论从哪个角度看,元代平江路的人口发展,都是有重要意义的。

长期以来,"长三角"地区,尤其是南京至上海一线,一直是我国人口最密集、社会经济最发达的地区之一。其间,虽有曲折,但总的态势没有变化。在这一历史进程中,元代平江路显得尤为突出。这显然与元代海运事业的发展密切相关。平江路的人口发展,凸显了该地作为海运基地的区位优势。因此,片面强调元代海运消极影响的观点,是不符合历史实际的。

(原载《元代文献与文化研究》第二辑,中华书局 2013 年版)

---

① 王鏊:(正德)《姑苏志》卷 14《户口》,《景印文渊阁四库全书》第 493 册,台湾商务印书馆 1986 年版,第 292 页下—293 页上。

平江路税粮考述

——元代海运基地系列研究之二

宋代以来,"长三角"地区①,尤其是浙西所辖的杭州(治今浙江杭州)、湖州(治今浙江湖州)、嘉兴(治今浙江嘉兴)、平江(治今江苏苏州)、建德(治今浙江建德东北梅城镇)、镇江(治今江苏镇江)等路与松江府(治今上海松江)、江阴州(治今江苏江阴)等地,一直是国家重要的产粮区。宋人范成大《吴郡志》引民间谚语称:"天上天堂,地下苏杭";"苏湖熟,天下足"。②元人任仁发则进一步解释说:"天下仓廪之所积,悉仰给于苏湖水田之利。"③元代的海运粮,主要来自江浙地区的海运粮。所有这些,都给人们一种印象,江浙地区,尤其是平江等地的税粮负担是十分沉重的。

但平江等地的税粮到底有多少?和北方普通农户相比情况如何?政府对平江等主要产粮区采取了哪些保护性措施?本文对此做了初步考察。

一

平江路的税粮数额,作者尚未在元代文献中见到全面具体的记载。④ 明

---

① "长三角"地区,即长江三角洲地区,包括上海,江苏省的南京、镇江、扬州、苏州、无锡、常州、南通,浙江省的杭州、嘉兴、湖州、宁波、绍兴、舟山等14个市。见厉以宁主编《区域发展新思路》,经济日报出版社2000年版,第76页。
② 范成大:《吴郡志》卷50《杂志》,江苏古籍出版社1999年版,第669页。
③ 任仁发:《水利集》卷5,《四库全书存目丛书》史部221册影印明抄本,齐鲁书社1996年版,第121页。
④ 台湾"中央"图书馆藏朱熹《中庸或问》等元公文纸印本保存有部分江浙行省所辖路、府、州户口、钱粮资料,限于条件,作者尚未能读到。

人王鏊撰（正德）《姑苏志》卷15《田赋》在讲到明朝之前税赋时说："然考之旧志，宋元岁数在苏者，宋三十余万石，元八十余万石。""（元）延祐四年（1317）行经理之法，悉以上、中、下三等八则计亩起科"，"（元）延祐四年（1317）夏税丝二万二千四百斤，秋租粮八十八万二千一百石，轻赍二千二百定（所入与宋倍蓰）"。① 《吴郡志》记宋淳熙十一年（1184）"苗三十四万三千二百五十六石……"② 王鏊《姑苏志》记载："宝祐初（宝祐元年为1253年）苗额二十八万八千六百石有奇。五年（1257），增为三十万三千三百八十石为定额。自后岁实征……苗米二十八万三千九百石，续管二万三千三百石，赡军米九千四百石各有奇。"③ 南宋平江府与元代平江路辖境相同。南宋税粮30万石左右，元代为88万余石，故有"倍蓰"之说。④

元顺帝时，随着人口的增加与垦田面积的扩大以及政治动乱局面的逐渐形成，平江路税额有一定增加。郑元祐《长洲县达鲁花赤元童君遗爱碑》说："独长洲旧为平江望县……其秋输粮夏输丝也，粮以石计至三十有万……故每岁将终，大府往往械系县长贰，俾之督税不少贷……"⑤ 而黄溍至正十三年（1353）在《嘉议大夫礼部尚书致仕干公（文傅）神道碑〔铭〕》中则说"长洲……岁输秋租至四十万石"⑥。郑元祐《送刘长洲》诗亦云："中吴号沃土，壮县推长洲。秋粮四十万，民力罢诛

---

① 王鏊：（正德）《姑苏志》卷15《田赋》，《景印文渊阁四库全书》第493册，台湾商务印书馆1986年版，第308、309、311页。
② 范成大：《吴郡志》卷1《户口租税》，江苏古籍出版社1999年版，第6页。
③ 王鏊：《姑苏志》卷15《田赋》，《景印文渊阁四库全书》第493册，台湾商务印书馆1986年版，第311页。
④ "倍"为一倍，"蓰"为五倍。文人常以"倍蓰"表示数倍。宋为30余万石，元为88万余石，接近宋时的三倍，故有是说。
⑤ 郑元祐著，徐永明点校：《郑元祐集》卷11《长洲县达鲁花赤元童君遗爱碑》，浙江大学出版社2010年版，第270页。据该文记载，元童任长洲县达鲁花赤是后至元三年（1337年）前后。
⑥ 黄溍：《嘉议大夫礼部尚书致仕干公（文傅）神道碑〔铭〕》，《黄溍全集》下册，王颋点校，天津古籍出版社2008年版，第695页。

求。"① 杨维桢《长洲县重修学宫记》(至正十年)甚至说:"长洲地下而水悍,岁赋五十万硕……"② 文人与地方官员在讲到地方税赋负担时,往往夸大其辞,这种情况屡见不鲜。但元后期平江地区税粮不断有所增加,当是事实。郑元祐《长洲县儒学记》转引长洲县官员的话说:"国家疆理际天地,粮饷之富,吴独擅天下十之五,而长洲一县又独擅吴赋四之一……"③ 长洲一县税额权以 30 万石计,平江路二县四州的税额也应在 120 万石以上,是没有问题的。

据《元史·地理志》记载,平江路有 466158 户、2433700 口④。延祐经理后,税粮 88 万余石,平均每户不足 2 石。而正常年间,元政府规定,北方普通民户,每丁每年税粮 2 石。如每户平均以 1.5 丁计,税粮应为 3 石。显然,北方民户税粮负担,要比平江地区重得多。张士诚攻占平江前,即使平江路税粮超过了 120 万石,每户平均亦在 3 石上下,与北方民户大体相当。

我们还可以以江浙行省与腹里地区的户均税粮情况作些比较。据《元史·地理志》记载,江浙行省约 5233562 户。各路具体情况,如表 1。

据《元史·食货志》载,江浙行省岁入粮 4494783 石⑤,平均每户负担税粮约 0.87 石。中书省所辖腹里地区的人口,据邱树森、王颋先生估算,除去人烟稀少、失去记载的德宁路、净州路、泰宁路、集宁路、应昌路、全宁路、宁昌路与砂井总管府等七路一府人口外,其最高年份当有人户 200 万户以上。⑥ 腹里地区税粮为 2271449 石⑦,如以 200 万户计,每户平均接近 1.14 石,是超过江浙行省户均 0.87 石水平的。

---

① 郑元祐:《郑元祐集》卷 1《送刘长洲》,第 12 页。
② 杨维桢:《东维子文集》卷 12《长洲县重修学宫记》,《四部丛刊》本。
③ 郑元祐:《郑元祐集》卷 9《长洲县儒学记》,第 211 页。
④ 《元史》卷 62《地理志五》,中华书局 1976 年版,第 1493 页。
⑤ 《元史》卷 93《食货志一》,第 2360 页。
⑥ 邱树森、王颋:《元代户口问题刍议》,《元史论丛》第 2 辑,中华书局 1983 年版。
⑦ 《元史》卷 93《食货志一》,第 2360 页。

表1　　　　　　　元代江浙行省各路（府、州）人口统计表

行政区划	户数	口数	行政区划	户数	口数
杭州路	360850	1834710	徽州路	157471	824304
湖州路	254345①		饶州路	290226	2049567②
嘉兴路	192186③		集庆路	214538	1072690
松江府	163931④		太平路	76202	446371
平江路	466158	2433700	池州路	68547	366567
常州路	209732	1020011	信州路	132290	662258
镇江路	103315	623644	广德路	56513	339780
建德路	103481	504264	铅山州	26035	
江阴州	53821	300177	福州路	298571	1536059⑤
庆元路	241457	511113⑥	建宁路	127254	506926
衢州路	108567	543660	泉州路	89060	455545
婺州路	211118	107540	兴化路	67739	352534
绍兴路	151234	521588	邵武路	64127	248761
温州路	187403	497848	延平路	89825	435869
台州路	196415	1003833	汀州路	41423	238127
处州路	132754	493692	漳州路	21695	101306
宁国路	232538	1162690	总计	5190821	

注：资料来源：《元史》卷62《地理志五》，并据《至元嘉禾志》卷6《户口》（宋元方志丛刊本）、吴松弟《中国人口史》第3卷《辽宋金元时期》，第318—327页（复旦大学出版社2000年版）相关内容对嘉兴路、饶州路、福州路的户数、口数作了订正。

① 至顺钱粮数。
② 《地理志》原作"户六十八万二百三十五，口四百三万六千五百七十"。疑此为福建闽海道肃政廉访司所辖宁国路、徽州路和饶州路三路户口之合。故减去宁国路与徽州路的户口，则为290226户、2049567口。此即饶州路户口数。
③ 《地理志》原作"户四十二万六千六百五十六，口二百二十四万五千七百四十二"。据《至元嘉禾志》，减去松江府234470户，则为192186户。
④ 至顺钱粮数。
⑤ 《地理志》原作"户七十九万九千六百九十四，口三百八十七万五千一百二十七"。疑此为福建闽海道肃政廉访司所辖八路户口之合。故将另外七路户、口数减去。
⑥ 据《地理志》所载口数，每户平均约2.12口。疑记载有误。

通常情况下，某一地区的人口发展状况，与当地的生存环境有着密切关系。我们在《平江路的人口发展——元代海运基地系列研究之一》一文中曾经指出："平江路的人口，不仅其总量为全国各路之冠，其发展速度也超过了周边其他地区。"吴松弟先生对江南部分地区的人口密度做过考察，在江浙地区，嘉兴路（含松江府在内，治今浙江嘉兴）至元二十七年（1290）每平方公里63.5户，居第一位；平江路同年每平方公里为58户，居第二位①（这或许与平江路内有较大的太湖水域面积有一定关系）。嘉兴、平江人口密度领先于江南其他地区，这从一个侧面反映了当地生存环境的优越。到明代，苏州府的人口数量长期停滞不前，也从另一个侧面反映了"苏松田赋之重"等因素所产生的消极影响。

至正十六年（1356）张士诚攻占平江后，税粮数额可能又有不少增加。谢应芳《呈府侯书》在讲到明初昆山州税粮送纳情况时说：

……切见昆山州岁解秋粮八十余万石，旧年本州遵奉上司所行，每粮一石起科水脚米一斗。各保人户赴京纳粮，其所用水脚，俱系自行出备。当时有司失于申明，不能办，致令催粮里长人等，破家荡产，累遭杖责，监系囹圄，受罪数月，逃亡缢死者不知其数。直至今年八月，钦遇赦恩，才方释免。切详上司允行，每粮一石科米一斗，既是明白水脚，盖以人户赴京送纳，远涉江湖，艰难重费，以此粮米为稍水船脚之用，其理显然。上年官司所收，不见如何用度，即系重征于民，未经定夺开除。况今洪武元年，见奉上司明文，起科船料，令佃户自办人船，送纳官粮，又每石收铜钱五十文，及以官粮二百五十石起科水夫一名，赴京蠡漕运司应役。上项元科水脚粮米，有司一概征收，使民不支。官无用度，非上司允行之意。人民受害，下情不能上

---

① 吴松弟：《中国人口史》第3卷《辽宋金元时期》，复旦大学出版社2000年版，第474—475页。

达,良可哀吾。……备申上司详议,为民除免,甚副圣天子忧恤斯民之美意……①

谢应芳这篇呈文,旨在请求苏州知府免除民众"每粮一石科米一斗"的水脚粮米。呈文的时间,应在洪武元年(1368)、洪武二年(1369)之间,因洪武二年(1369)昆山州已改为昆山县②,呈文不可能再用"昆山州""本州"之类的称谓。谢应芳未对"八十余万石"的岁解秋粮数额发表不同意见,或许可以表明"八十余万石"的秋粮是张士诚以来的旧额,而非明朝的新政。但这一数额和(洪武)《苏州府志》中所记崑山县的秋税粮相比较,竟高出三十余万石③,令人费解。是谢应芳记载有误,还是这"八十余万石"中包含着其他州县的税粮,或是另有原因,有待进一步探讨。另外,从呈文中的"其他州县事亦一体"④一语看,平江路其他州县的情况,与昆山州也大体相同,只是目前尚无具体数字可考。

综上所述,延祐经理后,平江路税粮88万余石,平均每户不足2石,明显低于北方负担。顺帝前期,平江税粮有不少增加,户均税粮负担与北方普通民户大体相当。张士诚攻占平江后,税粮可能又有所增加,但具体数额有待进一步考证。

二

我们还可以从每亩平均租税额的角度,进一步考察元代平江路的税粮问题。

据卢熊《苏州府志》记载,包括崇明县在内的苏州府,共有田土

---

① 谢应芳:《龟巢稿》卷12《呈府侯书》,《四部丛刊三编》本。
② 《明史》卷40《地理志一》,中华书局1974年版,第919页。
③ 据卢熊(洪武)《苏州府志》卷10《税赋》,崑山县秋粮税额为514260石余。
④ 谢应芳:《龟巢稿》卷12《呈府侯书》,《四部丛刊三编》本。

6749000余亩①，如减去崇明县的236063亩，约为6512937亩。我们权以这一数字作为元代平江路的田土面积。如前所述，延祐经理后，秋租粮为882100石，平均每亩税粮约为0.135石；元顺帝前期，如以岁赋150万石计，平均每亩税粮约为0.23石。

在苏州府所有6749000余亩中，含官田2990607亩余，约占田土总数的44.3%；民田2094551余亩，约占31%；抄没田1663840余亩，约占24.7%。② 其中官田，似为元代的官田，抄没田中绝大部分应为明初籍没的元贵族豪绅及逃亡民户的土地。浙西地区是官田集中的地区，从现有资料看，平江路可能是官田比例最高的地区之一。平江路税额较高，与此密切相关。

由于土地肥瘠、水利条件以及时间、地域等方面的差别，官田租额亦多少不等。少则亩租不足1斗，多则1石以上。从现有文献看，卢熊《苏州府志》依然是我们了解元代平江路官田税粮比较全面的参考资料。

如前所述，《苏州府志》中的"官田"，似为元代的官田。为此，我们首先将该志《税粮则例》中有关官田的内容，转述如下：

　　长洲县官田：503964亩。起科则例10等：亩租依次为7斗3升、6斗3升、5斗3升、4斗3升、3斗3升、2斗3升、2斗、1斗3升、5升、3升。平均约为3斗3升。

　　吴县官田：227439亩。起科则例11等：7斗3升、6斗3升、5斗3升、4斗3升、3斗3升、2斗3升、2斗、1斗3升、5升、3升、1升。平均约为3斗。

　　吴江县官田：450970亩。起科则例11等：7斗3升、6斗3升、5斗3升、4斗3升、3斗3升、2斗3升、2斗、1斗3升、5升、3升。

---

① 亩后尾数从略。下同。据该志所记苏州府各县田土面积之合，应为6759000余亩，错在何处，不得而知，故仍以此数计。

② 卢熊：《苏州府志》卷10《税赋》，成文出版社1983年版，第425页。

平均约为 3 斗。

嘉定县官田：1418672 亩。起科则例 8 等：7 斗 3 升、6 斗 3 升、5 斗 3 升、4 斗 3 升、3 斗 3 升、2 斗 3 升、1 斗 3 升、5 升。平均约为 3 斗 8 升。

崑山县官田：687826 亩。起科则例 12 等：7 斗 3 升、6 斗 3 升、5 斗 3 升、4 斗 3 升、3 斗 3 升、3 斗、2 斗 3 升、2 斗、1 斗 3 升、1 斗、5 升、3 升。平均约为 3 斗 2 升。

常熟县官田：362940 亩。原科田起科则例 10 等：7 斗 3 升、6 斗 3 升、5 斗 3 升、4 斗 3 升、3 斗 3 升、3 斗、2 斗 3 升、1 斗 3 升、5 升、3 升。平均约为 3 斗 4 升。开耕田每亩科 4 斗。①

上述 6 县官田起科则例无大区别。每亩最高都是 7 斗 3 升，最低为 1 升或 3 升，平均在 3—4 斗。我们知道，洪武年间的平江路税粮较之元代已有大幅度的增加②，其中官田起科则例亦当有所提高。在此背景下，官田每亩平均税粮仍在 3—4 斗，这个数字应该说还是比较低的。

我们还可以从其他一些元代方志中，了解一下江浙官田的起科标准。据《至顺镇江志》记载，江淮财赋府在镇江的纳粮田产约 4000 顷，夏税（大麦、小麦等）与秋租（粳米、籼米、糯米等）31000 余石，平均每亩不足 1 斗。③ 庆元路 2700 余顷官田，秋租粮 48000 余石，平均每亩约 1 斗 8 升。④ 当然，也有的地方官田租额较高，如鄞县官田 52661 亩余，秋税粮约

---

① 卢熊：《苏州府志》卷 10《税赋》，第 426—431 页。
② 卢熊：《苏州府志》记载的各县税粮合计为 234 万余石，相当于延祐经理后 88 万余石的 2.7 倍，相当元顺帝前期税额近 2 倍。关于明代苏、松税粮，可参见周良霄《明代苏松地区的官田与重赋问题》，《历史研究》1957 年第 10 期。
③ 俞希鲁：《至顺镇江志》卷 5《田土》、卷 6《赋税》，江苏古籍出版社 1999 年版，第 191、232、239 页。
④ 马泽修、袁桷纂：《延祐四明志》卷 12《赋役考》，《宋元方志丛刊》本，中华书局 1990 年影印版，第 6285 页下、6289 页上。

35140 石，平均每亩约 6 斗 7 升。① 其中原因，有待探讨。地方志通常由政府主持编修，统计范围较大，因而相对比较可靠。

在儒家民本思想的主导下，文人们的记述则更多是些官田租重、民不堪负的个案。如贡师泰《上虞县核田记》载："……又距县西南数百步有湖曰'西溪'，当故宋时，民有思其高仰以为田者，或献之福邸。内附后，籍入皇太后宫，亩岁输谷二石二斗，曰'籍田'。"② 元明善《太师淇阳忠武王碑》在谈到赐田租入时也指出："万亩之田，岁入万石。"③ 据此，每亩租额亦为一石。这虽是概说，但也反映了赐田租额之高。更有甚者，则"不问凶荒水旱岁，岁纳亩粮须石半"④。

元代文献中，官田租重的评论很多。谢应芳《上奉使宣抚书》云："……然民疾苦岂止于斯，如公田之重租宜减……"⑤ 虞集《天水郡侯秦公神道碑铭》云，抚州（治今江西临川市西）之属县宜黄、乐安，"常租之外，带耕没官之田，田薄而租重，倍于正数……民甚苦之"⑥。吴澄《题进贤县学增租碑阴》云："惟豪民私占田取其十之五以上，甚矣，其不仁也。而近世公田因之亦十五以上。耕者不堪，逃亡荒废者过半。"⑦ 孔齐《至正直记》卷 3《势不可倚》云："溧阳之民有以田土妄献于朱、张二豪者，遂为户计"，至"朱张皆构祸，籍其户口财产以数百万计……而投户计者，隶为佃籍，增租重赋，倍于常民"。⑧ 吴师道《国学策问四十道》也指出，元

---

① 《延祐四明志》卷 12《赋役考》，第 6285 页下、6290 页下。
② 贡师泰：《贡师泰集》卷 7《上虞县核田记》，吉林文史出版社 2010 年版，第 317 页。
③ 元明善：《清河集》卷 2《太师淇阳忠武王碑》，《元人文集珍本丛刊》第 5 册，新文丰出版公司 1985 年版，第 169 页上。
④ 朱德润：《存复斋文集》卷 10《官买田》，《四部丛刊续编》本。
⑤ 谢应芳：《归巢稿》卷 12《上奉使宣抚书》，《四部丛刊三编》本。
⑥ 虞集：《天水郡侯秦公神道碑铭》，《虞集全集》下册，王颋点校，天津古籍出版社 2007 年版，第 1113 页。
⑦ 吴澄：《吴文正公集》卷 28《题进贤县学增租碑阴》，《元人文集珍本丛刊》第 3 册，新文丰出版公司 1985 年版，第 488 页下。
⑧ 孔齐：《至正直记》卷 3《势不可倚》，上海古籍出版社 1987 年版，第 97 页。

代官田,"输纳之重,民所不堪"①。松江地区也是官田比较集中的地区,"岁输粟三十万石,而宋季公田、曹氏湖田,额重租耗,民多闭偿"②。我们不能否认上述资料的真实性。但这些资料渗透着作者很多的人文关怀,当属事实。

和上述资料相比较,俞希鲁《至顺镇江志》中一件皇庆二年(1313)八月江浙行省关于浙西地区公田来历与租重的公文,用来说明官田佃户的实际处境,可能更具有普遍性:

……至元十五年,钦奉诏书,节该:"浙西公田,可权以旧例,召佃客耕种,合得岁课,十分内减免二分,听从人户自行量概,两平收受,仍令有司选廉干官以主之。"钦此。仰见朝廷已知公田不可久远定例,所以有"权"之一字,减以二分。然自十五年至今,三十六年,未蒙定夺,则不可谓之"权"矣。元贞元年,又将亡宋元放一分半米斛收科,入额比附。岁减二分,只有半分之宽,又不可谓之减二分矣。兼设立行大司农司、劝农营田司,将实荒公田,逼令人户开耕,抱荒作熟,科征粮米,或拨充职田,或改种香糯。近年,又分拣贾似道公田,隶财富提举司另管。因此,公田一向重困。且以金坛一县公田言之,亡宋元卖户止二百余家,抱田输纳。归附以来,各家消乏逃亡,累及官府。大德辛丑(1301)、乙巳(1305),两蒙本路并宪司体知其害,申奉省扎,委官挨问,撤佃计一万五千余户,皆系农田细民,本自贫窭,又作公田。初非见其有利,情愿请佃开耕。官司因租粮无所归著,挨究得此人或见种其田,或元种其田,或曾受其田,或典卖其田,勾追到官,置局监禁,日夜拷打,逼勒承认。亩纳五斗之上。及

---

① 吴师道:《吴正传先生文集》卷19《国学策问四十道》,台北"中央"图书馆1970年版,第602页。

② 贡师泰:《贡师泰集》卷10《奉训大夫绍兴路余姚州知州刘君墓志铭》,吉林文史出版社2010年版,第386页。

> 至秋成，催租勾扰，赴仓送纳，又有船脚加耗仓用，得米一石上下，方可输正米五斗。况本县田土硗瘠，水旱易灾，车救费工，所收微薄。佃户终岁勤苦，尽田内所得子粒，输官不敷。拖欠无纳，父子妻女，累累禁系，枷扒拷打，抑逼追征。十户九空，无可陪纳，上催下并，遂将家业变卖。无资产者，卖子鬻妻。或弃家就死者有之，抛家失所者有之。水旱之年，又有告灾不免之数，受罪陪纳之苦。言及公田，孰不怨恨？言及公田，谁肯耕作？佃户逃移，田土荒白，租额亏欠，有科无征。年终不能成就，里正被其捶挞，出售田园，准折牛具，回易粮米，代替送输。役户有破荡之惨，府县有揭闭之忧。上司逐年但有通关之取获，不知民间之辛苦……①

这件公文为我们透露出如下两点信息：第一，官田佃户数量很多。金坛县共有耕种田地约10060顷，官田地（包括江淮财赋府）约2280顷，不足耕种田地的23%，而官田佃户1.5万余户，约占金坛3.25万民户的46%②，比例很高。这些官田佃户佃种官田，并非出自自愿，大多是被逼无奈。第二，官田佃户要负责将官田租送交指定地点，"船脚加耗仓用"等均由个人负担，所以"得米一石上下，方可输正米五斗"。因此，仅凭租额，还不能准确反映佃户的负担。这件公文同样充满了作者的感情色彩，夸张之处自属难免，但基本情况应与实际相差不大。如果我们以（洪武）《苏州府志》中的官田税额与浙西其他地区的官田税额相比较，情况并非悬殊。

以上所引，大都是反映官田租重的资料，但这只是问题的一个方面。问题的另一方面是当地亩产量的多少。曹贯一《农业经济史》认为："南方大体是亩产二石，个别地方，如太湖流域，有亩产三石的。"③ 但也有一些

---

① 俞希鲁：《至顺镇江志》卷6《赋税》，第247—249页。着重号为引者所加；标点亦有所改动。
② 俞希鲁：《至顺镇江志》卷3《户口》，卷5《田土》。
③ 曹贯一：《农业经济史》，中国社会科学出版社1989年版，第694页。

学者估计，元代江浙地区水稻亩产量（元制），上田为 5—6 石，中田 3—4 石，下田 2—3 石。① 平江路紧靠太湖，自然条件优越，亩产应在 4—6 石。以 70% 的出米率计算，每亩产米应为 3—4 石。以此计算平江路的官田税额，并不是太高。

为了充分利用太湖水利而防止水旱灾害，以提高稻米产量，太湖下游的平江人沿袭了宋代曾广泛采用而备受争议的"围田"生产方式。据《苏州府志》记载："……元则有田围，二县四州共计八千八百二十九围。吴县九百一十七围，长洲县一千七百八十八围，常熟一千一百一十一围，吴江三千二百六十八围，昆山一千六百四十五围，嘉定一百围。延祐四年（1317）行经理之法，悉以上中下三等分则，计亩起科苗税。"② 元人王祯在述及"围田"这种生产方式时没有重复宋人那些批评性言论，他说："筑土作围，以绕田也。盖江淮之间，地多薮泽，或濒水，不时淹没，妨于耕种。其有力之家，度视地形，筑土作堤，环而不断，内容顷亩千百，皆为稼也。后值诸将屯戍，因令兵众分工起土，亦效此制。故官民异属。"王祯还写诗称赞这种农业生产方式："度地置围田，相兼水陆全"；"俱乐耕耘便，犹防水旱偏"。③ 宋代，这种生产方式曾广泛出现在两淮地区，到元代，浙西地区应用已十分广泛，对农业生产显然起到了积极作用。

三

海运开始后，为保证包括平江在内的江浙地区的农业生产正常进行，从而保证海运粮的充分供应，元朝对江浙地区受灾民众的赈济与税粮蠲免比较重视。因此，在考察平江税粮时，我们不应忽略这一官府行为对税粮征收的影响。下面，我们将根据《元史》所载政府赈灾方式与力度的不同，

---

① 陈得芝主编《中国通史·中古时代·元时期（上）》，上海人民出版社 1997 年版，第 718 页。

② 《苏州府志》卷 10《赋税》，第 425 页。

③ 缪启愉、缪桂龙：《东鲁王氏农书译注》，《农器图谱集之一·围田》，上海古籍出版社 2008 年版，第 361—362 页。

分三个阶段对此做一历史性回顾。

（一）第一阶段：至元十九年（1282）至至大四年（1311）

海运开始后不久，忽必烈即注意到了对江浙灾民的赈济。至元二十四年（1287），"浙西诸路水，免今年田租十之二"①。至元二十五年（1288）四月，尚书省臣言："……今杭、苏、湖、秀四州复大水，民鬻妻女易食，请辍上供米二十五万石，审其贫者赈之。"帝是其言。②至元二十九年（1292）六月甲子，"平江、湖州、常州、镇江、嘉兴、松江、绍兴等路水，免至元二十八年（1291）田租十八万四千九百二十八石"。同月，"湖州、平江、嘉兴、镇江、扬州、宁国、太平七路大水，免田租百二十五万七千八百八十三石"③。闰六月，"太平、宁国、平江、饶、常、湖六路民艰食，发粟赈之"。至元三十年（1293）二月，"减河南、江浙海运米四十万石"④。世祖一朝，至元二十九年（1292）对江浙地区的赈济与蠲免，是力度较大的一次。

至元三十一年（1294）四月，成宗即位于上都（今内蒙古正蓝旗东北闪电河北岸）。大德五年（1301）六月，"平江等十有四路大水，以粮二十万石随各处时直赈粜"⑤。第二年六月，"湖州、嘉兴、杭州、广德、饶州、太平、婺州、庆元、绍兴、宁国等路饥，赈粮二十五万一千余石"⑥。大德七年（1303）闰五月，"平江等十五路民饥，减直粜粮三十五万四千石"⑦。这年六月，"浙西淫雨，民饥者十四万，赈粮一月，仍免今年夏税并各户酒醋课"⑧。十月，"以江浙年谷不登，减海运粮四十万石"⑨。大德八年

---

① 《元史》卷14《世祖纪十一》，第303页。
② 《元史》卷15《世祖纪十二》，第311页。
③ 《元史》卷17《世祖纪十四》，第363页。
④ 《元史》卷17《世祖纪十四》，第370页。
⑤ 《元史》卷20《成宗纪三》，第435页。
⑥ 《元史》卷20《成宗纪三》，第441页。
⑦ 《元史》卷21《成宗纪四》，第452页。
⑧ 《元史》卷21《成宗纪四》，第453页。
⑨ 《元史》卷21《成宗纪四》，第455页。

（1304）十一月，朝廷又决定"增海漕米为百七十万石"①。

成宗即位之初，海运量迅速下降，因而对江浙的赈济与蠲免也相应减少。大德五年（1301）之后，海运量迅速回升，蠲免与赈济规模也开始恢复。

大德十一年（1307）五月，武宗即位。同年七月，"江浙水，民饥，诏赈粮三月，酒醋、门摊、课程悉免一年"②。"江浙、湖广、江西属郡饥，诏行省发粟赈之。"③ "是月，江浙、湖广、江西、河南、两淮属郡饥，于盐茶课钞内折粟，遣官赈之。"④ 八月，"浙东、浙西、湖北、江东郡县饥，遣官赈之"⑤。九月，"江浙饥，中书省臣言：'请令本省官租，于九月先输三分之一，以备赈给。'"⑥ 十月，中书省奏："常岁海漕粮百四十五万石，今江浙岁俭，不能如数，请仍旧例，湖广、江西各输五十万石，并由海道达京师。"从之。是月，"杭州、平江水，民饥，发粟赈之"⑦。十一月，"杭州、平江等处大饥，发粮五十万一千二百石赈之"⑧。次年（至大元年，1308年）正月，"绍兴、台州、庆元、广德、建康、镇江六路饥，死者甚众，饥户四十六万有奇，户月给米六斗，以没入朱清、张瑄物货隶徽政院者，鬻钞三十万锭赈之"⑨。六月，中书省臣言："江浙行省管内饥，赈米五十三万五千石、钞十五万四千锭、面四万斤。又，流民户百三十三万九百五十有奇，赈米五十三万六千石、钞十九万七千锭、盐折直为引五千。"⑩ 武宗即位之初，即遇到严重自然灾害，朝廷赈济力度亦比较大。

至大四年（1311）三月，仁宗即位。十二月，"浙西水灾，免漕江浙粮

---

① 《元史》卷21《成宗纪四》，第461页。
② 《元史》卷22《武宗纪一》，第484页。
③ 《元史》卷22《武宗纪一》，第485页。
④ 《元史》卷22《武宗纪一》，第485页。
⑤ 《元史》卷22《武宗纪一》，第486页。
⑥ 《元史》卷22《武宗纪一》，第487页。
⑦ 《元史》卷22《武宗纪一》，第489页。
⑧ 《元史》卷22《武宗纪一》，第491页。着重号为引者所加。
⑨ 《元史》卷22《武宗纪一》，第494页。着重号为引者所加。
⑩ 《元史》卷22《武宗纪一》，第499页。着重号为引者所加。

四分之一，存留赈济"①。

总的看来，从世祖至元二十四年（1287）开始，到仁宗即位之初，元政府对江浙地区的自然灾害比较重视，采取的措施大致有：（1）直接发粟赈灾，且数额较大；（2）赈粜或随时值赈粜；（3）减免田租及其他税课负担；（4）适当减少海运量或由江西、湖广等地补运。如至元二十九年（1292）江浙大灾后，第二年的海运量便由一百四十万余石，减至九十万余石。大德十一年（1307）大灾后，海运粮也由一百六十余万石减至一百二十余万石，其中还包括了湖广、江西的各五十万石。②

（二）第二阶段：皇庆元年（1312）至至顺四年（1333）

从仁宗时期开始，《元史》中有关江浙地区自然灾害的记载逐渐减少，政府赈灾力度也在逐渐减弱。如英宗至治二年（1322）十一月，"平江路水，损官民田四万九千六百三十顷"，而朝廷也仅仅是"免其租"③，而未采取其他任何赈济措施。文宗天历元年（1328）十二月，"杭州、嘉兴、平江、湖州、镇江、建德、池州、太平、广德等路水，没民田万四千余顷"④。次年四月，江浙行省面对"池州、广德、宁国、太平、建康、镇江、常州、湖州、庆元诸路及江阴州饥民六十余万户"的严重局面，也仅"赈粮十四万三千余石"。⑤

从海运数量看，至治二年（1322），平江路水灾十分严重，但次年的海运量仍高达二百八十余万石。天历元年（1328）大面积水灾，饥民多达六十余万户，天历二年（1329）海运粮却破纪录地达到三百五十余万石。天历二年（1329）之后，朝廷往往仅以削减漕运的方法来应对江浙饥荒，而很少发粮赈济。天历二年（1329）十月，"命江西、湖广分漕米四十万石，

---

① 《元史》卷24《仁宗纪一》，第548页。
② 参见默书民《元代海运粮食数量的变化》，《元史及民族史研究集刊》第16辑，南方出版社2003年版。
③ 《元史》卷28《英宗纪二》，第625页。
④ 《元史》卷32《文宗纪一》，第724页。
⑤ 《元史》卷33《文宗纪二》，第733页。

以纾江浙民力"①。三年（1330）二月，中书省言："江浙民饥，今岁海运为米二百万石，其不足者来岁补运。"② 三月，"广德、太平、集庆等路饥，凡数百万户"③。闰七月，"杭州、常州、庆元、绍兴、镇江、宁国诸路及常德、安庆、池州、荆门诸属县皆水，没田一万三千五百八十余顷。松江、平江、嘉兴、湖州等路水，漂民庐，没田三万六千六百余顷，饥民四十万五千五百七十余户，诏江浙行省以入粟补官钞三千锭及劝率富人出粟石赈之"④。九月，江浙行省无奈之下又提出："今岁夏秋霖雨大水，没民田甚多，税粮不满旧额，明年海运，本省止可二百万石，余数令他省补运为便"⑤，而未提出其他任何赈济措施。至顺二年（1331）八月，中书省提出："明年海运粮二百四十万石，已令江浙运二百二十万，河南二十万。今请令江浙复增二十万，本省参政杜贞督领"⑥，为朝廷采纳。就在这年八月，"江浙诸路水潦害稼，计田十八万八千七百三十八顷"⑦。受灾面积之大，历史少见，而朝廷却不能采取任何有效的赈济措施。中书省的办法依然是将江浙海运量转移给其他地区一部分。这年十月，中书省提出："江浙平江、湖州等路水伤稼，明年海漕米二百六十万石，恐不足，若令运百九十万，而命河南发三十万，江西发十万为宜。又，遣官赍钞十万锭、盐引三万五千道，于通、潞、陵、沧四州，优价和籴米三十万石。又，以钞二万五千锭、盐引万五千道，于通、潞二州，和籴粟豆十五万石；以钞三十万锭，往辽阳懿、锦二州，和籴粟豆十万石。"⑧ 得到朝廷批准。同月"吴江州大风雨，太湖溢，漂没庐舍孳畜千九百七十家，命江浙行省给钞千五百锭赈之"⑨。

---

① 《元史》卷33《文宗纪二》，第742页。
② 《元史》卷34《文宗纪三》，第752页。
③ 《元史》卷34《文宗纪三》，第755页。
④ 《元史》卷34《文宗纪三》，第764页。
⑤ 《元史》卷34《文宗纪三》，第765页。
⑥ 《元史》卷35《文宗纪四》，第789页。
⑦ 《元史》卷35《文宗纪四》，第790页。着重号为引者所加。
⑧ 《元史》卷35《文宗纪四》，第792页。
⑨ 《元史》卷35《文宗纪四》，第792页。

虽然只是赈钞，未必能起多大实际作用，但在当时，已是比较少见的赈济了。

至顺三年（1332）八月，文宗去世。九月，"平江、常州、镇江三路，松江府、江阴州，中兴路之江陵县，皆大水"①。十月，宁宗即位，朝廷拿不出赈济办法，只好于同年十月宣布："以江浙岁比不登，其海运粮不及数，俟来岁补运。"② 这只是暂缓交纳，而非蠲免。

从仁宗到文宗、宁宗，海运量始终在二百四十万石至三百五十余万石间高位运行。面对江浙地区的自然灾害，朝廷已很少赈济。朝廷的赈灾方式，或是适当减少海运数量（但始终未低于二百四十万石），或是今年削减而明年补运，或是由江浙之外的其他地区补运。能发些赈钞给灾民，就算是朝廷的恩典了。

（三）第三阶段：元统元年（1333）至至正二十八年（1368）

至顺四年（1333）四月，顺帝即位于上都。十月，改元元统。十一月，江浙旱饥，"发义仓粮，募富人入粟以赈之"③，而朝廷则不再出粮赈济。元统二年（1334）三月，"杭州、镇江、嘉兴、常州、松江、江阴水旱疾疫，敕有司发义仓粮，赈饥民五十七万二千户"④。同年五月，中书省又提出："江浙大饥，以户饥者五十九万五百六十四，请发米六万七百石、钞二千八百锭，及募富人出粟，发常平、义仓赈之，并存海运粮七十八万三百七十石以备不虞。"⑤ 得到朝廷批准。面对如此大面积的饥荒，朝廷虽有七十八万余石的储备，但只拿出六万余石进行赈济，不足部分，只好靠民间的常平仓、义仓粮以及富人出粟解决。这实际上也只是张空头支票。

后至元二年（1336）十一月，"松江府上海县饥，发义仓粮及募富人出

---

① 《元史》卷37《宁宗纪》，第810页。
② 《元史》卷37《宁宗纪》，第812页。
③ 《元史》卷38《顺帝纪一》，第819页。
④ 《元史》卷38《顺帝纪一》，第820页。
⑤ 《元史》卷38《顺帝纪一》，第822页。

粟赈之"①。这年,"江浙旱,自春至八月不雨,民大饥"②,朝廷无计可施,至后至元三年(1337)二月,朝廷才"发钞四十万锭,赈江浙等处饥民四十万户,开所在山场、河泊之禁,听民樵采"③。但,即使在如此艰难情况下,搠思监拜江浙行省参知政事,仍以"海运为重","所漕米三百余万石,悉达京师"④。至正元年(1341)四月,"两浙水灾",仅"免岁办余盐三万引"⑤。十月,中书省仍提议:"海运不给,宜令江浙行省于中政院财赋府拨赐诸人寺观田粮,总运二百六十万石。"⑥ 第二年六月又提出:"江浙拨赐僧道田还官征粮,以备军储。"⑦ 至正八年(1348)四月,"平江、松江水灾,给海运粮十万石赈之"⑧。面对国家日益加剧的政治动乱和用粮困难,至正十四年(1354)十一月,朝廷又诏命:"江浙应有诸王、公主、后妃、寺观、官员拨赐田粮,及江淮财赋、稻田、营田各提举司粮,尽数赴仓,听候海运,以备军储,价钱依本处十月时估给之。"⑨ 至正十五年(1355)六月,江浙省臣又提出:"至正十五年税课等钞,内除诏书已免税粮等钞,较之年例,海运粮并所支钞不敷,乞减海运,以甦民力。户部定拟本年税粮,十月开仓,尽行拘收;其不敷粮,拨至元折中统钞一百五十万锭,于产米处籴一百五十万石,贮濒河之仓,以听拨运。"⑩ 但至正十六年(1356)后,张士诚攻占平江,海运基地为张士诚所控制,持续了七十余年的海运已不能正常进行。

从以上叙述中我们不难看出,顺帝至正十六年(1356)前的海运,因国势日衰,已很难再保持一种上升的势头,年运量维持三百万石已非易事。

---

① 《元史》卷39《顺帝纪二》,第831页。
② 《元史》卷39《顺帝纪二》,第837页。
③ 《元史》卷39《顺帝纪二》,第838页。
④ 《元史》卷205《奸臣·搠思监传》,第4585页。
⑤ 《元史》卷40《顺帝纪三》,第861页。
⑥ 《元史》卷40《顺帝纪三》,第862页。
⑦ 《元史》卷40《顺帝纪三》,第864页。
⑧ 《元史》卷40《顺帝纪三》,第882页。
⑨ 《元史》卷43《顺帝纪六》,第916页。
⑩ 《元史》卷44《顺帝纪七》,第925页。

对包括平江在内的江浙灾民的赈济次数少，数量也有限。政府所能采取的主要措施，一是发常平仓、义仓等民间储备，或是募富人之粟以赈济，而这种赈济在当时情况下实际上很难落实；二是征用诸王、公主、后妃、官员、寺观及各财赋府租税粮米，权充海运，然后再以时值偿还其主；三是以"和籴"方式尽可能多搜刮一些粮食。从其他地区调运或补运的方式也很少见诸记载。

至正十六年（1356）后，海运万户府迁往庆元（今浙江宁波）①。至正十九年（1359）后，张士诚、方国珍答应合作向朝廷提供部分粮食，但每年仅十余万石，平江这一当年的海运基地，已成为张士诚割据政权的中心。张士诚、方国珍向元廷提供了一些粮食，但毕竟无法挽救元朝的厄运。1368年，元王朝终于走到了它统治的尽头。

但取而代之的朱明王朝，不仅没有给平江人带来些许光明，反而是更加沉重的税粮负担。民间认为，"太祖（即朱元璋——引者）愤其城久不下，恶民之附寇，且受困于富室，而更为死守，因令取诸豪族租佃簿历付有司，俾如其数为定税，故苏赋特重，惩一时之弊"②。其实情未必如此。朱元璋和他的对手，哪个不是通过战争手段一决胜负？为何偏偏对张士诚属下的苏松地区如此仇视？其实无非是看准了太湖之滨这块富饶之地可以为他提供更多的税粮。"贡赋出天下，东吴最丰赢"③；"吴承平久，户口殷盛"④；"浙西民物蕃盛，储积殷富"⑤，正好可以满足朱元璋的贪婪之心。所以明代"苏松天赋之重"未必与战争中的恩怨有多少关系。

---

① 参见《移建海道都漕运万户府记碑》，章国庆编著：《天一阁明州碑林集录》，上海古籍出版社2008年版，第57—59页。
② 祝允明：《野记》卷1，《四库全书存目丛书·子部》第240册，齐鲁书社1995年版，第20页上。
③ 涂颖：《简漕府刘经历》，杨镰、祁学明、张颐青整理：《草堂雅集》中册，中华书局2008年版，第658页。
④《明史》卷123《张士诚传》，中华书局1974年版，第3694页。
⑤《明太祖实录》卷25"吴元年九月"，台北"中研院"历史语言研究所1960年校订本，第370页。

在平江发展史上，元代无疑是十分显著的一页。作为海运基地，它受到的朝廷的眷顾是异乎寻常的。在很长时期内，平江路的户均税粮负担明显低于北方普通民户，该路人口的迅速增加，也从侧面反映出该地生存环境的相对优越。从每亩税粮数量看，平江路一般在1—3斗。官田税额高一些，但平均也仅为三四斗。太湖之滨水利条件好，亩产量较高，税粮通常为亩产量的十分之一左右，和传统的"十税一"的原则无大区别。当然，送纳负担也很重，但这种情况，在南方、北方是普遍的，非独平江如此。元朝对平江等主要产粮区的自然灾害始终比较关注，并采取过许多赈济措施，这在元朝前期比较明显。元顺帝时，国势日衰，朝廷对民众的疾苦往往置若罔闻。比较而言，对平江地区的关注还算是比较多的。

（原载《元史论丛》第14辑，天津古籍出版社2014年版）

元代的海船户

船户是以船只为运输工具而为政府服役的民户，其服役范围包括内河航运、河海兼运以及东部沿海的南粮北运等。本文讨论的对象主要是从事南粮北运的海船户。郑元祐《海运都漕运和尚公政绩碑》中所说："漕府版籍，录民资产，造舟载粮，谓之船户"①，即指此海船户而言。

一

至元十九年（1282）海运伊始，从事海运的主要是张瑄、朱清、罗璧等属下的军队及政府临时召雇的梢碇水手，所用船只则是江淮行省临时修造的平底海船。据《永乐大典》记载："是年（即至元十九年，1282 年）钦奉圣旨，创开海道，不给脚钞，就用系官海船，官司召顾水手，起运粮储，至杨村马头交卸。"② 但这种情况不久即发生改变。至元二十一年（1284）十二月，丞相伯颜、平章扎散、左丞麦术丁等奏："海运之事，两南人言：朝廷若支脚钱，请用己力，岁各运粮十万石至京师，乞与职名。臣等议，朱清元有金牌，今授中万户，换虎符；张招讨之子见带银牌，换金牌，为千户；忙兀鹆见带虎符，令为一府达鲁花赤。余一府以万户之无军带虎符者为达鲁花赤。"上从之。③ 据《永乐大典》及《元史·食货志一》记载，船户脚价钞制度的开始实行是在至元二十一年（1284），从这年开

---

① 郑元祐：《侨吴集》卷 11《海运都漕运和尚公政绩碑》，吉林文史出版社 2010 年版，第 174 页。
② 《永乐大典》卷 15950《运·元漕运二》，中华书局 1986 年版，第 6977 页上。
③ 《永乐大典》卷 15949《运·元漕运一》，中华书局 1986 年版，第 6968 页下。

始,"令近海有力人户,自行造船,顾募梢水"①。可见,由军队等利用系官船只从事南粮北运,时间并不长。

元代海运船户及梢水等的数量,当是随着海运数量的变化而变化。② 至正三年(1343)曾发海漕"三千余艘"③,是目前所见海运船只数量最多的一次,但该年海运的具体数量不见记载。海运船只记载最详尽的是文宗至顺元年(天历三年,1330年),当海运处于高峰时,用船约1800只,其中大部分来自长江入海处的昆山州(治今江苏昆山)的太仓刘家港,以及江阴(治今江苏江阴)、常熟(治今江苏常熟)、嘉定(治今上海嘉定)、崇明(治今上海崇明东北)诸州。据《永乐大典》记载,刘家港一带有船613只,崇明州东西三沙186只,海盐澉浦(治今浙江海盐澉浦镇)12只,杭州江岸一带51只,嘉定州沙头浦、官桥等处173只,上海浦等处19只,常熟白茅港一带173只,江阴、通州(治今江苏南通)、蔡港等处7只,平阳(治今浙江平阳)、瑞安州(治今浙江瑞安)、飞云渡等港74只,永嘉县(治今浙江温州)外沙港14只,乐清(治今浙江乐清)白溪、沙屿等处242只,黄岩州(治今浙江黄岩)石塘等处11只,烈港(治今浙江舟山市西金塘山岛西北隅沥港)一带34只,绍兴三江、陡门39只,慈溪(治今浙江宁波市西北慈城镇)、定海(治今浙江宁波市镇海区)、象山(治今浙江象山)、鄞县(治今浙江宁波)、桃花等渡、大山、高堰头、慈嶴等处104只,临海(治今浙江临海)、宁海(治今浙江宁海)、严嶴、铁场等港23只,奉化(治今浙江奉化)揭崎、昌国(治今浙江舟山)秀山等嶴一带23只。④ 以每户出船一只计,应有船户约1800户。但实际上,每户出船一只的可能性较小。顺帝至正年间,王思诚在讲到大都附近坝河的运输情况时说:"至元十六年,开坝河,设坝夫户八千三百七十有七,车户五千七十,出车三

---

① 《永乐大典》卷15950《运·元漕运二》,中华书局1986年版,第6077页上。
② 参见高荣盛《元代海运试析》,《元史及北方民族史研究集刊》第7辑,1983年5月。
③ 吴凤翔:《无锡县志》卷23《祠宇》;参见高荣盛《元代海运试析》,《元史及北方民族史研究集刊》第7辑,1983年5月。
④ 《永乐大典》卷15950《运·元漕运二》,中华书局1986年版,第6979页上。上述各处船只相加为1798只。

百九十辆，船户九百五十，出船一百九十艘……"①平均每 5 户船户出船一艘。另据《至元嘉禾志》记载，嘉兴路（治今浙江嘉兴）水驿有船户 760 户，船 80 只，②平均 9.5 户出船一只。如按 5 户出船一只计算，则应有海运船户 9000 户。因资料所限，尚无法对此作出更确切的说明。

从事南粮北运的人员并非仅仅为海船户，还有大量招募而来的梢水人等，由于分工不同，他们有不同的称谓，如贡师泰在《海歌十首》③诗中所说，有"千户火长""大工""碇手""亚班"等。"千户火长"，当是海船或船队的负责人；"大工"是海船的柁手；"碇手"，是负责抛碇、起碇的水手；"亚班"则负责在船上挂帆等。李士瞻《坏舵歌》描写海运途中某海船船舵损坏时的情况说："须臾有声如裂帛，三百余人同失色。"④"三百余人"或许是概指，但足见同船梢水人等数量之多。虞集在《昭毅大将军平江路总管府达鲁花赤兼管内劝农事黄头公墓碑》一文中说："海运之舟众数十万"⑤，说明从事海运的人员有"数十万"之多。这一记载，或许有所夸张，但在海运高峰期，从事海运的人员，保守估计，也应有数万人。

二

海船户运粮，朝廷则支付一定的报酬，称运粮脚价。至元二十一年（1284）确定的标准为每石给中统钞八两五钱，造船费用及雇募梢水等，则由船户自己负担。至元二十九年（1292），脚价钞减作每石七两五钱，就在这年二月，平章不忽木、阁里等人提议："海运梢工水手人等，选择堪用者雇佣，钱价如例给之。每户妻子，以五口为则，与之粮，免其杂泛差役。"⑥

---

① 《元史》卷 183《王思诚传》，第 4211 页。
② 《至元嘉禾志》卷 7，《宋元方志丛刊》第 5 册，中华书局 1990 年版，第 4464 页上。
③ 贡师泰：《玩斋集·拾遗·海歌十首》，《景印文渊阁四库全书》第 1215 册，第 725 页。
④ 李士瞻著，王齐州点校：《经济文集》卷 6《坏舵歌》，湖北人民出版社 2019 年版，第 105 页。
⑤ 虞集：《道园学古录》卷 41，《四部丛刊》本。
⑥ 《永乐大典》卷 15949《运·元漕运一》，中华书局 1986 年版，第 6970 页上。

不忽木、阇里等人的提议，得到朝廷批准。但，这是一项临时规定，还是一项长久性的政策，尚不得而知。

元贞元年（1295），丞相完泽、平章赛典赤又提出："朱、张海运粮，在先每石脚钱八两五钱，减为七两五钱。如今粮食诸物，比之在先甚贱，脚钱亦合减，若不减，恐亏官。"建议每石减去一两，为六两五钱。朝廷采纳了这一建议。于是，"本年为头，糙白粳米，就直沽交卸，每石支中统钞六两五钱；香糯直赴大都醴源仓交纳，每石增钱五钱，计七两"①。成宗元贞初年，年海运粮数量跌至三十四万余石，运粮脚价也跌至元代的最低点。

武宗即位后不久，海运粮数量又大幅度攀升，形成了元代海运史上的第二次高峰。② 与此相适应，运粮脚价也有所提高。至大元年（1308）每石由六两五钱升至七两③，到至大三年（1310）又增至至元钞一两六钱，合中统钞八两，香糯米每石至元钞一两七钱，合中统钞八两五钱。④ 至大四年（1311），脚价钞又增为每石至元钞二两，合中统钞十两；香糯米为每石至元钞二两八钱，合中统钞十四两；稻谷由原来的至元钞一两升为每石至元钞一两四钱，合中统钞七两。⑤ 这次调价，从至大四年（1311）起执行，但调价的决定是武宗在世时做的。运输脚价的提高，对海运量的大幅度增加，发挥了重要作用。

仁宗即位后，曾再次调整脚价。由于福建、浙东地区有不少船只参加海运，航程较浙西远许多，故福建、浙东地区的船只脚价也增加较多，而浙西地区的船只脚价，则分别不同粮食品种，有升有降。元廷规定，从延祐元年开始，福建船运糙粳米，每石脚价为中统钞十三两；温台、庆元船运糙粳米，每石十一两五钱；香糯每石十一两五钱；⑥ 绍兴、浙西船每石十

---

① 《永乐大典》卷15950《运·元漕运二》，中华书局1986年版，第6977页上。
② 桑哥执政时，年海运粮曾高达159.5万石，是元代海运史上的第一次高峰。
③ 《永乐大典》卷15950《运·元漕运二》，中华书局1986年版，第6977页上。
④ 《永乐大典》卷15950《运·元漕运二》，中华书局1986年版，第6977页上。
⑤ 《元史》卷93《食货志一》，第2365页。
⑥ 元朝单设香糯千户所，专门负责香糯米的运输，所用船只应主要为浙西地区的船只。

一两，稻谷每石八两；黑豆与糙粳米相同，每石十一两。这是《永乐大典》记载的最后一次脚价调整。

现将元朝历次脚价规定情况整理如下表：

表1　　　　　　　　　元代海运脚价变化统计表①

历史纪年	公元	脚价（中统钞/石）			
		糙粳米	香糯米	稻谷	黑豆
元世祖至元二十一年	1284	8两5钱②			
至元二十九年	1292	7两5钱③			
元成宗元贞元年	1295	6两5钱	7两		
大德七年	1303			5两	
元武宗至大元年	1308	7两			
至大三年	1310	8两（至元钞1两6钱）	8两5钱（至元钞1两7钱）		
至大四年	1311	10两（至元钞2两）	14两（至元钞2两8钱）	7两（至元钞1两4钱）	
元仁宗延祐元年	1314	11两（绍兴、浙西船）	11两5钱（绍兴、浙西船）	8两（绍兴、浙西船）	11两（绍兴、浙西船）
		13两（福建船）			
		11两5钱（温、台、庆元船）			

元世祖时的海运粮脚价起点较高，这是事实。但从世祖至元二十一年（1284）到武宗至大三年（1310）的二十余年间，脚价有降无升。从至大四年（1311）起，脚价才超过至元二十一年的水平。联系到当时的物价水平不断上涨，船户的收入实际上是在不断下降。正如江浙行省在呈送中书省

---

① 本表据《永乐大典》卷15950统计制作。
② 该年确定脚价未分粮食品种，本表权置于此。
③ 该年确定脚价未分粮食品种，本表权置于此。

的一件公文中所说:"三十年前创始之初,钞法贵重,百物价平,此时江南米价,每石中统钞三两,运粮一石,支脚钞八两五钱,几及米价三倍。又于旧年九月、十月之间,拨降好钞,船户得此,趁时买物,修造海船。如造船一千料,所用工料价钱不过一百定,运粮一千石,随得脚钱一百七十定。为有余利,争趋造船,专心运粮。今则物重钞轻,造船物料十倍价高,每年船只必须修粘,浮动贡具必合添办,所得不偿所费,船户艰辛。虽蒙每石添作至元钞二两,其物价愈翔,不敷其用。"江浙行省在公文中还特别指出:"况浙东温台、庆元海船,水程弯远,比到太仓装粮处所,海洋水程,不下二千余里,难与附近船户一体支给脚价",因而建议:"温台、庆元船只运粮每石带耗添至元钞一两,通作三两(折合中统钞十五两),其余船只装运糙白粮米、香糯,每石添钞六钱,通作二两六钱(折合中统钞十三两);稻谷每石添钞六钱,通作二两(折合中统钞十两)。"① 中书省虽然没有采纳江浙行省的建议,但区别福建船和浙东温台、庆元船以及浙西船的不同航程,对其海运脚价作出不同规定,这与江浙行省的建议不无关系。

三

元武宗时,为保证船户全力运粮,曾就船户的杂泛差役等问题作出明确规定。至大四年(1311)二月颁布的一件圣旨说:

> 钦奉圣旨:"尚书省官人每奏:'海道里官粮交运将大都里来的,最打紧的勾当有。近年以来怠慢了的缘故,管民的、各投下的官人每,水手船户每根底从实的不将出来,占著,杂泛差役科着,又因船只里交载运诸杂物件缘故里,水手、船户每气力消乏了,船只少了,雇着船只装载官粮,那其间百姓每哏生受的上头,从新万户府官人每根底替换了。如今交马合麻丹的提调,哈散忽都鲁做达鲁花赤,王柔、澈

---

① 《永乐大典》卷 15949《运·元漕运一》,中华书局 1986 年版,第 6973 页下。

浦杨宣慰等做万户，委付来。交户部暗都剌尚书等提调。'圣旨么道，奏来。从今以后，海道都漕运万户府官人每运粮的时分，诸衙门官吏等不拣是谁，他每的勾当其间休入去者，休沮坏者。船户、水手每根底，里正、主首杂泛差役休交当者。他每的船只里除官粮外，木植、铜钱诸杂物件休交装载者。官人每将梯己物件使气力，休交载运者。修理船只所用的木植，不拣甚么出产的地面里收买的时分，管地面的民官每添气力收买者。船户每、水手每干碍着管民官的勾当有呵，与海道都漕运万户府官人每约会一处问者，休径直勾唤者，休使气力者。在先籍册里入去了的富豪船户每，受了做官的职名，却躲避着将名字更改了、不运粮的人每根底，要了罪过，交做船户者。行省官人每，答失蛮、沙不丁两个提调者。宣慰司官人每，随路达鲁花赤总管每添气力提调成就者。水脚钱依时尽数散到者，克减要的、要肚皮的，监察、廉访司官人每体察者。万户千户百户每、船户等推称'船只坏了也'么道，使见识盗粜官粮的、籴要的，不拣是谁，陈告者。若是实呵，元告人根底名分赏与也，被告人根底依大体例里重要罪过者。更运粮的官人每自的其间不提调，管民官每不用心好生体覆呵，有罪过者。委付来的万户、千户、百户官人每，好生谨慎成就勾当呵，更添名分赏与也者。不干济、坏了勾当呵，要了罪过，罢了者。其余合行的勾当，依着在先行来的圣旨体例里交行者，别了的有罪过者。道来。更这海道都漕运万户府官人每，'这般宣谕了也'么道。做没体例的勾当，不干碍的百姓每根底隐占着行呵，他每不怕那？"圣旨。狗儿年十一月十五日，大都有时分写来。①

同一份圣旨，还见于《永乐大典》卷 15950 所引元《成宪纲要》：

---

① 《元典章》卷 59《工部二·造作二·船只·海道运粮船户免杂泛差役》，第 1991—1993 页。

至大四年二月，钦奉圣旨，节该：海道都漕运万户府，运粮的时分，诸衙门不拣是谁，他每的勾当，其间休入去者，休沮坏者。修理船只所用的木植，不拣甚么出产的地面里，收买的时分，管地面的民官每，添气力收买者，水脚钱依时尽数散到者，剋减要肚皮的，监察廉访司官体察者。更运粮的官人每，自期间不提调，管民官每不用心好生体覆呵，有罪过者。委付来的万户、千户、百户官人每，好生谨慎成就勾当呵，更添与名分赏与也者。不干济，坏了勾当，要了罪过罢了者。①

这是同一圣旨的摘要，只是文字稍有区别。

这件圣旨是至大四年（1311）二月即武宗去世后颁发的，但圣旨拟定的时间是"狗儿年十一月十五日"，即至大三年（庚戌年，1310年）十一月十五日，是武宗时的决定当无疑问。这是元代海运史上的一份重要文件。圣旨再次强调海运是一项十分重要的任务，而当时海运管理松弛，水手船户往往被役使，承担杂泛差役，负担沉重；运粮船只还常常夹带其他物品。为此，朝廷明确规定：（1）运粮期间，诸衙门不得占役船户、水手，不得让他们承担杂泛差役；水运脚价要如数按时发放，严禁贪污；（2）运粮船只不得夹带木材、铜钱以及官员私人物品等；（3）修船所用木材，其产地官员要协助购买；（4）与船户、水手相关的民事、刑事问题，地方官要与海道都漕运万户府官员共同审理；（5）已经占籍的富豪船户，不得以担任其他官职为名逃避海运；（6）严禁海运官员、船户等以船坏为名盗隶官粮；（7）所有运粮官吏要认真负责，朝廷将严肃赏罚制度。

但圣旨拟定后仅一个多月武宗就去世了。武宗死后，尚书省被迅速撤销，尚书省原主要官员均被惩治，免除船户杂泛差役的规定实际上未能执行。《永乐大典》所记江浙行省与中书省的来往公文中提到，"至大三年十

---

① 《永乐大典》卷15950《运·元漕运二》，中华书局1986年版，第6081页上。

二月内钦奉圣旨节文：但是运粮之户，除免里正主首杂泛差役"，实际上指的就是上述至大三年（1310）十一月的那件圣旨。但中书户部依据至大四年（1311）三月十八日的诏书说："'民间和顾和买，一切杂泛差役，除边远军人，并大都至上都自备首思站户外，其余各验丁产，先尽富实，次及下户，诸投下不以是何户计，与民一体均当。应有执把除差圣旨、懿旨，所在官司就便拘收。'本部议得：所言诡名税粮，合依已行归并田主粮数，差落佃地之人征纳，毋得似前勒令里正主首追赔。除免杂泛差役一节，拟合依例均当相应，具呈照详。"① 三月十八日，是仁宗正式登基即位的日子，可见仁宗即位伊始，就立即否定了武宗前述豁免海船户杂泛差役的决定。

江浙行省在上呈公文中还曾提到另一种主张，即"运粮船户运官粮千石者，除免本户梯己苗粮四十石、里正主首杂泛差役……若有运粮一万石之上者，役免不过四百石，余苗依例应当"②。元代江南地区的杂泛差役，是按税粮多少承担的，根据运粮数量，适当减少杂泛差役，应该说是比较合理的。但对此建议，中书省亦未采纳。

江浙行省还在呈文中列举了温台千户所副千户刘居仁被差充里正，赔纳税粮四千余石的例子，指出："似此将船户差充里正主首甚多，俱有赔偿粮斛，若不将船户免役，切恐船户将船出卖，或诡寄他人，不肯运粮，所系非轻"；"其海运船户，自备己钱造船，若以创造一千料船一只，工价、油灰、桅柁、钉线、板木等物价钱，少者八百余锭。装粮一千石，官给脚价二百锭，召雇梢水，往回口粮，短般脚价，除销用外，有不敷，赔钱贴补。运粮所给，不及所费。然后又令亲身下海，运至直沽交卸粮储，经涉海洋数万余里，昼夜风涛，弃生就死。其落后家属，复被有司捉拿，勒令应当里正主首杂泛差役，又将诡户逃亡无征粮斛，监督赔纳"。江浙行省以海运船户与获准免役的财赋承佃户计以及白云宗僧人相对比，认为"实为

---

① 《永乐大典》卷15949《运·元漕运一》，中华书局1986年版，第6973页上。
② 《永乐大典》卷15949《运·元漕运一》，中华书局1986年版，第6973页上。

优劣不同。将来船户避重就轻,海运废弛,深系利害"①。应该说,江浙行省的意见是有道理的,但均被置之不理。英宗即位后,有关杂泛差役,仍沿袭仁宗时的规定。英宗至治改元诏书宣布说:

> 均平赋役,乃民政之要。今后但凡科着和雇和买、里正主首,一切杂泛差役,除边远出征军人及自备首思站赤外,不以是何户计,与民一体均当。诸位下、诸衙门及权豪势要人家,敢有似前影蔽占吝者,以违制论罪。州、县正官用心综理,验其物力,从公推排,明置文簿,务使高下得宜,民无偏负。廉访分司所至之处,严行照刷,违者究问。在先若有免役圣旨、懿旨,并行革拨。②

但考虑到煎盐、炼铁及运粮船户等,较之其他户籍,尤为劳苦,所以宣布给予一定时间的优待:"户下合该杂泛差役,自至治元年(1321)为始,优免三年。"③ 盐课收入是国家最重要的财政收入之一,"天下办纳的钱"一半以上来自盐课;南粮北运,尤其是海运,是保证京师用粮安全的最重要的措施。延祐七年(1320)英宗即位伊始,海运粮起运数达三百二十六万余石,已超出前此历次海运起运数的最高额。而冶铁,无论是民间生产、生活,还是国家军备生产与工程建设等,都是不可缺少的。因此,对这几类户的杂泛差役给予适当减免,显然是必要的。

元朝后期,情况又有变化。顺帝至元元年(1335),朝廷再次宣布:"海道都漕运万户府船户与民一体充役。"④ 至元三年(1337),元廷又立船户提举司十处,提领二十处。规定船户科差,船一千料之上者,岁纳钞六锭,以下递减。⑤ 船户负担进一步加重了。

---

① 《永乐大典》卷15949《运·元漕运一》,中华书局1986年版,第6972页下。
② 《元典章》卷3《圣政三·均赋役》,第76—77页。
③ 《元典章》卷3《圣政二·息徭役》,第89页。
④ 《元史》卷38《顺帝纪一》,第829页。
⑤ 《元史》卷39《顺帝纪二》,第836页。

朝廷的政策规定,地方官府以及海道都漕运万户府均不得变更。但为保证海运正常进行,一些官吏也往往在自己力所能及的范围内,采取某些变通措施。如至正十二年(1352)脱因任海道都漕运万户府达鲁花赤后,将贫困破产的船户"尽削其籍",别召富民运粮,并声称"他役且一切汝复无苦也",实际上就是免除船户的杂泛差役。另外,以往规定,船户必须亲身入海,脱因鉴于新签船户多为富户,"民多软弱,弗习海,第无失事,听其用人自代,且为常法"①。但此时已值元末,大规模农民起义已经爆发,局部的改革措施已不能保证海运的正常进行,朝廷不得不另觅他策。

总之,元代的海船户和其他普通民户一样,是需要承担杂泛差役的,元武宗时虽曾有过免除船户杂泛差役的规定,但由于武宗的去世,实际上未能执行。英宗至治年间运粮船户免役三年的规定,仅是临时性规定,而元末脱因等人免除海船户杂泛差役的规定,也只是农民起义状态下的权宜之计,并非有元一代的制度性规定。

四

在长年的海运实践中,船户、水手人等,积累了丰富的经验,同时也付出了极大的牺牲,他们为元代海运乃至整个中国海运史所做的贡献,是永远值得人们尊敬和记忆的。

长江下游至刘家港出海口一带,地形复杂,"沙浅水暗",常有运粮船只搁浅,给海运造成极大危害。船户苏显,凭多年航行经验,发明了"记标指浅"法,有效地解决了这一海运难题。据《永乐大典》记载:

至大四年十二月,海道府据常熟州船户苏显陈言立标指浅事,再会集老旧运粮千户殷忠显、黄忠翊等讲究得,每岁粮船到于刘家港聚

---

① 郑东:《海道都漕运万户府达鲁花赤脱因公政绩碑》,《名迹录》卷1,《景印文渊阁四库全书》第683册,第35页上。

齐起发，甘草等沙浅水暗，素于粮船为害。不知水脉之人，多于此上揍阁，排年损坏船粮，淹死人命，为数不少。今苏显备已船二只，抛泊西暗沙嘴二处，竖立旗缨，指领粮船出浅，诚为可采。今画到图本，备榜太仓周径桥路漕宫前聚船处所晓谕：运粮船户起发粮船，务要于暗沙东苏显鱼船偏南正西行使，于所立号船西边经过，往北转东落水行使，至黄连沙嘴抛泊，候风开洋。如是潮退，号上桅上不立旗缨，粮船止许抛住，不许行使。若有不依指约，因而凑浅损失官粮之人，船主判院痛行断罪，所陷官粮，临事斟酌着落陪（赔）还。以苏显所言，于官有益，于民有便，例应升擢。申奉省府出给札付，令苏显祗受充指浅提领，依上施行。①

扬子江下游江阴州界内，亦多有沙浅处，损坏粮船。该地住坐船户袁源、汤玛亦提出了立标指浅以避免粮船损失的建议：

延祐元年七月，据常熟江阴千户所申：为江阴州界扬子江内巫子门等处沙浅，损坏粮船，唤到本处住坐船户袁源、汤玛讲究得，江阴州管下夏港至君山，直开沙浅，至马驮沙南一带，至彭公山、石牌山、浮山、巫子门、镇山、石头港、雷沟、陈沟九处，约有一百余里，俱有沙浅暗焦，江潮冲流险恶。潮长则一概俱没，潮落微露沙脊。递年支装上江宁国等处粮船，为不知各处浅沙暗焦，中间多有损坏。宜从官司差拨附近小料船只，设立诸知水势之人，于每岁装粮之际，驾船于沙浅处立标，常川在彼指引粮船过浅，不致疏虞。……据袁源等所言，实为官民便益。申奉省府给降札付，令袁源等充指浅提领，照依议到事理，预备船只旗缨，依上指浅施行。②

---

① 《永乐大典》卷15950《运·元漕运二》，中华书局1986年版，第6978页。
② 《永乐大典》卷15950《运·元漕运二》，中华书局1986年版，第6978页下。

此外，直沽海口龙山庙前高筑土堆，四周用石砌加固，中间竖起高杆，日间悬挂布幡，夜则悬挂火灯，作为导航标志。这虽是监察御史的建议，[①] 而实际上是包含了船户、水手们的航海经验，否则，不熟悉海运的监察御史，是不会提出如此建议的。

运粮船队航行在浩渺无际的大海之上，而阴阳风雨不测，"惟凭针路（即指南针——引者）定向行船，仰观天象以卜明晦"[②]，风险极大，所以，船主要高价招募经验丰富的梢工水手，以掌其事。曾任海道都漕运万户府照磨的徐泰亨，曾下海押运。他根据梢工水手们的航行经验，编成口诀，以便人们记诵。例如，关于潮汛：

前月起水二十五，二十八日大汛至。次月初五是下岸，潮汛不曾差今古。次月初十是起水，十三大汛必然理。二十还逢下岸潮，只隔七日循环尔。

关于风信：

春后雪花落不止，四个月日有风水。二月十八潘婆飑，三月十八一般起。四月十八打麻风，六月十九彭祖忌。秋前十日风水生，秋后十日亦须至。八月十八潮诞生，次日须宜预防避。白露前后风水生，白露后头亦未已。霜降时候须作信，此是阴阳一定理。九月二十七无风，十月初五决有矣。每月初三飑若无，初四行船难指拟。如遇寅日不变更，来到壬癸也须避。

关于气象观测：

[①]《永乐大典》卷15950《运·元漕运二》，中华书局1986年版，第6978页下。
[②]《永乐大典》卷15950《运·元漕运二》，中华书局1986年版，第6978页下。

日落生耳于南北，必起风雨莫疑惑。落日犹如糖饼红，无雨必须忌风伯。日没观色如胭脂，三日之中风作厄。若还接日有乌云，隔日必然风雨逼。乌云接日却露白，晴明天象便分得。对日有垢雨可期，不到巳申要盈尺。雨余晚垢横在空，来日晴明须可克。北辰之下闪电光，三日之间事难测。大雨若无风水生，阴阳可以为定则。东南海门闪电光，五日之内云泼黑。纵然无雨不为奇，必作风水大便息。东北海门闪电光，三日须防云如织。否则风水必为忧，屡尝试验无差忒。

关于行船：

迟了一潮搭一汛，挫了一线隔一山。十日滩头坐，一日过九滩。①

以上歌谣，都未必科学，但它反映了船户及梢工水手对天文气象及潮汛规律的重视，反映了人们在缺乏现代科学手段的情况下航海经验的不断丰富和积累。

元代文人曾留下大量咏歌海运的诗篇，今天读来仍让人感慨万千。如张昱《辇下曲》（之一）：

国初海运自朱张，百万楼船渡大洋。
有训不教忘险阻，御厨先饭进黄粱。②

柳贯《送海漕府朱奏差押运北上》：

转粟青天亦壮哉，漕船拂日过蓬莱。

---

① 《永乐大典》卷15950《运·元漕运二》，第6978页下—6979页上。
② 张昱：《可闲老人集》卷2，《景印文渊阁四库全书》第1222册，第541页。

钜桥仓实河阴似,涨海云帆饷道开。
济险方观鹏运息,荐贤还报鹗书来。
橘包留为南珍重,冰玉盈襟不染埃。①

元朝末年曾亲赴江浙、福建等地为元政府筹粮的贡师泰,曾作《海歌十首》,描写海运时的情形,十分细致生动:

黑面小郎桴三板,载取官人来大船。
日正中时先转柁,一时举手拜神天。

出得蛟门才是海,虎蹲山下待平潮。
敲帆转舱齐著力,不见前船正过礁。

大星煌煌天欲明,黄旗上写总漕名。
愿得顺风三四日,早催春运到燕京。

只屿山前放大洋,雾气昏昏海上黄。
听得柁楼人笑道,半天红日挂帆樯。

四山合处一门开,雪浪掀天不尽来。
船过此间都贺喜,明日便可到南台。

千户火长好家主,事事辛苦不辞难。
明年载粮直沽去,便着绿袍归作官。

---

① 柳贯著,柳遵杰点校:《柳待制集》卷6,浙江古籍出版社2004年版,第117页。

大江驾柁如驾马,数人左右拽长牵。
万钧气力在我手,任渠雪浪来滔天。

碇手在船功最多,一人唱声百人和。
何事浅深偏记得,惯曾海上看风波。

亚班轻捷如猿猱,手把长绳飞上高。
你每道险我不险,只要竿头着脚牢。

上篷起舵气力强,花布缠头裤两裆。
说与众人莫相笑,吃酒着衣还阿郎。①

由于船只搁浅或遇险沉没等原因,除个别年份史载阙如外,绝大部分年代,海运均有耗损。据《元史》卷93《食货一·海运》记载,海运粮损失较多的年份有至元二十三年(1286),损耗144570石,损耗数占起运数的24.9%;至元二十八年(1291),损耗245635石,占起运数的16%强;至大三年(1310),损耗209619石,占起运数的7.1%强;皇庆元年(1312),损耗158543石,占起运数的6.8%强;泰定三年(1326)损耗124422石,占起运数的3.6%强;天历二年(1329),损耗181857石,占起运数的5.1%强;如此等等。这些损耗,未必都是船只沉没造成的,但船沉人亡的事故,必然是经常发生的。明人万恭在议及元朝海运时曾批评说:"夫文庄(即邱濬——引者)但计漂溺之米而不计漂溺之人。嗟乎!伤人乎不问,焉仁人之言也!曾是而海道可行乎?"② 令人奇怪的是,元人在谈及海运时,却很少言及海运人员的伤亡。贝琼曾作《精卫愤》(并序)记述漕

---

① 贡师泰:《玩斋集·拾遗》,《景印文渊阁四库全书》第1215册,第725页。
② 万恭:《漕河议》,《明文海》卷79,《景印文渊阁四库全书》第1453册,第739页下。

户夏文德之子夏永庆舍身救父的故事,序文说:

> 定海漕户夏文德,元至大四年夏运粟赴京师,其子永庆侍行。抵河间海津镇,文德堕水,永庆奋身入水中,挽父衣出波面,柁工提戟钩其衣,得不死。永庆浮沉洪涛,力弗支而溺,时年二十一。太史危素为传。余读而悲之,为赋《精卫愤》一首。①

张翥亦曾作《哀孝子夏永庆。没海救父,父出庆死,年二十》②,颂扬夏永庆的美德。但类似记载,在元代诗文中并不多见,只有《永乐大典》中有"排年损坏粮船,淹死人命,为数不少"③ 等记载,或许是元人有意回避这个敏感的话题。

五

海运过程中,弊端甚多,核心问题是海运官员与船户、梢水等互相串通,贪污运粮问题。在至元二十年(1283)至天历二年(1329)有连续记载的四十七年中,由江南起运粮总计为 82917471 石,事故粮合计为 2058267 石,约为起运粮的 2.48%。所谓事故粮,当指航运过程中因风浪、搁浅等原因造成的粮食损失,而实际上事故粮也成为海运官员、船户、水手等贪占运粮的一种重要方式。

据《永乐大典》记载,至元二十三年(1286)十一月,平章薛彻干等奏:"海运粮四年,凡一百一万石,④ 至京师者八十四万石,⑤ 不至者一十七

---

① 贝琼:《贝琼集·诗集》卷4,吉林文史出版社2010年版,第242页。
② 张翥:《蜕庵集》卷4,《四部丛刊》本。
③ 《永乐大典》卷15950《运·元漕运二》,中华书局1986年版,第6978页上。
④ 据《元史》卷93《食货志一·海运·岁运之数》,至元二十年至至元二十三年的四年间,海运粮起运数为 1015070 石。
⑤ 据《元史》卷93《食货志一·海运·岁运之数》,至元二十年至至元二十三年的四年间,事故粮总计为 172567 石。

万。运者言：江南斗小，至此斗大，以此折耗者有之。又以船坏，恐其沉溺，因弃其米者有之，固赏赔偿。其人船俱没者，不知合赔否？"上曰："没于水何可使之赔？"又奏："其合赔者，差好人与忙兀觯等一同教赔，与明年粮一处运来。"上从之。① 人船俱没，可以免于赔偿，忽必烈这一意见当然是对的，但也为海运官员等贪占运粮提供了条件。至元二十三年（1286），事故粮144570石，几乎占到起运数的四分之一，当与海运官员、船户、水手的舞弊贪占有密切关系。

至元二十五年（1288）十月，尚书省奉皇帝圣旨拟定的相关禁治条画中规定："江淮河海运粮官吏、船户、梢工、水手人等，妄称风水淹没船只，及车船人户用水搅拌、插和糠尘，因而盗用官粮者：十石以上，刺面，杖一百七下；十石之下，杖九十七下。若知情籴买者，十石以上，杖一百七下；十石之下，杖九十七下。所据原盗粮价并正粮，照依前项体例追征。其本管官吏知情受分者，与盗粮人同罪，不曾受分者，杖五十七下，除名，永不叙用。失觉察者，验粮多寡究治。"② 至元二十八年（1291）三月，中书省再次提出："随处粮斛，皆系人户原纳乾圆洁净好粮。攒运其间，各处仓官、斗脚、船户、押纲人等，多有作弊侵盗食用，而插和糠粃，或用水拌，抵数欺官，以致不耐久积，发变损坏。兼海道运粮万户府并漕运官员，有失关防钤束所致。"据此，中书省规定："如遇起运，即令各仓用印封裹，内一裹本仓收贮，一裹呈解本省，咨发前来，二裹吩咐运粮万户府押粮官，赍赴直沽等处收粮仓分存留，一裹备照开拆，对样交收。若有湿润或带糠土不净粮数，定是根挨究治施行。"③

为防止海运船只于沿海停泊，盗卖官粮，皇庆二年（1313）四月，中书省采纳江浙行省提调海运官的建议，要求相关官员，"于濒海去处，常切用心巡视体问，若有运粮船只无故沿海停泊，就将船主取招究治，画时催

---

① 《永乐大典》卷15949《运·元漕运一》，中华书局1986年版，第6969页上。
② 《元典章》卷47《刑部九·诸赃二·侵盗·搅飞盗粮等例》，第1584页。
③ 《元典章》卷24《户部十·租税·纳税·征纳税粮》，第946页。

赶起发，前赴直沽等处交卸，不得停留。本地面里正、社长、主首人等，容令湾泊，盗粜官粮作弊，一体坐罪。如果有遭风船只，随即根问虚实，体覆明白，依例施行"①。我国东部沿海海岸线很长，元廷实际上很难防止海运船只于沿海停泊，盗粜官粮。

在海运过程中，利用各种非法手段，如偷载货物，从事非法贸易，贪占运粮等，获利最多者，当然是海运官员。如海运的开创者朱清、张瑄，"二人者，父子致位宰相，弟侄甥婿皆大官，田园宅馆遍天下，库藏仓庾相望，巨艘大舶帆交番夷中，舆骑塞隘门巷，左右仆从皆佩於菟金符，为万户、千户，累爵积赀，气意自得"②。朱清、张瑄等人所以能积聚数额如此巨大的资产，无疑与执掌海运大权有关，否则就无法解释其巨额财产的来源。而普通船户，则往往不能维持其正常的生活。如江浙行省在给中书省的公文中所说，温台两路船户夏吉甫等，"至大四年十一月，蒙官司召顾船只，见数听候运粮。此时吉甫等未曾支给脚价，先蒙官司督并修理船只，为此，吉甫等贷钱预为收买桐油、麻筋、石灰、木植等物，雇匠修理船只。至皇庆元年正月内，才蒙官司放支一半脚价。合用物料，价值涌贵，并本船合用梢水，比之太仓，加倍雇觅，及置办贡具、梢水口粮，又且盘费浩大，况本处水程，约有三千余里才到，起程至卸粮，梢水合用口粮计该九月，比附太仓船户五月开洋，多用口粮四月。……夏吉甫等俱系捕鱼为生，递年官司自十月间召雇，拘留船只，不能生理。……夏吉甫等住居濒海，接连福建，递年官司召雇船户典妻卖女承运。略举温州路船户陈孟四，将一十三岁亲女，卖与温州乐清县傅县尉，得中统钞五锭，起发船只，此等船户，到此极矣"③。类似夏吉甫、陈孟四等人的情况，当不在少数，故而常有船户破产逃亡现象。面对如此情况，海运长官无可奈何，只好将"漕

---

① 《永乐大典》卷15950《运·元漕运二》，中华书局1986年版，第6981页下；另见《通制条格校注》卷14《仓库·运粮作弊》，中华书局2001年版，第424页。

② 陶宗仪：《南村辍耕录》卷5《朱张》，中华书局1959年版，第64页；另见《元文类》卷69《何长者传》，安徽大学出版社2021年版，第1391页。

③ 《永乐大典》卷15949《运·元漕运一》，中华书局1986年版，第6972页上。

户凋靡者尽削其籍，别召富民，俾共漕事"①。

总之，在漕运过程中，各种营私舞弊活动，部分船户当参与其中，但真正受益者，只能是那些海运官员和拥有较多船只的富豪船户。

（原载《蒙古史研究》第九辑，内蒙古大学出版社 2007 年版）

---

① 郑东：《海道都漕运万户府达鲁花赤脱因公政绩碑》，《名迹录》卷1，《景印文渊阁四库全书》第 683 册，第 35 页上。

《方国璋神道碑》史事辨析

《方国璋神道碑》即《大元赠银青光禄大夫江浙等处行中书省平章政事上柱国追封越国公谥容愍方公神道碑铭》（以下简称《璋碑》）① 是研究元末方氏政权的重要史料之一。方国璋死于元至正二十二年（1362）二月二十一日。碑文由张翥据方国璋幕僚萧德吉草拟的方国璋行状撰写，危素书丹，张瓙篆额。该碑内容因涉及朱元璋攻占衢州（治今浙江衢县）、婺州（治今浙江金华）等史事，明朝建立后一度埋于地下。据《台州金石录》记载，清同治甲戌年（1874）出土时尚完好，后又断为两截。今残碑嵌立东湖石刻碑林壁间。②

本文仅就《璋碑》涉及的部分史实，做些辨析。

一 关于方氏家庭出身

《璋碑》追叙其父方伯奇事迹时说：

> 越公（方伯奇——引者）通阴阳历数之说，乐善好施。家隶尝以小斗出米以予人，公闻，立剖而遣之。人以贫投者，必周之。

---

① 张翥：《大元赠银青光禄大夫江浙等处行中书省平章政事上柱国追封越国公谥容愍方公神道碑铭》，《台州金石录》卷13，《石刻史料新编》第1辑第15册，新文丰出版公司1982年版，第11174页下—11177页上。以下引文，凡未注明出处者，均引自此文。

② 据《临海文物、博物馆重要事记》，涌泉寺旁发现的《方国璋神道碑》，高3.9米，宽1.07米，厚0.36米，为临海发现的最大石碑。可惜发现时已断为两截，后又毁去一截。现存部分残碑嵌立于东湖石刻碑林壁间。

宋濂撰《方国珍神道碑》①，则未提及上述内容。

据《明太祖实录》卷7"己亥春正月"条，至正十九年，方国珍遣使奉书，献黄金、白金等给朱元璋，书中说："国珍生长海滨，鱼盐负贩，无闻于时……"并未提及其父"乐善好施"之事。

黄溥《闲中今古录摘抄》记载说：

> 初，谷珍（即国珍——引者）之乱也，又非因刑敛。其黄岩风俗，贵贱等分甚严。若农家种富室之田，名曰佃户，见田主不敢施揖，伺其过而后行。谷珍父为佃户，过于恭主。谷珍兄弟四人既长，谷珍谓父曰："田主亦人尔，何恭如此？"父曰："我养赡汝等，由田主之田也，何可不恭？"谷珍不悦。父卒，兄弟勠力，家道渐裕……②

《嘉靖宁波府志》卷20《遗事》所载方国珍史事，与《闲中今古录摘抄》相似，"黄岩风俗，贵贱等分甚严"一语，完全相同，因此，二者当有渊源关系。

《明太祖实录》卷88记方国珍"世以贩盐浮海为业"③；《明史》卷123《方国珍传》亦沿袭此说："世以贩盐浮海为业。"

从方国珍起义后的活动情况看，其主要活动区域是在浙东沿海一带，降元后，也曾长期担任护漕之职，这些情况都表明，方氏对海上航行十分熟悉。因此，方氏家族"世以贩盐浮海为业"的说法，应比较符合实际。

《璋碑》所记方国璋之父"乐善好施"，以及"家隶"以小斗出米以予人云云，与黄溥《闲中今古录摘抄》及《嘉靖宁波府志》中的相关记载，互相矛盾。一个佃户之家，何来"家隶"？

---

① 宋濂：《宋学士文集》卷40《故资善大夫广西等处行中书省左丞方公神道碑铭》，《四部丛刊》本。

② 黄溥：《闲中今古录摘抄》，《记录汇编》卷129，第41册，上海商务印书馆1938年版。

③ 《明太祖实录》卷88，"洪武七年三月壬辰"条，台北"中研院"历史语言研究所校印本，第1560页。

上述材料互相比较，还是方国珍自称的"国珍生长海滨，鱼盐负贩，无闻于时"以及《明太祖实录》卷88、《明史·方国珍传》所说"世以贩盐浮海为业"比较符合实际。至于其父"乐善好施"云云，当然不无可能。方国珍起事后，随从响应者如此众多，表明此前方氏在当地较有影响。

方国珍起义后，长期活动在浙东沿海，这显然与他出身"盐徒"、经常"负贩鱼盐"有关。① 元代的台州（今属浙江）是食盐生产地之一。至正二年（1342），元政府曾于盐运司之下设温台等四处检校批验所，负责这一地区的盐业生产与运销，"直隶运司，专掌批验盐商引目，均平袋法称盐等事"②。由于官府盐价不断提高，普通百姓吃不起官盐，于是"私盐"盛行。③ 贩运私盐者称"盐徒"。方国珍及其追随者中，当有不少"盐徒"。

因方氏兄弟长期"负贩鱼盐"，家境逐渐改善，邻里之间的借贷乃至施舍行为，不无可能。但说方氏其父"通阴阳历数之说""乐善好施"，尤其是拥有"家隶"云云，目前尚无其他材料可以佐证。

私自贩盐是非法行为，元朝明令禁止并坚决打击。④ 因此，"盐徒"这一很不光彩的字眼，不可能加在元廷褒奖的官员头上，不可能出现在元廷重臣撰写的《璋碑》之中，是完全可以理解的。

二　起义缘由及至正十五年前元政府的招抚与镇压

关于方氏起义，《璋碑》作了如下记述：

……岁饥，振其乡里，而媢公者多嗛之。有王复因逻卒夜帅其徒

---

① 陈高华：《元代盐政及其社会影响》，《陈高华文集》，上海辞书出版社2005年版，第21—22页；张国旺：《元代榷盐与元代社会》，天津古籍出版社2009年版，第186—193页。
② 《元史》卷92《百官志八》，中华书局校点本（下同），第2337页。
③ 陈高华：《元代盐政及其社会影响》，《陈高华文集》，上海辞书出版社2005年版，第21—22页；张国旺：《元代榷盐与元代社会》，第186—193页。
④ 参见《元典章》卷22《户部八·盐课》"巡禁私盐格例""镇守军人兼巡私盐""拿住私盐给赏""任内失过私盐"等，陈高华、张帆、刘晓、党宝海点校，中华书局、天津古籍出版社2011年版，第856—859页。

斧闼入，尽掠公资而入海。适海运舟遇，复掠之，千户德流于实见执。公之弟今江浙行省平章国珍乃合族人乡丁数百人，敛兵治械，逐而击之。王就擒，奉德流于实归。参政朵儿只班以闻，授公仙居丞，人赏各有差。

上述文字完全回避了方国珍反元起义的事实，而变成了方国珍主动协助元政府镇压王复，救回千户德流于实，遂被授以官职，受到赏赐。

《元史》的编修是在元亡之后不到两年的时间内完成的，因而其记载比较接近史实。

《元史》卷41《顺帝纪四》载：

是岁……台州方国珍为乱，聚众海上。命江浙行省参知政事朵儿只班讨之。①

《元史》卷143《泰不华传》载：

八年，台州黄岩民方国珍为蔡乱头、王伏之仇逼，遂入海为乱，劫掠漕运粮，执海道千户德流于实。事闻，诏江浙参政朵儿只班总舟师捕之，追至福州五虎门。国珍知事危，焚舟将遁。官军自相惊溃，朵儿只班遂被执，国珍迫其上招降之状，朝廷从之，国珍兄弟皆授之以官。国珍不肯赴，势益横暴。②

《明太祖实录》卷88"洪武七年三月壬辰"条、宋濂撰《方国珍神道碑》《明史·方国珍传》等，所记史实，均大体相同，都可以印证《元史》

---

① 《元史》卷41《顺帝纪四》，第883页。
② 《元史》卷143《泰不华传》，第3424页。

的上述记载。由元翰林院官员撰写的《璋碑》，尽力回避方国珍兄弟反元的事实，是显而易见的。

《璋碑》所说授璋仙居（今浙江仙居）丞一事，当属事实，方国珍亦被授予庆元定海尉①，《元史·泰不华传》亦提到"国珍兄弟皆授之以官"②。至于碑文所云方国璋为官乡里的种种政绩，尚无其他材料可以证实。翰林院官员乐见其为循吏，所以溢美之词也在情理之中。

之后，方氏兄弟再度起事原因及历官情况，《璋碑》做了如下说明：

公既官守，诸弟得服田里，业益富。仇公者憾益深，公躬往谕抚之，比至，则谋者势益逼，度不容居，举宗入海避之。仇者得计，遂挤公益力。有司来逐公，公得其逐者，辄礼而归之，因以状吁冤。朝廷遣左丞帖里铁木尔慰安公，公帅诸弟谢罪，自陈愿毕力海漕报朝廷。乃立为巡防千户所，即授公兄弟千户，赐五品服。

《明太祖实录》卷 88 则说："国珍虽受官还故里，而聚兵不解，势益横暴。"

关于方国珍的再度起事，《明太祖实录》说："十二年，元兵征徐州，命江浙省臣募舟师守大江。国珍怀疑，复入海以叛。乃命台州路达鲁花赤泰不花讨之。泰不花率舟师与战，众溃。泰不花自分必死，即前薄国珍船，手刃数人，遂为所杀。是时，汝、颍兵起，海内大乱，江淮南北诸郡土豪聚众割据，元不能制，遂复遣官谕之使降。"③

《明史·方国珍传》则说："……寻叛，寇温州。元以孛罗帖木儿为行省左丞，督兵往讨，复败，被执。乃遣大司农达识帖睦尔招之降。已而汝、

---

① 《明太祖实录》卷 88 "洪武七年三月壬辰"条；宋濂：《故资善大夫广西等处行中书省左丞方公神道碑铭》；《明史》卷 123《方国珍传》，第 3697 页。
② 《元史》卷 143《泰不华传》，第 3424 页。
③ 《明太祖实录》卷 88 "洪武七年三月壬辰"条，第 1561 页。

颍兵起，元募舟师守江。国珍疑惧，复叛。诱杀台州路达鲁花赤泰不华，亡入海。使人潜至京师赂诸权贵，仍许降，授徽州路治中。国珍不听命，陷台州，焚苏之太仓。元复以海道漕运万户招之，乃受官。"①

《元史·泰不华传》记至正九年至十二年（1349—1352）元廷与方国珍间的斗争情况较详：

> ……九年（1349），诏泰不华察实以闻，既得其状，遂上招捕之策，不听。
>
> 十年（1350）十二月，国珍复入海，烧掠沿海州郡。十一年（1351）二月，诏孛罗帖木儿为江浙行省左丞，总兵至庆元。以泰不华谂知贼情状，迁浙东道宣慰使都元帅，分兵于温州，使夹攻之。未几，国珍寇温，泰不华纵火筏焚之，一夕遁去。既而孛罗帖木儿密与泰不华约以六月乙未合兵进讨。孛罗帖木儿乃以壬辰先期至大闾洋，国珍夜率劲卒纵火鼓噪，官军不战皆溃，赴水死者过半。孛罗帖木儿被执，反为国珍饰词上闻。泰不华闻之痛愤，辍食数日。朝廷弗之知，复遣大司农达识帖木迩等至黄岩招之。国珍兄弟皆登岸罗拜，退止民间小楼。是夕，中秋月明，泰不华欲命壮士袭杀之，达识帖木迩适夜过泰不华，密以事白之，达识帖木迩曰："我受诏招降耳，公欲擅命耶？"事乃止。檄泰不华亲至海滨，散其徒众，拘其海舟兵器，国珍兄弟复授官有差。既而迁泰不华台州路达鲁花赤。
>
> 十二年（1352），朝廷征徐州，命江浙省臣募舟师守大江，国珍怀疑，复入海以叛。泰不华自分以死报国，发兵扼黄岩之澄江，而遣义士王大用抵国珍，示约信，使之来归，国珍益疑，拘大用不遣，以小舸二百突海门，入州港，犯马鞍诸山。泰不华语众曰："吾以书生登显要，诚虑负所学。今守海隅，贼甫招徕又复为变，君辈助我击之，其

---

① 《明史》卷123《方国珍传》，第3697页。

克则汝众功也，不克则我尽死以报国耳。"众皆踊跃愿行。时国珍戚党陈仲达往来计议，陈其可降状。泰不华率部众，张受降旗乘潮而前，船触沙不能行，垂与国珍遇，呼仲达申前议，仲达目动气索，泰不华觉其心异，手斩之。即前搏贼船，射死五人，贼跃入船，复斫死二人，贼举桨来刺，辄斫折之。贼群至，欲抱持过国珍船，泰不华瞋目叱之，脱起，夺贼刀，又杀二人。贼攒桨刺之，中颈死，犹植立不仆，投其尸海中。年四十九。时十二年三月庚子也。①

上述史实，诸如至正十一年（1351）行省左丞孛罗帖木儿兵败被俘，至正十二年（1352）泰不华被诛杀，以及至正十二年（1352）以后元廷讨伐方国珍的多次军事活动②，《璋碑》均略而未提。

三 官职升迁

大约在至正十四年（1354）末③，"朝廷遣左丞帖里铁木尔慰安公，公帅诸弟谢罪。自陈愿毕力海漕报朝廷。乃立为巡防千户所，即授公兄弟千

---

① 《元史》卷143《泰不华传》，第3425页。另，至正十二年三月乙巳朔，无庚子日，此处史文疑有误。见本传《校勘记》（七），第3430页。
② 据《元史·顺帝纪》，至正十二年（1352）后，元廷多次出兵讨伐方国珍。如：至正十二年闰三月，"方国珍不受招安之命，命江浙左丞左答纳失里讨之"（第898页）；五月，"命江南行台御史大夫纳麟给宣敕与台州民陈子由、杨恕卿、赵士正、戴甲，令其集民丁夹攻方国珍"（第899—900页）；同年八月癸卯，"方国珍率其众攻台州城，浙东元帅也忒迷失、福建元帅黑的儿击退之"（第901页）；同年十一月癸未，"命江浙行省左丞帖里帖木儿总兵讨方国珍"（第903页）；至正十三年（1353）正月，"方国珍复降"（第907页）；三月，"命江行省左丞帖里帖木儿、江南行台侍御史左答纳失里招谕方国珍"（第908—909页）；十月，"从帖里帖木儿、左答纳失里之请，授方国珍徽州路治中，国璋广德路治中，国瑛信州路治中，督遣之任，国珍疑惧，不受命"（第912页）；至正十四年（1354）九月，"方国珍拘执元帅也忒迷失、黄岩州达鲁花赤宋伯颜不花、知州赵宜浩，以俟诏命"（第916页）。《嘉靖温州府志》卷6《灾变》提及至正十四年（1354），元廷曾"以谷珍（方国珍——引者）为海道巡防万户"，但这一记载，没有其他的材料可以证实，估计时间记载有误。
③ 据《元史》卷43《顺帝纪六》记载，至正十四年（1354）九月，"方国珍拘执元帅也忒迷失、黄岩州达鲁花赤宋伯颜不花、知州赵宜浩，以俟诏命"。因此，"巡防千户所"之立及授"公兄弟千户"之命，应在此之后。

户，赐五品服"。但这一任命，在其他文献中看不到直接的记述。

据《元史》记载，至正十三年（1353）十月，朝廷曾"从帖里帖木儿、左答纳失里之请，授方国珍徽州路治中，国璋广德路治中，国瑛信州路治中，督遣之任，国珍疑惧，不受命"①。各路治中，为正五品。② 巡防千户所千户应与"海道运粮""管领系官海船"的千户职品相当，亦为正五品。③ 估计，在方国珍兄弟拒绝担任诸路"治中"一职后，元廷只好改立巡防千户所，任命方氏兄弟"千户"一职。对方氏兄弟说来，这一任命，可以使他们继续活动于江浙沿海，仍可以保留原有的武装力量，这是方氏兄弟乐于接受的。

另据《璋碑》，至正十五年（1355），"公（方国璋——引者）护漕抵直沽，号令严明，粮舶悉集。有旨，升千户所为万户府，授亚中大夫上万户，佩金符，赐金系带一，宴劳以遣之"。可见，至正十五年（1355）方国璋是以千户身份护漕抵直沽的。同时，也间接证明，巡防千户所的设立及方国璋曾任巡防千户所千户一职，是符合历史实际的。

据《元史》记载，至正十五年（1355）七月，"升台州海道巡防千户所为海道防御运粮万户府"④，这和《璋碑》的记载是吻合的。但《元史·顺帝纪七》记载，至正十六年（1356）三月，"戊申，方国珍复降，以为海道运粮漕运万户，兼防御海道运粮万户；其兄方国璋为衢州路总管，兼防御海道事"⑤。《元史》的记载和《璋碑》记载似乎不太一致。估计，在台州防御运粮万户府初立时，或许只是任命了护漕有功的方国璋为万户，次年三月，才改由方国珍任万户，而方国璋名义上改任衢州路（治今浙江衢州）总管，实际上仍"兼防御海道事"。衢州路为上路⑥，上路总管与海道运粮

---

① 《元史》卷43《顺帝纪六》，第912页。
② 《元典章》卷7《吏部一·职品》，第201页。
③ 《元典章》卷7《吏部一·职品》，第202页。
④ 《元史》卷44《顺帝纪七》，第926页。
⑤ 《元史》卷44《顺帝纪七》，第931页。
⑥ 《元史》卷62《地理志五》，第1496页。

漕运万户的职品，都为正三品①。所以，职务的变动，对方国璋说来，并没有实质性影响。

方国璋虽曾被任为上万户，但文散官阶为"亚中大夫"，从三品②；且"佩金符"③。职务、品阶、印符如此混乱不一，反映了元廷对待方国珍势力的复杂心理。

至正十六年（1356）春，张士诚攻占平江（治今江苏苏州）。据《璋碑》记载："丞相达识帖睦迩檄公（方国璋——引者）总舟师往讨之。届昆山，接战数十，杀获甚众。既而平江来归款，乃罢兵。还，录其功，升万户府为防御运粮义兵都元帅府，即进公通奉大夫，为都元帅。"

昆山之战让朝廷看到了方国珍、方国璋等在对付张士诚势力中的重要作用，于是，原来的防御海道运粮万户府升为"防御运粮义兵都元帅府"，方国璋则由原来的"亚中大夫"（从三品）晋为"通奉大夫"（从二品），官都元帅。

至正十七年（1357）后，方国珍逐渐控制了温州（治今浙江温州）、台州（治今浙江台州）、庆元（治今浙江宁波）三郡。时"中原道闭，使臣之往来，海以为陆。公（方国璋——引者）每具资粮，送迎无阙，凡海舟唯公号是视"。这年八月，方国珍升为江浙行省参知政事，仍兼海道运粮万户④，方国璋则升为福建行省参知政事。至正十八年（1358）五月，方国珍升为江浙行省左丞，兼海道运粮万户⑤，方国璋则升"资善大夫、同知行枢密院事"。至正十九年（1359）十月，方国珍升江浙行省平章政事⑥，方国璋则"升荣禄大夫江浙行省右丞"。至正二十一年（1361）秋九月，元廷又

---

① 《元典章》卷7《吏部一·职品》，第195页。
② 《元史》卷91《百官志七》，第2320页。
③ "佩金符"者，最高为四品军官。见《元典章》卷8《吏制二·官制二》，第235页。
④ 《元史》卷45《顺帝纪八》，第943页。
⑤ 《元史》卷45《顺帝纪八》，第943页。
⑥ 《元史》卷45《顺帝纪八》，第949页。

晋方国珍为司徒，并赐署字玉璞。①

至正十六年（1356年）张士诚攻占平江后，原设在平江的海运万户府迁至庆元②，但实际上已无法履行海运万户府的职能。

海运中断后，元大都用粮已极为困难。③ 至正十九年（1359），元政府遣兵部尚书伯颜帖木儿、户部尚书曹履亨由海道赴庆元、杭州，要求张士诚、方国珍协作，由张士诚出粮，方国珍出船海运至直沽。经一再斡旋，张士诚勉强同意向朝廷供粮，但每年仅十余万石。自至正二十年（1360）起，连续海运了四年。至正二十三年（1363）后，江浙行省的海运便宣告终止。在此过程中，方国珍部下具体负责组织运粮的是刘仁本④。但《璋碑》把这一功劳都记在了方国璋身上，而且在时间上也显得混乱不清。

四　方国璋之死

方国璋死于至正二十二年（1362）二月二十一日，为苗军将领王保部所杀。其经过，《璋碑》如是说：

> 朱□璋侵衢、婺⑤，公计可使召来之，二年始得其情。于是朝廷遣尚书张昶等来，与公会议，至台，将由婺以趋集庆。时苗军据婺州，其将王保等杀渠帅出奔，过仙居，所□纵剽。昶急与公谋。公曰："今

---

① 刘仁本：《羽廷集》卷5《送谢玉成都事进表序》，《景印文渊阁四库全书》第1216册，台湾商务印书馆1986年版，第82页。
② 见《移建海道都漕运万户府记》，章国庆：《天一阁明州碑林集录》，上海古籍出版社2008年版，第58页。
③ 参见孟繁清《元朝末年的海运与筹粮》，郝时远、罗贤佑主编：《蒙元史暨民族史论集》，社会科学文献出版社2006年版；孟繁清、杨淑红：《方国珍与元末海运》，李治安、宋涛主编：《马可波罗游历过的城市》，杭州出版社2012年版。
④ 刘仁本《羽庭集》中，保留有不少有关元末海运的诗文。如《饯长信寺经历曹德辅序》《饯将作院史曲有诚公序》《送户部尚书彻公通理趣漕还京序》《送户部侍郎韩君汝舟督漕还京序》《送江浙行省检校官张君彦复序》《虞江宴别诗序》等序文，以及《奉檄泛海督漕运》《防运粮赴京二首》《春日即事》《舟发海上》《送户部侍郎韩君汝舟督漕还京》《送漕府知事高本中北上》《送中政院同金钑纳鸣谦回京》等诗篇。
⑤ 朱□璋当为朱元璋。估计是明朝建立后，方氏后人有意毁去的。

招安之事垂成，而苗军忽变，必入吾境，则吾民必见害。而彼闻之，将疑我怀去就。我请往谕保等，庶乱可弭。"乃引百余骑至仙居，遣属僚馈保等酒牢金币。保阳诺，请约束其军，□纵剽自如。公重遣人往戒之。是夜，二月二十一日也。迨四鼓，保军围公营数匝，矢石雨注。公不意其变，帅麾下起力斗，手杀数十人，而矛中折，遂遇害。同死者若干人。

《方国珍神道》（以下简称《珍碑》）语及此事，则称：

苗军刘震、蒋英等叛婺州，杀首帅胡大海，持其首来曰："愿隶麾下。"众皆贺。独公不许，曰："吾昔遣使效钱镠，言犹在耳；今纳其叛人，是见小利而忘大信也。且人叛主而归我，即他日叛我，又安可必耶！"遂帅师击之。仲兄中流矢而没。上遣使临祭，且慰抚其遗孤。①

二碑对此事的记载明显有别。《璋碑》是强调方国璋"公仁弗揃，往以善谕"，是"仓促搏战，身以殉之"，是为招降、安抚苗军王保等而被骗遭袭遇害的。《珍碑》则是说珍部主动出击苗军，方国璋是在战斗中"中流矢"而死的。二碑孰是孰非，目前尚无其他材料可以佐证。

苗军本是元朝的地方军队，后归降朱元璋。至正二十二年（1362）二月癸未，苗军头领蒋英、刘震、李福、王保等又叛杀朱元璋部将胡大海。从当时的军事形势看，方氏集团主动接纳降而复叛的苗军而不惜得罪朱元璋，对方氏政权显然是不利的。因此，方国璋主动以"酒牢金币"贿赂王保等以平息事态发展，可能性不大。《璋碑》所以要如此表述，大概是考虑到朱元璋的反元立场未见变化，苗军首领杀胡大海，对元政权来说是件好事。方国璋去招降苗军首领，符合元朝政府的利益。苗军杀方国璋后，逃

---

① 宋濂：《宋学士文集》卷40《故资善大夫广西等处行中书省左丞方公神道碑铭》，《四部丛刊》本。

窜至绍兴，归附了张士诚，名义上仍隶属于元政权。因此，碑文只谴责苗军的纵掠平民、言而无信，并未评价其对朱元璋的背叛行为。

总括《璋碑》的内容，可以明显看出，碑文主要突出了以下几点：

1. 方氏父亲方伯奇"乐善好施"；
2. 方氏兄弟率众击败海寇，效忠元政权；
3. 方国璋为元地方官时多有政绩，受百姓拥戴；
4. 方国璋护漕有功；
5. 元廷对方国璋屡屡加官晋爵，多有赏赐；
6. 方国璋是为"善喻"、招抚苗军而被其首领杀害的。

总之，既然是元廷命官撰写的碑文，必然要彰显方国璋效忠元政权的事迹，在某些具体内容上，采取模糊乃至虚构的手法，是不足为奇的。

五 《璋碑》的撰写

《璋碑》由张翥撰文，危素书丹，张瑾篆额。在当时，这是一个规格很高的写作班子。张翥时为翰林学士承旨、荣禄大夫，是翰林院地位最高的官员之一。① 撰写《璋碑》时，他已七十多岁高龄②，是朝中的长者。

张翥身为朝廷命官，对当时的政治形势是清楚的。至正二十年（1360）末，他以《蜕庵岁晏百忧熏心排遣以诗乃作五首》中说："开岁七十五，故园犹未归"；"宇县犹多垒，干戈已十年。吾惟待其定，归种故山田"③，对元廷的未来充满忧虑。他在《授钺》一诗中写道："天子临轩授钺频，东南何处不红巾。铁衣远道三军老，白骨中原万鬼新。烈士精灵虹贯日，仙家谈笑海扬尘。只将满眼凄凉泪，哭尽平生几故人。"诗后小注云："中原红巾初起时，旗上一联云：'虎贲三千，直抵幽燕之地；龙飞九五，重开大宋

---

① 据《元史》卷87《百官志三》，"（延祐）五年，置承旨八员。后定置承旨六员，从一品"。另据《元史》卷91《百官志七》，荣禄大夫为从一品。

② 据《元史·张翥传》，张翥至正二十八年（1368）去世，享年八十二岁。至正二十二年（1362）撰写《璋碑》时已七十六岁。

③ 《元诗选》初集（二），中华书局1987年版，第1350—1351页。

之天.'其后毛贵等横行山东，侵犯畿甸，驾幸滦京。贼势猖獗，无异唐末。仲举在都下，作此诗寄浙省周玉坡参政云。"① 《文渊阁四库全书》本《大雅集》径将此诗题为《寄周伯温》。

方国璋去世的至正二十二年（1362），元大都面临着严重的用粮危机。从至正十九年（1359）起，元廷已先后派出中书省多名官员前往江浙督促、协调海运事宜，但张士诚、方国珍互相猜忌。为保存各自实力，每年仅运粮十余万石至大都。② 在如此严峻的政治与经济形势面前，张翥要尽力为方氏讲好话，以换取方氏对元政权的支持，是很自然的。

负责书丹的危素亦为元末名臣。至正二十二年（1362），时为通奉大夫中书参知政事同知经筵事提调四方献言详定使司。人称其"博学善文辞。至正中，独以文名天下，凡朝廷制作，皆自公出。四方欲显白先德者，皆造公门。尤精于书，得片楮只字者，宝秘以为荣"③。

负责篆额的张𤫊，字公弁，保定人，官集贤大学士光禄大夫，亦为从一品高官，封滕国公。"早以才学知名。篆书亦淳古可取。"④

由上述张翥、危素、张𤫊共同组成的《璋碑》制作班子，规格之高，在元末并不多见。由此也可以看出元朝竭力拉拢、利用方氏集团的良苦用心。

至正十八年（1358）以后朱元璋在浙东地区的军事进攻不断有所进展。至正十八年（1358）正月，朱元璋攻占婺源州（治今江西婺源）⑤；之后，又陆续攻占淳安（今浙江淳安）、建德（治今浙江建德梅城镇）、浦江（今浙江浦江）、兰溪（今浙江兰溪）、金华（治今浙江金华）、诸暨（治今浙江诸暨）、衢州（治今浙江衢州）、处州（治今浙江丽水）等地。到至正十

---

① 《元诗选》初集（二），中华书局1987年版，第1367—1368页。
② 参见《元史》卷97《食货志五》，第2481—2483页。
③ 宋濂：《宋学士文集》卷59《故翰林侍讲学士中顺大夫知制诰同修国史危公新墓碑铭》，《四部丛刊》本。
④ 陶宗仪：《书史会要》卷7，《陶宗仪集》，浙江人民出版社2005年版，第590页。
⑤ 《元史》卷45《顺帝纪八》，第941页。

九年（1359）底，浙东地区的温州、庆元、台州、婺州、处州、衢州、绍兴七路，朱元璋已控制婺州、处州、衢州三路，绍兴路为张士诚占据。这样，朱元璋已从西侧逼近了方氏势力范围。① 但朱元璋还是竭力争取方国珍的归顺投诚，实现不战而屈人之兵。这时，元朝在北方尚有较强的军事力量，鹿死谁手还很难预料。在此形势下，方氏集团没有大的战略构想，只求"保境安民"。所以，在元朝政府与朱元璋势力之间，他采取了两面讨好的方略。一方面表示接受朱元璋的招降要求；另一方面在名义上仍接受元廷官职、封号，并不公开背叛朝廷。《璋碑》的撰写，就是在这种特殊政治背景下进行的。

（原载《方国珍研究论文集》，浙江大学出版社2020年版）

---

① 参见杨讷《龙凤年间的朱元璋》，《元史论集》，国家图书馆出版社2012年版，第147—148页。

附录

改革，一个人类社会永恒的课题

——读《中国改革史》

人类社会总是在改革中前进的。生产力在不断发展，生产方式在不断调整与变化，上层建筑的各个领域也不得不经常进行必要的改革。这是为人类文明发展史充分证明了的。然而，在我国史学界，关于改革史的研究，并不尽如人意。尽管一些学者在诸如商鞅变法、王安石变法、洋务运动、戊戌变法等重大改革的研究中，已经取得许多重大成就，但是，全面系统论述中华民族改革历程的著作，却长期不见问世。最近，我们高兴地看到，由著名史学家漆侠先生主编的《中国改革史》（以下简称《改革史》）已由河北教育出版社出版发行。这是一部具有开创意义的高质量的学术专著。它的出版，填补了史学研究的空白，令学界同行感到十分振奋和鼓舞。

改革史研究首先要解决的问题，是关于"改革"内涵的界定。作者虽然没有正面回答这一问题，但从《改革史》一书所涉及的内容看，作者对此是有深入思考的。在这部50万字的著作中，作者没有把笔墨全集中在那些影响较大的变法运动上，而是把纲扩展到了中华民族整个改革前进的历程，扩展到了改革的方方面面。例如，关于史前时期的社会变革，关于某些短命王朝的改革，关于一些少数民族政权的改革等，都纳入了该书研究的范畴。其内容也并不仅仅局限于政治、经济、军事等方面，思想文化方面的变革，如西汉时期意识形态的变化，唐代的古文运动等，也都给予应有的关注。这样一种叙述方式，可以使人充分感到历史并不是个别事件的堆积，而是一个连续不断的运动过程；历史也不是几条并联的线路，而是一个互相交织、互相渗透、血肉相连的整体。这是符合历史实际的。

一般来说，上层建筑领域的种种改革，不论是成功的，还是失败的，都不是政治家们一时的灵感所致，或一时的感情冲动。尽管这些改革无不饱含着历代政治家们的聪明智慧，尽管这些改革活动也无一不深深地打上了主持者们个人的烙印，带有明显的个性色彩，但它毕竟不是一种单纯的个人行为，而是一种社会运动，有着深刻的社会发展的内在需求。正确地揭示每次重大改革的深层次的社会原因，将会有助于今天的人们更加深入理解这些改革的实质，以及这些改革的必要性和必然性。该书作者在这方面下了很大功夫。例如，在总结战国时期的变法时，作者便认真分析了农业生产力提高的诸多方面以及手工业和商业的发展，分析了各种阶级力量的消长与阶级关系的变化，指出了在这个急剧变化的时代里各种错综复杂的矛盾的存在，以及新旧社会交替所提出的许多新问题，这就为了解战国时期的变法提供了一个比较宽厚的历史背景。再如，本书在论述"庆历新政"和王安石变法时，也用较多的笔墨分析了北宋前期积贫积弱局面的形成和各种社会矛盾的发展，指出了"冗官冗兵"所造成的国家财政的困难，以及为解决财政困难而扩大赋敛所造成的劳动人民的贫困，亦即"国穷"和"民贫"现象，指出了宋王朝在控制农民暴动和抵御辽、夏侵扰方面所表现的软弱无力，指出了积贫积弱表象所反映的整个王朝在政治、经济方面存在的弊端和危机。不仅如此，作者还详细分析了地主阶级内部大地主阶层与中小地主阶层力量对比的变化，指出了地主阶级内部潜伏的各种矛盾因素，这就使读者对"庆历新政"和王安石变法所以发生的社会原因有了比较清楚的认识。

历史上许多重大的改革，都是在当时最高统治者的主持或支持下进行的。没有最高统治者的支持，这种自上而下的改革便不能成功。但任何一次影响面较宽的改革，又不能仅靠个别领袖人物的雄才大略所能完成。在最高统治者身边，还必须有一个志同道合的决策群体，他们能同声相应，同气相求，上下呼应，形成改革的中坚力量，共同推进改革的进展。今天，我们在研究改革史的时候，应该看到这种群体的力量。在分析改革进程的时候，应该显示出最高领导层中各个重要成员所发挥的作用。由于材料和篇幅的限制，《改革史》不可能在这方面作出详尽的阐述，但对这一问题的重视还是显而易见的。例如，在分析汉初统治思想的调整时，作者不仅写了陆贾、贾谊等人在总结秦朝灭亡的经验教训、促成汉初统治思想转变方面的贡献，而且还阐述了萧何、曹参、陈平等人在奉行黄老之术、实施无为政治与民休息方面的重要作用，从而展现出了汉初决策层的群体力量和政策的连续性。再如，关于忽必烈推行汉法的论述，作者也指出了刘秉忠、史天泽、姚枢、赵璧以及安童和真金太子等人所发挥的作用。这样的分析，就避免了简单化的倾向，增加了历史所赋予人们的厚重感和整体感。

从《改革史》所论述的具体内容看，大都是制度性的改革，其中包括国家行政体制、皇帝制度、中央决策体制、官员选拔任用考课制度、法律制度、监察制度、军事制度、财政制度、货币制度、赋役制度、户籍制度诸多方面的改革。应该说这种制度性的改革都是事关全局的重要改革。每次改革的成功，都意味着人类文明的一定程度的进步。目前学术界普遍认为，人类文明应该包括物质文明、精神文明和制度文明三个方面。因为制度文明是物质文明和精神文明的综合体现，对社会发展所发挥的作用更持久、更稳定、更广大，所以制度性改革就显得尤为重要。《改革史》的作者正是从人类文明发展史的角度来看待和分析这些制度性改革的。例如，作者在分析华夏文明时代的开始，在评述夏王朝政权时指出，作为中国历史上第一个国家形式，夏王朝建立了政权体系、军队、法律、贡赋等国家机器和制度。但是，夏王朝毕竟脱胎于氏族部落联盟制，在它的国家形式中，仍然有许多氏族制时代的东西，国家制度也不完善。在谈到商王朝的改革时，作者认为，经过长期改革的商王朝的国家机构更为成熟，比夏朝更多地摆脱了部落联盟的影响。在商王朝统治下，社会、经济和文化都得到了很大的发展，成为华夏民族融合和发展的中心。在论述西周初年的改革时，作者则说，主要是在周公时完成的改革，是一场规模宏大、内容丰富的社会改革，它包括宗法制度的完备，宗法制模式国家体制的构建，军队、法律等国家机器的完善以及礼乐制度的制定。尤其值得注意的是，西周的政治思想比商朝重巫卜的神权思想前进了一大步，形成了敬天、保民、明德的伦理化的政治思想，并为后世儒家所继承。我们从作者这些客观准确的分析中，可以清晰地看出人类文明发展的轨迹。

该书主编漆侠先生是在国内外享有盛誉的历史学家，在中国古代史，尤其是在宋史、秦汉史、中国农民战争史等领域，都卓有建树。他的《宋代经济史》（上、下册）、《辽夏金经济史》《王安石变法》《秦汉农民战争史》《求实集》《知困集》等著作，在学术界有重大影响，赢得了高度评价。该书副主编姜锡东，以及作者高聪明、李华瑞诸位先生，也都是在古代史研究方面很有成绩的专家。这样一个高水平的研究集体，为该书的学术质量提供了保障。该书对许多问题的论述都十分精当，且新意迭出。限于篇幅，不再一一列举。

作者称，现在出版的《改革史》仅是一个简明读本。由漆侠先生主持的10卷本的《中国改革通史》不久即将问世。这无疑是史学界的一件盛事。改革是人类社会永恒的课题。以改革的精神写好改革史，是史学界责无旁贷的任务，我们期待着改革史的研究能不断出现新成果，取得新成就。

（原载《中国史研究动态》1998年第9期）

于求实中创新

——读《元史研究论稿》

陈高华先生的论文集《元史研究论稿》（以下简称《论稿》）最近已由中华书局出版。该书收录作者1987年以前的论文22篇，读史札记11篇，内容涉及元代的社会经济、农民战争、宗教与思想文化、中外关系、重大历史事件以及一些重要历史人物等。这是元史研究领域引人注目的丰硕成果。

元代社会经济是作者用力甚多、成就也甚多的一个领域。收入该书的社会经济方面的论文有8篇，札记1篇，占全书三分之一以上篇幅。众所周知，在过去一个相当长的时期里，元代社会经济的研究相当冷落。一些含混甚至错误的材料和观点，常常为人所引用，以讹传讹。例如，人们常常不加辨析地引用《元史·食货志》的材料来说明元代北方的税粮制度，而《元史·食货志》的记载本身却是含糊、自相矛盾的。该书中《元代税粮制度初探》一文，引用政书和文集中的有关资料，对《元史·食货志》的有关记载作了详细考释，从而使这一问题得到了澄清。再如，关于元代的役法，有的研究者以为在差役（职役）之外，还有属于徭役性质的各种"杂泛差役"。该书《元代役法简论》一文指出，杂泛与差役是有区别的，并非一回事。前者指力役，也叫夫役；后者则是指里正、主首、隅正、坊正、仓官和库子等差役。此外，由于《元史》没有专门篇章记载户籍与户等制度，致使某些研究者产生一种错觉，以为元代根本不存在户等制，或以为诸色户（军户、站户、灶户等）和各类户（元管户、交参户、漏籍户等）就是户等。其中《元代户等制略论》《论元代的军户》《论元代的站户》等文章，对元代的户等制度，元代军户、站户的签发管理制度，军户、站户的社会经济地位等，作了全面考述，从而填补了这些研究领域的空白。

作者对元代社会经济的研究，并不局限于对某些典章制度的考辨，而是常常从考辨入手，探讨经济现象背后的阶级实质，揭示社会经济发展的规律。例如，作者在阐明了元代北方民户按丁税粮的原则之后，又进一步指出，在连年战乱以后，北方农业劳动人手大大减少，农业生产普遍采取广种薄收的办法，每个劳动力耕地往往达百亩之多，在这种情况下，控制劳动力的意义尤为突出。这是元朝统治者采取按丁税粮的主要原因。又如，在《论元代的和雇和买》一文中，作者一方面指出，和雇和买与赋税、杂泛差役一样，本质上都属于强制性的封建义务，而不是商品等价交换的关系。另一方面，又指出，和雇和买的盛行，是一种值得注意的现象，封建国家对编户齐民的榨取，部分地至少在表面上已经采取等价交换的形式，这和当时商品货币关系的发展是有密切关系的。关于和雇和买对当时社会经济产生的作用，作者认为，它使大量货币（即使在亏价的情况下）投入流通过程，无疑有助于商品经济的发展，但这种表面等价实际榨取的制度，又必然使正常的商品交换关系受到阻碍。这些分析，都是十分中肯的。在《元代盐政及其社会影响》一文中，作者对额盐性质的分析也是十分精当的。作者指出，盐业生产者提供的实际上是劳动力，而不是劳动产品，因而额盐是劳役地租的一种表现形式。和农业经济不同的是，在农业中，劳役地租意味着生产者的必要劳动和剩余劳动无论在时间上还是在空间上都是截然分开的，生产者向封建主提供的是剩余劳动；而在元代盐业生产中，生产者的必要劳动和剩余劳动，无论是时间上还是空间上都是不可分的，生产者的必要劳动同样消耗在封建国家占有的基本生产资料——盐田、池、井上，只有通过工本的形式，才使这种必要劳动得到体现。关于盐的专卖制度，作者认为，盐的销售实质上成了人民群众必须承担的一项封建义务，是借助于商品货币关系而实行的封建课税。这里讲的虽然只是盐的专卖制度，实际上是揭示了一切封建专卖制度的实质。

对于元代海外贸易和中外关系史的研究，作者也倾注了大量心血。《元代海外贸易》一文，浓缩了作者与他人合作出版的《宋元时期的海外贸易》① 一书的主要观点。关于中外关系，《论稿》收入了《印度马八儿王子孛哈里来华新考》《元代中泰关系二三事》两篇文章。前文以刘敏中撰写的《景义公不阿里神道碑铭》为依据，考察了孛哈里（即不阿里）的身世及来华原因，为中印友好关系史提供了新的佐证。后文以贡师泰所写《四明慈济寺碑》为据，说明暹国（今泰国北部）国王敢木丁确实来过中国。虽然这个问题在学术界尚有争议，但作者为中泰关系史研究所提供的新的线索，无论如何是很有意义的。

作者对元代的农民起义和农民战争作过长时期的系统研究，收入《论稿》的文章有《元代前期和中期各族人民的反抗斗争》《元末起义农民的口号》《元末农民起义中南方汉族地主的政治动向》《元末浙东地主与朱元璋》《元末农民战争中奴隶暴动的珍贵史料》《论朱元璋与元朝的关系》《元末农民起义军名号小订》等。关于元末农民战争中南方汉族地主，特别是浙东地主的政治态度，史学界有着不同的意见。有人过高估价汉族地主阶级的民族意识，夸大了农民革命意识对他们的影响，认为以刘基为代表的浙东地主是在民族思想或民族情绪的影响下参加农民起义的，并在其中发挥了积极作用。而作者认为，尽管由于阶级斗争形势的不同，南方汉族地主在政治上的具体表现形式有所不同，但是其维护本阶级统治、敌视农民起义的本质却从未改变过。在元末农民战争初期，南方汉族地主极端仇视农民起义，积极支持元朝政府用武力镇压起义。当起义迅速发展，其势已不可阻挡之时，他们又采取加入农民起义队伍，推动政权转化的办法，来达到自己的目的。以刘基为代表的浙东地主与朱元璋的结合，绝不是他们同情农民起义的表现，而只是说明朱元璋集团本身已逐渐向地主阶级转化，二者已经有了共同的利益基础。对于朱元璋的评价，史学界也是众说纷纭。

---

① 天津人民出版社1981年版。

作者以朱元璋与元朝的关系作为评价朱元璋的一个基本依据，认为在元末农民战争过程中，朱元璋对于反元斗争是一贯消极的，对元朝的态度也是暧昧的。农民起义军对于动摇元朝的统治作出了巨大贡献，朱元璋实际上充当了农民战争"遗嘱执行人"的角色，为了自身和地主阶级的利益，利用农民起义的成果，进而取元朝而代之。不少论著把朱元璋说成是元末农民战争的杰出领导者，而把他的转化归之于不可避免的阶级和时代的局限性，但从朱元璋在反元斗争中的表现来看，他对农民的起义斗争并没有作出什么贡献，至于他对地主阶级的态度，大体上也和元朝差不多。作者的这些意见未必就是定论，但是，把对元廷以及农民起义军的态度作为判断当时各种政治势力以及领袖人物的主要依据，这种思路无疑是正确的。特别应该指出的是，作者对元末农民战争的有关史料做过系统地搜集和整理，对元末农民战争的研究是在全面占有资料的基础上进行的。

元代思想史、宗教史、文化史曾是元史研究的薄弱环节，许多问题长期无人问津。如在一般思想史著作中，对于元代陆学往往略而不提。其实，陆学在元代若断若续，在思想界仍有一定影响。《论稿》中的《元代陆学》一文，对元代陆学的传播情况及社会影响作了深入研究，对朱学、陆学的发展态势作了对比分析，并且指出，在元代思想领域中，真正值得注意的，不是朱学，也不是陆学，而是朱陆混合的潮流。关于曲阜孔府（衍圣公府）的研究，近年来日益受到人们的重视，但研究成果主要限于明清两代。《论稿》中《金元二代衍圣公》则考察了金元二代衍圣公社会政治地位的变化，从一个侧面揭示了少数民族统治者对儒家文化在不同阶段所采取的不同态度。元代对佛教特别尊崇，佛教在元代社会生活的各个方面都有很大影响，该书中《元代佛教与元代社会》《略论杨琏真加和杨暗普父子》两篇文章，对元代佛教的社会影响以及佛教界代表人物杨琏真加和杨暗普父子的活动，作了全面考察，指出了元朝统治者利用藏传佛教控制吐蕃地区，并压制汉地原有佛教教派的真实意图。

体育运动史是人类文明史的一个组成部分，马球在我国古代体育运动史上占有特殊重要的地位。过去，对马球运动的研究多着眼于中外文化交流，而且一般只限于唐代。有的学者虽然对宋辽金元时期的马球运动做过考察，但所提出的南宋孝宗以后，马球运动便从风尚降为恶习并日趋衰落的结论，却很难令人信服。《论稿》中《宋元和明初的马球》一文，引证大量诗文资料证明，宋元时期，马球运动一直盛而未衰，不仅盛行于军营，而且流行于民间。直到明初，打马球仍是训练士兵的军事体育运动。这一研究成果为人们了解马球运动发展史提供了有益的帮助。

关于蒙元政治史与军事史的研究，《论稿》收入了《说蒙古灭金的三峰山战役》《早期宋蒙关系和"端平入洛"之役》两篇文章。三峰山战役是蒙古灭金的一次决定性战役，蒙古军以寡敌众，全歼金军，创造了军事史上的奇迹。许多中外史籍往往强调"天助"，给这一战役涂上了一层神秘色彩。前文对三峰山战役中蒙金双方的战略战术及利弊得失作了仔细分析，从而正确地揭示了战争双方胜负的原因。关于"端平入洛"之役的起因，一般历史著作都说蒙古约南宋出兵灭金时曾答应灭金后给予河南之地，金朝灭亡后，蒙古背约，所以南宋要出兵争夺。这样，引起冲突的责任完全在蒙古方面。后文对蒙古背盟之说的产生和流传作了认真考察和分析，认为在"端平入洛"之役一事上，背信弃义的不是蒙古，而是南宋。所谓蒙古许河南地而又背盟之说，是不可信的。这次战争，完全是两个政权之间争夺权益的斗争，并不存在正义与非正义的问题。

收入《论稿》的读史札记，大多是对某些重要历史人物史事的考证，如《杨四娘子的下落》《夏文彦事迹小考》《元代泉州舶商》《石工杨琼事迹新考》《曲先学者盛熙明》《忽必烈修〈本草〉》《读〈伯颜宗道传〉》等；有的则是关于历史地理或城市生活的研究，如《哈密里二三事》《大都的燃料问题》。这些文章虽然一般篇幅都不长，但大都为了解有关问题提供了新的珍贵资料。如贡师泰《元故处士夏君墓志铭》（《玩斋集》卷10）、王彝《泉州两义士传》（《王常宗集》续补遗）、姚燧《元朝列大夫骑都尉宏农伯杨公神道碑铭》（《光绪曲阳县志》卷13《金石录》）、许有壬《〈大元本草〉序》（《至正集》卷 31）、廉惇《塔本世系状》（《永乐大典》卷 13993）、《伯颜宗道传》（《正德大名府志》卷 10）等，这些材料，过去很少引起人们的注意。

《论稿》的成果是多方面的，其中的每一篇文章都有新意：或者是发现了新材料，或者是开辟了新的研究领域，或者是就众人关注的热点问题从新的角度进行研究，提出新观点、新结论。但所有这些创新又都是建立在求实基础上的。史料的广泛、丰富和翔实，以及在史料辨析方面所表现的深厚功力，是《论稿》留给读者的一个十分突出的印象。据粗略统计，该书直接引用的史籍即达 300 余种。与元史有关的各种重要史籍，作者都认真研究过。于求实中创新，这是为《论稿》作者以及所有有成就的史学家的研究实践证明了的两条正确的治史原则。

（原载《历史研究》1994 年第 4 期）

大家写"小书"应该提倡

——读蔡美彪著《中华史纲》

"小书"通常是指篇幅不多、文字通俗、读者广泛的书籍。这些读物，有些人往往不以为然。殊不知，真正写好这样的"小书"，非常不易。作者不仅要对所写内容有深入研究和思考，高屋建瓴，洞悉幽微；而且还要有很好的文字功底，言简意赅，深入浅出。严格说来，只有该领域的大家才能胜任。近日，读了蔡美彪著《中华史纲》[①]（以下简称《史纲》），进一步加深了这一认识。

众所周知，蔡先生曾长期协助范文澜先生撰写《中国通史简编》。范老去世后，蔡先生秉承范老遗愿，主持完成了十二卷《中国通史》巨著，赢得广泛赞誉。在当今学界，蔡先生无疑是对中国历史深有研究，且有独到见解的史学大家之一。有关领导委托先生编写一本简明中国通史，"提供给工作忙碌的同志们朋友们，用不多时间浏览一下中华民族历史发展的概状"（《史纲》前言），显然是一个恰当的抉择。

有些同志以为，《史纲》是多卷本《中国通史》的简编。其实不然。《史纲》饱含着作者数十年史学研究的心得，同时汇入了史学界的最新研究成果。

如果我们拿《史纲》与《中国通史》相对照就会发现，《史纲》中的许多内容，《中国通史》及一般通史著作很少提及。例如，关于商纣王的评价，过去往往只侧重于他的骄奢淫逸与昏庸残暴，而《史纲》则指出："纣似曾企图有所改革，不祭祖先以减少杀奴，收容逃亡奴隶以缓解反抗。但

---

① 蔡美彪：《中华史纲》，社会科学文献出版社2012年版。

这些被指责为'变乱旧章',并不能阻止阶级矛盾激化。纣是有作为的国王,也是刚愎自用的暴君。"① 作者依史实作出的这些评价,显得更加客观全面。

我国历史上经济重心南移,通常都认为发生在唐宋之际。而《史纲》却把这一经济现象前移至南朝时期,指出:"原来处于落后状态的江南地区,经过南朝的开发,经济水平超过传统的中原地区,是社会经济发展的一次重大转折。全国统一后,国家财赋主要来自江南。江南成为经济开发的基地,对此后的历史进程产生了深远的影响"②。对中国历史上的宗教问题,作者有着深刻认识,在谈到唐代宗教时,做了如下概括:"与外国情况不同,唐朝从没有以任何一种宗教为'国教'。僧侣们可以个人身份参加政治活动,但不能以教派干预朝政。各种宗教和同教的各宗派之间,可以有教旨的争论,但不发生行动上的冲突,更没有所谓'宗教战争'。具有不同信仰的各种宗教同时并存,各自传教,和平共处,是唐代宗教界的一大特色,形成优良传统。"③ 这一概括十分精当,而且具有启迪意义。

作者喜爱戏剧,并对元曲深有研究。因相关著述很多,所以《史纲》对此并未多着笔墨。但在不长的篇幅内,却特意提到了纪君祥的《赵氏孤儿》,并介绍说,它"十八世纪传入欧洲,译为法文,后又译为英文、德文,是最早传入西方的中国戏曲"④ 这就更加凸显了元曲的世界影响。

类似例子很多,无须赘述。

蔡先生在辽、金、元史领域卓有建树。近年出版的《辽金元史考索》⑤《辽金元史十五讲》⑥ 等,集中代表了他在这一领域的研究成果。辽金元时期是我国历史上民族矛盾与民族融合最为显著的时期之一,作者把对民族问题的研究心得也融入了《史纲》的写作中。不仅写出了历代民族矛盾斗

---

① 《中华史纲》,第14页。
② 《中华史纲》,第108页。
③ 《中华史纲》,第109页。
④ 《中华史纲》,第247页。
⑤ 蔡美彪:《辽金元史考索》,中华书局2012年版。
⑥ 蔡美彪:《辽金元史十五讲》,中华书局2011年版。

争的基本线索，而且突出了各少数民族统治者在汉文化影响下所采取的有利于民族融合和社会进步的种种举措与效果。例如，作者在写到康熙帝汉化情况时说：康熙南巡时曾亲自祭明太祖陵，又在曲阜祭孔子庙，行三拜九叩礼，自撰祭文，称孔子"开万世之文明，树百王之仪范"，并书写"万世师表"匾额悬挂，争取汉人文士和民众的拥戴。康熙精通汉文，常题字赋诗，以争取汉人的认同。作者深刻指出，"满洲八旗兵征服了汉人地区，汉文明征服了康熙皇帝"①。清朝是我国历史上立国时间较长的王朝，这与清政府的汉化政策不无关系。中华民族是以汉族为主体多民族凝聚的民族共同体。我国疆域广阔，地区自然条件差异很大，人们的生产、生活方式乃至语言文字等存在诸多差异。因此，民族矛盾与民族融合相交织，必然是一个漫长的历史过程。但民族团结与民族融合，毕竟是历史发展的大势，是不可逆转的。

《史纲》以政治史为主线，在经济与思想文化方面往往点到为止，不做过多分析。以语言文字为例，《史纲》指出，"夏代已有文字，但文字的大量制作和广泛应用是在商代"。"甲骨文字和铜器铭文是商代的原始文字记录，与后世的文献记录相印证，可以约略得知商代历史和国家制度的概状。"②秦统一后，秦始皇命李斯等人规范文字，省并异体，创制了"小篆"，"是秦统一后的一大业绩"③。

范文澜先生对唐代拼音文字的传入十分重视，在《中国通史简编》中有较详细的说明。《史纲》尽可能保留了这些成果。指出，中国僧人智广依据印度字书《悉昙章》作《悉昙字记》，是唐人编纂的一部古印度文梵文的字书。高僧义净撰《梵语千字文》（一名《梵唐千字文》）是梵文汉文对照的读本。汉字的构成原是以象形、形声为基础。梵文作为拼音文字传入中国，给予汉语音研究重大启示。僧人守温在隋陆法言《切韵》的基础上，制定汉语的三十个声母（宋代增为三十六母），为此后汉语音韵学的发展奠

---

① 《中华史纲》，第297—298页。
② 《中华史纲》，第9页。
③ 《中华史纲》，第41页。

定了基础。①

宋元时期，汉语言文字与民族语言文字的发展精彩纷呈。以大都（今北京）方言为基准的"官话"的形成，汉字简体字的流行，汉语白话的广泛应用，以及契丹字、女真字、西夏字、蒙古畏兀字、蒙古国字（即八思巴字）等的创制，《史纲》都有专门说明。但这些说明，都十分简约。以蒙古国字为例，作者仅写了如下二百余字：

> 八思巴依藏文字母制作的"新字"，近人习称"八思巴字"。原来制作时立意，拼写蒙古语外，还能"译写一切文字"，主要是汉语。但因兼顾蒙汉两种语言，采用以音缀为单位的方体，致使蒙古语多音词被割裂，极易误读，很不方便。虽被元廷法定为"国字"，实际上只用于官方文书，并未能在蒙古人中广泛行用。现存文献主要是北京居庸关云台的佛经译文和各地寺观保存的禁约骚扰的公告刻石，内容大同小异。另有中书颁发的牌符等文物、简短的石刻题字和一些断简残篇。元朝亡后，"八思巴字"逐渐成为一种死亡文字，不再在蒙古族中行用。②

这无疑是对"八思巴字"的精准概括。数十年来，蔡先生在"八思巴字"与元代白话等研究方面卓有成就。他与罗常培先生合著有《八思巴字与元代汉语》③，独著有《元代白话碑集录》④《八思巴字碑刻文物集释》⑤等，体现了蔡先生在语言文字研究方面的深厚素养。他完全可以在《史纲》中就八思巴字写出更多的内容，但限于体例和篇幅，他没有那样做。在一次访谈中，他这样说："学者的著作往往是研究越深入，越觉得没有多少东

---

① 《中华史纲》，第165页。
② 《中华史纲》，第259页。
③ 蔡美彪、罗常培：《八思巴字马元代汉语》，科学出版社1959年版；增订本，中国社会科学出版社2004年版。
④ 蔡美彪：《元代白话碑集录》，科学出版社1954年版。
⑤ 蔡美彪：《八思巴字碑刻文物集释》，中国社会科学出版社2011年版。

西可写，可能几句话就能写出，但这几句话很有分量。越是新涉猎的、不很熟悉的东西越要多说，总怕没说清楚。"① 蔡先生从学术造诣与修养的角度，对此作了很好的说明。

《史纲》还不时提及一些历史小常识。如："以红、黄两色象征吉祥和高贵，是炎黄子孙世代传承的文化传统。"②"俘虏的黎人罚作奴隶，被称为'黎民'。""'夷'字是人执弓的象形，大约多是射猎部落，也加入了黄帝联盟。"③"'王'字原是长柄斧钺的象形，是权力的象征。"④"诸侯要定期到王廷朝见天子，称朝觐。王廷因而又称'朝廷'。周朝的朝廷称周朝。"⑤"东林人士志同道合，彼此称为'同志'。"⑥ "中国历史上历来只有军旗、都旗，并没有国旗。总署（清总理各国事务衙门——引者）委托曾国藩依各国通例设计出三角形黄色龙旗，作为国旗。这是中国最早的一种国旗。"⑦文字都不多，但却可以使读者增加不少知识。

范老在语言文字方面极具功力。蔡先生追随范老多年，其文风也深受其影响。例如，他评述梁武帝：

> 梁武帝雅好文学，也是儒学的积极提导者和研究者。他平素卷不离手，燃烛侧光，常至深夜。撰述研究儒经的著作达二百余卷（小部分关于玄学），文集百二十卷。京师设五经馆置博士，招生员。又制礼乐，敦崇儒雅，命儒生撰定五礼颁行。梁武帝也是佛学的积极提倡者和研究者，力求把儒学和佛学调和到一起，主张佛、儒、道三教同源。撰著研究佛典的著作数百卷，并亲自去京师讲说，听众万余人。梁武帝先后三次到佛寺舍身当和尚。少者三四天，多者三四十天，再让大

---

① 蔡美彪：《学林旧事》，中华书局2012年版，第252页。
② 《中华史纲》，第5页。
③ 《中华史纲》，第5页。
④ 《中华史纲》，第9页。
⑤ 《中华史纲》，第18页。
⑥ 《中华史纲》，第284页。
⑦ 《中华史纲》，第357页。

臣们出钱几万万把他从寺院赎回。梁武帝提倡儒学以争取士人的支持，提倡佛学从精神上消磨人们的斗志，也影响宗室诸王，削减他们的争夺心，免蹈宋、齐的覆辙。①

梁武帝在位四十八年，他的好学、勤奋、清苦、执着，在皇帝中是不多见的。应该是有感于此，惜墨如金的蔡先生才会据《梁书·武帝纪》等资料，把梁武帝热衷和倡导儒学、佛学等事迹，写得既生动具体，又精练平实，着实难得。

学术界都还记得，吴晗先生曾主编《中国历史小丛书》。当时，有不少著名学者参加编写工作。如吴晗著《海瑞的故事》、贾兰坡著《中国猿人》、任继愈著《韩非》、何兹全著《祖逖北伐》、周一良著《明代援朝抗倭战争》、侯仁之著《徐霞客》、戴逸著《北洋海军》等，对普及历史知识发挥了重要作用。近年，北京出版社又推出了《大家小书》系列。当然，《历史小丛书》与《大家小书》都是专题性的，与《史纲》不宜相提并论。但由大家写"小书"的精神，应是一脉相承的。

用三十万字的篇幅写好一部既通俗易懂，又科学严谨、富有新意的《中国通史》，无疑是一项十分艰巨的工作。蔡先生在一次学术会议上曾用"探索未知"四个字来概括数十年来的元史研究工作，他自己就是用这种"探索未知"的精神，以八十五岁高龄圆满完成了这一重要任务，为学术界树立了好的榜样。愿大家写"小书"成为风尚，为大众，也为学术百花园地，增添更多绚丽的篇章。

(原载《北京历史文化研究》，人民出版社 2013 年版)

---

① 《中华史纲》，第 105 页。

我心中的杨讷老师

杨讷老师逝世一年多了。因为消息闭塞,杨老师病重期间未能前去看望;逝世后,也没能送老师一程,留下深深的遗憾。去年十一月份,在陈高华老师的倡议下,学界朋友齐聚一堂,共同缅怀杨老师的为人为学,是很有意义的。我和郭旃、王敬松两位学兄,是陈高华老师和杨讷老师共同培养的第一届研究生,也是杨老师唯一一届研究生,感到莫大的荣幸。杨老师尊敬师长,学术求真,对我的教诲和影响是深远的。

杨老师对前辈学人的敬爱给我留下很深的印象。他在《元史论集》一书扉页上深情地写下了"谨以此书纪念翁独健先生,五十年前是他引我进入元史研究之门"。在《鸳鸯绣了从教看,更把金针度与人》①一文中,杨老师回忆了翁先生强调史料的重要性;要求把资料工作作为研究工作的起点;组织编写《元人文集篇目分类索引》(此索引最后由陆峻岭先生完成),并把自己多年前做好的部分元人文集篇目卡片拿出来供大家使用。翁先生还把翻译工作视为学科基础建设的一部分,留意吸收翻译人才,鼓励年轻研究人员学好外文,兼搞翻译。谈到治学方法,翁先生曾借用元好问的诗句"鸳鸯绣了从教看,莫把金针度与人",强调"应把金针度与人",即把研究方法告诉年轻人。杨老师这样写,在教学中也是这样做的。

对大学本科老师,杨老师同样很尊敬。他和郝斌、何龄修、戴静华、萧曼、邓家馨、周南京、吴宗国等是北大历史系五三级同班同学,曾于

---

① 杨讷:《元史论集》,国家图书馆出版社2012年版,第488—497页。

1995年、1997年先后两次为邓广铭先生聚餐祝寿①。1998年,杨老师还亲自到石家庄,为河北教育出版社出版邓先生的祝寿文集《仰止集》校稿。杨老师并非专治宋史,但他的文字功力与负责精神,一定是受到了邓先生的赏识与器重。当时,杨老师自己也已经六十多岁了。

对自己的学生,杨老师始终关爱有加。20世纪90年代,我请杨老师为我们一项国家课题写鉴定意见。几十万字,我们担心老师一时看不完,便草拟了内容介绍,老师一眼就看出草稿中有两个错别字,要我改正后重新打印。杨老师见我不好意思,便提议与我一起到中关村一家书店看看,说那儿有些学术著作,顺便打印鉴定材料。杨老师也曾到河北师大历史系主持研究生答辩,但仍拒绝我个人的聚餐邀请,坚持在学校餐厅用餐。最后一次见到杨老师时,他刚跌了一跤。我劝他到医院检查一下,他认为没有多少问题,坚持不去。后来听说杨老师已经挂上了拐杖,觉得他身体原本健壮,才过八十就显得有些衰老了,心中不免戚戚。

在学术研究中,杨老师总把详尽地占有第一手资料作为前提。例如,从20世纪60年代开始,他和陈老师都曾着力研究元末农民起义问题,他们都把搜集辨析原始资料放在首位。1962年,他对杨宽等先生有关农民起义论文中所引元代文献提出不同意见,根据就是对相关史料的辨析。② 为了推动元代农民战争研究的深入,他与陈高华老师等共同编纂了《元代农民战争史料汇编》三编四册③,为学界研究元代农民战争问题提供了便利。他研究元代白莲教,也同样首先收集编写了《元代白莲教资料汇编》④。他的《刘基事迹考述》⑤ 一书,则是在《刘基事迹七考——兼析〈诚意伯刘公行状〉的撰写时间与作者》⑥ 基础上进一步整理扩充而成的。虽然当时杨老师

---

① 杨讷:《元史论集》,国家图书馆出版社2012年版,第484—487页。
② 杨讷:《元史论集》,国家图书馆出版社2012年版,第39—43页。
③ 杨讷、陈高华:《元代农民战争史料汇编》三编四册,中华书局1985年版。
④ 杨讷:《元代白莲教资料汇编》,中华书局1989年版。
⑤ 杨讷:《刘基事迹考述》,北京图书馆出版社2004年版。
⑥ 杨讷:《元史论集》,国家图书馆出版社2012年版,第185—227页。

大部分时间身居加拿大，但还是利用回国期间查阅完善资料后定稿。

1986 年，杨老师从中国社会科学院历史所调入北京图书馆（今国家图书馆）。他一头钻进善本库房，利用北图古籍善本资料的优势，参与主持选编出版了《北京图书馆古籍珍本丛刊》120 册数百种善本资料。这套丛书都是原版影印，为全国文史工作者的研究工作提供了极大便利。近年，杨老师又编辑出版了《元史研究资料汇编》100 册①，收书 120 余种，将大型丛书及散存元史资料精心挑选，多采用较好版本影印，并增补未刊印过古籍数十种，进一步方便了元史研究学者。

杨老师尊重前贤，但在学术上坦坦荡荡，从不盲从，也从不作假。例如，在成吉思汗及其子孙西征与南侵问题上，韩儒林先生等国内许多前辈学者大都认为，西征造成了极大的破坏，而南侵在"恢复统一""结束分裂"方面，有着积极意义。杨讷老师则指出，对也可蒙古兀鲁思的成吉思汗来说，西征与南侵是没有区别的，我们不能用今天的观念和国界去划定古人的行为空间。②众所周知，关于全真道问题，杨老师与陈垣先生也有许多不同意见，认为陈垣先生在写《南宋初河北新道教考》时虽然对史料做了一些选择、考订、组织工作，但仍有许多缺憾，其主要论点是不能成立的。③ 2017 年上海古籍出版社出版了"杨讷史学著作四种"（《世界征服者：成吉思汗及其子孙》《刘基事迹考》《元代白莲教研究》《丘处机"一言止杀"考》），这些著作都是在原来著述基础上进一步完善重编的。姚大力老师在《从距离最近处观照过去：读"杨讷史学著作四种"》④ 中已经作了很好的分析，这里就不再重复了。

杨老师对自己的老师也不隐晦。翁先生早年从事蒙元史研究很有成就，曾被保送到哈佛大学燕京学社继续深造，获博士学位。后又转赴巴黎大学，

---

① 杨讷：《元史研究资料汇编》，中华书局 2014 年版。
② 杨讷：《世界征服者：成吉思汗及其子孙》，华夏出版社 1996 年版，第 146 页。
③ 杨讷：《元史论集》，国家图书馆出版社 2012 年版，第 382 页。
④ 《澎湃·上海书评》2019 年 2 月 1 日。

听伯希和授课。1939年回国后，历任云南大学、北平中国大学、燕京大学教授。1949年后，翁先生在蒙元史研究方面没再发表论著，多数学者对此都避而不谈。但杨老师对此却并不讳言。他说翁先生先是把主要精力放在了繁忙的行政管理上，后又主动承担起组织学科建设和培育专业人才的重任，"一个人在十年不作之后，要重新拿起笔来恐怕是不那么容易的"[①]。这样的解释完全符合实际。

史学研究与其他人文社会科学一样，都会有当时的社会背景与人文关怀。今天的史学研究与昨天的学术背景也会有这样那样的区别。但求真务实的精神应该是一脉相承的。作为学生，我们应当学习和继承杨老师等老一辈学者的治学精神，为史学研究添砖加瓦。杨老师学术贡献很多，我是杨老师不合格的学生，对自己的老师了解不多，体会也很肤浅。谨此纪念尊敬的杨讷老师。

（原载《中国史研究动态》2020年第3期）

---

① 杨讷：《元史论集》，国家图书馆出版社2012年版，第492页。